Weltkrieg der Religionen

Karlheinz Deschner

Milan Petrović

Weltkrieg der Religionen

Der ewige Kreuzzug auf dem Balkan

Weitbrecht

Für Bärbel

Die Deutsche Bibliothek – CIP-Einheitsaufnahme

Deschner, Karlheinz:
Weltkrieg der Religionen: der ewige Kreuzzug auf dem Balkan /
Karlheinz Deschner / Milan Petrović. –
Stuttgart; Wien: Weitbrecht, 1995
ISBN 3-522-71740-6
NE: Petrović, Milan:

Umschlag: Gestaltung und Illustration von Rainer Simon,
Böblingen
Karten: Wolfgang Lang, Waiblingen
Reproduktion des Umschlages von Repro Brüllmann, Stuttgart
Gesetzt von KCS GmbH, Buchholz/Hamburg
Gedruckt und gebunden von Friedrich Pustet, Regensburg
Printed in Germany

5 4 3 2 1

EINLEITUNG

Nach dem Fall der Mauer und dem Zerfall des Ostblocks riefen viele – vor allem westliche – Politiker bereits den Beginn einer neuen, friedlichen Epoche aus. Längst wurde diese Voraussage furchtbar widerlegt. Mit dem »Ende der Nachkriegszeit« begann eine neue Ära der Kriege und Bürgerkriege, die insbesondere Osteuropa heimsuchen, und der Konflikt auf dem Balkan scheint die schlimmste, aber auch – aus westlicher Sicht – die undurchsichtigste dieser blutigen Auseinandersetzungen zu sein.

Der Krieg im ehemaligen Jugoslawien trifft Europa – nicht nur geographisch gesehen – mitten ins Herz, ein Bruderkrieg, in dem jeder gegen jeden kämpft, nachdem die ethnischen Gruppen des »Vielvölkerstaates« lange Zeit anscheinend harmonisch miteinander gelebt hatten. In Presse- und Fernsehberichten ist weniger von Kämpfen und Schlachten die Rede als von Kriegsverbrechen schaurigster Art. Heckenschützen zielen auf Zivilisten, mit Vorliebe auf Frauen und Kinder. Alteingesessene Familien werden rücksichtslos aus ihrer Heimat vertrieben, ganze Landstriche »ethnisch gesäubert«, Frauen in Lager gesperrt und brutal vergewaltigt. Nachbarn und Freunde – Serben, Bosnier, Kroaten –, die miteinander aufwuchsen, zusammen lebten, arbeiteten und feierten, sind über Nacht zu fanatischen Feinden geworden.

Kriege rühren in der Regel daher, daß die Gegner unvereinbare Vorstellungen entwickeln. Um zu begreifen, was tatsächlich geschieht, muß man diese verschiedenen Auffassungen darlegen und miteinander vergleichen. Sie entstehen nicht von heute auf morgen, sondern sind meist Ergebnisse langer historischer Prozesse.

Uns geht es in diesem Buch nicht darum, der einen kämpfenden Partei in Bausch und Bogen recht zu geben und die andere pauschal zu verurteilen. Im Krieg gibt es kaum »richtige« und »falsche« Positionen, und geschichtliche Ansprüche rechtfertigen niemals den Versuch, sie mit mörderischen Mitteln durchzusetzen. Jedoch geht es darum, aus der Sicht der Beteiligten begreiflich zu machen, wie im Herzen Europas ein derart unbändiger Haß entbrennen konnte. Wie kann man verhindern, daß sich so etwas wiederholt? Können wir daraus lernen?

Ohne mit unserem Buch für oder gegen einen der Kriegsgegner

Stellung zu nehmen, möchten wir die konträren Kulturen und Weltanschauungen von innen heraus verstehen und nachzeichnen. Zugleich versuchen wir, den serbischen Standpunkt mit besonderer Intensität zu beleuchten. Denn die Serben werden hierzulande, in der öffentlichen Diskussion und Berichterstattung, meist verurteilt. Sie gelten als Kriegsschuldige, denen man nicht einmal mehr das Recht einräumt, ihre Haltung zu erläutern. Nicht von ungefähr spricht der Lehrbeauftragte für Geschichte an der Universität Würzburg, Prof. Dr. iur. habil. Ferenc Majoros, ein gebürtiger Ungar, durch Einbürgerung Deutscher, von »beispielloser Verdrängung der Tatsachen durch die faktisch ›gleichgeschalteten‹(!) Medien in mehreren Ländern des edlen Abendlandes, das gegen das serbische Volk eine Kampagne führt, die man als Kreuzzug qualifizieren muß«.* Wir möchten dem Leser Gelegenheit geben, auch die in Deutschland nahezu unbekannte serbische Sichtweise nachzuvollziehen – und sich dann sein eigenes Urteil zu bilden.

Was wir nicht verstehen, versuchen wir oft zu verdrängen – das gilt für den einzelnen ebenso wie für Völker, ja, für das ganze übrige Europa, das angesichts der Greuel auf dem Balkan in eigentümlicher Lähmung verharrt. Daher haben wir beschlossen, dieses Buch zu schreiben. Möge es helfen, die Ursachen eines schrecklichen Krieges zu begreifen und den Schwall der Vorurteile zu beheben, der noch immer den Blick auf die tatsächlichen Geschehnisse im einstigen Jugoslawien verstellt. Nur wenn wir erkennen, können wir verarbeiten. Und nur aus einer solchen Haltung vorurteilslosen Erfassens heraus können wir – kann Europa – die Voraussetzungen schaffen, um zwischen erbitterten Fronten erfolgreich als Friedensvermittler zu sein.

---

* in: V. Umeljić, Die Besatzungszeit und das Genozid in Jugoslawien 1941–1945, Los Angeles 1994, 14

1. Kapitel

VORGESCHICHTE IM ALTERTUM

Der 1991 ausgebrochene innerjugoslawische Krieg, dessen Schauplätze Bosnien-Herzegowina und die frühere Militärgrenze* sind, ist kein Krieg der Nationen im westlichen Sinn des Wortes. Alle drei Kriegsparteien – Serben, Kroaten und bosnische Moslems – sind Südslawen und unterscheiden sich in ethnischer Hinsicht kaum. Überdies sprechen sie eine gemeinsame Sprache, die nur unterschiedliche Namen trägt: *Serbisch, Kroatisch* – früher *Serbokroatisch* – und inzwischen auch *Bosnisch*.

Nationen aber sind die Akteure dieses Krieges im orientalischen Sinn, der die Nation mit der *Religionsgemeinschaft* gleichsetzt – eine Folge der langen byzantinischen und türkischen Herrschaft, die das Nationalgefühl dieser Völker prägte. Weitaus schwerer als ethnische und sprachliche Gemeinsamkeiten wiegen daher die religiösen Unterschiede: Die Serben sind *orthodox*, die Kroaten *katholisch*, die Moslems *islamisch*. Somit ist dieser Krieg zutiefst ein *Religionskrieg*, dessen Ursachen und Anfänge mit der Entstehung dieser Nationen untrennbar verbunden sind.

In ihrer Vorgeschichte vermischten sich die Slawen mit ihren östlichen Nachbarn, den indoiranischen Völkern, unter anderem mit Skythen und Sarmaten. Auch die Namen »Serben« und »Kroaten« sind wahrscheinlich sarmatischer Herkunft[1]. Dieser starke Einfluß auf die vorchristliche Religion der Slawen läßt sich insbesondere bei den Serben klar verfolgen, die auch nach der Christianisierung Elemente ihres alten Glaubens behielten – vor allem einen sehr ausgeprägten Dualismus, der zu einer Art Doppelreligion führte: einem christlichen Himmelsglauben und einer vorchristlichen Religion der Unterwelt, des Todes. Diese ist seit jeher mächtiger als die Orthodoxie: Lieber als zur Kirche gehen die Serben bis heute zum Friedhof, wo sie am Grab, das zugleich Altar und Festtisch ist, ihr Heidentum unbewußt feiern. Altira-

* Zur historischen Entstehung und räumlichen Ausdehnung der östereichisch-ungarischen Militärgrenze gegen die Türkei vgl. Seite 60 ff. und Karte 86/87

nisch ist auch ihr Feuerkult[2], gipfelnd in der Drachenreligiosität, der Verehrung des »Feurigen Drachen« *Zmaj*, der die Rolle des Kriegsgottes spielte und als Vater aller serbischen Helden galt.

Wahrscheinlich noch um die Mitte des 5. Jahrhunderts, nach dem Zusammenbruch des hunnischen Attila-Reiches, siedeln die Slawen in großen Massen am linken Ufer der unteren Donau und werden so zu Nachbarn des oströmischen Imperiums. Nach Prokop von Cäsarea bewohnten sie die ganze heutige Walachei, die einige byzantinische Autoren daher »Sklavinien« nannten. Erstmals dringen die Slawen zur Zeit Kaiser Justins (518–527) in byzantinisches Territorium ein; zu weiteren Einfällen kommt es während der Regierung seines Nachfolgers Justinian I. (527–565). Anno 540 stehen die Slawen sogar vor Byzanz. 551 schlagen sie die Byzantiner bei Adrianopel und bedrohen erneut die »Kaiserstadt« (*Carigrad*), wie sie Konstantinopel nennen.

Damals beabsichtigten die Slawen noch nicht, das byzantinische Land selbst zu besiedeln. Es ging ihnen nur um Raub, und sie trafen auf keinen sehr starken Widerstand, da die zersplitterten oströmischen Heere zur selben Zeit auch in Asien, Afrika, Italien und Spanien kämpften.

Die schicksalhafte Wende trat um die Mitte des 6. Jahrhunderts mit dem Erscheinen der *Awaren* ein.

Dieses nomadische, mit den Hunnen eng verwandte Reitervolk war zwar außerordentlich klein; zu keiner Zeit umfaßte es mehr als fünfzigtausend Menschen. Die Begabung der Awaren, Menschen zu führen, war jedoch groß, und noch größer war ihr Machthunger. Sie organisierten die Slawen in einer Art feudalem Kriegerstaat, der von der Donaumündung bis zum Baltikum reichte. Die awarische Reiterei mit dem despotisch regierenden *Khagan* – dem Khan der Khane – an der Spitze bildete die Oberschicht. Die Slawen dienten als Fußvolk und Hilfstruppen, aber auch als Nachschub für die awarische Flotte.

Bald schon bekam Byzanz diese neue Macht zu spüren, und ab 558 zahlte es den jährlichen Tribut. Doch damit war der Feind nicht zufrieden – er wollte Konstantinopel vernichten und das Reich zerschlagen. Als 602 die erschöpfte byzantinische Donauarmee rebellierte und unter dem Soldatenkaiser Phokas gegen die eigene Hauptstadt marschierte, brach im ganzen Reich ein Chaos aus, das acht Jahre andauern sollte. Damals begann die massive slawische Kolonisierung des Balkans. Zur Zeit der Verwüstungen hatte sich das Land geleert, die alte – später meist »Walachen« genannte – romanische Bevölkerung war in die befestigten Städte an der Adriaküste oder in das unbesiegbare Saloniki geflohen. Erst später, nachdem sich die Slawen auf dem Land etabliert hatten, kehrten die Flüchtlinge als wandernde Hirten zurück. Aus der Mischung beider Gruppen ging der geschichtliche Südslawe hervor.

Schon um die Mitte des 7. Jahrhunderts war diese Kolonisierung so gut wie abgeschlossen. Doch traten die Slawen noch nicht als vereinte Stämme auf, sondern als vereinzelte Gruppen aus der ganzen slawischen Welt. Neben den Abodriten (*Bodrići*) etwa aus dem heutigen Mecklenburg und Ostholstein gab es die Duleben (*Duljebi*) aus Rußland. Sie bewohnten voneinander isolierte Gebiete urbaren Bodens; die politische Grundlage ihres Lebens war die Dorfgemeinde. Nach und nach entstanden indes neue Stämme, die sich zu »Sklawinien« – losen Kriegsbünden – zusammenschlossen.

Die Awaren hatten die Ansiedlung der Slawen zwar vorangetrieben und manchmal direkt erzwungen, sie selbst freilich blieben den neuen Siedlungsgebieten fern. Als Steppenvolk bevorzugten sie das Leben in der pannonischen Großebene, und so setzte mit der Kolonialisierung zugleich ihre allmähliche Trennung von den Südslawen ein. Außerdem begann das Kriegsglück die Awaren zu verlassen. Ein 626 gemeinsam mit den Persern geführter Angriff auf Konstantinopel wurde zur Katastrophe und leitete das Ende der awarischen Großmacht ein, die seither in byzantinischen Quellen nicht mehr erwähnt wird. Auch der erfolgreiche Aufstand der böhmischen Slawen, die sich – mit Unterstützung der Lausitzer Sorben – unter dem fränkischen Kaufmann Samo (627–662) erhoben, drängte die Awaren zurück. Nach diesen Niederlagen beherrschten sie nur noch Pannonien, bis ihnen Karl »der Große« 796 auch dort den Todesstoß versetzte. Bald danach verschwinden sie aus der Geschichte.

Auf den Balkan gelangten die Serben und Kroaten wahrscheinlich nach dem Scheitern der Awaren vor Konstantinopel. In seinem Werk *De administrando imperio* nennt der gelehrte byzantinische Kaiser Konstantin Porphyrogennetos (905–959) »Boike« als Stammland der Serben – ein Gebiet zwischen Franken und den

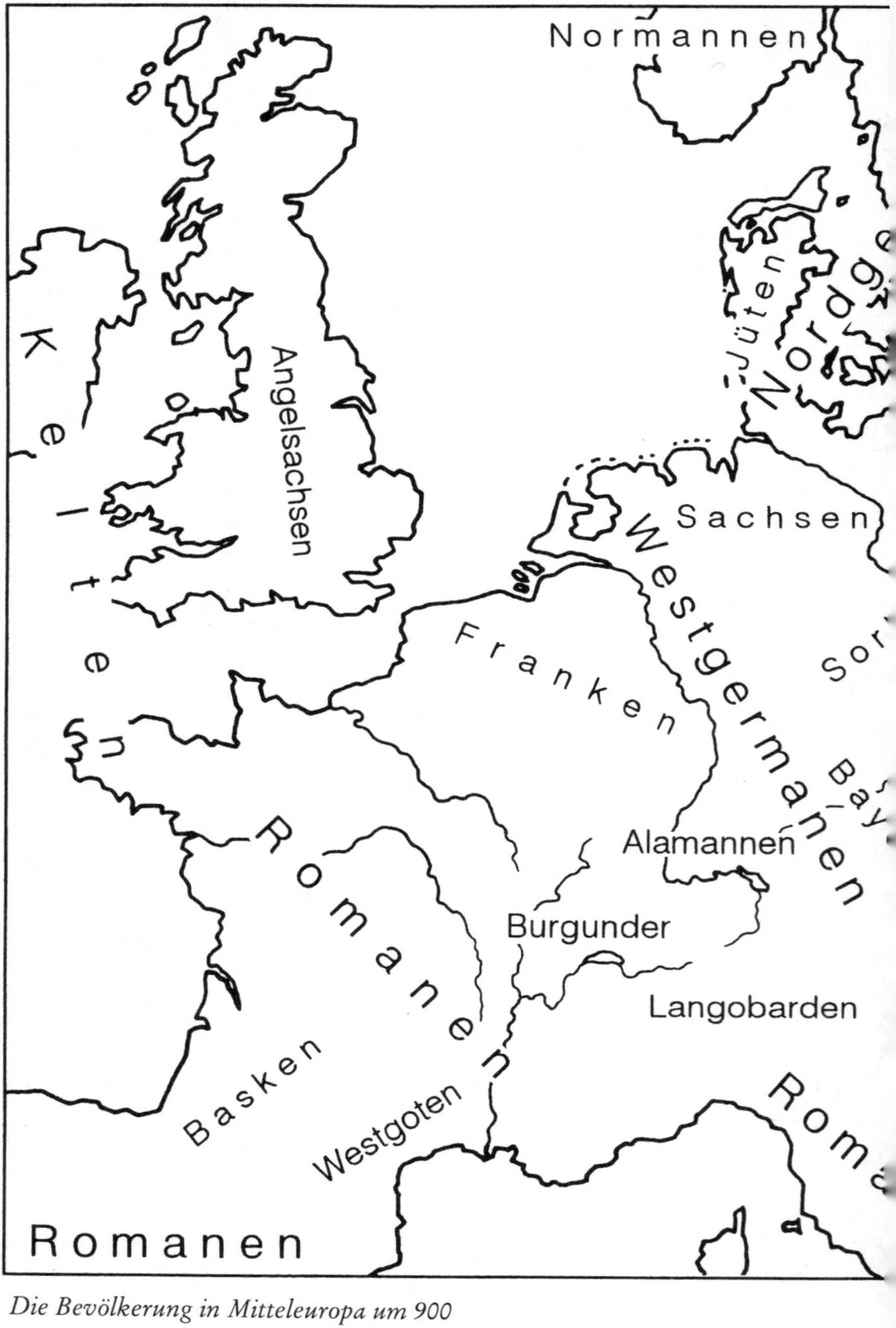

Die Bevölkerung in Mitteleuropa um 900

Letten
Nordslawen
chechen
Mähren
Magyaren
Bulgaren
Slowenen
Romanen
Kroaten
Serben
Südslawen
Bulgaren
Griechen

ungetauften Kroaten. Demnach bilden die ungetauften Serben, die sich auch »Weißserben« nennen, die serbische Urbevölkerung des Balkans. Andere Interpreten setzen »Boike« mit »Boiohaemum« – Böhmen – gleich oder zu den Abodriten (slawisch *Brodići*) in Beziehung, so daß die Urheimat der Serben im Gebiet der unteren Elbe wäre.

So oder so standen die balkanischen Serben ursprünglich den Lausitzer Sorben und anderen Elbslawen – den »Wenden« – am nächsten, die Kroaten dagegen den Polen[3]. Indes unterschieden sich beide – Serben wie Kroaten – von jenen bunten Slawenhaufen, welche die Awaren über Save und Donau geführt hatten, durch ihr klares Volksbewußtsein. Daher konnten sie die verschiedenen »Sklawinien« – die losen Kriegsbünde – assimilieren und sich zu Nationen entwickeln. Ohne Serben und Kroaten wären die Balkanslawen, die außerhalb des Bulgarenreiches lebten, unvermeidlich romanisiert oder hellenisiert worden.

Wie Porphyrogennetos berichtet, erbaten beide Stämme von Kaiser Heraklius (610–641), dem Bezwinger der Perser und Awaren, die Erlaubnis, auf byzantinischem Boden siedeln zu dürfen. Der Monarch, der sie als Verbündete ansehen mußte, beschied diesen Wunsch wohlwollend. Die geographische und zugleich ethnische Grenze zwischen Serben und Kroaten bildete damals der Fluß Cetina in Mitteldalmatien. Nach den *Annales regni Francorum*, die 822 erstmals die balkanischen Serben erwähnen, haben diese als großes Volk einen beträchtlichen Teil Dalmatiens inne*.

Verschoben wurde diese Grenze erst Jahrhunderte später, und zwar aus *religiösen* Gründen. Serben wie Kroaten waren zunächst Christen römisch-katholischer Konfession, im 12. Jahrhundert aber wurde der serbische Staat offiziell orthodox. In einem langen, erst im 20. Jahrhundert endenden geschichtlichen Prozeß verwandelten sich seither die katholischen Serben, die außerhalb der Staatsgrenzen geblieben waren und sich daher mit den orthodoxen Serben auch politisch nicht mehr identifizierten, nach und nach in Kroaten. Die Hauptarbeit bei dieser nationalen Konversion leisteten natürlich die katholischen Priester.

---

* »Sorabi, quae natio magnam Dalmatiae partem obtinere dicitur«.

Die Kroaten aber, die vor den Türken flohen, zogen sich insbesondere im 16. Jahrhundert aus Ostkroatien und Norddalmatien zurück. Sie bewohnten die dalmatinischen Städte und Inseln, wo sie im Süden die romanische Bevölkerung, im Norden die Agramer und Warasdiner Gespanschaft ebenso verdrängten wie das ursprünglich slowenische Element. Die Gebiete indes, die sie verlassen hatten, wurden nun von den orthodoxen Serben als türkischen, venezianischen und österreichischen Angrenzern besiedelt.

Zurück ins 7. Jahrhundert. Die Lockerung der Awarenmacht brachte den Balkanslawen keineswegs die Freiheit – im Gegenteil. Denn jetzt schlug die gedemütigte Zivilisation zurück: Das wiedererstarkte Byzanz unternahm gewaltige Feldzüge, um Awaren und Slawen zu unterwerfen, noch mehr aber, um Menschen zu erbeuten. Es folgten gigantische Sklavenjagden unter den Kaisern Konstans II., Justinian II. und Konstantin V. Kopronymos. Wahrscheinlich stammt aus dieser Zeit die griechische und später allgemein westliche Gleichsetzung der Begriffe *Slawen* und *Sklaven* (mittelgriechisch *sklabos*).

Schon im Jahr 681 mußte Byzanz zwar den bulgarischen Staat anerkennen, und 705 verlieh es dem Bulgarenkhan den Titel *Cäsar*. Serben und Kroaten aber blieben vorerst die Untertanen Ostroms. Kirchlich unterstanden die Kroaten – nach einigen Schwankungen – völlig, die Serben teilweise dem Vatikan, der erste Konversionen unternahm.

Die Bekehrung beseitigte das Haupthindernis, das bis dahin die Verschmelzung der neuen und der alten Bevölkerung verhindert hatte. Damit schritt die Slawisierung immer schneller voran, und es entstanden neue südslawische Sprachen, die das Altslawische ersetzten. Andererseits freilich verdoppelte sich die Fremdherrschaft; zu der des Kaisers kam die der Kirche, wobei das Christentum anfangs eine Angelegenheit der opportunistischen Oberschicht war. Denn ein slawischer Fürst (*knez*), Herzog (*vojvoda*) oder Gespan (*župan*), der als solcher auch vor der christlichen Welt gelten wollte, mußte unbedingt selbst zum christlichen Glauben übertreten.

Auf die Konversionspolitik des Papstes reagierten die Slawen und Ostrom im 9. Jahrhundert mit dem slawischen »Urprotestantismus von oben«. Durch die Lehre der Slawenapostel Kyrill und

Method entstand so auf dem Balkan eine im wahren Wortsinn *slawisch-griechische Kirche*. Dieser Bewegung folgte in den nächsten Jahrhunderten auch ein südslawischer »Urprotestantismus von unten«, das *Bogomilentum** , vom offiziellen Christentum aber als »Häresie« gebrandmarkt.

* Zur Herkunft und Bedeutung der Bogomilen vgl. u., S. 28 ff.

2. Kapitel

DIE ZEIT DER STAATENGRÜNDUNGEN UND DER ERSTEN BALKANISCHEN RELIGIONSKRIEGE

KROATISCHE NATIONALGESCHICHTE IM MITTELALTER

Rückblickend erscheint die kroatische Geschichte über weite Strecken weniger als Nationalgeschichte denn als steter Wechsel fremder Herren. Erhoben sich die Kroaten gegen eine Fremdherrschaft, so war die nächste meist nicht fern, und oft genug verbündeten sich die Aufständischen mit dem neuen gegen den alten Herrscher.

Im Jahr 799, als die Franken nach ihrem Sieg über die Awaren das byzantinische Dalmatien angriffen, siedelten die Kroaten im nördlichen und mittleren Kontinentalteil, während die Byzantiner die Städte besaßen. Zunächst eroberten die Franken die ganze Provinz. Doch in einem neuen Krieg gewann Ostrom – 812 durch den Aachener Frieden besiegelt – die Städte Zadar, Trogir und Split sowie die Inseln Krk, Rab und Osor (Cres mit Lošinj) zurück. Dem karolingischen Reich blieben Istrien und Kontinentaldalmatien mit den Siedlungsgebieten der Kroaten. Diesen wurde – unter Aufsicht des friaulischen Markgrafen – nur eine eingeschränkte Selbstverwaltung gestattet, und das Patriarchat Aquileja begann die Kroaten zu katholisieren.

Zum Christentum bekannten sich anfangs wahrscheinlich nur der *Knez* – der Fürst – und seine Umgebung. Während die Franken die Katholisierung Kroatisch-Dalmatiens voranzutreiben versuchten, stand der fränkisch-propäpstlichen eine starke byzantinisch-antipäpstliche Fraktion gegenüber. Diese unternahm 876, unterstützt vom byzantinischen Kaiser, einen erfolgreichen Aufstand gegen die Franken, und 878 wurde die Oberhoheit Ostroms über die Kroaten wiederhergestellt. Daraufhin kehrte der neue kroatische *Knez* Zdeslav mit einem großen Gefolge griechischer Priester aus Konstantinopel zurück und begann sofort und erfolgreich mit der Christianisierung Kroatiens. Offenbar bediente er sich hierbei der slawisch verfaßten kyrillo-methodianischen Kirchenbücher, denn noch lange danach hielten die Kroaten an der slawischen Liturgie fest.

Diese war durch den Entschluß des byzantinischen Hofes entstanden, den päpstlichen und den deutschen Einfluß in der Slawenmission zu parieren und den zu Bekehrenden die neue Religion in ihrer eigenen Sprache zu bringen. Die gelehrten griechischen Brüder aus Saloniki – der ältere Method und der jüngere Konstantin-Kyrill – übersetzten die Bibel in eine slawische Sprache, später »Kirchenslawisch« genannt, und Kyrill schuf die erste slawische – die sogenannte glagolitische – Schrift, aus der sich die kyrillische Schrift entwickelt hat.

Die byzantinische Mission, die zu einer schnellen Verbreitung des Christentums unter den Südslawen, freilich auch zur Verselbständigung der slawisch-griechischen Kirchen führte, verbot Rom schon 885. Bei den Serben und Bulgaren mußte man sie zwar dulden, in Kroatisch-Dalmatien aber wurde sie allmählich unterdrückt.

Die entscheidende Etappe des Kampfes der fränkisch-propäpstlichen Gefolgsleute gegen die slawisch-griechische Konfession eröffnet eine blutige Säuberungsaktion: Da sich die Kroaten unter *Knez* Zdeslav auch in religiöser Hinsicht an Konstantinopel zu binden begannen, beseitigt man 879 den Fürsten und seine Partei. Der Mörder, *Knez* Branimir, und der »gewählte, doch nicht bestätigte« Bischof Theodosius, offenbar also sein Komplize, schreiben darauf an den Papst, dem sie ihre und des ganzen kroatischen Volkes unbegrenzte Ergebenheit und Treue erklären. In seinen Antworten an den *Knez* und den Bischof bekundet der glückliche Pontifex Johann VIII. große Freude über diese »Rückkehr« des Volkes zur heiligen römischen Kirche. (Indes sollte dieses Glücksgefühl nicht lange dauern: Bald darauf wird Johann VIII. als erster Papst seinerseits ermordet – wahrscheinlich von seinem eigenen Gefolge, das ihm zunächst Gift einflößte und ihn dann erschlug.)

Der Mord an *Knez* Zdeslav markiert den Beginn eines bis heute anhaltenden Gehorsams fast aller kroatischen »Würdenträger« gegenüber dem Papst. Noch der faschistische *Poglavnik* (Häuptling) Pavelić besuchte im Zweiten Weltkrieg Pius XII. und starb, nachdem er Hunderttausende von Serben hatte massakrieren lassen, am 28. Dezember 1959 mit dem Rosenkranz in der Hand, einem Geschenk jenes Papstes.

Immerhin steht auch nach dem Mord an *Knez* Zdeslav der propäpstlichen kroatischen Führung weiterhin eine byzantische und kirchlich-slawische Partei gegenüber. Dies zeigt schon das Schreiben Johanns VIII. an Fürst Branimir, in dem der Papst auch die zu besiegenden Feinde des neuen *Knez* erwähnt*. Und wie sich später zeigen wird, hat diese antipäpstliche Partei den Kampf noch keineswegs aufgegeben.

Kroatische Historiker behaupten, daß die Kroaten seit der Machtübernahme des Papstlieblings (dilectus filius) Branimir unabhängig seien. Davon kann freilich keine Rede sein. In rechtlicher Hinsicht war ihr Land fortan nur ein Teil Ostroms. Der selbsternannte König - *kralj, rex* – Tomislav (gest. um 930), den die kroatischen Historiker als ersten kroatischen König bezeichnen, war tatsächlich nur kaiserlicher Prokonsul. Auch der »König von Dalmatien und Kroatien« Drzislav (gest. um 997) war offiziell nur »Eparch« (im Rang etwa des »proconsul provinciae«) und »Patrizier« des byzantinischen Hofs, und die Mitregenten Kresimir und Gojslav konnten sich noch 1018 bloß des Titels »Patrizier« erfreuen.

In dieser und der folgenden Zeit kämpften Byzanz, Venedig, Normannen und Ungarn um Dalmatien. Die Kroaten aber waren nicht Kombattanten, sondern Streitobjekt. Wie so oft in der Geschichte von Völkern und Nationen, klafften auch hier Anspruch und Wirklichkeit weit auseinander. Und wie so oft zeigte sich der Vatikan um geschichtliche Wahrheit unbekümmert, indem er die Kroaten wegen ihrer angeblichen Verdienste im Kampf gegen die Türken als »antemurale christianitatis« rühmte. Doch das vermeintliche Bollwerk vermochte nicht einmal seine eigenen Interessen zu verteidigen – geschweige denn die der Christenheit.

Wie dieses »Bollwerk« zuerst funktionierte, illustriert die Geschichte der Besetzung der dalmatischen Städte durch Venedig im Jahre 1000. Weil Byzanz, gegen den bulgarischen »Kaiser« Samuilo zu sehr engagiert, die Städte nicht genügend schützen konnte, begannen die Kroaten gegen sie zu wüten. Darauf verlang-

---

* »... tanto super omnes inimicos tuos et rebelles adversarios eris procul dubio victor et potens«.

ten die Attackierten den Beistand der venezianischen Republik, und Peter Orseolo II., wohl der bedeutendste Doge der Frühzeit, erhielt von Byzanz die Erlaubnis, die Dalmatiner in Schutz und Verwaltung zu nehmen.

Als er zunächst in Oslar landete, der Hauptstadt der Inseln Cres und Lošinj, leisteten ihm nicht nur die Romanen, sondern auch die Kroaten sofort den Treueeid, und an Pfingsten, dem 19. Mai 1000, sangen Klerus und Volk ihm zu Ehren in der Kathedrale feierliche Psalmen (*laudes*). In Zadar erwartete der Bischof mit seinem Gefolge schon unter der Stadtmauer die venezianische Flotte und grüßte den Dogen gleichfalls als seinen Herrn. In der Stadt selbst, der Kapitale des kaiserlichen Dalmatien, harrten bereits die Majores des ganzen *Themas* – der Gebietskörperschaft –, darunter die Bischöfe von Krk und Rab mit den Prioren aller dalmatinischen Städte. Man legte dem Dogen auf das Evangelium den Treueid ab, und die anwesenden Bischöfe schworen überdies, an Festtagen beim Psalmensingen seinen Namen gleich nach dem des byzantinischen Kaisers zu preisen.

Anschließend zog der Venezianer sogar in die Hauptstadt der Kroaten – Belgrad – ohne Widerstand ein: Der kroatische »König« Svetoslav war vorher verschwunden. Die ganze Bürgerschaft aber huldigte dem Eindringling auch hier. Ähnliche Treueschwüre folgten in Trogir – wo, neben Klerus und Volk, auch der Königsbruder Kresimir dem Dogen seine Ergebenheit bezeigte –, sodann durch den Erzbischof von Split und den Dubrovniker Bischof, die sich jeweils samt Gefolge unterwarfen. Von Kämpfen berichtete man nur auf den Inseln Korčula und Lastovo, die von den narentanischen Serben verteidigt wurden[1].

Alles in allem kein Heereszug für den Dogen, eher eine harmlose Kreuzfahrt. Nach Venedig zurückgekehrt, krönte der glückliche Sieger seine Expedition durch den neuen zusätzlichen Titel *Doge von Dalmatien* (dux Dalmatiae), den der deutsche Kaiser Otto III. sogleich anerkannte. Titel und Gebühren des kaiserlichen Protosebast für Dalmatien sprach Byzanz dem Dogen erst 1085 zu, nach einem Treuebruch der Kroaten gegenüber dem Herrscher.

Im 11. Jahrhundert suchten vehemente Tumulte religiösen Charakters die Kroaten heim: Die vatikanische und die slawisch-byzantinische Partei bekämpften einander so hartnäckig, daß die Selbstverwaltung zusammenzubrechen drohte. Besonders wäh-

Europa im 10. und 11. Jahrhundert

rend der Regierungszeiten von Slavac und Dmitar Zvonimir wurde das Land von religiösen Unruhen erschüttert.

Nachdem die Lateransynode 1059 unter anderem das Zölibat zur kanonischen Pflicht innerhalb der römischen Kirche gemacht hatte, erließ die – für alle Kirchen Dalmatiens zuständige – Synode von Split 1060 noch zwei weitere Verfügungen. Im ersten Kanon heißt es: »Wenn von jetzt an irgendein Kleriker einen Bart oder lange Haare trägt, hat er kein Recht mehr, die Kirche zu betreten; er soll der kanonischen Strafe unterstellt werden nach seinem kirchlichen Grad.« Der zweite Kanon verbietet »unter der Verdammungsstrafe, die Slawen (Sclavos) in die heiligen Rangordnungen zu promovieren, wenn sie der Lateinbücher nicht kundig sind«.

Im dalmatinischen Erzbistum wurde damals die griechisch-slawische Liturgie angewandt, obwohl eine Provinzialsynode sie schon längst verboten hatte. Ebenso galt das griechische kanonische Recht; Rom unterstand man nur »moralisch«. Der Erzbischof von Split war verheiratet und hatte Kinder, kroatische Priester trugen Bärte und verstanden kein Latein. Doch nachdem es am 16. Juli 1054 zum Schisma – zum endgültigen Bruch zwischen der römisch-katholischen und der orthodoxen Kirche, zwischen dem Westen und dem Osten Europas – gekommen war, wollte Rom die ihm ergebenen Gemeinden radikal latinisieren.

Man ging hart vor. Alle kroatischen Kirchen wurden geschlossen. Es kam zu blutigen Auseinandersetzungen, und die antirömische Fraktion gewann anfangs die Oberhand. Eine breite Volksbewegung, angeführt unter anderem von dem Priester Yuk und dem Abt Potjeha, öffnete gewaltsam die Kirchen und wählte den Greis Zdeda zum Bischof. Der romhörige Klerus aber schimpfte die Kroaten nicht nur »Schismatiker«, sondern auch »Häretiker«, Anhänger des »arianischen«, des »gotischen« Irrglaubens. Der päpstliche Legat und der kroatische Regent Petar Kresimir, der – obwohl byzantinischer Stellvertreter* – für den Papst eiferte, erzwangen den Frieden im römischen Sinn.

Doch im Jahr 1074, nach Kresimirs Tod, brachte die slawisch-byzantinische Partei den Slavac (oder Slavić) – wahrscheinlich ein

* »protospatarius imperialis et totius Dalmatiae catapanus«

Serbe aus dem serbischen Narenta-(Neretva-)Gebiet – auf den kroatischen Thron und damit die »Häresie« an die Macht. Da beschloß Papst Gregor VII., dieser fanatische Reformer und Tyrann, den abtrünnigen Kroaten um jeden Preis das Genick zu brechen. Hierzu bediente er sich der Normannen, mit denen die Päpste seit einiger Zeit erfolgreich gegen Byzanz kollaborierten. Rasch besetzten jene unter ihrem Grafen Amicus 1075 Split, wo der päpstliche Legat samt Anhang sie schon erwartete. Sie besetzten Trogir, Belgrad, Zadar, Nin, nahmen den »kroatischen König« fest und zerstörten und plünderten nach bewährtem Brauch. Noch im gleichen Jahr jedoch wurden sie von den Venezianern aus Dalmatien vertrieben, und nun huldigten alle wieder dem Dogen.

Anno 1076, als die Kroaten offenbar keine Handlungsfreiheit hatten, brachte der Papst einen seiner Gefolgsleute auf den kroatischen Thron: Dmitar Zvonimir, kurioserweise der erste »legale« kroatische König, bekam die königlichen Zeichen vom römischen Legaten Gebizon, übernahm zugleich aber Vasallenpflichten gegenüber dem Papst, dem er bei Bedarf bewaffnete Hilfe zu leisten hatte. Als Rom freilich von Zvonimir eine Kriegsteilnahme der Kroaten verlangte, erhoben diese sich gegen ihren König und lynchten ihn – wieder das Werk jener antikatholischen Partei.

Doch das Ende jeder kroatischen Selbstregierung war ohnehin besiegelt, als die Ungarn gegen sie antraten, ein turanisches Volk, seit Beginn seiner europäischen Geschichte sehr katholisch und antislawisch. Die Päpste nannten ihre Könige »apostolisch«, und ein bekanntes ungarisches Sprichwort lautet: »Der Slawe ist kein Mensch«.

1091 überquerten die Ungarn die Drau, eroberten Slawonien, das zu einem ungarischen *Banat* wurde, und tauften die dortigen heidnischen Slawen. Der ungarische König Ladislaus I. (der Heilige) gründete 1094 auch Zagreb und machte es zum Sitz des Bistums, das man zuerst dem Erzbischof von Gran (Esztergom), danach jenem von Kalocsa unterstellte. »Die Bischofssorge«, heißt es in einer Urkunde, »soll diejenigen, die der Irrtum des Götzendienstes (error idolatrie) von der Verehrung des wahren Gottes entfremdet hat, auf den Weg der Wahrheit führen«. Aber dieser Weg der Wahrheit war zugleich der Weg der Knechtschaft, wurde das ganze Gebiet samt allem Volk doch der neuen Kirche geschenkt.

Als Ladislaus' Nachfolger Kálmán 1097 die slawonisch-kroatische Grenze, den Fluß Kupa, überschritt und dort König Petar tötete, traf er auf keinen kroatischen Widerstand mehr, so daß er 1098 mit dem Dogen in aller Ruhe die ungarisch-venezianischen Grenzangelegenheiten vertraglich regeln konnte. Bis 1918 sollten Slawonien und Kroatien zu Ungarn gehören.

Man könnte meinen, daß diese 900 Jahre alten Geschehnisse heute nur noch die Historiker interessierten. Tatsächlich aber wirken sie sich bis in die Gegenwart hinein aus: Die gesamte neuere kroatische Geschichtswissenschaft behauptet, Kroatien sei damals, im Jahr 1097, nicht Ungarn einverleibt worden, vielmehr habe der kroatische »Staat« nur den ungarischen König als kroatischen Monarchen akzeptiert. Kroatien sei also unabhängig geblieben und mit Ungarn nur durch »Personalunion«, später durch »Realunion« verbunden gewesen. Diese Behauptung wurde zur Grundlage des kroatischen »historischen« Staatsrechts, wonach der kroatische »Staat« als solcher durch Jahrhunderte ungarischer Herrschaft fortbestand.

Im juristischen Sinn gab es jedoch vor der ungarischen Okkupation keinen kroatischen Staat; selbst Kálmán nennt 1097/1098 den Dogen, mit dem er »die ewige Freundschaft« schloß, »dux Venetie, Chroatie atque Dalmatie«, sich selbst aber »rex Ungarorum«. Kein kroatischer Staat, weder als Subjekt noch als Objekt, wird in diesen Akten erwähnt.

Hier geht es indes nicht nur um Rechtsfragen, sondern auch um ihre historischen Deutungen und deren Wirkungsgeschichte bis in unsere Zeit hinein.

Erst Jahrhunderte nach dem ungarisch-venezianischen Vertrag, in einer Schrift aus der ersten Hälfte des 14. Jahrhunderts, »entdeckten« die Kroaten die »Abschrift« eines weiteren Vertragswerkes – der »Pacta conventa« –, das angeblich vom ungarischen König 1102 mit den zwölf kroatischen Gespanen vereinbart worden war. Danach hätte Kálmán ihnen und ihren Leuten den Grundbesitz garantiert und sie von der Königssteuer befreit. Die Kroaten sollten sich als Gegenleistung nur zu einem begrenzten Militärdienst verpflichtet haben. Auch ungarische Historiker nannten diesen »Vertrag« mit vollem Recht eine Fälschung, dennoch blieb er für die Kroaten sakrosankt. Sogar ihre kommunistischen Rechtshistoriker, die sonst für die Rechtseinrichtungen des

Feudalismus kein gutes Wort finden, reden von einer »Personal-« bzw. »Realunion« Kroatiens mit Ungarn[2].

Nach einer anderen Urkunde, welche die Ungarn ebenfalls für gefälscht hielten, versprach Kálmán bei seiner Krönung zum König Kroatiens und Dalmatiens, er und seine Nachfolger würden künftig dorthin kommen, um in Landtagen kroatische Staatsangelegenheiten zu erörtern. Die Anhänger des kroatischen »historischen« Rechts folgerten daraus, daß hierdurch in Kroatien und Dalmatien die Rechte der ungarischen Krone begrenzt worden seien, somit eine konstitutionelle Monarchie in diesen Ländern noch früher bestanden habe als etwa in England[3]. Kálmáns tatsächliches Verhalten zeigte aber, welche Bedeutung er kroatischen Rechtsansprüchen zumaß: Nachdem er 1107 die »ewige Freundschaft« mit den Venezianern mit Füßen getreten hatte und Herr Dalmatiens geworden war, regierte er über Kroaten und Dalmatinen despotisch wie jeder turanische Aggressor, kümmerte sich nicht um ihre Landtage und besteuerte sie nach seinem Gutdünken[4].

Die »Pacta conventa« dienten den Kroaten rechtlich nicht nur gegenüber den Ungarn, sie bekamen indirekt auch eine antiserbische Spitze: Weil unter den Gespanen, die mit Kálmán diese Vereinbarungen getroffen hätten, angeblich auch Bosnier gewesen seien, rechnen die Kroaten auch Bosnien-Herzegowina nach dem »historischen« Recht Kroatien zu. Da überdies die zwölf Gespane das kroatische Volk repräsentierten, könne auf dem kroatischen »historischen« Gebiet nur eine einzige Nation existieren beziehungsweise politische Rechte beanspruchen, eben die kroatische Nation. Für die Serben aber, die auf dem kroatischen »historischen« Boden leben, bedeutet das: Legt man die »Pacta conventa« »milder« aus, kann man die Serben als politisch rechtlose Gruppe dulden; legt man sie »strenger« aus, muß man die Serben vernichten. – Diese zweite Interpretation wurde zwischen 1941 und 1945 praktiziert, und 1990 versuchte die kroatische Führung abermals, die »strenge« Lesart der »Pacta conventa« geltend zu machen.

War der »Staat« für die Kroaten über Jahrhunderte kaum mehr als ein diplomatisches Schriftstück, so war er für die Serben immer harte Wirklichkeit. Anfangs zerstreut, in weit voneinander entfernten Siedlungsgebieten lebend, brauchten sie lange, um sich zu vereinigen und zu organisieren. Dies zeigt sich auch daran, daß die Hellenen sie als »Dalmatiner« wie als »Dazier« und »Triballen« bezeichneten, dabei dem spätbyzantinischen Brauch folgend, wonach man zeitgenössische Völker nach ihren antiken Vorgängern auf demselben Boden benannte[5].

Während der Türkenherrschaft nennen Moslems und Katholiken die Serben oft »Walachen«. Mit den ethnischen, den romanischen Walachen hatte das nichts zu tun. Die waren unter den Serben noch vor dem 13. Jahrhundert slawisiert worden, und von da an hießen alle Hirten »Walachen«[6]. Infolgedessen faßte der serbische Feudalstaat sämtliche Viehzüchter, mit Ausnahme der Albaner, ohne Rücksicht auf ihre Herkunft im Stand der »Walachen« zusammen. Und da während der Kriege mit den Türken 1371 bis 1499 andere Wirtschaftsformen nahezu vernichtet wurden, kam es zu großer Bevölkerungsflucht gerade in dieser Gruppe, dem Hauptträger der serbischen Wanderungen nach Westen[7]. Diese soziale Einstufung mochte die Moslems und Katholiken (insbesondere die Kroaten) zu ihrer Umbenennung der Serben inspirieren, wovon noch die Rede sein wird.

Aufgrund der weiten Ausbreitung der Serben entstanden zunächst drei serbische Staaten: das ostserbische Raška (Rascia), das südserbische Zeta, dessen Kern das heutige südliche Montenegro bildete, und das westserbische Bosnien.

Ähnlich geteilt waren die Serben in kirchlicher Hinsicht. Zunächst gebot ihnen hauptsächlich Rom. Doch löste Kaiser Leo III. (der Isaurier) um 731 die Provinz Praevalis – östlich von Dubrovnik – aus der päpstlichen Rechtsgewalt und unterstellte sie dem Erzbischof von Durazzo, der seinerseits dem Patriarchen von Konstantinopel unterstand. Folglich waren für die westlichen Serben an der Adriaküste in kirchlichen Belangen die dalmatinischen Bischöfe zuständig; nördlich davon gab es ein serbisch-bosnisches Bistum. Die Tatsache, daß Serbien und Bosnien identisch waren, geht auch aus einer Bulle des Papstes Urban III. vom 28. März 1187 hervor, worin es heißt: »regnum Serulie quod est Bosna«. Die größte Bedeutung für die serbische Geschichte bekam aber das byzantinische Bistum Ras im heutigen sogenannten Sandžak, wo sich die stärksten staatsbildenden Kräfte sammelten.

Wie bei den Kroaten beginnt das Christentum auch bei den Serben im 9. Jahrhundert durch die kyrillo-methodianische Reform Wurzeln zu schlagen. Der erste serbische Fürst mit einem christlichen Namen ist der 874 geborene Petar Gojniković. Fast alle serbischen Kirchen, gleich welcher Rechtsgewalt sie unterstehen, sind liturgisch und kanonisch gesehen kyrillo-methodianisch, also slawisch-griechisch. Daher konnte die administrative Trennung der Kirchen die nationale Einheit der Serben bis zur türkischen Herrschaft nicht beeinträchtigen: Sie gehörten im Grunde immer ein und derselben Kirche an.

ZETA, DER ERSTE SERBISCHE STAAT

Die ersten staatspolitischen Bewegungen der Serben galten den andrängenden Bulgaren, die als Obermacht im Inneren des Balkans die Awaren abgelöst hatten. Bei diesem Kampf konnten die Serben, ebenso wie die Kroaten Ostrom unterstellt, an der Adriaküste mit byzantinischer Hilfe rechnen. Nach dem Tod ihres Kaisers Simeon (927) begann die Kraft der Bulgaren – nicht zuletzt auch infolge bogomilischer Aktivitäten – zu schwinden, und nun entstand der erste serbische Staat. Unter Časlav Klonimirović, einem Fürsten, der die byzantinische Oberhoheit anerkannte, umfaßte er das heutige Bosnien-Herzegowina und Westserbien. Gerade damals schrieb der gelehrte byzantinische Kaiser Konstantin Porphyrogennetos seine Schrift *De administrando imperio*, worin dieses ganze Gebiet zum ersten Mal »Serbien« genannt und erstmals auch Bosnien erwähnt wird, und zwar als Teil Serbiens. Außer sechs Städten im »getauften« Serbien, darunter auch »Salines« (später Soli, heute Tuzla), führte Porphyrogennetos noch zwei serbische Städte im »Land Bosnien« an: »Katera und Desnik«.

Časlav konnte seine Herrschaft aber nicht lange genießen. Von Norden fielen neue Widersacher ein – die Bosnien plündernden

Ungarn, die er zwar zunächst vernichtend schlug, wobei auch ihr Führer, Kis, umkam. Doch kehrte dessen Witwe zu einem Rachezug mit einem großen Heer zurück. Diesmal – um 960 – wurde Časlav gefangen und in der Sawe ertränkt, wodurch auch der erste serbische Staat verloren war.

Nachdem Kaiser Basilius II., der »Bulgarentöter«, 1018 die bulgarische Großmacht definitiv zerstört und in ein byzantinisches *Thema Bulgaria* umgewandelt hatte, mußten die Serben gegen den Freund von gestern um ihre Unabhängigkeit kämpfen. Das Fürstentum versuchte nun eine neue Staatsgründung. In den montenegrinischen Bergen entwickelte sich hierbei ein Wesenszug des serbischen Staates, der zu einem *beweglichen Guerillakriegsstaat* wurde: Man unternahm einerseits mit kleinen Scharen (*Četa* – daher der Ausdruck »Tschetnik«, »Guerillakämpfer«) sogenannte *Raids*, überraschende Attacken tief in den Hintergrund des Feindes; andererseits legte man in den Bergpässen, nachdem man die unkriegerische Bevölkerung verborgen hatte, dem anrückenden Gegner Hinterhalte.

Um 1040 vertrieb Fürst Stefan Vojislav die griechischen Beamten aus Zeta und raubte ein kaiserliches Schiff voller Gold. Eine byzantinische Strafexpedition endete mit totalem Mißerfolg. Und als der neue Kaiser, der schöne und liederliche Konstantin IX. Monomachos, 1042 ein Heer von 60 000 Soldaten gegen Zeta schickte, schlachteten die Serben im Gebirge Rumija 40 000 Griechen ab, darunter sieben Kommandanten. Danach genoß Zeta Ruhe und Souveränität. Der Sohn und Nachfolger Vojislavs, Mihailo, bekam um 1052 sogar den Titel des byzantinischen *Protospatarius* und eine griechische Prinzessin zur Frau.

Mihailo Vojislavljević von Zeta brachte weitere serbische Fürstentümer und Länder östlich und westlich der Drina unter seine Herrschaft: Raška und Bosnien. Zeta genoß nicht nur in der slawischen Welt Ansehen, sondern auch bei den Päpsten. Die gemeinsame Feindschaft gegen Ostrom machte die Herren Zetas und des Vatikans zu engsten Freunden. So erhob der Papst das Bistum von Bar (Antivari) am 18. März 1067 zum Erzbistum, dessen Haupt bis heute »Primas Serbiens« heißt. Da eine eigene Kirche mit der königlichen Würde einhergeht, verlieh Gregor VII. im Jahr 1077 Mihailo auch den Königstitel – etwa um dieselbe Zeit, als er einem kroatischen und einem polnischen Fürsten die Krone gab. Und am

8. Januar 1089 ist Klemens III. froh, Mihailos Nachfolger – »filii nostri Bodini, regis Sclavorum gloriosissimi« – eine Bitte gewähren zu können.

König Bodin (1081–1101), in der griechischen Chronik als »sehr kriegerisch und voller Heimtücke« figurierend, brachte alle serbischen Länder unter sein Zepter zurück, war aber zugleich der letzte bedeutende Herrscher Zetas. Nach seinem Tod fiel Bosnien an die Ungarn, die es – nach dem gleichnamigen Fluß in der Westherzegowina – Rama nannten (weshalb sich ihr König ab 1138 auch »König von Rama«, rex Ramae, titulierte) und hier das Amt eines Vizekönigs – des *Banus* – errichteten. Bosnien, das politisch wie religiös ständig um seine Unabhängigkeit rang, erlangte bald eine breite Autonomie, und der bosnische *Banus* wurde zum erblichen Titel in der Hand der lokalen Adelsfamilien.

Dem Untergang Zetas aber folgte der Aufstieg des orthodoxen Raška zum führenden serbischen Land, was zugleich die Religionszugehörigkeit der serbischen Nation entschied.

EIN ENTSCHEIDENDER SCHRITT ZUR SERBISCHEN EINHEIT: RAŠKA

Zeta konnte der Träger des serbischen Staates nicht bleiben. Seine Lage hinsichtlich des Volksganzen war zu peripher, seine Bevölkerung zu heterogen – neben den Slawen lebten dort auch Romanen und Albaner. Raškas Bevölkerung dagegen war zahlreicher und rein serbisch, und es besaß die Möglichkeit, sein Siedlungsgebiet nach Osten hin durch Landnahme zu erweitern. Immerhin hatte Raška als Gespanschaft von Zeta schon in Kosovo einen permanenten Guerillakrieg gegen Byzanz geführt, und seine Raubfeldzüge erreichten bereits Niš und Skoplje. Gespane – und später Großgespane – von Raška suchten direkte Kontakte mit dem oströmischen Hof und versuchten, sich mit Byzanz völkerrechtlich zu arrangieren. Dabei schämten sich ihre besiegten Führer nicht, vor den ruhmsüchtigen Kaisern zu kriechen und Gnade zu erflehen. Da man diese stets gewährte, läßt sich folgern, daß die Serben, auf deren gute Soldaten das Reich nicht verzichten konnte, als hohe Vasallen und nicht als gemeine Rebellen galten.

Zum Umbruch kam es indessen, als Stefan Nemanja 1170 gewaltsam zum Großgespan von Raška wurde.

Anfangs war auch Nemanja (1168–96) nur ein Vasall der Griechen. 1176 aber unterlagen diese bei Myriokephala in Kleinasien, wo auch eine Feldschar der Serben Nemanjas kämpfte, gegen die Seldschuken. Daraufhin entschloß sich Nemanja, sich mit den Ungarn zu verbünden und an allen Fronten anzugreifen. 1183 wurden unter anderem Belgrad, Niš und Sofija verwüstet, in Serbien und Westbulgarien wurden byzantinische Festungen geschleift. Danach marschierte Nemanja nach Süden und nahm Zeta mit den Städten Skutari, Ulcinj, Bar und Kotor ein. Der byzantinische Statthalter, Großfürst Mihailo – der letzte Sprößling der alten Herrscher –, mußte fliehen; Nemanja ernannte seinen ältesten Sohn Vukan zum König von Zeta. Die Griechen, die offenbar als einzige Gruppe Widerstand leisteten, rottete man vollständig aus. Nur Dubrovnik mit seinen hohen Mauern, hinter die auch der Erzbischof von Bar flüchtete, konnte sich retten. Das oströmische Reich schien geschlagen. Die Normannen eroberten Durazzo und Saloniki; ihr nächstes Ziel war Konstantinopel selbst. Jetzt, 1085, rebellierten auch die Bulgaren. Mit ihrer Hilfe bezwang Nemanja ganz Ostserbien und Niš.

Es war die Zeit der Kreuzzüge. Und auch Nemanja führte einen Kreuzzug: gegen die Bogomilen.

Die balkanisch-slawischen Bogomilen (auch: Bogumilen) waren Teil einer großen Religionsbewegung innerhalb des Christentums. Diese erstreckte sich von Armenien, wo sich die Bogomilen als Sekte der Paulikianer im 7. Jahrhundert rekrutierten, bis nach Südfrankreich, wo sie zunächst von den Katharern vertreten wurden. Im 9. Jahrhundert verfolgt durch die byzantinischen Kaiser, kamen die Paulikianer auch auf den Balkan und verbreiteten sich dort im 10. Jahrhundert stark bei den Serben und anderen unter bulgarischer Herrschaft stehenden Slawen.

Der Name »Bogomilen« stammt von ihrem geistigen Führer, dem Priester Bogomil alias Theophilos. Die Grundlage des Bogomilentums – der Dualismus – mußte den Slawen besonders verständlich sein, war ihre heidnische Religion doch gleichfalls dualistisch angelegt. Die Bogomilen lehnten das Alte Testament gänzlich, das Neue Testament teilweise ab. Sie weigerten sich, an die Gottheit Jesu zu glauben, ebenso verwarfen sie Taufe, Eucharistie, Ehe sowie die Verehrung des Kreuzes, der Reliquien und Ikonen. Darüber hinaus waren sie keine bloßen Reformer, sondern absolute Gegner der Kirche, deren Hierarchie und Feudalismus sie gleichfalls verabscheuten. Das brachte sie, den bogomilischen Dualismus einmal beiseite, in große Nähe zum Islam. Schon im 9. Jahrhundert schlossen sich die Paulikianer an den Emir von Melitene an, und die bosnischen »Ketzer« flohen vor dem Bekehrungszwang der katholischen Kirche zu Allah.

Obwohl die Serben zur Zeit Nemanjas bereits drei Jahrhunderte lang als getauft galten, bestand das alte Heidentum mit seinen Idolentempeln fort. Die Bogomilen aber verbanden sich in Serbien mit den Götzenanbetern, was ihre politischen Absichten am besten beweist. Es scheint sogar, daß man zugleich Bogomil und Heide sein konnte. Eine Edelfrau, welche die Bogomilen in Serbien denunzierte, hatte ihren Mann, der Bogomil war, verlassen, da sie »den Gestank der tauben Idole und widerlichen Häresie« nicht dulden könne.

Nemanja, trotz seiner Abneigung gegen Byzanz mit der orthodoxen Kirche fest verbunden, sah im Bogomilentum eine Gefahr für das »Vaterland« (*otačastvo*), wie die Einheit von Staat, Volk und Kirche im mittelalterlichen Serbien hieß. Gegen die Bogomilen inspirierte ihn eine Antibogomilen-Novelle von Alexios I. Komnenos; zugleich identifizierte er sie mit dem Arianismus: Sie teilten »die unteilbare Gottheit, wie der wahnwitzige Arius sprach, indem er die unteilbare Gottheit durchschnitt«.

Bogomilentum und Heidentum waren aber nicht nur in den Unterschichten verbreitet; sie hatten Anhänger auch im Adel. Deshalb mußte Nemanja, bevor er sich auf einen religiösen Bürgerkrieg einlassen konnte, einen Landtag zusammenrufen, auf dem dann die christliche Partei siegte. Nun zog der Herr mit seinem Heer ins Feld und vernichtete seine Religionsgegner. Einige wurden lebendig verbrannt, etliche mit verschiedenen Strafen belegt, andere aus dem Land vertrieben, ihre Vermögen unter den »Aussätzigen und Armen« verteilt. Dem Lehrer und Haupt der Bogomilen ließ Nemanja die Zunge abschneiden, ehe er sein Opfer des Landes verwies. Dazu kam der übliche Kulturmord: Heidnische Tempel wurden zerstört, bogomilische Bücher eingeäschert.

Die serbische Öffentlichkeit empfand jedoch Nemanjas Vorgehen als ungerechte Härte. Seither tötete der serbische Staat keine

Ketzer mehr: Das Gesetz sah nun für adelige Bogomilen eine Geldbuße vor, für unadelige außerdem noch die Prügelstrafe.

Nach Nemanjas Kriegszug gegen Bogomilen und Heiden blieb die Kirche zwar der einzige Tempel Serbiens, der christliche Priester der einzige Gottesdiener, dafür aber wurde der Heiligenkult heidnisch. Denn hinter den Heiligennamen stehen die alten Götter. Die Hauspatronfeier (*slava*) ist nicht nur das höchste Fest jedes orthodoxen Serben, sie wurde – von der Kirche schließlich sanktioniert – zum Merkmal, das die orthodoxen Serben von anderen Christen unterscheidet. Höchste Verehrung genießt Nikolaus, der den Todesgott des heidnischen Dualismus repräsentiert. Nemanjas Sohn, *Sankt Sava*, der Patron der serbischen Kirche, ist beim Volk weitaus weniger angesehen – er gilt, ganz im altgläubigen Stil, als gefährlicher, Unheil bringender Heiliger, als »Heiliger der Wölfe«, somit als höchster Werwolf.

Nemanjas Staatsgründung bedeutete zugleich die Entscheidung für die Orthodoxie als Staatsreligion. Dies war rein praktisch bedingt, denn die orthodoxe Kirche hielt die neuen Zentren des Staates – Kosovo, Metochien und Moravatal – fest in Händen. Sogar Nemanja selbst, ursprünglich Katholik, ließ sich daher ein zweites Mal taufen – diesmal orthodox – und ordnete auch den Bau einer Reihe orthodoxer Kirchen an, darunter die prächtige romanische Klosterkirche in Studenica, die dann das geistige Zentrum des Staates wurde.

Gleichwohl waren weder Nemanja noch seine Nachfolger Feinde der katholischen Kirche. Diese blieb unabhängig, und das katholische Erzbistum von Bar wurde sogar durch den Staat gefördert. Schließlich hoffte Nemanja bei seinen Kämpfen gegen Byzanz auf die Hilfe des katholischen Westens, besonders auf den deutschen Kaiser Friedrich Barbarossa, der ihm schon durch seine Kriege in Italien bekannt sein mußte.

Als der Kaiser, nach dem Fall Jerusalems 1187 in Sultan Saladins Hand, den Kreuzzugsgedanken aufgriff, erschienen Nemanjas Abgesandte – »legati Serviacensis regis« – 1188 in Nürnberg. Infolgedessen trafen sich Friedrich, der ein Heer von 100 000 Kreuzfahrern führte, und Nemanja am 27. Juli 1189 in Niš. Ihnen gesellte sich auch das bulgarisch-walachische Oberhaupt zu. Nemanja und der Bulgare wollten Friedrich insgesamt 60 000 Soldaten für den Krieg gegen Byzanz stellen. Als Gegenleistung erwartete Nemanja des Kaisers Anerkennung der eroberten Gebiete als Lehen, und der Bulgare Peter hoffte sogar auf die kaiserliche Krone. Der Deutsche aber, den Jerusalem mehr als Konstantinopel interessierte, war zurückhaltender, einigte sich mit Nemanja und Peter nur über die operative Zusammenarbeit und verließ bald darauf die erfolgreiche Kriegsallianz, indem er am 14. Februar 1190 in Adrianopel mit dem byzantinischen Kaiser Frieden schloß.

Kaum waren die »Alemannen« nach Kleinasien gezogen, griff Kaiser Isaak II. Angelos die Serben an. Nemanja, schon über Siebzig, focht an der Morava seine letzte Schlacht gegen Byzanz und unterlag. Es kam indes zur Versöhnung zwischen Kaiser und Usurpator. Byzanz erhielt Niš und Skoplje zurück, doch blieb den Serben der Rückfall in alte, erniedrigende Zustände erspart. Ihr »Vaterland« Raška-Zeta wurde als souverän – »autokratisch« – anerkannt.

Was Nemanja kirchen- und staatspolitisch begonnen hatte, vollendete sein dritter und jüngster Sohn Rastko (Rastislav), Mönch, Diplomat, Kirchenfürst und Heiliger – als *Sankt Sava* (*Sabbas*) wohl die bedeutendste Persönlichkeit der serbischen Geschichte.

In seinem Leben gibt es viel Romanhaftes.

Der Achtzehnjährige täuschte einen Jagdausflug vor und verschwand vom väterlichen Hof, offenbar einer Wolfs- und Verschwörergrube. Er schlug sich bis zur Mönchsrepublik auf dem heiligen Berg Athos durch, wo er 1191 im russischen Kloster des heiligen Panteleemon Mönch wurde. Die Klosterbrüder handelten regelwidrig, als sie Rastko-Sava aufnahmen, jedoch war dies das einzige Mittel, um dem verzweifelten Vater die Herausgabe des Sohnes verweigern zu können – und Savas frommes Beispiel beeinflußte dann auch Nemanja.

Auf einem Landtag 1196 dankte er zugunsten des byzantinischen Schwiegersohnes und Sebastokrators* Stefan ab, während sich der beleidigte ältere Sohn Vukan mit der Statthalterschaft von Zeta begnügen mußte. Anschließend trat auch Nemanja dem Mönchsorden bei, und nach einem Briefwechsel mit dem jüngsten Sohn erschien er, schwer beladen mit Gold und Silber, als Mönch Simeon auf dem Heiligen Berg. Dort kamen Vater und Lieblingssohn in Übereinstimmung mit anderen Klosterbrüdern zu dem

---

* Seinem Rang nach stand der Sebastokrator über dem Cäsar und unter dem Despoten.

Schluß, daß auch die Serben ihr eigenes Athos-Kloster haben sollten. Sava erwirkte dafür die Erlaubnis des Kaisers und des Patriarchen in Konstantinopel – der Bau des *Hilandars* (Chiliandarion), den der serbische Staat finanzierte, konnte begonnen werden. Das Kloster, von den Serben reich dotiert, war im Juni 1199 fertiggestellt, und hinter seinen Mauern fanden viele edle Mönche des Landes Zuflucht, darunter auch jene, die 1185 Saloniki heldenhaft gegen die Normannen verteidigt hatten.

Das *Hilandar* entwickelte sich zum Staat im Staate. Anfang des 15. Jahrhunderts verfügte es über dreißig Nebenklöster (*Metoch*), besaß das volle Feudalrecht über 360 zugehörige Dörfer und genoß beträchtliche gerichtliche, administrative und steuerrechtliche Vergünstigungen.

Nemanja-Simeon starb am 13. Februar 1200, 86 Jahre alt, als einfacher Mönch auf einem Lager aus Stroh, den Kopf auf einen Stein gebettet. Sava aber empfing den priesterlichen Grad und zog in seine »Zelle des Schweigens«, wo er meditierte. Die Situation zu Hause erlaubte ihm das freilich nicht lange.

Spätestens auf die Nachricht vom Tod des alten Herrschers hin brach in Serbien mit voller Wucht ein neuer Religionskrieg aus. Die katholische Partei, unterstützt von den Magyaren und geführt vom ältesten Nemanjiden Vukan, stürzte den legitimen Großgespan und Sebastokrator Stefan 1202 vom Thron. Der neue Herr erkannte den Primat des Stuhles Petri und die ungarische Oberhoheit an. Doch als die päpstlichen Missionare das Schisma im Land zu bekämpfen begannen, regte sich Widerstand im Volk. Währenddessen gerieten die Byzantiner durch die Venezianer und Kreuzfahrer in Bedrängnis, die Bulgaren nutzten diese Schwäche, eroberten Ostserbien, Mazedonien, schlugen sich an der Morava mit den Ungarn und nahmen die orthodoxen Serben in Schutz. 1203 saß Stefan mit ihrer Hilfe wieder in Ras auf dem Thron und erbat die Rückkehr des jüngsten Bruders in die Heimat.

Nun vollbrachte Sava seine nächste große diplomatische Leistung. Er nahm die Gebeine seines Vaters, die angeblich Wunder taten, und machte sich 1208 auf den Weg. Mit seinem Erscheinen endeten die Gefechte. Als Schiedsrichter über die älteren Brüder setzte er den väterlichen Willen durch. Stefan Nemanjić blieb der alleinige Regent. Vukan mußte nach Zeta zurück, die politische Macht der Katholiken in Serbien war gebrochen.

Die äußere Gefährdung durch den römischen Katholizismus freilich wuchs immer mehr. Byzanz verlor 1205 Dubrovnik an Venedig, etwas später auch Durazzo, wodurch die aggressivste maritime Macht zum unmittelbaren Nachbarn Serbiens wurde. Diesem drohten aber nicht allein das lateinische Kaisertum und der papsthörige Patriarch: 1204 verwüsteten Venezianer und fränkische Kreuzritter das oströmische Reich. Erst nach ihren unbeschreiblichen Greueltaten im besetzten Konstantinopel wurde die Trennung der westlichen und der östlichen Kirche besiegelt. Aus den Trümmern des alten Byzanz retteten sich nur das unbedeutende Trapezunt, das Kaiserreich Nicaea im westlichen Kleinasien und das Despotat von Epirus, und diese Staaten nahmen den griechischen Befreiungskrieg gegen die katholischen Eroberer auf.

Ebenso wie Byzanz wollten die neuen Nachbarn nun auch Serbien liquidieren. Daher unternahmen der lateinische Kaiser Heinrich und der bulgarische König Boril 1214 einen gemeinsamen Feldzug gegen das Land, der freilich scheiterte. Nun verbündete sich Heinrich mit dem ungarischen König Andreas II. gegen Serbien. Der Kaiser betrachtete sich als Nachfolger des byzantinischen Reichs, und der ungarische Potentat trug seit Vukans Verrat den Titel »König Serbiens«. So beschlossen die beiden, an Ostern 1216 in Niš Serbien unter sich aufzuteilen. Der besorgte Stefan Nemanjić aber, offenbar von Sava unterrichtet, erschien mit vielen Geschenken vor dem aus Belgrad anrückenden Ungarn in Ravno an der Morava. Und nach elf Tagen lukullischen Schmausens zogen sie als gute Freunde zusammen nach Niš, während Kaiser Heinrich überhaupt nur dank ungarischer Vermittlung mit heiler Haut davonkommen konnte.

Von nun an erstrebte Stefan eine Verständigung mit dem Westen, und zwar zuerst auf dem Weg der Familienpolitik. Er verstieß seine Frau Eudokia, eine byzantinische Prinzessin, die darauf die Gattin eines oströmischen Kaisers wurde. Stefan seinerseits heiratete Anna Dandolo, die Enkelin des berühmten venezianischen Dogen Enrico. Um aber die Griechen nicht ganz zu übersehen, vermählte er seinen ältesten Sohn Radoslav mit Anna Komnenos, der Tochter des epirotischen Despoten Theodor. Des weiteren suchte Stefan mit venezianischer Hilfe Kontakt zum Papst, von dem er die Königskrone erbat. Diese verlieh Rom damals bereitwillig östlichen Regenten, um sie der Orthodoxie zu entfremden.

Südosteuropa im 12. und 13. Jahrhundert

So wurden 1197 der Fürst von Zypern, 1198 der von Armenien, 1204 der bulgarisch-walachische Zar Kalojan zum König gekrönt, und 1217 erhielt auch der Serbe Stefan die Königskrone – »Stephanus, Dei gratia totius Servie, Dioclie, Tribunie, Dalmatie atque Chlumie rex coronatus«.

Seinerzeit verließ Sava abermals Serbien und kehrte auf den Heiligen Berg zurück – nach Ansicht vieler, die ihn gern als romfeindlichen Zeloten sehen, ein Protest gegen die prokatholische Politik seines Bruders. Das ist freilich nicht belegbar. Sava war gewiß weitsichtig genug, um seinen Haß auf Rom nicht offen zu bekunden. Wie sein Biograph Domentian 1254 schrieb, soll Sava den Papst, den er als »großen Thronfolger der heiligen glorreichen Apostel« apostrophierte, um Stefans Krone gebeten haben. Wahrscheinlicher jedoch ist, daß Sava auf dem Berg Athos einen Weg zur Krone seines Lebens suchte – zur Unabhängigkeit der serbischen Kirche.

Schon 1219 erschien er in Nicaea vor dem Kaiser und dem orthodoxen Patriarchen und erbat, indem er die legitime Souveränität seines Vaterlandes hervorhob, die Unabhängigkeit (Autokephalie) der serbischen Kirche und die Wahl des ersten Erzbischofs von Serbien[8]. Kaiser Theodor I. Laskaris und Patriarch Manuel kamen dem Ansuchen, offenbar schon früher diplomatisch vorbereitet, gern entgegen. Dadurch parierten sie nicht nur den katholischen Einfluß, sondern auch den des epirotischen Erzbischofs, der als legitimen byzantinischen Potentaten eher den Despoten von Epirus ansah.

Bei der Erteilung der Autokephalie verlief alles glatt. Als ersten serbischen Erzbischof – die künftigen sollten von der serbischen Kirche und dem König ernannt werden – schlug Sava einen seiner Schüler vor. Der Kaiser aber wurde »böse« und beteuerte im Einklang mit dem Patriarchen und der gesamten Synode, daß der Heilige Geist keinen anderen als Sava empfehle. So kam dieser als Erzbischof nach Serbien zurück.

Die serbisch-orthodoxe Kirche formte er zu einer höchst homogenen und stark zentralisierten Organisation; auch nach dem Tode Savas blieb sie durch dessen Bild geprägt. Man sprach sogar vom »Svetosavlje« als einer besonderen Art der Orthodoxie. Jedenfalls konnte diese Kirche im 15. Jahrhundert den Zerfall und Untergang des Staates überleben und die Führung des serbischen Volkes übernehmen.

Durch den Einfluß der serbisch-orthodoxen Kirche entfernten sich die Wege Serbiens und Kroatiens noch weiter voneinander: Während die Länder der serbischen Krone orthodox wurden, bedeutete der Sieg der Ungarn in Kroatien die definitive Unterstellung des Landes unter die Kirche Roms.

BOSNIENS SONDERWEG

In der neueren Geschichtsschreibung galt die bosnische Kirche zunächst als orthodox[9]. Tatsächlich war sie anfangs eine kyrillomethodianische, slawisch-griechische Kirche, deren Bischöfe ausschließlich serbische Namen trugen: Vladislav (1141), Radogost (um 1197), Bratoslav, Dragohna (1209) und Vladimir (bis 1233). Doch war sie, die serbisch-orthodoxe Herzegowina und Ostbosnien einmal beiseite, einerseits der Papstkirche administrativ untergeordnet, andererseits – besonders nach Nemanjas Verfolgungen der serbischen Bogomilen – stark von dieser organisationsfeindlichen Bewegung religiöser Bilderstürmer geprägt. Die bosnische Kirche wurde so zu einer »Ketzerkirche«, wenn auch hier die ursprünglichen Prinzipien des Bogomilentums in ihrer Reinheit kaum galten. So legte man das bogomilische Eheverbot als Gebot der Frauengemeinschaft aus. In den Klöstern (*hiža*) aßen und schliefen Klosterbrüder und Klosterfrauen (feminae de nostra religione) zusammen.

Nemanja konnte die Bogomilen nicht vernichten. Aus Dalmatien drangen sie nach Bosnien ein, wo sie beim lokalen Adel Zuflucht fanden. Beide verband die Feindschaft gegen Rom und Ungarn, dem Bosnien seit dem 12. Jahrhundert unterstand und dessen Herrschaft um die Wende zum 13. Jahrhundert drückend wurde. Wahrscheinlich um 1196 gingen der bosnische *Banus* Kulin mit seiner Familie und etwa 10 000 angesehenen Personen zum Ketzertum über. Gleich danach rüsteten sich die Ungarn, aufgefordert vom Papst, zu einem Kreuzzug gegen Bosnien. Nun aber bat der *Banus* Rom um religiöse Unterweisung, und am 8. April 1203 schworen die Bosnier auf dem Bilino-Feld (*Bilino polje*) vor dem päpstlichen Legaten für den Balkan, J. de Casemaris, feierlich ihren früheren Religionsbräuchen ab. Indes gaben sie diese nur scheinbar preis und blieben Bogomilen – »Patareni«, wie man sie unter italienischem Einfluß nannte, was freilich umstritten ist[10].

Die Lippenbekenntnisse zur Rechtgläubigkeit, zumal die Treueschwüre des *Banus*, wurden zur üblichen Mimikry in Bosnien. Auch geographisch gesehen uneinheitlich und zerklüftet, war das Land politisch eher eine Föderation der Gespanschaften denn ein zentralisierter Staat und eher eine aristokratische Republik als eine Monarchie: Die Gespane und sonstigen Magnaten wählten den Herrscher – seit *Banus* Ninoslav (etwa 1230 bis 1250) stets aus der Sippe der Kotromanići – und setzten ihn ab[11]. Der Fürst, dessen Schutzpatron der heilige Kirchenlehrer Gregor von Nazianz war, hatte die politische Einheit zu verkörpern und nach außen Rechtgläubigkeit vorzutäuschen.

In Rom und Ungarn wußte man dies. Der päpstliche Legat, Kardinal Jakob, enthob daher den letzten Bischof Bosniens – Vladimir – wegen »patarenischer« Anschauungen 1233 seines Amtes. Zwei Jahre darauf fiel der Ungarnherzog Kálmán, nun vom Papst mit einem Kreuzzug gegen die Häretiker beauftragt, mit seinen Haudegen in Bosnien ein.

Die lange Expedition hatte freilich nur in den Randgebieten Erfolg. In Mittelbosnien floh das heimische Hirtenvolk wahrscheinlich in seine Urwälder, um nach dem Abzug des Feindes wieder aufzutauchen. 1238 rühmte sich Kálmán zwar gegenüber dem Papst, Bosnien nach vielen Anstrengungen auf den Weg der katholischen Reinheit geführt zu haben*. Doch als man einen neuen bosnischen Bischof, den Dominikaner Ponso, in seine Diözese schicken wollte, verbot ihm der zur Rechtgläubigkeit frisch bekehrte *Banus* Ninoslav den Zugang. Entrüstet meldete Ungarnkönig Adalbert (Béla) IV. im Jahr 1246 nach Rom, es gebe »keine Hoffnung, daß jenes Land freiwillig zum Glauben zurückkehrt«. Er versprach einen neuen Kreuzzug, forderte aber die Unterstellung der bosnischen Diözese unter den ungarischen Erzbischof von Kalocsa. Obwohl freilich der Papst diese am 26. August 1247 den Magyaren übertrug, blieb der versprochene Kreuzzug des apostolischen Königs aus. Auch der ungarische Bischof Bosniens betrat niemals »sein« Land und mußte sich mit einem Sitz in Slawonien begnügen.

---

* »... terram Bosne, deletis tamen pravitatis heretice maculis, non absque multis laboribus deduxit ad lucem catholice puritatis«.

Nun hatten die Bosnier längere Zeit vor den Ungarn Ruhe. Aber durch Rom aufgestachelt, streckte Ende des 13. Jahrhunderts die kroatische Banusfamilie Šubići von Dalmatien her ihre Hand nach Bosnien aus. *Banus* Pavle Šubić nannte sich 1299 »banus Corouacie, Dalmacie et dominus Bosne« und begann im bosnischen Adel Anhänger zu suchen, was ihm aber nur im Fall des Fürsten von Donji, Kraji Hrvatin, gelang. Pavels Bruder, Mladin I., der sich 1302 den Titel des bosnischen *Banus* aneignete (Nos Mladinus banus Bosniensis), wollte nun mit Gewalt, unterstützt durch Papst Bonifaz VIII. – »der nichts als Haß gesät« und der den bosnischen Ketzern wieder mit dem Kreuzzug drohte –, »sein« Banat in Besitz nehmen.

Die Kroaten drangen auch bis an die Drina vor, dort jedoch wurde 1304 ihr *Banus Bosniensis* Mladin I. von häretischer Hand getötet. Der neue kroatische Prätendent auf das bosnische Banat, Mladin II., verwickelte sich bald in einen langen Krieg mit Venedig sowie mit dalmatinischen Städten und wurde endlich 1322 vom Ungarnkönig Karl Robert (1301–42) aus dem Haus Anjou abgesetzt. Der ungarische König hat als Oberherr Kroatiens dessen Ansprüche auf Bosnien nie anerkannt, und den Titel des kroatischen *Banus,* der unter den Šubići entstanden war – die alten, noch Porphyrogennetos bekannten *Bani* waren wohl Angehörige der die Kroaten beherrschenden Awaren-Oberschicht –, vertraute er den Kroaten nicht mehr an. So wurden die Bosnier nach dem ungarischen auch des kroatischen Einflusses ledig – woraufhin im 14. Jahrhundert der Aufstieg des bosnischen Staates begann.

Etwas sehr Wichtiges geschah jedoch, während die Šubići ihre Macht nach Bosnien auszudehnen strebten. Hierfür verpflichteten sie nämlich orthodoxe Serben als Berufssoldaten, auf die man dann auch weiterhin nicht verzichten wollte und die daher, samt ihren Familien, in Norddalmatien angesiedelt wurden. So entstanden dort die ersten Niederlassungen orthodoxer Serben, die bei der älteren Bevölkerung[12] keinesfalls beliebt waren.

Im dritten Jahrzehnt des 14. Jahrhunderts versuchte die römische Kirche erneut einen Vorstoß in Bosnien. Im Streit zwischen Franziskanern und Dominikanern um die Inquisition in Slawonien und Bosnien erkannte der Avignonpapst Johannes XXII. am 1. Mai 1327 alte Rechte der Franziskaner an und verbot den Dominikanern jede Einmischung in die Ketzerbekämpfung. Die Franziskaner mühten sich nun zwar, diese Rechte auszuüben, erreichten jedoch nichts. Durch sie irregeleitet, behauptete aber die Geschichtswissenschaft, die Franziskaner hätten, nachdem sie im vierzigsten Jahr des 14. Jahrhunderts das Vikariat in Bosnien bekommen, dort ihre Klöster errichtet und ihren Einfluß verbreitert[13]. Doch erst kürzlich wies die namhafte kroatische Historikerin Nada Klaić[14] nach, daß dieses Vikariat außerhalb Bosniens blieb. Tatsächlich gab es dort im 14. und 15. Jahrhundert, also bis zur Eroberung Bosniens durch die Türken, keine katholische Organisation – und folglich unter den Einheimischen auch keine Katholiken. Deren Zahl wuchs stark erst nach 1878, dem Jahr der österreichisch-ungarischen Okkupation von Bosnien-Herzegowina.

Im Türkenkrieg, als nach dem Aussterben der Nemanjiden und dem Tod des Königs Vukaš in der Thron des mittelalterlichen Serbien vakant wurde, krönte man am 26. Oktober 1377 den mächtigen bosnischen *Banus* Tvrtko I. am Grab Sankt Savas mit der »doppelten Krone« zum serbischen König. So vereinigten sich die beiden Kernlande des alten Serbien nach mehr als zwei Jahrhunderten der Trennung wieder – allerdings mehr formal als faktisch, und diese Einheit dauerte bis zum gemeinsamen Niedergang nach dem Sieg der Türken.

Unter Tvrtko, der auch Dalmatien an sich brachte, strömten – hauptsächlich infolge der türkischen Gefahr – weitere Serben in jene Teile Dalmatiens, wo es schon orthodoxe Kirchen und Klöster gab[15]. Bezeichnenderweise wüteten wegen der Vereinigung Bosniens mit Serbien gerade die Schreiber der römischen Kirche und die Franziskaner gegen Tvrtko, etwa der päpstliche Archivar Balan (Stadter): »Und Bosnien, das man so sehr von den Manichäern rein zu halten suchte, fiel in die Hände Tvrtkos, eines Herrschers über Schismatiker«. Und der kleine Bruder Stipan Zlatović klagt: »Dem Banus Stefan folgte Tvrtko, der entschlossene Anhänger der griechischen Kirche. Dadurch verloren nicht nur die Franziskaner den Schutz und die Gnade, sondern vereinten sich jetzt auch noch besser die Orthodoxen mit den Bogomilen ...«[16].

Während Serbien und Bosnien verzweifelt die Türken bekämpften, griffen auch die katholischen Ungarn mit riesigen Streitkräften wieder an. Ohne diese zusätzlichen Kriege, die aus ungarischer Sicht die Ausrottung von Schisma und Häresie bezweckten, hätten die Serben die Türken gestoppt. So jedoch sahen sie, von Katholiken und Mohammedanern gleichzeitig attackiert, oft in den letzteren das kleinere Übel. Zwar kam Ungarn den Serben doch noch zu Hilfe, aber erst, als es seine eigene Ohnmacht vor den Osmanen erkannte und es für eine Rettung zu spät war.

Vorher jedoch, nach der bekannten Schlacht auf dem Amselfeld 1389, verwüsteten und besetzten die Ungarn das geschwächte Serbien, dessen Regentin nun von den Türken Hilfe erbat und erhielt, freilich nur um den Preis einer erniedrigenden Vasallität. Serben und Türken, die einander noch kurz zuvor grauenvoll geschlachtet hatten, trieben jetzt gemeinsam die Magyaren über Sawe und Donau zurück.

In Bosnien aber brachte Ungarn nach Tvrtkos Tod 1391 eine seiner Marionetten, Stefan Dabiša, an die Macht, woraufhin bald niemand mehr die königliche Autorität respektierte. Ein Magnaten-Triumvirat, bestehend aus den Herzögen Hrvoje Vukčić, Sandalj Hranić und dem Fürsten Pavle Radenović, hatte faktisch die Macht. Zugleich jedoch befehdeten sich, wie in ähnlichen Lagen oft, die drei Magnaten gegenseitig. Besorgt alarmierte Dubrovnik die Welt wegen der »tödlichen Feindschaft unter den bosnischen Baronen«. Obwohl die serbisch-orthodoxe und die bosnische Kirche einander in Bosnien tolerierten, sind religiöse Motive dieser Feindschaft nicht ganz auszuschließen; Vukčić und Radenović gehörten der ketzerischen Kirche an, Hranićs Klan war orthodox.

Der Ungarnkönig und spätere deutsche Kaiser Sigismund nutzte die Zerstrittenheit des bosnischen Adels und griff, zunächst allerdings erfolglos, das Land 1398 an, nachdem die Barone einen Gegner Ungarns auf den bosnischen Thron erhoben hatten. Erst als Sigismund, diesmal besser vorbereitet, 1404 einen neuen Krieg begann, dem dann Papst Gregor XII. den Charakter eines Kreuzzuges gegen die Häretiker gab, hatte er Erfolg und konnte 1408 in Dobor, an der bosnisch-slawonischen Grenze, 171 bosnische Adelige massakrieren. Vorübergehend wurde nun Sigismunds Oberhoheit in Bosnien anerkannt.

Im Jahr 1414 aber geschah etwas Entscheidendes.

Bedrängt von seinen Gegnern, rief Herzog Hrvoje Vukčić die Türken ins Land. Diese hatten in der Angora-Schlacht 1402 und bei der schweren Schlappe gegen den serbischen Despoten Stefan Lazarević (am 5. Juli 1413 in Bulgarien, wo auch ihr Sultan Musa den Tod fand) empfindliche Rückschläge einstecken müssen und nahmen daher die Offerte mit größtem Vergnügen an – die Rolle des Beelzebub, der den Teufel austreiben soll.

Plötzlich waren die Türken überall in Bosnien. Sigismund versuchte noch, einen letzten Damm zu errichten, und schickte ein starkes Heer, das aber Anfang Juli 1415 bei Doboj in Nordbosnien eine katastrophale Niederlage gegen Moslems und Häretiker erlitt. Seitdem war Bosnien unheilbar geteilt: Es gab zwei Parteien, eine ungarische und eine türkische, zwei Könige sogar, allerdings eher Schachkönige: eine ungarisch-päpstliche und eine türkische Kreatur. Die Türken nahmen 1428 die Burg Hodidjed im Herzen des Landes, wo ein türkischer Herzog residierte, der nun die Gegner auf allen Seiten destabilisieren konnte.

Indem sich die Türken in Bosnien festsetzten, ging freilich auch Serbien verloren. Denn von jetzt an saßen die Osmanen an Serbiens östlicher, südöstlicher und westlicher Grenze, so daß ihnen das Despotat gleichzeitig in fast jeder Richtung ausgeliefert war.

Das Drama der bosnischen Kirche aber stand vor seinem letzten Akt.

Der Papstkönig Tomaš, in der Volkstradition als »verdammter König« bekannt, erklärte dem »Heiligen Vater«, er könne die Türken nicht bekämpfen, weil die »Manichäer« seines Landes sie liebten. Doch bekam er 1457 vom Papst Banner und Kreuz, die Symbole des Kreuzzuges, um sowohl Türken als auch Ketzer niederzuwerfen. Vor den Türken kapitulierte Tomaš zwar an allen Fronten. Jedoch verfolgte er Ende der fünfziger und Anfang der sechziger Jahre des 15. Jahrhunderts – parallel zu den türkischen Eroberungen Serbiens und Bosniens – die bosnische Kirche, indem er ihr Vermögen konfiszierte und ihre Geistlichen zwangsbekehrte, wodurch diese Kirche »fast völlig vernichtet« wurde[17].

Die antiketzerischen Maßnahmen brachten indessen, ähnlich wie die gegen die orthodoxen Serben im Zweiten Weltkrieg, der römischen Kirche nichts ein. Pius II. drohte dem katholischen König Bosniens, der mit den Türken kollaborierte, sogar mit der Exkommunikation. Doch 1463 ist Bosnien schon ein türkischer *Sandschak*, und die bosnischen Gläubigen, jahrhundertelang durch Kreuzzüge geplündert, mißhandelt und ermordet, strömten nun zur Orthodoxie[18] oder, oft formal schon als Orthodoxe, zum Islam – je nachdem, ob sie sich mehr als griechisch-slawische Christen oder als Bogomilen fühlten.

3. Kapitel

DIE SCHLACHT AUF DEM AMSELFELD (KOSOVO POLJE) ALS SERBISCHE GÖTTERDÄMMERUNG

In den ersten Jahrzehnten des 14. Jahrhunderts sind die Serben die stärkste Macht Südosteuropas. Doch da ihr Aufstieg auf Kosten der Bulgaren und Griechen erfolgt war, verbünden sich diese 1328 gegen die Serben. Der Bulgarenkönig Mihailo Šišman sammelte 15 000 Soldaten, darunter auch Tataren, Osseten, Walachen. Und der byzantinische Kaiser Andronik III. Palailogos stieß mit seinen Söldnern ins serbische Mazedonien vor.

Die Entscheidung fiel 1330 bei Velbužd (heute Kjustendil) in Westbulgarien. Serbenkönig Stefan Uroš III. Dečanski und sein Sohn, der spätere Kaiser Dušan, attackierten die Bulgaren auf deren Boden überraschend aus zwei Richtungen, und das ganze Bulgarenheer verschwand im Nu; auch ihr König starb. Daraufhin räumten die Griechen kampflos Mazedonien. Doch mußten jetzt die Bulgaren als serbische Verbündete gegen Byzanz antreten. Nordgriechenland und Epirus wurden serbisch; griechisch blieben bloß einige Küstenstädte, die nur mit einer Flotte – welche die Serben nicht besaßen – zu erobern waren.

Nun konnte der serbische König Stefan Dušan (1331–1355) die Krone Ostroms beanspruchen. Am 16. April 1346 krönten ihn auf dem Reichstag in Skoplje der serbische und der bulgarische Patriarch zum Kaiser. Er nannte sich jetzt »imperator Raxie et Romanie, dispotus Lart et Blachie comes«. Er hatte ein unbesiegbares Söldnerheer, mit einer starken deutschen Truppe; Dušans operativer Kommandant war ein deutscher Ritter namens Palmann. Griechische Aristokraten und Priester wurden vertrieben. Ihre Lehen und Ämter bekamen Serben und Albaner. Der serbische Patriarch titulierte sich nun »Patriarch der Serben und Griechen«. Auf diese Anmaßung reagierte der Patriarch von Konstantinopel scharf; er belegte die ganze serbische Kirche und das Volk mit dem Anathem, dem Kirchenbann.

Dušan aber wollte sein Reich nicht nur als Macht-, sondern auch als Rechtsstaat sehen. Auf dem Reichstag in Skoplje vom

21. Mai 1349 erließ er ein monumentales, 1354 nochmals novelliertes Gesetzbuch – eine Synthese des altserbischen Gewohnheitsrechts und des byzantinischen Gesetzesrechts. Damit wurden die Trennung der Justiz und ihre Unabhängigkeit von der vollziehenden Gewalt des Kaisers eingeführt, die Gewaltenteilung also. Sie war in dieser Form dem Westen, der die Jurisdiktion als wesentliches Merkmal der königlichen Gewalt auffaßte, noch immer unbekannt. Das serbische Gesetzbuch kannte auch die Institution der Jury, ähnlich wie im angelsächsischen Recht – der Beweis vielleicht für die Verwandtschaft des altslawischen und des altgermanischen Rechts. Einzelne Kirchen wurden zur Armenfürsorge verpflichtet; im Versäumnisfall sollten ihre Vorsteher abgesetzt werden.

Die Türken aber wollten den Serben die oströmische Erbmasse nicht einfach überlassen. Die Stadt Konstantins war für sie nicht nur ein politisches, sondern auch ein religiöses Ziel, ihr Besitz die Bestätigung, daß der Islam dem Christentum überlegen sei.

Im März 1354 nahmen und besiedelten die Türken Gallipoli, derart den erschreckten Griechen und aller Welt ihre Entschlossenheit signalisierend, auch in Europa festen Fuß zu fassen. Dann stürzten sie sich auf Ipsala am Fluß Marica (Euros), plünderten entlang der Marmarameerküste bis Konstantinopel und besetzten noch im gleichen Jahr auch das bulgarische Malgrad.

1355 fallen beide Söhne des bulgarischen Königs – Mihailo als Kronprinz und Mitregent – im Kampf gegen die Aggressoren. 1361 gewinnen die Türken Didymotichon, ein Jahr später anscheinend auch Adrianopel. Unter dem neuen Sultan Murad I. (1362–1389) geht die osmanische Eroberung des Ostbalkans schnell voran. 1363 marschiert sein bedeutender Feldherr Lala Šahin in Philippopolis-Plovdiv ein und wird dort zum ersten *Beglerbegi* – türkischen Gouverneur – Rumeliens. Welche Bedeutung der Balkan für die Türken hatte, zeigt die Verlegung ihrer Reichshauptstadt erst nach Didymotichon, dann, 1365, nach Adrianopel. Zwischen Konstantinopel und dem Serbenreich erhob sich nun die türkische Mauer.

Die Serben hatten schon mit den Mohammedanern gekämpft und bereits Jahrhunderte zuvor als byzantinische Vasallen wider Araber und Seldschuken gefochten. Jetzt begann Dušan gegen die Osmanen zu rüsten. Über die Stärke des Gegners machte er sich keine Illusionen; deswegen bat er den Papst um Hilfe. Eine Deputation Dušans, in der auch die Katholiken vertreten waren, erschien 1354 in Avignon und überbrachte einen Kaiserbrief mit goldenem Stempel. Darin erklärte sich Dušan bereit, den Papst als Vater der Christenheit, als wahren Stellvertreter Christi und Nachfolger Petri anzuerkennen – ein Schritt, der ihm nicht schwerfiel nach seinem Bruch mit der Kirche in Konstantinopel. Als Gegenleistung verlangte er, »Kapitän« der ganzen christlichen Welt im Kampf gegen die Türken zu sein.

Der Papst war einverstanden. Er werde, schrieb er, Dušan mit seiner apostolischen Zuneigung nicht nur als Kapitän (»in huismodi capitaneatus officio«) anerkennen, sondern ihm auch in anderen ähnlichen Wünschen folgen. Zu konkreten Schritten kam es hierauf freilich nicht. Bald wurde klar, warum: Mit dem Segen des Papstes brach der Ungarnkönig Ludwig I. einen Krieg gegen Serbien vom Zaun, wahrscheinlich ein zusätzlicher Druck auf die Serben, die Kirchenunion anzunehmen. Doch die Ungarn versagten. Noch vor der Schlacht mit Dušan wurde ihr Heer durch eine Seuche in den Sumpfgebieten Nordserbiens dezimiert. Auch der Königsbruder – der slawonische Herzog Stefan – starb, und der jämmerliche Rest der magyarischen Kriegsmacht marschierte im August 1354 nach Hause.

Als im Frühling des folgenden Jahres eine päpstliche Delegation, angeführt vom Bischof Petrus Thomas, zu Kaiser Dušan kam, um mit ihm die Kirchenunion festzulegen, war der Empfang frostig. Nachdem Petrus die ungarische Sache noch zu verteidigen suchte, wollte ihm Dušan sogar verbieten, die Messe für die Katholiken in seinem Heer zu zelebrieren. Wütend reiste der Bischof darauf nach Ungarn und stachelte dessen König abermals gegen die Serben auf. Ludwig aber wagte keinen neuen Krieg.

Am 20. Dezember 1355 starb plötzlich Dušan, etwa 48 Jahre alt, wahrscheinlich an Gift. Mit ihm starb die serbische Chance, Byzanz zu beerben. Auch das Geschlecht der Nemanjiden war jetzt biologisch erschöpft. Dušans Sohn und Nachfolger Stefan Uroš »der Schwache« (1355–71) erwies sich als regierungs- und zeugungsunfähig. Faktisch herrschte Dušans Witwe, die Bulgarin Helena Elisabeth. Sie nahm als Mitregenten, höchstwahrscheinlich dabei durch die »Logik des Herzens« bestimmt, einen Parvenü aus dem Hochadel, Vukašin Mrnjavčević. Die Kaiserin und ihr Sohn verliehen ihm den Königstitel, und Vukašins Sohn Marko (der berühmte Marko Kraljević aus dem Volksepos) wurde »Jungkönig« und dadurch Thronfolger.

Anderen Magnaten galt Vukašin freilich als unwürdiger Usurpator. Zur offenen Rebellion kam es indes aus Rücksicht auf den noch lebenden Kaiser Uroš nicht. Doch das Reich war in Auflösung begriffen: Vukašins Macht reichte über Mazedonien und die ehemals griechischen Gebiete nicht hinaus, und das Altreich, Raška und Zeta, begann seine eigenen Wege zu gehen. Auch die Volkstradition und das Volksepos sahen in Vukašin nichts Gutes. Während die orthodoxe Kirche Dušans Sohn Uroš heiligsprach, setzte sie die Legende in Umlauf, Vukašin habe den jungen Kaiser ermordet – ein Beweis dafür, daß die Kirche den Repräsentanten des feudalen Partikularismus für einen illegitimen Herrscher hielt.

König Vukašin aber baute, gestützt auf eine weitsichtige Ehepolitik, seine Hausmacht aus. Seine Ansprüche mußte er gleichwohl auf dem Schlachtfeld beglaubigen. Zusammen mit seinem Bruder, dem Despoten Uglješa, dessen Gebiet ans türkische grenzte, plante er, die Türken aus Europa hinauszuwerfen.

Im Spätsommer 1371 bot sich hierfür eine gute Gelegenheit. Der Sultan kämpfte in Asien, und seine europäische Hauptstadt, das noch nicht befestigte Adrianopel, blieb fast schutzlos zurück. Da die besten Truppen beim Sultan standen, verfügte der europäische *Beglerbegi* Lala Šahin nur über etwa 10 000 Soldaten fragwürdiger Qualität. Doch auch die serbischen Fürsten, die kein Söldnerheer mehr hatten, konnten nur langsam mobilisieren, was den Türken nicht entging.

Das serbische Aufgebot, das nicht mehr als 15 000 Streiter umfaßte, marschierte entlang dem Fluß Marica (Euros) auf der alten Kaiserstraße Belgrad-Konstantinopel gen Osten, von den Bergen herab zweifelsohne von türkischen Spähern aufmerksam beobachtet. Etwa 40 Kilometer vor Adrianopel schlugen die Serben am 25. September 1371 ihr Nachtlager auf, um vor der Schlacht gut auszuruhen. Doch noch vor der Morgenröte (wenn man am tiefsten schläft) des nächsten Tages schlugen die Türken mit allen Kräften los. Wer von den Serben im Kampf nicht fiel, ertrank in Panik im dunklen Fluß. Auch die beiden Regenten-Brüder, Vukašin und Uglješa, fanden den Tod. Nur wenige Serben konnten sich retten.

Die Katastrophe an der Marica hatten bedeutende geschichtliche Folgen. Die Türken waren fortan nicht mehr aus Europa zu entfernen – im Gegenteil, dessen Tore standen nun weit auf für sie. Niemand mehr durfte sich gegen sie im Ostbalkan erheben, den sie so gut wie widerstandslos beherrschten. In kurzer Zeit sanken die serbischen Diadochen in Mazedonien, der byzantinische Kaiser und der bulgarische König zu türkischen Vasallen herab.

Da es keine legitime Zentralmacht mehr gab, wurden auch die alten Gebiete des serbischen Reichs durch frühere Paladine Dušans zerstückelt. Im Donau- und Moravagebiet regierte Lazar Hrebeljanović, im Kosovo, in Skoplje Vuk Branković; in Zeta war das Geschlecht Balšići mächtig – scheinbar alles leichte Beute für die Türken.

Da begann Lazar Hrebeljanović (ca. 1329–89), eine seltene Erscheinung in der Welt der Politik, die Verteidigung zu organisieren. Er dachte nicht, wie jeder »Realpolitiker«, primär an seine Machtposition, sondern an sein Land. Deshalb verband er sich mit der orthodoxen Kirche, die als einzige zentralisierte Organisation des serbischen Volks seine politischen Ansichten teilen mußte. Lazar und die Kirche spürten auch die Kraft der neuen Weltreligion, die den kurzen Säbel der Türken zu einer furchtbaren Waffe machte.

In dieser Zeit der Angst und Verzweiflung wurden so intensiv wie selten Kirchen und Klöster gebaut. 1375 gelang Lazar ein großer diplomatischer Erfolg, als das Anathem – der Kirchenbann – des ökumenischen Patriarchen vom serbischen Volk genommen und so die Versöhnung zwischen Byzanz und Serbien verwirklicht wurde. Lazar wollte kein Usurpator sein; er nannte sich »Stefan Lazar, Fürst (Comes) und autokratischer Herr der Serben und des Donaulandes«. Ihm schwebte die legitime Monarchie vor, die allein alle serbischen Länder im Kampf gegen die Türken zu vereinigen vermochte. Ihr Träger aber konnte nur der bosnische *Banus* Tvrtko sein, ein Nemanjide großmütterlichseits und Verbündeter Lazars. Die Krönung des *Banus* 1377 zum serbischen König war auch ein Triumph der Lazarschen Diplomatie.

Anfang der achtziger Jahre des 14. Jahrhunderts entschied der türkische Sultan Murad I., mit Serbien aufzuräumen.

Seine Truppen, die er zuerst entsandte, wurden 1381 von Lazars Lehensmännern Crep und Vitomir an der Morava geschlagen. So mußte er sich 1382 zunächst mit der Eroberung Sofias begnügen. 1386 nahm er Niš, womit er auf serbischem Boden Fuß faßte, geriet jedoch in Pločnik in eine Falle Lazars, aus der er nur mit viel Glück seinen Kopf rettete. Darauf massakrierten die Türken die gesamte Bevölkerung von Niš. 1388 rückte gegen Süddalmatien ein etwa 20 000 Soldaten starker Expeditionsverband vor, kommandiert von Lala Šahin, dem Sieger der Marica-Schlacht. Bei Bileća in der Herzegowina wurde er vom besten bosnischen Feldheer unter Großherzog Vlato Vuković überrascht und völlig vernichtet. Šahin, der »Königsfalke«, entging nur durch schnelle Flucht dem gleichen Schicksal.

Der türkische Koloß wollte solche Stiche nicht mehr dulden. Im nächsten Jahr sammelte der Sultan alle seine Heere, deren Mitte die Janitscharen – die osmanische Kerntruppe – bildeten; auch serbische und griechische Vasallen wurden herangeholt und die Einheiten mit exotischen Kriegsmitteln, Kanonen und Kamelen gerüstet. Es sollte ein Abschreckungs-, ein Vernichtungsfeldzug sein, und im Juni 1389 rollte dieser orientalische Todeszirkus von Phillippopolis in Richtung Kosovo, auf Serbiens Zentrum zu – interessanterweise nicht auf dem üblichen Weg über Niš, sondern auf einer Nebenstrecke, über Velbužd und Skoplje, da Murad fürchtete, Lazar könnte ihm in jenen Engpässen, wo er schon 1386 (oder 1387) geschlagen worden war, einen Hinterhalt stellen.

Nach dem zeitgenössischen Rhetor Demetrius Kydones, einem Byzantiner, dachte Murad (»jener Verdammte«), die Serben würden, sobald sie von der Macht erfuhren, die sich gegen sie zusammengeballt hatte, aus Angst »in den Ozean springen«. Aber Lazar berief seine Lehensmänner. Vuk Branković, sein Schwiegersohn, rekrutierte ein Panzerreiterheer, und König Tvrtko, in Dalmatien persönlich in den Krieg verwickelt, schickte als seinen Stellvertreter den Sieger von Bileća, Vlatko Vuković, mit bosnischen Truppen.

Glaubt man dem kroatischen Priester, Historiker und Vorkämpfer für die südslawische Einheit, Franjo Rački, der 1889, zur fünfhundertjährigen Gedenkfeier der Kosovo-Schlacht, die erste quellenkritische Studie hierzu schrieb, so kämpfte im bosnischen Aufgebot auch eine kroatische Kreuzritterschar unter Führung von Ivan-Ivaniš Horvat. Dieser slawonische *Banus*, eine sehr bekannte Persönlichkeit jener Zeit, hatte den Ungarnkönig Sigismund verlassen, Zuflucht bei Tvrtko in Bosnien gefunden und war dessen Feldherr geworden.

Seine Behauptung belegt Rački nur mit einer italienischen Chronik, die als Beteiligte in der Kosovo-Schlacht den König Serbiens, den König Ungarns, den Fürsten Lazar und »Herrn Johannes, *Banus* mit den Kreuzrittern«, erwähnt*.

Eine unzuverlässige Quelle also. Denn tatsächlich beteiligten sich weder der Serben- noch der Ungarnkönig an diesem Kampf. Auch die Quellen aus der näheren Umgebung nennen den *Banus* nicht als Kosovo-Mitstreiter, obwohl sie ihn, hätte er da wirklich gefochten, wegen seiner Bedeutung kaum verschwiegen hätten. Wäre aber *Banus* Horvat 1389 doch auf dem Amselfeld gewesen, müssen jene »Kreuzritter« gleichwohl keine Kroaten gewesen sein. Am wahrscheinlichsten ist, daß sich der Verfasser der Chronik, auf die sich Rački bezieht, durch die Ausmaße des Gemetzels zur Übertreibung verleiten ließ und alle Größen, die sich zeitlich oder räumlich in der Nähe befanden, zu Helden der Amselfeld-Schlacht erkor. In der Tat war die Zahl der Schlächter enorm. Die serbischen Quellen sprechen von 100 000 Serben und 300 000 Türken, mächtig übertrieben wohl, doch die Proportionen stimmen: Das türkische Heer war, was die schiere Quantität betraf, weitaus stärker.

Am Veitstag, dem 28. Juni (dem 15. Juni nach dem Julianischen Kalender) 1389, standen sich die Heere bei Priština gegenüber. Das Zentrum der türkischen Truppen befehligte Murad selbst, den rechten Flügel der ältere Sultanssohn Bajezid, den linken Murads jüngerer Sohn Jakub. Der Befehlshaber des serbischen Zentrums war Fürst Lazar. Den rechten Flügel bildete hier das Kriegsvolk von Vuk Branković, auf dem linken fochten die Bosnier unter Vlatko Vuković. Den Kampf eröffneten die türkischen Bogenschützen, wahrscheinlich mit wenig Erfolg. Dann stürzten sich die geharnischten Ritter Vuk Brankovićs auf Jakub, zerschmetterten den linken Flügel der Türken und bedrohten sogar der Troß. Der jüngere Sultanssohn fand den Tod, ob im Kampf oder nachher durch Bajezids Henker, blieb unbekannt. Nun folgte der Gegenangriff des türkischen Zentrums. Fürst Lazar, der sich nicht zurückziehen wollte, fiel oder wurde gefangen und hingerichtet.

---

* »Eodem anno (1389) de mense Junio. Contra Theueros quibusdam coniuratis Christi fiidelibus: rege Rasci(ae), rege Ungariae, comite Lazaro et domino Johanne banno cum crucesignatis interemptus est ipse Amorattus, utroque exercitu in campo remanente, maxima tamen cum caede.«

Vor, während oder nach der Schlacht geschah etwas, das die künftigen Generationen der Serben zutiefst beeindruckte und beispielhaft für ihre Helden wurde. Ein »treuer Diener Lazars«, Miloš – später Kobilić und endlich Obilić genannt –, dringt durch Kampf oder List, allein oder mit einer Gruppe von Rittern, zum Sultan vor und tötet ihn, um unmittelbar danach niedergehauen zu werden. Außer Murad fallen auch sein Diener sowie der Großwesir Ghasi-Sinan, wohl ein Indiz dafür, daß Miloš nicht allein gewesen war.

Nach dem Tod beider Feldherren brach man den Kampf wahrscheinlich bald ab. Der erste türkische Chronist des Gefechts, Nešri, der Ende des 15. und Anfang des 16. Jahrhunderts lebte, schreibt: »Berge von Leichen erhoben sich auf dem Schlachtfeld, Köpfe fielen auf die Erde wie Sand«; »in der Nacht (nach dem Kampf) herrschte im islamischen Heer große Verwirrung und Erregung …«. Am Morgen riefen die Türken Bajezid zu ihrem neuen Sultan aus und zogen sich eilends nach Kleinasien zurück.

In ersten Berichten wurde die Kosovo-Schlacht keineswegs als Niederlage der Serben eingeschätzt. Benachrichtigt von seinem Herzog Vlatko Vuković, rühmte sich König Tvrtko seinerzeit in Schreiben an die Gemeinden von Trogir und Florenz seines großen Sieges: Das bosnische Heer kehre mit unbedeutenden Verlusten zurück, die Türken dagegen hätten ein schwere Niederlage erlitten, nur »wenige von ihnen ihren Kopf gerettet«. Doch auch ohne Tvrtko waren die Florentiner schon informiert. Sie gratulierten ihm zum Sieg, über den »seit langem« Botschaften kämen und von dem die Briefe »vieler Leute« berichteten. Und der bereits erwähnte byzantinische Rhetor Demetrios Kydones hält den Griechen vor, wegen ihrer Hofintrigen die Gelegenheit zur Vertreibung der Türken nicht genutzt zu haben. »Und so verdunkelt Deine Abwesenheit«, wendet sich Kydones an Kaiser Manuel II., »uns jetzt die Freude über den Sieg«.

Eine Dubrovniker Chronik vom Ende des 15. Jahrhunderts kommt vielleicht der Wahrheit am nächsten, da die Ragusaner, die intensive Kontakte mit Serben wie Türken hatten, ein nüchternes Handelsvolk waren, das sich nur für die Tatsachen interessierte. »1389, am 15. Juni, am Veitstag, am Dienstag, kam es zur Schlacht zwischen den Serben und dem Türkenkaiser. Von den Serben waren da: Lazar, der serbische König, Vuk Branković und Vlatko Vuković, der Herzog. Und das war ein großes Sterben, sowohl auf türkischer als auch auf serbischer Seite, so daß nur wenige zurückkamen; Kaiser Murad wurde getötet, ebenso der serbische König. Den Sieg trugen weder die Türken noch die Serben davon, weil das ein großes Sterben war. Die Schlacht war auf dem Amselfeld.« Man kann also zu Recht sagen, das Treffen blieb taktisch unentschieden.[1]

Die Behauptung, die Serben hätten auf dem Amselfeld eine Niederlage erlitten, kommt zuerst bei den Serben selbst auf, und zwar durch den namhaften Literaten und Grammatiker Konstantin »den Philosophen«, 1431 oder 1432. Beauftragt vom Patriarchen Nikon, schrieb Konstantin die Biographie des Despoten Stefan Lazarević, des Sohnes von Lazar. Die Situation war aber nun, 42 Jahre nach der Schlacht, eine ganz andere. Fast alle Städte Serbiens und Bosniens besaßen inzwischen die Türken oder die Ungarn, und jene beiden Staaten führten bloß noch ein Schattendasein. Die Ursache für den serbischen Niedergang fand Konstantin im Tod Lazars. Da Lazar fiel, ging auch die Schlacht verloren. Die Identifizierung seines Todes mit der Niederlage auf dem Amselfeld und dieser mit dem Untergang des Serbenreichs wurde zu einer der Grundlagen des Kosovo-Mythos.

Als weitere Hauptursache der Katastrophe galt der Verrat.

Die ersten Berichte wissen noch nichts von irgendeinem Verrat auf serbischer Seite. Ende des 15. und Anfang des 16. Jahrhunderts aber schreibt man schon, basierend offenbar auf der Volkslegende, »einige Großadelige« seien Lazar auf dem Amselfeld untreu geworden, einer von ihnen, »Dragoslav Pribiša«, habe ihn sogar verraten. Im Lauf des 16. Jahrhunderts wurde dann, wie das Werk des Ragusaners Don Mavro Orbini beweist, Vuk Branković zu diesem Verräter[2]. Der Gedanke, in Kosovo sei ein Verrat geschehen, schien in den Jahrhunderten nach der Schlacht nicht unvernünftig. Verrat war es ja schon, daß Serben am Veitstag 1389 als türkische Vasallen gegen Lazar antraten. Und später, während der Islamisierung, betrachteten die Christen ihre mohammedanischen Stammesgenossen als die schlimmsten Verräter, als »Verrätersamen«. Der Grund, warum man ausgerechnet Vuk Branković, den großen Helden des Gemetzels, zum Erzverräter machte, liegt vielleicht in der Unpopularität seiner Nachkommen, der Despoten Brankovići, unter deren Herrschaft Serbien seine Unabhängigkeit verlor.

Das mythische Volksepos, das bis ins 20. Jahrhundert das Volksbewußtsein prägte, hat die ganze serbische Geschichte in der Amselfeld-Schlacht verdichtet. Fürst Lazar wurde zum Kaiser erklärt. Neben ihm kämpfte und fiel, samt seinen Brüdern, König Vukašin, obwohl der bereits früher – in der Marica-Schlacht 1371 – den Tod fand. Auf dem Amselfeld focht auch Herzog Stefan Vukčić-Kosača, nach dem die Herzegowina ihren Namen bekam, der jedoch erst 1405 geboren wurde. In der bosnischen Variante des epischen Liedes *Der Untergang des serbischen Reichs*[3] erscheint auf dem Amselfeld mit 6000 Montenegrinern sogar der Metropolit von Cetinje, der aber erst im 18. Jahrhundert eine politische Rolle spielte. Selbst die Gestalten aus der alten Mythologie kämpfen mit, wie der Drache *Ljutica Bogdan* und *Lauš*, das Kind, nebst seinen Feen. Die Kosovo-Schlacht wurde dadurch allgegenwärtig. Die Türken waren nach Miloš' Heldentat und -tod schon geschlagen, und die Wende, die sogar wider das »Schicksal« ist, bringt erst der Übertritt des Vuk Branković auf die türkische Seite. Am toten Körper Lazars erscheinen Wunder, er wird ein Heiliger.

Der Sinn des Kosovo-Mythos: Das Fiasko des serbischen Reichs war nicht notwendig, nicht gottgewollt, sondern Folge der eigenen Schuld. Obwohl tragisch, ist dieser Mythos nicht pessimistisch. Er ruft zur nationalen Besinnung, besonders zur Einheit und Bekämpfung der Verräter auf, zugleich zur Rache und Wiederholung der Heldentaten. Er sagt: Sind wir einig und halten einander die Treue, werden wir Kosovo rächen, das türkische Reich zu Boden werfen, wird die heiligste Pflicht erfüllt, die gottgewollte Ordnung der Dinge wiederhergestellt. Deshalb bedeutet der Veitstag für die Serben nicht nur den Volkstotentag, sondern mehr noch den Tag der Rache und der politischen Auferstehung, der, wenn nicht schon gekommen, doch künftig kommen muß. Die nachhaltige Wirkung des Kosovo-Mythos hilft auch die Zähigkeit der Serben vor dem Feind zu verstehen, freilich zugleich einen Übermut, den sie oft teuer bezahlen.

Auch die serbisch-orthodoxe Kirche leistete einen großen Beitrag zu diesem Mythos, ja, noch ehe er entstanden war, deutete sie das serbische Sterben auf dem Amselfeld als Heimgang in das Himmelreich. Auch erklärte sie den Veitstag zum Todestag des heiligen Fürsten Lazar. Und vor kurzem hat sie alle ihre Gefallenen auf dem Amselfeld als Märtyrer kanonisiert. So wurde der Kosovo-Mythos zum konstituierenden Glauben der serbischen Nation abgerundet.

4. Kapitel

DIE SERBISCHEN WANDERUNGEN UNTER DER TÜRKENHERRSCHAFT UND DIE KONFLIKTE MIT DEM RÖMISCHEN KATHOLIZISMUS IM NEUEN LAND

Nach der Kosovo-Schlacht besetzte der Ungarnkönig und spätere deutsche Kaiser Sigismund die Städte Mittelserbiens – offenbar in Absprache mit Vuk Branković, dem Herrn von Kosovo und Skoplje, der sich nach Lazars Tod zum Haupt der Serben und des Donaulands erklärte. Lazars Witwe aber wandte sich dem Sultan Bejazid zu. Dieser verlangte für seine Hilfe die Söhne Lazars als Vasallen und dessen jüngste Tochter Olivera als Haremsfrau. Letzteres wurde als sehr peinlich empfunden. Doch nach dem Rat des Patriarchen, der Priesterversammlung und des Senats entsprach man dem Sultanswunsch, »damit die Herde, die den Christusnamen trägt, vor den Wölfen gerettet werde«.

Mit dem Beistand des dankbaren Sultans wurden die ungarischen »Wölfe« aus Serbien vertrieben, und mit ihnen verschwand der Kosovostaat des Magyaren-Freundes Vuk Branković. Der Türke vergaß indessen die eigenen Staatsinteressen nicht. Am 6. Januar 1392 besetzte er die serbische Grenzstadt Skoplje und machte aus ihr – was sie bis zum Fall Konstantinopels im Jahr 1453 auch blieb – die Hauptstadt der Sultane. Von Skoplje aus unternahmen sie ihre Feldzüge gegen Albanien, Zeta und Bosnien.

Um die Wende zum 15. Jahrhundert bekamen die Serben unerwartete Verbündete aus Asien. Die Mongolen und Türken (Seldschuken) unter dem Groß-Khan Tamerlan griffen die osmanischen Türken in Kleinasien an. Bei Angora, am 28. Juli 1402, stieß Tamerlan auf Bajezid, dessen linken Flügel die serbischen Vasallen bildeten, geführt von Lazars ältestem Sohn Stefan Lazarević. Im osmanischen Heer hatten nur die geharnischten Serbenreiter Erfolg. Die Anatolier liefen zu Tamerlan über, und Bejazids Zentrum warfen mongolische Elefanten zurück. Obwohl sein Sohn Sulejman und sein Schwager Stefan die einzige Rettung im Rückzug sahen, lehnte ihn Bajezid, blind seinem Glück vertrauend, ab. Er geriet in mongolische Gefangenschaft, wo er bald danach starb. Mit ihm aber ging auch die türkische Großmacht unter, da die Osmanen ihr Hinterland – Kleinasien – verloren hatten.

Nach der Angora-Schlacht begab sich Stefan samt Heer und Schwester Olivera, die er aus dem Harem befreien konnte, nach Konstantinopel. Dort schmiedete man mit zwei weiteren Maritimstaaten, Venedig und Genua, eine christliche Koalition wider die Türken. Stefan trat dem Unternehmen bei und erhielt den Titel »Despot«, den höchsten byzantinischen Titel nach dem Kaiser, wodurch auch Serbien als Despotat und somit wieder als souveräner Staat anerkannt wurde.

Nicht lange darauf aber orientierte sich Stefan, eine völlige Wende vollziehend, gen Norden. Kaiser Sigismund schätzte das sehr. Er nahm den Fürsten mitsamt seinen Nachfolgern in den hohen ungarischen Adel auf und gab ihm beträchtliche Gebiete Ungarns, unter anderem die Stadt Belgrad, die er zur Kapitale des Despotats machte. Folglich bekam Belgrad eine Festung, ein orthodoxes Bistum, ein Spital. Bei einem Konflikt konnte Stefan die Türken schlagen, und fortan ließen sie ihn in Ruhe. Serbien, unter dem Despoten Lazarević wieder von Belgrad bis zur Adria reichend, erfreute sich nun wirtschaftlichen Wohlstands und kultureller Blüte. Immerhin war der Herr über Serbien auch ein Schöngeist, Kunstförderer und sogar Schriftsteller.

Es gab damals dort viele katholische Kolonien, hauptsächlich Gemeinden deutscher (sächsischer) Bergleute und Ragusaner Händler. Sie genossen volle Religionsfreiheit. Nur die Überführung der Orthodoxen in die »Lateinhäresie«, so das Gesetzbuch Dušans, war bei Strafe verboten. Der Despot praktizierte, soweit möglich, eine Politik des Friedens und Ausgleichs. Obwohl für kürzere Zeit erfolgreich, war diese Strategie im Grunde verfehlt, weil sie das aktivistische, auf permanente Expansion eingestellte Wesen der türkischen Seite außer acht ließ. Während Stefans Herrschaft war der Feind schwach und deshalb kompromißbereit. Doch indem Serbien und Byzanz mit ihm paktierten, einen türkischen Prätendenten gegen den anderen ausspielten, statt allesamt vernichtend zu schlagen, führten sie ihr eigenes Verderben herbei.

Die späte Prosperität währte nicht lang. Wenige Jahrzehnte darauf, Anfang des 15. Jahrhunderts, verschwanden unter den Hufen der Sultanspferde die letzten Überreste des byzantinischen und serbischen Reichs – den orthodoxen Balkanesen, besonders den

Serben, eine wichtige Lehre für ihren künftigen Umgang mit Gegnern. Gegen die Türken entwickelten sie eine meisterhafte Verstellungskunst, eine Mimikry ersten Ranges. Waren die Osmanen überlegen, täuschten ihnen die Serben maßlose Demut und Ergebenheit vor; fühlten die Serben sich aber stark genug, schlugen sie die Türken gnadenlos, vernichtend – nicht wie normale Feinde im Krieg, sondern wie das Unkraut im Feld.

Im Sommer 1459 fiel der letzte Stützpunkt des serbischen Heeres in Serbien, die Festung Smederevo (Semendria) an der Donau. Etwa um diese Zeit erstickten die Türken, wahrscheinlich durch enorme Steuerlasten, auch die autokephale serbische Kirche und unterstellten deren Diözesen dem griechischen Erzbistum von Ohrid.

Schon vor dem definitiven Untergang des serbischen Despotats waren die Ungarn die einzigen ernsten Widersacher der Türken auf dem Balkan. Gegen deren Ansturm hielten sie Belgrad bis 1521, das bosnische Jajce bis 1527. In Serbien hieß der Ungarnkönig plötzlich »unser Kaiser«. Doch hatten die Serben, durch die Türken verunsichert, bereits nach der Schlacht auf dem Amselfeld im Jahr 1389 begonnen, sich in Südungarn – besonders in Sirmien (*Srem*) – niederzulassen, wo sie im 15. Jahrhundert schon die Bevölkerungsmehrheit stellten.

Diese Kolonisierung wurde auch von den Ungarn selbst aus eigenem Abwehrinteresse vorangetrieben. Nach ständigen türkischen Raubüberfällen waren die südlichen Grenzgebiete menschenleer geworden, und die Magyaren brauchten dort eine seßhafte Bevölkerung, die das Land verteidigte. Da sie nur mit den Serben rechnen konnten, ließ König Matthias I. Corvinus 1480, nach einem Feldzug in Serbien und Bosnien, 60 000 Siedler samt Wagen, Getreide und beweglichem Vermögen aus Serbien nach Ungarn überführen[1]. Auch gab man den serbischen Rittern nicht nur Ländereien, sondern ganze Städte zu Lehen, was die Einwanderung der Serben in Ungarn stark gefördert hat.

Nach dieser Entwicklung war es nur folgerichtig, daß König Matthias und der ungarische Reichstag 1471 in Südungarn, Slawonien und Sirmien das serbische Despotat erneuerten. Zum ersten Despoten (Rascie despotus) wurde Vuk Grgurović Branković ernannt, im Volk zu Recht als »Vuk der Feurige Drache« bekannt. In diesem zweiten Despotat genossen die Serben auch wieder die kirchliche Autonomie. Die Entscheidungen des ungarischen Reichstags 1481 und 1491 befreiten sie ferner von der Zehntpflicht gegenüber der katholischen Kirche.

Doch die türkische Eroberung Ungarns und dessen Erlöschen in der Schlacht bei Mohacs am 29. August 1526, wo der letzte König von Böhmen und Ungarn, Ludwig, samt seinem Heer ein Ende fand, vernichteten auch die Existenzgrundlagen des zweiten serbischen Despotats. Ludwigs Nachfolger, Kaiser Ferdinand I. von Habsburg, gab die Würde des serbischen Despoten dem Ritter Pavle Bakić , der sich bei Mohacs und bei Wien 1529 ausgezeichnet hatte. Er empfing den Titel am 20. September 1537, fiel aber schon am 9. Oktober des gleichen Jahres. An diesem Tag erlosch auch das Despotat, weil Ferdinand nun statt dessen die Militärgrenze ausbauen wollte.

DIE GRENZLANDSERBEN

Im 15. und 16. Jahrhundert gab es Massenauswanderungen der Serben auch in andere Länder der ungarischen Krone, nach Slawonien, Kroatien sowie in das ungarische und venezianische Dalmatien. Diese Gebiete, soweit von den Türken heimgesucht, waren menschenleer; die katholische Bevölkerung hatte sie kopfüber vor den plündernden, tötenden und Sklaven jagenden Horden verlassen. Der dalmatinische Franziskaner Zlatović beschreibt den Zustand seiner Glaubensgenossen während der Kriege zwischen der Türkei und Venedig im 16. Jahrhundert: »Dome und Pfarrkirchen wurden niedergebrannt, Pfarreien und Dörfer aufgelöst, Klöster durchwühlt, und das Priestertum floh auseinander und zerstreute sich. Wer fliehen konnte, versteckte sich, um seinen Kopf zu retten, hinter den venezianischen Bollwerken am Meer. Von der Cetina bis an die Zrmanja gab es keinen Priester, keinen heiligen Ort mehr, sondern herrschte eine rechte abominatio desolationis«[2].

Daher mußten die einwandernden Serben Berufssoldaten sein, die sich mit ihren Familien dort niederließen, um die Grenzen gegen die Türken zu schützen. So führte der Ungarnkönig Matthias I. Corvinus noch 1463, nach seinem Durchbruch bis Jajce in

Die Ausbreitung des Osmanischen Reiches im 15. Jahrhundert

Westbosnien, eine Gruppe von Serben zurück, um mit ihnen die Verteidigung der Gespanschaften Lika und Krbava in Kroatien zu stärken. Auf diese Weise kam es dort zu vielen serbischen Niederlassungen. In Slawonien etwa werden die ersten Serben im 15. Jahrhundert als Besatzungen einiger Festungen bei Zagreb und Varaždin erwähnt sowie als Siedler um Orahovica auf den Ländereien von Jovan Branković.

Im 16. Jahrhundert erfolgte eine neue serbische Masseneinwanderung aus Bosnien-Herzegowina und Montenegro ins verwaiste Dalmatien.[3] All diese Einwanderungen aber waren nicht rechtlose Landnahmen, sondern hatten Freibriefe als Rechtsgrund.

Die Serben, die im 15. und 16. Jahrhundert unter der Türkenherrschaft bleiben mußten, versuchten sich dem *factum brutum* anzupassen – das Türkenreich war in voller Expansion, offener Widerstand nun sinnlos. Dabei fühlte man sich besonders durch die Islamisierung bedroht. Die Türken zerstörten alle Städte und errichteten sie neu im orientalischen Stil und mit vielen Moscheen, die oft durch Umbau von Kirchen entstanden, wie etwa in Skutari. Diese neuen Wohn- und Kulturzentren wurden sowohl für kolonisierte Türken als auch für bekehrte Alteinwohner bestimmt. Die meisten Übertritte zum Islam erfolgten in Bosnien-Herzegowina, was die orthodoxe Kirche mit ernster Sorge erfüllte. So meldet ein Mönch Marko von Trebinje, 1509 sei es zu einer großen und freiwilligen Bekehrung zur Religion der Eroberer gekommen. »Und viele«, sagte er, »von niemandem gequält (!), fielen vom orthodoxen Glauben ab und nahmen ihren Glauben an.« Sechs Jahre später vermerkt ein Priester Vuk von Sarajevo: »... Und in diesen Tagen vermehrten sich die Kinder der Hagariter und verminderten sich die orthodoxen Glaubens in diesem Land wie nie zuvor.«[4]

Niemand wurde gezwungen, zum Islam zu konvertieren. Wer aber nicht wollte, wurde als *Raja* – als »Steuerzahler« – eingestuft. Das bedeutete praktisch, neben dem allmächtigen und hochfahrenden Moslemvolk nichts zu sein, weder Waffen führen noch Mohammedaner vor den Richter laden, noch die Farben Rot (der Herrschaft) und Grün (des Islam) tragen zu dürfen. Ihr Leben galt nach dem Koran als verfallen, und die *Raja* mußten es mit der Kopfsteuer immer aufs neue erkaufen – nicht der einzigen Steuer, und von der schlimmsten, der Blutsteuer, wird noch die Rede sein.

Neben diesem harten, diskriminierenden Recht traf die Christen auch die Moslemwillkür, die nur in der enormen Bestechlichkeit der Funktionäre eine gewisse Grenze hatte. Doch kam das bloß reichen Griechen zugute. Das einzige Mittel, um auf legale Weise frei zu sein – die illegale, das Heiduckentum, wird erst später geschichtlich relevant –, war für die Serben der Heeresdienst. Als Soldaten der Türken erwarben sie auch deren Hochachtung, ganz besonders bei der türkischen Eroberung von Temesvár am 30. Juli 1552. Die Sultane gründeten auch eine Militärgrenze, die Kapitänate, mit Grenzflußhäfen und Grenzfestungen gegen Österreich und Venedig als Zentren. Ihre höheren Offiziere, *Bege* und *Agas*, waren die Moslems, die Grundlage der Verteidigung bildeten jedoch kolonisierte serbische Bauernsoldaten mit eigenen, dem serbischen Kleinadel angehörenden Wehrführern.

Der alte Hochadel war verschwunden – entweder von den Türken vernichtet oder emigriert. Das Volk und die Kirche beklagten dies nicht. Man haßte ihn wegen seiner Fehden, die das türkische Ausgreifen erleichtert hatten, und wegen der schweren Fronarbeit, die er dem Landvolk in der letzten Zeit der Unabhängigkeit aufgezwungen. Der Kleinadel aber blieb, spielte freilich unter den Türken nicht mehr die Rolle wie früher, wurde indes, was der Adel vor der Entstehung des Feudalstaates gewesen: Stammes- und Siedlungsvorsteher, die nicht über dem Volk standen, sondern dessen Erste waren.

Der Kleinadel arbeitete am engsten mit der orthodoxen Kirche zusammen. Er wurde mit ihr zum Träger der Idee des serbischen Staates, dessen Fiasko durch die Türkenherrschaft für sie nur eine Episode, ein Interregnum bedeutete. So erneuerte Fürst Georg Vraneš das Kloster Zastup am Lim (1537), ein Herzog Radoje Hrabren gründete die Kirche in Trijebanj (1534), der *Spahi* Milisav Miloradović schuf das Kloster Žitomislić an der Neretva, der »Großfürst« Vukić Vućetić renovierte 1616 die Klosterkirche Morača, »in den Zeiten der Not und Härte, als es große Gewalt durch die Kinder der Hagariter für das christliche Geschlecht und für Kirchen und Klöster gab«. Oft schenkte der Adel den Klöstern Land und Vieh[5] .

Von den Türken bekamen die Grenzlandserben beträchtliche Privilegien. So durften in gewissen Teilen Westbosniens die Moslems nicht unter ihnen leben. Als die Türken 1556 den Ungarnstaat in Siebenbürgen erneuerten, wurde dort der Serbe Petar Petrović

Gouverneur, sein Unterführer Nikola Crepović *Banus* von Severin. In Türkisch-Ungarn sind die Serben im 16. Jahrhundert auch Großkaufleute und Steuerpächter.

Die Grenzlandserben in der Türkei waren vor allem von der schrecklichen Blutsteuer (serb. *danak u krvi*, türk. *devşirme*) frei, die der biologischen Erneuerung der türkischen Herrenschicht diente.

In jedem dritten, fünften, oder siebten Jahr wurden christliche Knaben oder Jünglinge nach bestimmten Kriterien ihren Eltern weggenommen, nach Konstantinopel geführt, islamisiert und zum Unterricht entweder für den Janitscharen- oder den Hofdienst bestimmt. Für die betroffenen Familien war die Blutsteuer normalerweise eine Tragödie. Immerhin kam sie dem Serbenvolk als ganzem zugute. Die Zahl der islamisierten Serben am Sultanhof stieg derart an, daß Serbisch eine der offiziellen Reichssprachen wurde. Manche dieser Serben blieben auch ihrem Christenvolk geneigt, dem sie im Rahmen ihrer Möglichkeiten halfen.

Der größte Serbengönner unter ihnen war Großwesir Muhammed Pascha Sokolović-Sokolli (1506–1576). Zuerst Janitschar, wurde er ein ausgezeichneter Admiral und Feldherr, der unter drei Sultanen regierte, ja, der den Suezkanal bauen wollte und deshalb den Sudan eroberte. Seiner Heimat schenkte er nicht nur eine schöne Brücke über die Drina bei Višegard, sondern erwirkte auch, daß 1557 Suleiman II. (»der Große«) die autokephale serbische Kirche, das Patriarchat von Peć, erneuerte. Seinerzeit gab es an der Pforte noch zwei Wesire serbischer Herkunft: Rustem Pascha Opuković und Ali Pascha Semiz. Der erste Patriarch der wiedererrichteten Kirche wurde Muhammeds orthodoxer Bruder Makarios Sokolović.

Die Anerkennung der serbischen Kirche war zugleich die Anerkennung des serbischen Volkes als juristische Person, weil im Osmanenreich das Recht, islamischer Auffassung folgend, sakralen Charakter hatte. Der Prozeß der Identifizierung der Serben mit ihrer Kirche war damit abgerundet, der Patriarch sowohl der geistige Führer des Volkes als auch dessen weltliches Haupt, der *Ethnarch*. Das Patriarchenamt führte seine Geschäfte entweder unmittelbar oder mittels angesehener Laien, besonders aus dem Kleinadel. Nunmehr erfolgte ein mächtiger Aufschwung. Allein in Ungarn stiftete man der serbischen Kirche zehn Diözesen, in Bosnien entstanden mehrere Klöster. Der neuen Freiheit entsprach ein starker Bücherbedarf; 1562 setzte man in der Mrkša-Kirche eine Druckerei in Betrieb, 1563 in Skutari eine weitere.

All dies führte freilich zu keiner beständigen Normalität. Die türkische Okkupation mit ihren schlimmsten Folgen dauerte an, zumal die Islamisierung; dabei wurden Christentum und Islam als absolute Gegensätze aufgefaßt. Obwohl sich die Kirche im Umgang mit den Türken freundlich gab, galten ihre wahren Sympathien dem Westen. Ihre Annalen erwähnen oft das Elend der Christen bei der neuen türkischen Offensive gegen Österreich im Jahr 1566. »O welch Weh geschah damals dem Christengeschlecht und allen westlichen Ländern durch die gesetzlosen Hagariter«, klagt ein serbischer Schreiber bei Mojsinje. In einem Jahrbuch nennt man Suleiman den Großen »böse wie ein Raubtier« und einen »zweiten Artaxerxes«.

Umgekehrt mißtrauten die Türken natürlich auch den Unterjochten.

Die Serben unter Waffen lebten auf beiden Seiten ihrer Grenze mit den Feinden und konnten so leicht zu einer »fünften Kolonne« werden. Nach dem Tod von Muhammed Pascha ließ die serbenfreundliche Politik der Pforte nach, und man begann die Privilegien der Grenzlandserben abzuschaffen. Während des österreichisch-türkischen Kriegs 1593–1606 erhoben sich 1594 die Serben im Banat unter dem dortigen Bischof Theodor Tivodorović. Die Aufständischen eroberten zuerst eine Reihe von Städten – unter anderem Versecz, Nagy-Becskerek, Titel und Lippa. Als jedoch die erwartete Hilfe des Siebenbürgenfürsten Zsigmond Báthory ausblieb, schlug ein Heer von 30000 Türken die Rebellen bei Nagy-Becskerek schwer. Dem gefangenen Bischof Theodor wurde bei lebendigem Leib die Haut abgezogen. Das größte Sakrileg aber begingen die Türken, indem sie aus Rache für den Aufstand am 27. April 1594 in Belgrad den einbalsamierten Körper Sankt Savas verbrannten. Seitdem hatten die Kämpfe zwischen Serben und Türken ausschließlich den Charakter von Religionskriegen.

Nun ergoß sich eine Flut von Serben in die Länder Österreichs und Venedigs; vor allem Grenzlandserben, die sich, geführt von Kleinadel und Klerus, in den ihnen zugewiesenen Gebieten geordnet niederließen. Die Beziehungen zu ihrer alten Heimat brachen sie jedoch nicht ab. Vielmehr blieben ihre Kirchen den dortigen

Bischöfen unterstellt, etwa jene in Dalmatien dem Metropoliten von Montenegro, jene in Kroatien dem Metropoliten von Bosnien[6]. In Kroation errichteten sie um 1602 das Kloster Gomirje, in Slawonien, bei Zagreb, 1608–1609 das Kloster Marča, zwischen Križevci und Koprivnica das Kloster Lepavina.

Dem Kaiser in Wien wie dem Dogen in Venedig waren diese Überläufer, *Uskoken* (»Hereinspringer«) genannt, sehr erwünscht. Ihre Lage in Österreich und Ungarn wurde wesentlich durch die Errichtung der Militärgrenze (serbokr. *Vojna krajina* oder *Vojna granica*) bestimmt, ein Schutzgebiet entlang der türkischen Grenze und als ein besonderes Land Österreichs ausgebaut. Insoweit sich die Militärgrenze auf Kroatien und Slawonien erstreckte, war sie größer als diese Länder zusammen.

Die Militärgrenze nahm unter Ferdinand I. (1503–1564) und Maximilian II. (1527–1576) Gestalt an. Sie unterstand der unmittelbaren Verwaltung der Wiener Militärbehörden bzw. dem Kriegsrat in Graz, ab 1705 dem Hofkriegsrat in Wien. Das Land wurde größtenteils Staatseigentum und als solches den Einwanderern zugeteilt. Sie waren von Fronarbeiten befreit, zur Wehrpflicht aber vom 18. bis zum 60. Lebensjahr gezwungen. Die wehrpflichtigen Bauern wurden meist serbische *Uskoken*, ihre Offiziere waren meist Deutsche.

Infolge der Einsickerung der Serben in die Militärgrenze verkörperte dieses Land die Militärstärke der Monarchie. Es lieferte im 18. Jahrhundert 60 000 Soldaten, während ganz Österreich im Jahr 1740 zwischen 80 000 und 100 000 Krieger aufbrachte. Jeder siebte Mann in der *Vojna krajina* war Soldat; dagegen kam in allen anderen Ländern Österreichs nur ein Soldat auf 64 männliche Einwohner.

Die Serben wußten genau, was sie für die Monarchie bedeuteten. Deshalb verlangten sie diverse Privilegien. Sie wollten von Anfang an nur dem Kaiser unterstellt sein und keiner kroatischen Behörde. Diesem Verlangen tat der Hof auch Genüge. Am 5. Oktober (25. September nach dem Julianischen Kalender) 1630 bekamen die Serben eine Sondersatzung – »Statuta Valachorum« –, sie erhielten im Grenzland völlige Autonomie in Zivilsachen und bildeten eine juristische Person des öffentlichen Rechts für sich (»Communitas Valachorum«).

Die Anerkennung erfolgte nach langem Kampf mit den slawonischen und kroatischen Feudalherren, welche die ankommenden Serben abgabenpflichtig machen wollten. Dem setzte aber das »Patent Buch« Ferdinands II. vom 15. November 1627 ein Ende, das dekretiert: Weder jetzt noch künftig dürfen die Grenzlandserben angegriffen und beunruhigt werden, vielmehr können sie frei bleiben und an ihren bisherigen Wohnstätten freie Grundbesitzer auf dem Boden sein, der nach dem Recht der Kaduzität (ohne Erben) das Eigentum »unserer heiligen Königskrone« beziehungsweise »der Krone des Heiligen Stefan« ist. Folglich sind sie nur den gesetzmäßigen Königen Ungarns untertan, die ihre Kommandanten und Verwalter ernennen. Sofern sie aber Ländereien bewohnen, für welche der Adel Erbrechte reklamiert (ius haereditarium), wird dieser durch andere Ländereien entschädigt.

Damit wurde nicht nur jeder eigentums- und feudalrechtliche Anspruch der Stände gegen die Serben zurückgewiesen, sondern auch die ausschließliche Zuständigkeit der Ungarnkrone begründet. Das erregte freilich die kroatische Oberschicht. So schrieb der Verwalter der Güter des Zagreber Bistums, Ambroz Kuzmić, in einem Bericht vom 13. November 1700, es wäre besser, »die Walachen abzuschlachten als sie anzusiedeln«. Aber auch die leibeigenen Kroaten hegten ähnlichen Haß gegen die Serben, die sich mit ihnen nicht solidarisch fühlten. Und als am 29. Januar 1573 der große kroatisch-slowenische Bauernaufstand ausbrach, blieben die Serben aus der Militärgrenze dem Kaiser loyal und halfen, die Erhebung zu ersticken.

Die Krajinaserben wurden von den Kaisern und ihrer Verwaltung fast nie bei ihrem Volksnamen genannt, sondern gewöhnlich als »Walachen« (daneben auch als »Raizen« und »Illyrer«) bezeichnet, obwohl sie sich von den echten, ethnischen Walachen – die sie »Zittschen« und »Alt-Römer« hießen – klar unterschieden. So erklärt der oberste Feldhauptmann Nikola Jurišić in einem Brief aus Laibach vom 22. Oktober 1538 an den König: »Ich schreib hiemit dem Khumentheuer, damit er auch die Wallachen, welche bei uns Allt-Romer genannt sind, und auch yetz undt von dem Turckhen mitsambt anndern Herubergefallen, nach Inchalft E. rom. khun. Mt. Verschreibung unnd Freibrief, so den Sirfen (!) geben ist worden in gleicher mass zuesagen thuen soll.« Folglich bekamen schon am 6. November dieses Jahres die ethnischen Walachen und Serben gleiche Privilegien vom König, der auch befiehlt, daß die

Völker zusammenleben sollen »una cum Seruianis et Rascianis, qui etiam eo animo ad id adducti sunt«. Auch dankt Ferdinand in diesem November mit zwei weiteren Briefen dem *Banus* Peter Keglević für dessen Bemühungen um die Umsiedlung der Serben[7].

Im mittelalterlichen Serbien wurden alle Viehzüchter, wie gesagt, dem Stand der Walachen zugeordnet. Und gewiß waren die serbischen Einwanderer, *Uskoken*, die nur ihr Vieh und nicht ihre Äcker mitnehmen konnten, in diesem ständischen Sinn »Walachen«. Doch hat man sie nicht deshalb so bezeichnet. Die islamisierten Serben, die sich selbst »Türken« nannten, hießen ihre christlichen Brüder gleichfalls Walachen, wodurch sie ihre eigene Vergangenheit ebenso zu tilgen suchten wie durch die Vernichtung ihrer alten Friedhöfe und Kirchen. Und die Katholiken in Österreich und Venedig nannten die Serben aus einem ähnlichen Grund Walachen: Sie wollten deren Volkstum zerspalten, um sie leichter bekehren und den katholischen Slawen assimilieren zu können.

Das zeigt auch die Serbenpolitik auf kirchlichem Gebiet. Die Serben erstrebten die Autonomie natürlich ebenfalls in Glaubenssachen, doch die katholischen Herrscher in Wien wie in Venedig erwiesen sich als viel engherziger und begannen, zusammen mit der römischen Kirche auf die Serben einen starken Druck auszuüben, um sie in eine kirchliche Union zu zwingen.

Im 16. Jahrhundert war das päpstliche Rom keinesfalls serbenfeindlich. Aufs äußerste bedrängt von Türken und Protestanten, begehrte die Kurie orthodoxe Serben, Bulgaren und Russen als Verbündete. Sie gründete unter anderem 1580 in Loreto das jesuitische Collegium illyricum, das nicht lange bestand, doch die Tendenz vorzeichnete, die Südslawen als ein Volk – als Illyrer – zu behandeln. Bald erschienen die katholischen Religionsschriften in »illyrischer« (serbokroatischer) Sprache, 1582 lateinisch, 1583 kyrillisch gedruckt. 1604 kam in Prag die erste Grammatik dieser Sprache heraus, verfaßt von dem dalmatinischen Pater Bartholomäus Kašić. Als maßgebliche Mundart nahm er die bosnische, und seinem Beispiel folgten sowohl serbische als auch kroatische Philologen.

Bestrebt, die Russen für die antiprotestantische Liga zu gewinnen, empfahl sogar Papst Klemens VIII. im Januar 1594 dem Abt Alexander Komulović, seinem Emissär in den nordischen Ländern, jene auf ihre Verwandtschaft mit den Südslawen besonders aufmerksam zu machen. Zugleich förderte Rom die Entwicklung des Slawophilentums in Wissenschaft und Literatur. Der Benediktinerabt aus Dubrovnik, Mavro Orbini, schrieb 1601 sein *Il regno de gli Slavi*, Zeugnis eines begeisterten slawischen Patriotismus. Ein anderer zeitgenössischer Ragusaner, der Dichter Ivan Gundulić – eigentlich Giovanni Gondola –, glorifizierte in seinem Heldenepos *Osman* alle Siege der Slawen, wobei er mit jenen des »Serben« Alexander der Große begann. Den Geist des Panslawismus, vor dem ja Rom und seine Genossen noch zittern werden, ließ also gerade die katholische Kirche aus der Flasche frei.

Der Vatikan betrachtete das Land der Südslawen als – wie man später sagte – »terra missionis«. Er hielt die Zeit für reif, die Serben zur Union zu überführen. Dabei wollte er auch deren antitürkische Bewegung nutzen[8]. So schrieb Papst Klemens VIII. am 24. April 1599 dem serbischen Patriarchen Johannes[9], die Serben sollten zur Rettung ihrer Seelen die römische Kirche als »omnium ecclesiarum caput, matrem et magistram« anerkennen und deren Haupt, den Vikar Christi, als ihren Älteren. Sie sollten ihre bisherigen Irrtümer, ihren schismatischen Glauben aufgeben und die katholische Religion annehmen, »extra quam non est salus«.

Der eifrige Klemens, unter dem es am 11. September 1599 zur Hinrichtung der durch ihre Schönheit berühmten Beatrice Cenci und am 17. Februar 1600 zum Feuertod Giordano Brunos kam, wollte im »Jubiläumsjahr« 1600 auch die Serben unter seine Fittiche nehmen. Als er dem neuen Bischof von Bar – Thomas – am 1. Oktober 1600 das Pallium als Zeichen der erzbischöflichen Macht übersandte, ermunterte er ihn zugleich, als Primas Serbiens dem dortigen Klerus seine besondere Aufmerksamkeit zu widmen. Der Papst nämlich hielt die serbisch-orthodoxen Bischöfe für konversionsreif*. Der Primas Thomas sollte ihre Absicht festigen und sie drängen, ihr Vorhaben auszuführen. Schon am 15. Oktober gab Klemens dem neuen Erzbischof breite Vollmachten für die geistliche Arbeit in Serbien und in den Gebieten unter den Türken, als ob dort gar keine christliche Kirche existierte.

Der fromme päpstliche Wunsch, die Serben im »Jubeljahr« zu Katholiken zu machen, ging freilich nicht in Erfüllung. Dennoch gab Rom nicht nach. Einerseits verhandelte jetzt Klemens freundlichst – doch am Ende vergeblich – mit dem Patriarchen über die

---

* »... velle se ad unitatem sanctae Romanae catholicae ecclesiae redire«

Union. Andererseits schickte er seine Missionare. So ermächtigte er am 26. Juni 1601 den Erzbischof von Bar zur Mitnahme von drei Franziskanern »pro visitatione suae dioecesis et regionis Serviae«. Und einige Wochen früher, am 16. April 1601, gab er Peter Salinat, einem bosnischen Franziskaner, dem späteren Bischof von Sofia, die Vollmacht »pro regionibus Serviae et Illyricorum«. In seinem Schreiben an den Patriarchen betonte Klemens, daß die Union etwas Geistiges sei, abhängig vom freien Willen der Betroffenen* – eine reine Lüge. Denn sind die Katholiken schwach, appellieren sie an den freien Willen (heute an die »Menschenrechte«). Sind sie aber stark genug, werden aus den Schafen Wölfe. Nicht anders verhielt es sich auch mit der Union von Anfang an.

So gingen die Katholiken schon im Fall der Paštrovići vor, eines ausschließlich serbisch-orthodoxen Stammes im heutigen südlichen Montenegro**. Die Paštrovići unterstanden weltlich Venedig, kirchlich aber dem orthodoxen Metropoliten von Montenegro. Der katholische Primas Serbiens, der damals in Budva residierte – Erzbischof Bizzi –, wollte in engster Zusammenarbeit mit der weltlichen Hand, personifiziert im Provveditore von Kotor, Moresini, die serbischen Paštrovići zum »rechten« Glauben zurückführen. So verbot ihnen Moresini am 1. Februar 1609 unter strenger Strafe, den Patriarchen zu empfangen oder ihm oder seinem Gesandten die verlangte Kirchensteuer zu zahlen, was einen Streit zwischen dem Patriarchen und den Paštrovići nach sich zog. Immerhin blieben diese ihrem Glauben treu.

Auch anderwärts schickten die Päpste Missionare zu den orthodoxen Serben. So etwa sandte Paul V., der in Rußland auch den riesigen Religionsbetrug mit dem falschen Demetrius mitinszenierte[10], den Jesuiten Bartol Kašić im Herbst 1612 ins türkische Südungarn, wo dieser, zusammen mit Don Šimum Matković, die Gläubigen noch mehr in der katholischen Religion bestärken, die orthodoxen »Schismatiker« aber von ihren »Irrtümern« befreien sollte.***

---

* »... nam totum hoc negotium spirituale est et ex libera voluntate pendet«

** »Li popoli Pastrovichi che si estendono da Budua in fino à Spizza ... sono tutti scismatici.«

*** »út ... fidele catholici in catholica fide confirmarentur et schismatici haeresibusque infecti christiani ad fidei catholicae romanae ... ad rectam semitam revocarentur atque erudirentur«

Die orthodoxe Kirche verstand das als Kampfansage und widersetzte sich dem Katholizismus innerhalb des Türkenreiches, wo er keine Unterstützung durch die politische Macht hatte. Dem Metropoliten von Montenegro gelang es im Lauf des 17. Jahrhunderts, die Katholiken in seiner Diözese vom Papst zu trennen und für die Orthodoxie zu gewinnen. Einige Übertritte zu dieser gab es auch in der Herzegowina und in Sirmien[11]. In Bosnien versuchten die orthodoxen Patriarchen, auch die Franziskaner zu besteuern. Die wehrten sich dagegen, unter anderem mit der Behauptung, sie seien Ungarn[12]. Die Serben aber, die sich vom Papst trennten, waren keine römischen Katholiken, ihr Ritus war griechisch-slawisch, ihre Verbindung mit Rom also rein äußerlich.

Mit der Bekehrung der Serben hatte die römische Kirche nur dann Erfolge, wenn sich ihre Angriffe gegen kleinere und entrechtete Gruppen richteten. Befanden sich diese jedoch nahe der türkischen Grenze, also in Wechselwirkung mit dem Zentrum ihres Volkes und ihrer Kirche, scheiterten alle Unionsversuche. Auch das geistige Niveau der potentiellen Missionare war ja gewöhnlich trostlos. Der erwähnte Bischof Bizzi betont, daß der Klerus in seiner Diözese seinen Aufgaben einfach nicht gewachsen, eine große Zahl von Priestern fast schriftunkundig sei; viele von ihnen könnten nur lesen, nicht schreiben und nicht einmal die Messe zelebrieren. Auch wurde die Mission durch die religiöse Toleranz gestört. Mischehen florierten. Wo es keine orthodoxe Kirche gab, bedienten sich die Orthodoxen ungeniert der katholischen für ihren Kult. Und umgekehrt – in vielen orthodoxen Kirchen befanden sich katholische Altäre.

Dem wollte der Vatikan ein Ende machen. Dabei operierte er mittels der Kongregation für die Glaubensverbreitung (Congregatio de Propaganda Fide), einer Organisation, die durch die Bulle *Inscrutabili divinae providentiae* am 22. Juni 1622 von Gregor XV. begründet worden war. Dieser erste von Jesuiten ausgebildete Papst gab auch der Hexenverfolgung neuen Auftrieb, einem dem christlichen und mohammedanischen Osten völlig unbekannten Greuel.

Die neue Kongregation, welche die gesamte Mission wahrnehmen sollte, erprobte bald darauf bei den Serben ihre Effizienz. Der Missionar Leonardi nahm 1638 mit dem Metropoliten von Cetinje – Mardarius – Kontakt auf, um ihn für die Union umzustimmen, was aber nur der erste Schritt sein sollte. Montenegro und Zeta sah man in Rom als Tor zu Serbien an, wo es von Schismatikern und Häretikern wimmelte. Außerdem war Peć – der Sitz des Patriarchen – nah, und man wollte Mardarius als Brücke zum Patriarchen Paisios benutzen. Die Serbenpriester gingen auf die Verhandlungen unumwunden ein, was die katholischen Seelenfischer begeisterte: Die Beute schien schon in ihrem Netz zu zappeln.

Die Orthodoxen dachten sich das aber anders. Ihre materielle Lage war sehr schlecht, und sie wollten von der Sache profitieren. Der nüchterne Mardarius, ein Mazedonier, verlangte für seinen Übertritt zum »richtigen Glauben« von Rom ein ebenso hohes Gehalt wie das der katholischen Bischöfe in der Türkei. Freilich erwarteten die Serben damals vom Westen auch ihre Befreiung von den Türken. Deshalb wollten sie die katholische Kirche mit einer schroffen Ablehnung ihres »heiligen Vorschlags« – »santo proponimento«, wie Leonardi sagte – nicht erzürnen oder zu brutalen Gegenmaßnahmen provozieren, wovor die Catholica ja nie zurückschreckte. Die Taktik der Orthodoxen in der Unionsangelegenheit war deswegen endloses Verhandeln mit immer neuen Fragen und unwesentlichen Konzessionen – offenbar der Grund, warum sie der Patriarch Mardarius gewähren ließ.

Die römischen Missionare aber meinten in ihrer platten Arroganz, das serbische Volk werde von selbst katholisch werden, wenn sie nur seinen hohen Klerus bekehrten. Einer von ihnen, der erwähnte Leonardi, schreibt, serbische Mönche und Priester seien so unwissend, daß sie »le scritture sacre e profane, canoniche e private, approvate dalla chiesa e apocrife« nicht unterschieden. Deshalb glaubten sie alles, was sie in irgendeinem Buch fänden, ob das nun kirchlich genehmigt sei oder nicht. Ungebildet und gemein, sonderten sie nicht den Ritus vom Glauben, hielten Differenzen im Ritus für solche im Glauben und umgekehrt die Gleichheit der Riten für Gleichheit des Glaubens*. Es sei gar nicht wichtig, irre jemand sogar in den Dogmen; er gelte als rechtgläubig, wenn er sich nur an den Ritus halte. Deswegen betrachteten die serbischen Geistlichen jede Änderung im Ritual als Änderung im Glauben. So Leonardi.

---

* »... e dalla diversità dall rito argomentano la diversità della fede et econtra dall' identità del rito l' identità della fede«.

Steht aber eine Religion, die vorwiegend Form ist und den Gläubigen zudem große Freiheit im Glaubensinhalt läßt, nicht höher als eine Religion, die wegen der kleinsten Abweichungen bei der Interpretation ihrer Dogmen zum Scheiterhaufen verurteilt? Indem er die Orthodoxie unterschätzte und den Katholizismus überschätzte, kam Leonardi zu dem Schluß, die Serben seien leicht zu bekehren durch ein paar Franziskaner, die nur wacker fasten und die kyrillische Schrift (»carattere serviano«) kennen müßten!

Die Sache der Union zerbrach jedoch vor allem am Widerstand des unkundigen serbischen Volkes.

Mardarius bekannte sich zwar am 28. September 1640 in feierlicher Form zur Union*, mied aber bald darauf die Katholiken und wurde zuletzt von den Montenegrinern gesteinigt.

Der Kampf der Serben gegen die Union hatte indes auch komische Aspekte.

Dies zeigt etwa der Fall des Bischofs von Arad-Jenopolje – Joannikios – am Anfang des 18. Jahrhunderts. Bearbeitet von den Franziskanern, begann der Prälat, einen Hang zur Union zu hegen, und trat schließlich über. Seine Diözesanen – Grenzlandserben – konnten ihn deshalb freilich nicht belasten, da die österreichischen Militärbehörden die Union ja mächtig förderten. Dann aber klagte ein ungarischer Edelmann, der Grenzlandoberst Jovan Popović Tekelija von Tököly, mit zwei Freunden, orthodoxen Priestern, den Bischof wegen »unerlaubter Beziehungen« zu einer Frau an. Es kam zu öffentlichen Ausschreitungen gegen den Oberhirten, doch ausgerechnet die Arader Franziskaner nahmen den inkriminierten Joannikios in Schutz**, vermochten aber auch keinen Frieden zu stiften – die Gläubigen wollten ihren Hirten lynchen. So intervenierten die serbische Kirchenobrigkeit und sogar der kaiserliche Hofkriegsrat, worauf der Bischof zwar seine Beziehungen zu den Franziskanern nicht unterbrach, jedoch definitiv von der Union abrückte.

Im 17. Jahrhundert begann Rußland den serbischen Widerstand gegen die Union wesentlich zu unterstützen. 1613, mit der Thron-

---

* »Ego Mardarius, episcopus Montisnigri et totius orae maritimae firma credo et profiteor ... Credo in unum Deum ...«

**In einem Protokoll vom 15. Juni 1712 beteuerten die »armen Brüder«, sie hätten sich selbst überzeugt, daß »ipsius membrum non esse capacem committendi peccatum venereum«.

besteigung Michael Romanovs, eines Sohnes des Patriarchen Philaret, endete im Zarenland die »Zeit der Wirren«. Von nun an konnte sich das größte und orthodoxeste Slawenreich der Verwirklichung seines 1492 erhobenen Anspruchs, das »Dritte Rom« zu sein, völlig widmen. Sein Erzfeind war, wie der des Westens, der Islam, sein heiligstes Ziel die Befreiung Konstantinopels von den Türken.

Aber Rußland hatte auch mit der katholischen Macht Polen-Litauen zu tun, die Weißrußland und der Ukraine 1595/96 die Union aufgezwungen hatte. Die dortigen Orthodoxen wurden zudem von den jüdischen Steuerpächtern brutal geschröpft. Überdies beanspruchten die Polenkönige die russische Kaiserkrone.

Polen, Litauer und Juden waren nur militärisch zurückzuwerfen, die Union aber mußte man geistig bekämpfen. Zu diesem Zweck wurde 1620 die Kiewer Diözese im streng orthodoxen Sinn erneuert. Sowohl die Russen als auch die Serben erkannten, daß ihre Interessen im Grunde die gleichen waren.

Im 17. Jahrhundert (bis 1654) besuchten, neben vielen Mönchen, vier serbische Bischöfe Moskau: Antonius von Vršac, Simeon von Skoplje, Arsenios von Trebinje und Michael von Kratovo. Sie wurden außerordentlich warm empfangen und mit Geld, Büchern und Kirchenutensilien beschenkt. Am 23. Juli 1641 bat beispielsweise Bischof Simeon den Kaiser Michael Theodorowitsch um Hilfe für das Patriarchat von Peć, wobei er mit den Worten schloß: »Durch Deine kaiserliche Gnade sind die Klöster überall gefüllt, aber die Kathedrale, o Herr, leidet sehr unter den ehrlosen Hagaritern. Erbarme Dich und schenke, Kaiser und Herr!« Der Monarch erbarmte sich und erlaubte den Emissären des serbischen Patriarchen, jedes siebente oder achte Jahr das Almosen zu kassieren. Wegen solcher Verbindungen mit Rußland freilich erwürgten die Türken am 18. Juli 1659 in Brussa den Patriarchen Gabriel. Er war der einzige serbische Patriarch, der den Märtyrertod erlitt, weshalb er kanonisiert worden ist. Denunziert wurde er von Juden, da er etliche von ihnen getauft hatte.

Nach einigen Jahrzehnten trat eines der wichtigsten Ereignisse der serbischen Geschichte ein: *Velika seoba*, die »Große Wanderung«.

Der Auftakt hierzu war der österreichisch-türkische Krieg 1683–1699. Nach der Niederlage der Türken vor Wien am 12. September 1683 begann eine langatmige österreichische Gegenoffensive, in der die Habsburgertruppen die Eindringlinge aus Ungarn, Slawonien und einem großen Teil der Vojvodina vertrieben und am 6. September 1688 auch Belgrad einnahmen. Die Österreicher waren aber zu schwach, Serbien allein zu erobern beziehungsweise zu halten. So rief Kaiser Leopold I., der sich als Ungarnkönig auch als legitimer Herr Bosniens, Serbiens, Bulgariens etc. betrachtete, am 6. April 1690 alle Bewohner von Albanien, Serbien, Misien, Bulgarien, Silistrien, Illyrien, Mazedonien und Rascien zur Erhebung gegen die Türken auf. Als Gegenleistung versprach er ihnen die Wiederherstellung der Autonomie, nämlich Religionsfreiheit und freie Wahl der Wojwoden. Demnach sollten alle türkischen Mißbräuche beseitigt werden und nur jene öffentlichen Lasten und Steuern verbleiben, die als Gewohnheitsrecht der Könige und Herren vor den türkischen Invasionen gegolten hatten. Jedes bewegliche und unbewegliche Gut, das den Türken genommen würde, werde rechtmäßiges Eigentum des Aufständischen, der es in Besitz nehme.

Die Serben kämpften als Grenzlandbewohner wie auch als Freiwillige in großen Massen auf der österreichischen Seite. Diese unterstützte auch der Patriarch Arsenios III. Crnojević (Čarnojević), aus altem montenegrinischen Adel, und der ganze serbische Episkopat. Als das Heer der Habsburger zum Rückzug aus Serbien genötigt wurde, mußten ihnen etwa 40 000 serbische Milizionäre – vorwiegend aus Kosovo-Metochien und Nordmazedonien – samt ihren Familien unter Führung des Patriarchen folgen. Es gab aber auch eine Anzahl katholischer Albaner, Klementen, die sich nicht anpassen konnten und bald wieder zurückkehrten; sie wurden von den Türken samt und sonders hingerichtet.

Die Serben dachten gar nicht an Rückkehr. Sie verlangten und bekamen vom Kaiser am 21. August 1690 eine noch größere Autonomie, diesmal selbst in Glaubenssachen. Man unterstellte sie auch nicht den ungarischen oder kroatischen Ständen, sondern unmit-

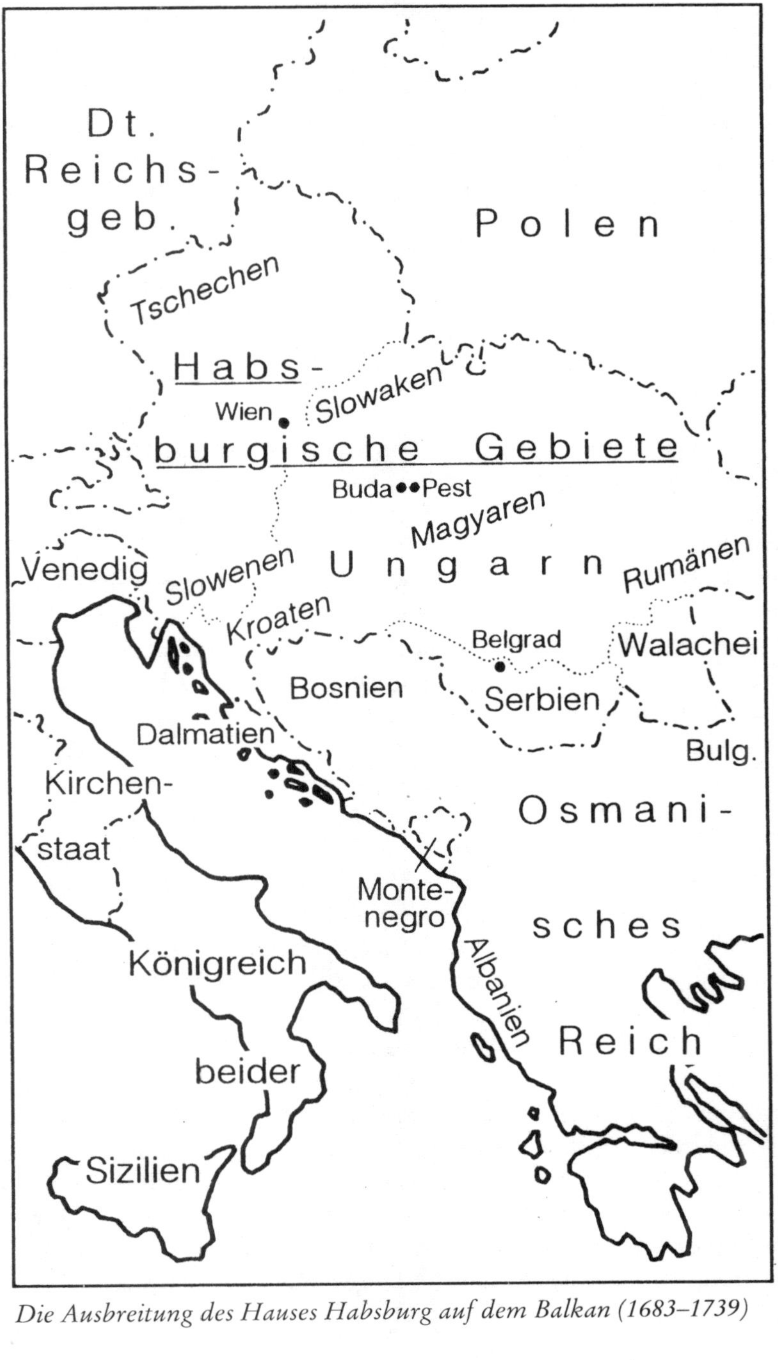

Die Ausbreitung des Hauses Habsburg auf dem Balkan (1683–1739)

telbar dem Herrscher. Ihr Patriarch war ihr geistliches wie ziviles Haupt in allen Teilen der Monarchie, wo immer sie lebten. Dadurch wurden sie als eine Körperschaft des öffentlichen Rechts bestätigt und zum Staat im Staate erhoben. Und wann immer man später diesen Status antastet, empfinden sie das als Unrecht, als Grund für Proteste, Unruhen, Aufstände, für Emigration sogar nach Rußland.

Mit der Auswanderung aber kamen nicht nur die Bauern nach Österreich, sondern auch Kaufleute, vorwiegend aus Skoplje, Niš, Belgrad, Besucher der griechischen Schule. Aus ihnen gingen das serbische Bürgertum und die Intelligenz hervor, die ihr Volk in die westliche Moderne einführten. Sie erkauften sich bürgerliche Freiheiten, Vorrechte, lockten etwa 1725 als »Rayzische Kauf- und Handelsleute in der Saustatt« von Karl VI. spezielle Gerechtsame heraus und monopolisierten den risikoreichen Kommerz zwischen Österreich und der Türkei. Es entstanden serbische Städte, die bedeutsamsten darunter Novi Sad (Neusatz) und Sombor, für die serbische Kaufleute 1748/49 mit großen Geldopfern den Status freier königlicher Städte errungen hatten.

Die serbische Geschäftswelt bewohnte aber auch andere wichtige Orte der Monarchie, wie Temesvár, Maria Theresiopel (Subotica) oder Triest. Zu einem besonders ansehnlichen Handels-, Banken- und politischen Zentrum der Serben wurde später die slawonische Großstadt Agram-Zagreb, eine ursprünglich deutsche Niederlassung.

Während sich die Serben in der neuen Heimat verbesserter Lebensqualität erfreuen konnten, traf sie in der alten jedoch die schwerste Katastrophe ihrer Geschichte. Jetzt nämlich begingen die Moslems an ihnen einen Völkermord schrecklichsten Ausmaßes. Sobald Österreicher und Serbenmiliz sich zurückgezogen hatten, nahmen heranrückende Türken an den verbliebenen Christen Rache. Die Älteren wurden niedergemetzelt, die Jüngeren versklavt, Besitz, Habseligkeiten weggenommen oder verbrannt, so daß die Entkommenen verhungern mußten.

In den Chroniken liest man: »In diesem Jahr aßen die Menschen das Fleisch der Hunde, der Menschen, der Pferde und viel Unreines.« – »Sehr viele Leute starben in großer Qual.« – »Wo immer man hinging, lagen die Toten; sie wurden nicht begraben, weil es niemanden gab, um sie zu begraben.« – »In Sarajevo hatten Kinder ihre tote Mutter verzehrt. Wenn jemand in Banja Luka gehenkt wurde, aßen ihn nachts Hungernde völlig auf. In dieser Zeit henkte und richtete mit dem Schwert der Pascha alle hin, sowohl Uskoken als auch die Raja, wer immer hergeführt wurde; und diese Toten wurden von den Leuten ganz aufgegessen.«

Um sich vor dem sonst sicheren Tod zu retten, traten die Menschen zum Islam über, manchmal nur der älteste Sohn, während die anderen Familienmitglieder Christen blieben. Weite Gebiete, insbesondere in Kosovo-Metochien, verödeten. Die Türken siedelten sie mit ganzen Stämmen islamisierter Albaner an. Diese Kolonisten vernichteten alles Serbische, schonten sogar die islamisierten Serben nicht. Deshalb wurden auch sie bald albanisiert. Und seither nahm der Kampf zwischen dem serbisch historischen und dem albanisch ethnischen Recht auf Kosovo-Metochien kein Ende.

Die moderne serbische Geschichtsschreibung kritisiert manchmal den Patriarchen Crnojević wegen seiner Bindung an Österreich, die zum Verlust von Kosovo-Metochien führte. Doch war das Bündnis mit Wien eine Entscheidung nicht nur des Patriarchen, sondern des gesamten serbischen Volkes. Es sah in der Wiener Majestät bis zum 19. Jahrhundert den Befreier und bis zur österreichischen Besetzung Bosnien-Herzegowinas den Freund, in den Türken dagegen Tyrannen, Erzfeinde. Deshalb kämpften die Serben auch in den folgenden österreichisch-türkischen Kriegen – 1716–1718, 1737–1739 und 1788–1791 – auf der österreichischen Seite, und nach Niederlagen ihrer Verbündeten wanderten sie immer nach Norden aus.

5. Kapitel

DIE BEFREIUNG MONTENEGROS UND SERBIENS ALS ANTIISLAMISCHE REVOLUTION

Trotz der enormen Ausmordung nach der »Großen Wanderung« gab es in den serbischen Gebieten zur Zeit der Türkenherrschaft noch immer Kräfte, welche die Tyrannen von innen, also revolutionär, zu vernichten planten: zunächst die Heiducken und die Metropoliten von Montenegro.

DER MONTENEGRINISCHE WIDERSTAND

Seit den Illyrerzeiten war das organisierte Räubertum auf dem Balkan sehr verbreitet. Mit drakonischen Mitteln hatten ihm die Serbenkönige noch vorzubeugen gesucht. Doch unter den Türken nahm das Brigantentum, nun Heiduckentum genannt, gewaltige Dimensionen an. Es gab verschiedene Heiduckentruppen. Einige blieben ständig innerhalb der türkischen Grenzen, andere, die *Uskoken*, hatten ihre Basen auf venezianisch-dalmatinischem Boden. Die meisten waren Christen, in Westbosnien und Bulgarien aber vorwiegend Moslems, und ihre Mitglieder hießen *Krdschalis*. Die wichtigste Rolle spielten jedoch jene, deren Kern der entrechtete serbische Adel bildete. Er brachte ins Heiduckentum eherne Disziplin, ritterlichen Geist und fanatischen Glauben. Solche Heiducken trugen die Hauptlast der Kriege Venedigs gegen die Türken und organisierten unablässig Volksaufstände.

Am stärksten war das Heiduckentum in der Herzegowina, in Montenegro und Südwestserbien, wo es auch die größte wirtschaftliche Bedeutung hatte. Die Heiducken lebten vom Sachraub – ihre Beute teilten sie mit dem Volk – und vom Sklavenhandel in Dalmatien, wobei sie mit den katholischen Missionaren, ihren Vermittlern auf dem Weltmarkt, eng kollaborierten[1]. Ziel der Heiduckenführer war indes nicht Reichtum, sondern Ruhm. Oft kosteten ihre Säbel und Gewehre mehr, als ihr ganzes übriges Vermögen wert war. Ihre begehrtesten Trophären aber, insbesondere in Montenegro, waren die Köpfe berühmter Türken, weshalb sie sich häufig mit *Begs* und *Agas* duellierten. Die bekanntesten *Uskoken*- und Heiduckenführer – Baba Novak etwa, Bajo Nikolić-Pivljanin oder Stojan Janković – unterhielten ganze Guerillaheere samt Stäben und Diplomaten. Und diese *Harambaschas* betrachteten sich als Vertreter der erniedrigten Christenheit und zogen mit der Kreuzflagge und dem *Harambascha*-Wappen in den Kampf.

Außer Haß hegten die Türken auch Hochachtung für die Heiducken. Normalerweise boten sie ihnen den Übertritt zum Islam an, meist vergeblich. Dann folgte die Todesstrafe, deren mildeste Form die Enthauptung, deren schlimmste das Pfählen war. Der Heldentod galt als höchstes ethisches Prinzip dieser Kämpfer.

Nach der »Großen Wanderung« und den folgenden Emigrationen Richtung Norden wurde der Metropolit von Montenegro zur obersten inneren Autorität bei der Auseinandersetzung mit den Türken. Zusammen mit der montenegrinischen Theokratie hatte diese Autorität der Metropolit Daniel (Danilo) (1697–1735) begründet, ein Titel, der seither in der Sippe Petrović-Njegoš erblich geworden war. Der Metropolit von Cetinje, der erste im Rang nach dem serbischen Patriarchen, erschien oft als dessen Stellvertreter (*Exarch*). Er erhob aber auch Anspruch auf die weltliche Macht in Montenegro, die Prinz Ivan Crnojević (1465–1490) – zugleich Vasall Venedigs und der Türkei – auf die Metropoliten von Cetinje übertragen habe. Doch seine Theokratie war nicht vollständig, da er über keinen eigenen Machtapparat verfügte; jede seiner politischen Entscheidungen bedurfte der Zustimmung der Stammes- und Gemeindehäupter[2]. Dennoch richteten sich seine Ambitionen nicht nur gegen die Türken, sondern auch gegen die Republik von Sankt Markus, die Montenegro als ihr Protektorat ansah und dem Metropoliten im 18. Jahrhundert einen Konkurrenten schuf: den venezianischen Gouverneur. Daniel wandte sich daher an Rußland, das seit dem Ausbruch des russisch-türkischen Krieges von 1710 das Haus Petrović-Njegoš materiell unterstützte.

Nach der Überlieferung hatte Daniel sein Befreiungswerk mit der »Ausrottung der Aftertürken« (istraga poturica) an Weihnachten 1707 begonnen. Das Ereignis wurde von seinem Nachfolger Petar II. Petrović-Njegoš (1813–1851) im Epos *Bergkranz* (*Gorski vijenac*) beschrieben, dem wichtigsten Werk der montenegrinischen und dem schönsten der serbischen Literatur überhaupt.

Nach allen Katastrophen seines Volkstums (»Mein Leben hat sich in eine Hölle verwandelt«) beherrschte Daniel ebenso wie seinen dichtenden Nachfolger die Überzeugung, der Kampf zwischen Christentum und Islam könne nur mit der totalen Niederlage, dem Verschwinden der einen oder anderen Religion enden. Folglich rief Daniel seine islamisierten Stammesgenossen zur Rückkehr zum Christentum auf. Sie sollten ihre Moscheen niederreißen, Festbäume aufstellen, an Ostern Eier färben und zwei Fastenzeiten einhalten. Nachdem dieser Vorschlag abgelehnt worden war – »Welche Eier, Fasten und Festbäume bürdet ihr dem wahren Glauben auf?« –, erlaubte der Metropolit die Vernichtung der Andersgläubigen.

Dauernd trieb Daniel, der deshalb 1715 auch nach Rußland reiste, die Montenegriner zu Kriegen gegen die Türkei an, die freilich nur zu katastrophalen Niederlagen führten. 1714 unternahmen die Türken eine große Strafexpedition, um das montenegrinische Guerillanest endlich auszuräuchern. Ganze Gegenden wurden verbrannt, alle Wohnstätten dem Boden gleichgemacht, 3000 gefangene Montenegriner samt ihren Familien nach Ostbosnien umgesiedelt. Aber Daniels Geist lebte weiter, auch nach seinem Tod, und sobald das Heer der Invasoren abgezogen war, sammelten sich die Montenegriner wieder, beunruhigten die Türken unablässig und stachelten die anderen serbischen Stämme in der Nachbarschaft zum Aufruhr an.

Dieser fortgesetzte Kampf der Mücke gegen den Elefanten brachte den Montenegrinern Weltruhm und -popularität. Bei der Festsetzung der gemeinsamen Grenze 1841 erkannte Österreich stillschweigend Montenegro als Staat an, und im gleichen Jahr tat die Türkei dasselbe, indem die Paschas von Bosnien und Herzegowina Friedensverträge schlossen. 1852 ist Montenegro ein weltliches und erbliches Fürstentum unter dem Protektorat Rußlands und dem Schutz der Großmächte. Nach dem Sieg der Montenegriner über ein türkisches Heer am 13. Mai 1858 bei Grahovac mußte im Jahr darauf auch die Türkei unter dem internationalen Druck die Festlegung ihrer Grenze mit Montenegro respektieren.

Obwohl der Anstoß zur serbischen Revolution von diesem Land kam, konnte es, wegen seiner peripheren Lage und seines Stammespartikularismus, nicht die ganze Nation integrieren. Als seine Stämme nicht mehr die Türken bekriegten, befehdeten sie sich untereinander. Das Wuchern der Blutrache vergiftete ständig das Gemeindeleben, und auch innerhalb der Stämme herrschte die aristokratische Verachtung der »schlechten« Sippen und Familien durch die »guten« – wobei als »schlecht« jede Sippe oder Familie galt, deren Mitglied sich irgendwann einmal am ehernen Moralkodex des Volkes versündigt hatte.

Die Tat der nationalen Befreiung mußte deshalb durch Serbien geschehen, wo inzwischen das Prinzip der liberalen Freiheit und Gleichheit üblich geworden war.

DIE SERBISCHE ERHEBUNG GEGEN DIE TÜRKISCHE TYRANNEI

Die Aussiedlungen – Folgen der Kriege im 17. und 18. Jahrhundert – hatten das reiche und fruchtbare Land Nordserbiens, das Territorium des Belgrader *Paschalik*, fast menschenleer gemacht. Mit den Serben aber waren dort auch die Arbeits- beziehungsweise Steuerkräfte verschwunden, was die von diesen lebenden Türken zur Verzweiflung trieb. Deshalb lockten sie jene von allen Seiten, insbesondere aus der Herzegowina, aus Montenegro und Metochien an und sicherten den Einwanderern persönliche Freiheit, Eigentum und örtliche Selbstverwaltung zu.

Daraufhin strömten die Kolonisten wieder in dieses Dorado ein, zumal in das Zentralgebiet, die waldbedeckte Šumadija, da man dort vom Schweinehandel mit Österreich prächtig leben konnte. Nach Ranke[3] gewannen die Serben dabei jährlich über 1 300 000 Gulden. Die Bevölkerung vermehrte sich schnell, und es entstand eine reiche Oberschicht, die den Außenhandel und die Funktionen in der Selbstverwaltung monopolisierte. Aber auch die Heiducken gediehen in der Šumadija gut. Und so zogen sich die Türken ihr eigenes Verderben zu.

Die Ansiedler vermischten sich nicht nur untereinander, sondern auch mit der älteren ost- und nordserbischen Bevölkerung. Die Stammesunterschiede verschwanden dadurch im Belgrader *Paschalik*, eine neue nationale Einheit kraft der Gleichheit der Person entstand. Die Landschaft wurde zum Sammelbecken sämtlicher serbischen Menschentypen. Und, nicht unwichtig, die lange, offene Grenze an der Save und Donau mit Österreich ermöglichte ständig einen vielfältigen, ungehinderten Verkehr. Die Idee der revolutionären Volksbefreiung, im Kosovo-Mythos geboren, bekam so eine genügende Basis. Da die Türken in den Städten saßen, mußte die Erhebung eine Bauernrevolution sein, ein Kampf des Landes gegen die Städte.

Diese Befreiung läßt sich von der Person Kara-Georgs (serbisch *Karadjordje*; 1768–1817) nicht trennen.

Sein Vater, ein Nachkomme der Ansiedler aus Montenegro in der Šumadija, gehörte zu einer der ärmsten Schichten der serbischen Gesellschaft. Zu einem riskanten Leben genötigt, wurde er ein Vertrauensmann Österreichs und – zusammen mit einem deutschen Offizier, der in der Šumadija spionierte – von den Türken gefangengenommen und hingerichtet. Früh vaterlos, lebte Georg zuerst als Schweinehirt, dann bald ebenfalls im Konflikt mit den Türken. Der erste von ihnen, den er tötete, war ein Jäger, der spaßeshalber seine, Georgs, Schweine niederschoß. Seine Fähigkeit zum schnellen Gebrauch der Pistole kommerzialisierte er dadurch, daß er sich von einem reichen Berufskiller (*Kesidschi*) aus Belgrad, dem Albaner Fazli Bascha, verdingen ließ. Obwohl ganz Belgrad wußte, welchen Handel Fazli und sein riesengroßer, furchterregender »Walache« trieben, den die Türken später *Kara* (der Schwarze) nannten, unternahm man doch nichts gegen sie; die Behörden waren wahrscheinlich bestochen und die Opfer nur »unbekannte« Türken. Unzufrieden mit dem Lohn, verließ Georg jedoch Fazli Bascha bald und trat der Truppe des berühmten Heiducken Stanoje Glavas bei, der später ebenfalls ein Kommandant der Revolution geworden ist. Aber wie sein Vater verband sich auch Georg mit Österreich und beteiligte sich an dessen Versuch, Belgrad am 2./3. Dezember 1787 durch einen Handstreich zu erobern.

1788 kam es zu einem neuen Krieg zwischen Österreich und der Türkei, eine Folge des 1787 ausgebrochenen Konflikts zwischen den Türken und Rußland, das bereits die Vernichtung der europäischen Türkei erstrebte und den Durchbruch zum Mittelmeer. Das österreichische Kaiserreich wollte gleichfalls einen Anteil an der türkischen Konkursmasse ergattern und mischte sich auf russischer Seite in den Krieg. Damit wurde die sogenannte »Orientalische Frage« virulent, die zu einer Reihe von Kriegen unter den Europäern führen und im Ersten Weltkrieg kulminieren sollte.

Die Serben kämpften 1788 wieder auf der Seite Österreichs und übten unerhörte Vergeltung an den Türken. Alle wichtigen Straßen riegelten sie ab. Ganze Schwärme der Heiducken führten den Guerillakrieg. Auch die serbischen Freikorps aus Österreich erschienen damals im Belgrader *Paschalik*. Einem dieser Freikorps, dem von Mihailo Mihaljević, schloß sich auch Kara-Georg an und machte dabei Erfahrungen, die ihm später, als Organisator und Führer des regulären serbischen Heeres, von unschätzbarem Nutzen sein sollten. Die geschlagene Türkei mußte, obwohl weiter Herrin Serbiens, alle Aufständischen amnestieren. Die demobilisierte Armee ihrer Feinde saß jetzt im Lande und konnte auf die nächste Gelegenheit lauern. Zudem mußten die Türken den Serben weitere Zugeständnisse machen, wurde den Janitscharen, den Trägern von Willkür und Terror, die Rückkehr ins Belgrader Paschalik verboten und die Selbstverwaltung des Volkes erweitert. Die Türken behielten nur die richterliche und administrative Zentralgewalt; sie durften die Steuer zwar empfangen, aber weder selbst eintreiben noch die Steuerlasten erteilen.

Der neue Wesir, Hadschi-Mustafa Pascha, war serbenfreundlich und liberal; er atmete schon den Geist der Aufklärung und der Französischen Revolution. Unter ihm entstand die erste Freimaurerloge in Belgrad, der sowohl Serben als auch Moslems angehörten. Wahrscheinlich war der Wesir selbst ihr Großmeister, und Kara-Georg, inzwischen ein angesehener Schweineexporteur, vermutlich ein Logenbruder[4].

Damit beginnt ein äußerst wichtiges Kapitel der serbischen Geistesgeschichte. Die Freimaurerei, insbesondere unter Kara-Georgs Nachkommen, wird zu einem der entscheidenden Faktoren der serbischen Hochpolitik. Ihr Stil paßte gut zu dem Verschwörertum und Mystizismus der Serben. In ihr verband sich auch die serbische Intelligenz mit dem revolutionären Panslawismus, dessen Urheber Frankreich war. Die serbische Quasi-Religion einer südslawischen Nation ging aus den Logen hervor.

Die vertriebenen Janitscharen ruhten aber nicht. Sie sammelten sich um Osman Pazwan Oghlu, einen bosnischen Bandenführer, der in Vidin, im gleichnamigen bulgarischen *Sandschak*, die Macht usurpierte und, gemeinsam mit den Janitscharen, sogar dem Sultan drohte. So proklamierte Pazwan im März 1797 seine Absicht, »für die Erhaltung des islamischen Glaubens und die Reinheit der islamischen Bräuche« zu kämpfen, »die eine käufliche Regierung durch gottlose und verkehrte europäische Gewohnheiten zu ersetzen trachtet«. Im selben Aufruf kündigte er gar an, nach Konstantinopel zu marschieren, »um dort jene Neuerungen zu vernichten, die die Grundlagen des Türkenreiches untergraben und sein baldiges Ende bedeuten«.

Belgrad war allerdings näher als Konstantinopel, und Pazwan Oghlu attackierte mit seinen Janitscharen dauernd das Belgrader *Paschalik*. Zu dessen Verteidigung erlaubte Hadschi-Mustafa Pascha 1797 die Gründung des serbischen Volksheeres. Somit fochten die Veteranen aus dem Freikorps, unter anderen Kara-Georg als Kapitän, jetzt für den reformbereiten Sultan gegen dessen fundamentalistische Widersacher. Freilich mußte die Pforte, durch den französischen Überfall auf Ägypten in Bedrängnis, Pazwan und seine Janitscharen befriedigen. 1799 erkannte sie ihn als Pascha von Vidin an, und ein *Ferman* – ein Dekret des Großwesirs, im Namen des Sultans ausgefertigt – erlaubte den Janitscharen die Rückkehr ins Belgrader *Paschalik*. 1801 ermordeten sie dort Hadschi-Mustafa, von den devoten Serben »Serbische Mutter« genannt, und führten wieder die schlimmste Tyrannei ein. Der Sultan tat nichts. Schließlich war die damalige Türkei – nach Lamartine – eine »Confédération d'anarchies«.

Das Janitscharenregime wurde durch ein Quadrumvirat befehligt. Jeder der vier *Dahis* an der Spitze hatte einen Teil des *Paschaliks* für sich. Jedoch saßen sie alle in Belgrad und kommandierten von dort aus; im Streitfall entschied die Autorität des greisen Vaters eines *Dahis*. In den Bezirksstädten herrschten ihre vornehmeren Genossen, *Kabadahis*. In jedem Dorf schaltete und waltete je ein *Subascha*, in der Regel ein bosnischer Moslem. Da die Zahl der Janitscharen aber nicht groß genug war, sammelten sie eine zweite bewaffnete Macht um sich, meist bosnischer und albanischer Mob.

Leute, die früher Schiffe gezogen hatten, ritten jetzt auf arabischen Hengsten, in Sammet, Gold und Silber gekleidet, ihren Herren hündisch ergeben, allen anderen aber gefährlich durch ihr Recht über Leben und Tod. Die Janitscharen erstickten sowohl den früheren türkischen Machtapparat wie die serbische Selbstverwaltung völlig. Sie verfügten auch neue Steuern und trieben diese selbst ein. Die entscheidende – in Bosnien schon eingeführte – Veränderung freilich war der Übergang von dörflichem Grund und

Boden auf die Janitscharen, die sich deshalb den Titel *Tschitluksahib* gaben. Serbische Bauern wurden wieder zu Fronarbeitern erklärt.

Immerhin waren die Serben jetzt bereits stark genug zum Widerstand. Schon 1803 organisierten einige ihrer Volksführer eine Erhebung, die indes von den Janitscharen entdeckt wurde. Nun planten die *Dahis* den Gegenschlag. Sie verfaßten eine Liquidierungsliste, auf der jeder maßgebliche Serbe stand. Am 4. Februar 1804 begannen die Köpfe zu rollen. Doch beschleunigte das Gemetzel nur den Aufruhr. Kara-Georg, ebenfalls auf der Todesliste, retteten seine Heiduckeninstinkte. Die Schergen, die ihn gefangennehmen wollten, fielen ihrerseits in sein Netz. Schon am 14. Februar dieses Jahres wählte ihn eine Versammlung der Rebellenhäupter zum obersten Befehlshaber und Diktator; er nannte sich »Kommandant Serbiens«, später *vrhovni vožd*, »Oberster Führer«. Die Serben sahen in der Revolte die Erneuerung des mittelalterlichen Reichs, aber auch die Revolution. Nicht zufällig wurde die rotweißblaue Trikolore, die ihnen schon am 15. Februar 1804 der Erzpriester Matija Nenadović überreicht hatte, zur Flagge der Empörer.

Unter Kara-Georgs Führung lief der Aufstand mit der Präzision einer Schweizer Uhr ab. In einer einzigen Nacht brannten in allen serbischen Dörfern die *Subaschen*-Heime. Bald darauf griffen die Serben auch Kleinstädte an, die sogenannten *Palanken*. Die muslimische Bevölkerung mußte in die befestigten Städte weichen und kehrte nie wieder zurück. Obwohl erst die Konvention von Akkerman (*Belgorod Dnestrovskij*) vom 7. Oktober 1826, die Rußland mit der Türkei schloß, die Ansiedlung der Moslems in Serbien verbot, lebten schon damals die rechtgläubigen Untertanen des Sultans praktisch nur noch in vier Städten des Belgrader *Paschalik*: in Belgrad selbst, in Užice, Ćuprija und Šabac, etwa 900 *Spahis* mit ihren Familien. Die wichtigste Folge der jahrhundertelangen Türkenherrschaft, der Islam, verschwand so aus dem Land.

Um die Serben zu beruhigen, gab die Pforte nun die *Dahis* preis. Der bosnische Wesir Abu Bekir Pascha, der am 2.August1804 in Belgrad einzog, ließ sie durch die Serben töten. Diese mochten aber nicht in den vorigen Stand zurück; ihre Erhebung gegen die Janitscharen verwandelte sich in den Krieg gegen die Türkei.

Gegen den osmanischen Koloß wollten die Serben natürlich

nicht allein kämpfen und wandten sich deshalb vorerst an ihre alte Schutzmacht Österreich. Während des gesamten Jahres 1804 intervenierten und flehten sie beim großen Nachbarn um Hilfe. Vor Ostern machte Kara-Georg im Namen des ganzen Volkes dem Wiener Hof dieses Angebot:

1. Das gesamte serbische Volk wünscht unter die Herrschaft der Habsburger Dynastie zu kommen, da es nicht mehr die türkische Willkür und Ungerechtigkeit dulden kann und will.

2. Falls Kara-Georg so viel Glück hat, Belgrad zu erobern, wird er mit Zustimmung des ganzen Volkes sowohl Belgrad als auch zwei kleinere Städte, Smederevo und Šabac, mit ihrem Gebiet Ihrer Kaiserlichen Majestät antragen und einen Prinzen aus dem österreichischen Kaiserhaus als Regenten Serbiens erbitten.

3. Wenn Ihre Kaiserliche Majestät dem nicht zustimmen will, werden die Serben genötigt sein, sich an eine andere christliche Macht zu wenden, damit sich dieses christliche Volk endlich einmal vom türkischen Sklaventum befreie.[5]

Österreich wies die Serben kühl und rundweg ab. Im Augenblick stand es im Westen gegen Bonaparte und durfte sich keine Komplikationen mit der Türkei gestatten. Außerdem mißfiel in Wien der revolutionäre Geist der Serben, der zu sehr nach Frankreich roch und leicht die österreichischen Serben und andere Südslawen in Flammen setzen konnte. So verbot die Wiener Regierung nach einigen Unruhen der Grenzlandserben gereimte Verherrlichungen des Aufstandes ebenso unnachsichtig wie die Bilder des Zaren Dušan und Kara-Georgs.

Dieser wandte sich nun notgedrungen an die Russen – ein Vorkommnis von größter Bedeutung. Denn hätte Österreich Serbien unter seine Kronländer genommen, wäre die Geschichte gewiß anders verlaufen. Die Vormachtstellung auf dem Balkan, die Österreich später vergeblich zu erreichen suchte (woran es zugrunde gehen sollte), hätte es damals auf silbernem Tablett bekommen – und das serbische Volk wohl eine glücklichere Zukunft. Als Vertreter der russischen Interessen aber mußte es sich damit abfinden, daß jeder Feind Rußlands es vernichten wollte und Rußland oft zu weit war, um zu helfen. Der Himmel ist hoch, und Rußland ist weit, heißt ja ein serbisches Sprichwort.

Eine Vorahnung dieser Tragödie hatte wahrscheinlich Kara-Georg selbst. 1808 vereinbarte er mit dem Feldmarschalleutnant

Simbschen Serbiens Anschluß an Österreich. Rußland war jedoch in Serbien schon zu fest etabliert. Serbien konnte den Gang der Dinge nicht mehr ändern. Als Fürst Mihailo Obrenović einer Donauföderation beitreten wollte – seine Bedingung dafür: die Vereinigung von Bosnien-Herzegowina mit dem Fürstentum Serbien –, wurde er ermordet; die russische Politik stand hinter dieser Tat[6]. Was es aber Serbien nicht erlaubte, tat Rußland selbst. Um ein Bündnis Österreichs mit den Franzosen zu sabotieren, bot ihm Rußland 1812 die ganze Walachei und Serbien an, stieß jedoch auf taube Ohren.

Zuerst mußte sich Serbien allein mit den Türken schlagen.

Nachdem die Pforte die serbischen Friedensbedingungen abgelehnt hatte, die auf Abschaffung des Feudalismus im *Paschalik* und die Gründung eines eigenen Heeres hinausliefen, schickte sie aus Niš einen Verband unter dem Wesir Hafiz Pascha gegen die Aufständischen – der erste Kampf der serbischen Miliz mit den regulären türkischen Truppen. Zwischen dem 18. und dem 20. August 1805 versuchte Hafiz den Weg nach Belgrad zu öffnen, mußte aber nach großen Verlusten auf beiden Seiten nachgeben. Dieser Erfolg der vordem verachteten *Raja* gegen die stolzen Osmanen wirkte auf die Serben in allen anderen Regionen, wo sie unter dem Türkenjoch lebten. Es gab Erhebungen, die Heiducken verstärkten ihre Aktivität, die Massen der Freiwilligen strömten ins Heer Kara-Georgs, und ganz offen bekannte man die allgemeine nationale Befreiung als Endziel des Aufstands. Brieflich beschwor Kara-Georg den Metropoliten Petrus I. von Montenegro, »bei dem serbischen Blut, das durch eure und eurer Helden Adern rinnt«, so schnell wie möglich mit Truppen zu Hilfe zu eilen, »damit auch Bosnien und Herzegowina zur allgemeinen Befreiung aller Serben aufstehen und damit wir geeint zusammenleben, wie uns Gott gebietet ...«

Im Jahr 1806 begann die Türkei, den Plan der definitiven Vernichtung der Empörer zu verwirklichen. Drei Heere griffen im Sommer gleichzeitig an: das Pazwan-Oghlu-Heer von Vidin, das bosnische Heer unter Suleiman Pascha Skopljak, der zuvor den Aufruhr der herzegowinischen und montenegrinischen Stämme erstickt hatte, das Schaschit-Pascha-Heer, das vom Süden her durch das Moravatal zog. Die Operationen der türkischen Übermacht waren indes nicht gut synchronisiert, und Kara-Georg schlug alle drei Armeen nacheinander. Darauf konnte er sich der Eroberung Belgrads widmen, das seit Beginn des Aufstandes belagert wurde.

Die Kapitale Serbiens war eine der bestbefestigten Städte Europas. Eugen von Savoyen hatte für die Eroberung Belgrads 1717 immerhin 100 000 Soldaten eingesetzt, ferner 10 größere und 50 kleinere Schiffe mit 200 bis 300 Geschützen. Und Feldmarschall Laudon brauchte dazu 1789 noch 62 070 Soldaten mit 365 Kanonen und Mörsern. Die Serben aber begannen am 12. Dezember 1806 mit 25 000 Soldaten und nicht mehr als 40 Geschützen ihre Hauptstadt zu befreien. Kampfwille und List kompensierten die materielle Unterlegenheit. Am 8. Januar 1807 mußten die Verteidiger kapitulieren.

Schutzlos ließen die fliehenden Moslems ihre Frauen und Kinder in der großen Stadt zurück. Ein maßloses Massaker drohte. Doch Kara-Georg intervenierte unverzüglich, gab ihnen Asyl in den Moscheen und sorgte selbst für ihre Ernährung. Jeden Angriff auf muslimische Frauen und Kinder verbot er bei Todesstrafe. Zuwiderhandelnde wurden erschossen, ihre Leichen zerstückelt und öffentlich aufgehängt. Als die Türken kapitulierten, gab er sie ohne Waffen frei.

Kara-Georg herrschte allerdings despotisch. Beim leisesten Neinsagen tötete er auf der Stelle, schonte auch nicht die Priester, war aber gerecht. Als sein Bruder ein Mädchen vergewaltigte und die Bauern darüber zu reden begannen, erhängte er den Bruder an der Haustür und verbot der Mutter, den Sohn zu beklagen. Im befreiten Belgrad organisierte er auch das Kulturleben. 1808 wurde die »Große Schule« (*Velika Škola*) begründet (ein Mittelding zwischen Gymnasium und Fachschule, wo hauptsächlich serbische Lehrer aus Österreich in drei Klassen lehrten – neben Geschichte und Geographie, Staats- und Kriminalrecht Deutsch als Hauptfach und einzige Fremdsprache).

Nach dem Fall Belgrads sahen sich die Türken geschlagen und akzeptierten die serbischen Bedingungen. Serbien sollte zum osmanischen Vasallenstaat mit breitester Autonomie, Kara-Georg zum erblichen Fürsten werden (die Autonomie konnten die Serben erst um 1867 erlangen). Jetzt aber meldeten sich die Russen. Sie waren seit dem 28. Dezember 1806 wieder im Krieg mit der Türkei und verlangten die Beteiligung der Serben. Diese sollten sich über Montenegro und die Herzegowina bis Boka Kotorska durchkämpfen, damit die Russen einen Korridor von der Donau bis an die Adria bekämen, wo sie schon zusammen mit den Montenegrinern gegen die Franzosen fochten. Also lehnte die serbische Kriegsversammlung im März 1807 das türkische Friedensangebot ab und rief die völlige Unabhängigkeit aus.

Das Bündnis mit Rußland hatte freilich für Serbien fatale Folgen. In den Manifesten der Zarengeneräle stand zwar, daß die serbische Nation es wohl verdiene, eine freie Nation zu sein, und schriftlich versprachen sie, bei Friedensverhandlungen werde »die Befreiung Serbiens aus jeder Abhängigkeit von der Pforte« Gegenstand ernstester Sorgen sein. Doch die Petersburger Diplomatie kümmerte das nicht sehr. Und als durch den Tilsiter Frieden vom 7. Juli 1807, der den Krieg zwischen Rußland und Frankreich beendete, auch die Bedingungen für den Friedensabschluß zwischen Zar und Sultan entstanden, hatte Rußland am Bündnis mit Serbien kein unmittelbares Interesse mehr. Im Waffenstillstandsvertrag von Slobozia vom 24. August 1807 wurde es offenbar als bloße türkische Provinz betrachtet und daher nicht erwähnt. Die Serben aber fanden sich nicht zurecht in dieser Lage – ihre Führung spaltete sich in eine prorussische und eine proösterreichische Partei.

Das Schlimmste jedoch kam einige Jahre danach.

1812 war die Lage Rußlands verzweifelt. Im Frühjahr sammelte Napoleon die bis dahin größte Armee in der Geschichte gegen das Zarenreich. Jetzt suchte Rußland um jeden Preis den Frieden mit der Türkei und ließ Serbien rücksichtslos fallen. Im Bukarester Friedensvertrag, nach langen Verhandlungen am 28. Mai 1812 zwischen beiden Ostreichen geschlossen, wurde Serbien im Artikel VIII nur als eine privilegierte Provinz der Osmanen anerkannt. Seine Städte mußte es den Türken wieder übergeben, seine Autonomie wurde nur vage bestimmt: in Analogie zu der einiger Inseln des griechischen Archipels; eine fast nichtssagende Verfügung, denn jede Insel hatte ein anderes Maß von Rechten. Die Russen waren zufrieden, gab der Vertrag ihnen als seinen Interpreten doch das Recht der jederzeitigen Einmischung in die Beziehungen zwischen Serbien und der Türkei. Außerdem konnten sie ihre Truppen, die mit den Serben gegen die Türkei stritten, nun gegen Napoleon werfen, was vom 26.bis 29.November an der Beresina geschah.

Auf die verkauften Serben hatte das alles eine niederschmet-

Österreich-Ungarns Militärgrenze gegen das Osmanische Reich (17.–19. Jahrhundert)

Rußland
arn
Siebenbürgen
Rumänien
Bukarest
en
Donau
Bulgarien
Sofia
anisches
Reich

ternde Wirkung. Die Stimmung unter ihren Führern veranschaulicht der Umstand, daß diese 1813, als die große türkische Offensive losbrach, das Volk belogen: Nicht die Sultansheere überzögen sie mit Krieg, sondern die Abtrünnigen, *Spahis* und Janitscharen. Kara-Georg wurde krank und verlor den Elan. Sein Charisma schwand dahin. Vergebens hatte man zuerst lange, verzögernde Verhandlungen mit den Türken zu führen versucht. Die ließen sich darauf nicht ein und trafen ab März 1813 Kriegsvorbereitungen. Auch die Österreicher wollten die Serben wegen deren Allianz mit Rußland bestraft sehen.

Ohne jede Auslandshilfe aber waren die serbischen Aussichten gleich Null. Kara-Georg schlug zwar einen Guerillakrieg vor, noch die einzige Chance in dieser Lage, seine Kommandanten jedoch lehnten ab. Inzwischen an Land reich geworden, wollten sie ihren Besitz in der Ebene verteidigt haben. So nahmen die Serben vom Juli bis zum 7. Oktober einen frontalen Krieg auf und verloren ihn mit dem Fall ihrer Hauptstadt. Kara-Georg und viele Aufständische flohen nach Österreich.

In Konstantinopel feierten die Türken drei Tage lang mit Kanonensalven und Musik die Eroberung Belgrads. In Serbien aber feierten sie Blutorgien. Das Morden, Brandstiften, Plündern, Vergewaltigen und Entführen schien kein Ende zu nehmen. An einem einzigen Tag, dem 17. Oktober 1813, gelangten 1800 serbische Frauen und Kinder auf den Belgrader Sklavenmarkt. Strahlend eröffnete der bosnische Wesir dem französischen Konsul, daß die Führer des verwüsteten Serbien »nicht mehr das Volk für einen weiteren Aufstand finden werden«. Der neue Wesir in Belgrad, Suleiman Pascha Skopljak, ein Sadist und passionierter Schlächter der Montenegriner und Herzegowiner, vergnügte sich am täglichen Pfählen. Im Land wütete die wohl von den Türken eingeschleppte Pest.

Immerhin kam es schon 1815 zu einem neuen, dem »Zweiten« serbischen Aufstand. Doch sein Haupt, Miloš Obrenović, erklärte von Anfang an, nicht für die volle Unabhängigkeit, sondern für die Autonomie zu kämpfen, nicht gegen den Sultan, sondern wider die Mißbräuche des Suleiman Pascha. Er war Krieger, noch mehr aber Diplomat, ein wahrer Byzantiner, der die Kunst, seine Gegner voneinander zu trennen und für sich zu gewinnen, meisterhaft beherrschte. Die von den Serben gefangenen Türken ließ Miloš wohlverpflegt nach Bosnien gehen. Auch operierte er als guter Kenner der türkischen Psychologie ausgiebig mit Bakschischen. Seine türkischen Herren machte er zu seinen Schuldnern.

Im Sommer 1815 schickte der Sultan zwei Heere gegen Serbien. Das eine führte der bosnische Wesir Hurschid Pascha, das andere, von Niš aus, der *Beglerbeg* Rumeliens, Maraschli Ali Pascha. Mit den bosnischen Moslems mußte Miloš kämpfen und schlug sie. Der Rumelier Maraschli, vorher mit Gold überhäuft, wollte verhandeln, und auch der Sultan schien dafür zu sein. Die Türken hatten eigentlich die Kriege mit den Serben satt. Außerdem war jetzt Rußland die stärkste Macht Europas und übte zugunsten Serbiens erfolgreich diplomatischen Druck auf die Pforte aus.

Miloš Obrenović und Maraschli Pascha, der neue Wesir in Belgrad, einigten sich im Oktober1815 über eine gemeinsame türkisch-serbische Verwaltung des Belgrader *Paschaliks*; die Grundlage hierfür bildeten die Privilegien, welche die Pforte 1806 den Serben angeboten hatte. Sie erhielten ein eigenes Milizheer, das Recht, die Steuern, die präzise fixiert wurden, selbst einzutreiben, und kam ein Serbe vor Gericht, sprachen ein türkischer und ein serbischer Richter gemeinsam Recht. Miloš wurde zum Fürsten (*baš-knez*) Serbiens erhoben. Als Faustpfand seiner Treue schickte er dem Maraschli auch den Kopf Kara-Georgs, den er am 25. Juli 1817 hatte heimtückisch töten lassen. So entstand der Kampf auf Leben und Tod zwischen der Dynastie Kara-Georgs – der Karadjordjevići – und der Miloš' – der Obrenovići –, der erst mit der Ermordung des letzten Obrenović, König Aleksandars, am 11. Juni 1903 (29. Mai nach dem Julianischen Kalender) im sogenannten Maiumsturz beendet wurde. Die Obrenovići waren konservativ und balancierten zwischen Österreich und Rußland. Die Karadjordjevići waren liberal, eine Freimaurerdynastie, die sich politisch eng an Frankreich und Rußland band.

Mit dem Jahr 1815 begann endlich eine lange Periode des Friedens und normalen Volkslebens in Serbien. Es wurde 1830 als erbliches Fürstentum zu einem türkischen Vasallenstaat und unter den Schutz Rußlands, seit dem Pariser Frieden vom 30. März 1856 unter das Protektorat der Großmächte gestellt. Am 10. (22.) Dezember 1838 bekam es in Form eines *Hatti-Scherif* – einer Kabinettsverfügung mit Signatur des Sultans zur sofortigen Vollstreckung – eine Verfassung und wurde zur konstitutionellen

Monarchie, wobei die höchste Staatsgewalt zwischen dem Fürsten und einem unabsetzbaren Senat geteilt wurde. Obwohl es noch keine politischen Freiheiten gab, wurde Serbien zum Rechtsstaat, der Feudalismus für tot erklärt, und die Menschenrechte wurden gewährleistet. Im 59. Verfassungsartikel steht: »Weil in Serbien die Spahiliks, Timars und Siamets abgeschafft sind, wird man diesen alten Brauch dort nie wieder einführen können.« 1867 verließ der letzte türkische Soldat das Land; als Zeichen der osmanischen Oberhoheit wehte an der Belgrader Festung neben der serbischen noch die türkische Flagge. Und 1869 wurde in Serbien die parlamentarische Regierungsform eingeführt.

Man vergaß aber nicht die außenpolitischen Ziele, die im Grunde noch Kara-Georg formuliert hatte.

Ein sehr einflußreicher Politiker, Ilija Garašanin (1812–1874), verfaßte 1844 das serbische Staats- sowie Nationalprogramm *Načertanije* (»Entwurf«), das lange als strengstes Staatsgeheimnis galt; bis heute ist das Original nicht zugänglich, liegen nur Abschriften vor. Als Ziel weist das *Načertanije* dem Land die Erneuerung des alten serbischen Reichs im (nominellen) Rahmen der Türkei zu – eine Reaktion auf die Versuche der Großmächte, die »Orientalische Frage« ohne Serbien zu lösen; es sollte lediglich eine Figur im Schachspiel Rußlands und Österreichs sein, seiner Feinde, wobei Österreich gefährlicher war. Andererseits sind Serbiens natürliche Freunde Frankreich und England, da sie sich der Erweiterung Rußlands und Österreichs durch eine Aufteilung der Türkei zwischen jenen widersetzen. Besonders in diesem Punkt macht sich der Einfluß geltend, den der Polenfürst Adam Czartoryski auf Garašanin ausübte; Czartoryski, mit dem die serbische Regierung eng kontaktierte, hielt Deutsche und Russen für die Hauptgegner anderer Völker. Mit dem Fürstentum Serbien sollen Bosnien-Herzegowina, Kosovo-Metochien (im *Načertanije* heißt es »Nordalbanien«) und Montenegro, falls dieses kein selbständiges Fürstentum bleiben will, vereinigt werden. Serbien soll auch einen Adriahafen erhalten. Erstrebt wird zudem ein enges Bündnis mit Bulgarien.

Man interpretierte das *Načertanije* im allgemeinen als den Plan eines südslawischen Zusammenschlusses, der Schaffung eines »Jugoslawien«. So schreibt ein deutscher Forscher, der dieses Dokument offenbar nicht gelesen hat: »Er (Czartoryski) überzeugte den serbischen Innenminister Garašanin davon, daß die

Souveränität des Sultans nur noch eine nominelle Bedeutung haben werde, so daß dieser 1844 den Gedanken eines ›jugoslawischen‹ Staatsgebildes entwarf; unter der Oberhoheit des Sultans sollten Serbien, Kroatien-Slawonien, Bulgarien, Bosnien, die Herzegowina, Montenegro, die slawonisch besiedelten Gebiete, die Militärgrenze und das südliche Ungarn vereinigt werden.«[7]

Nicht nur stehen diese Worte nicht im *Načertanije*, sie verkehren auch seinen Sinn. Denn das Programm befürwortet die Vereinigung bloß jener Südslawen, die im türkischen Reich lebten. Jedes Darüber hinaus hätte den Krieg mit Österreich oder eine antiösterreichische Revolution bedeutet – das letzte, was ein konservativer Legitimist wie Garašanin wollte. Garašanin redete ja nie von einem Südslawien – Jugoslawien –, vielmehr spricht er, in einer späteren Schrift, von den »Serbischen Vereinigten Ländern und Staaten«: Serbien, Bosnien, die Herzegowina, Montenegro, das obere Albanien, mit Bulgarien als uniertem Staat, im Rahmen der Türkei.

Die »jugoslawische« Lesart des *Načertanije* gründet allein in der Empfehlung Garašanins, Serbien solle sich genau und dauernd über die Lage in Slawonien, Kroatien und Dalmatien informieren, in Südungarn (Syrmien, das Banat und die Batschka) dazu eine »wichtige serbische Zeitung« gründen[8]. Von einer Zeitung bis zur Staatseinheit ist es aber ein weiter Weg! Garašanin, der in Österreich den unversöhnlichen Feind Serbiens sah, wollte durch jene Empfehlung eher die Lage seines Staates gegenüber Österreich stabilisieren als dessen südslawische Untertanen zum Abfall bewegen.

Der Gedanke an einen Staat, der alle Serben umfassen sollte, entstand erst, als nach dem Berliner Kongreß 1878 und der folgenden Besetzung Bosnien-Herzegowinas durch Österreich-Ungarn die Zerschlagung der Doppelmonarchie für Serbien und Montenegro zur Überlebensfrage wurde. Und die selbstmörderische Idee der Vereinigung der Serben mit den Kroaten und Slowenen machte der serbische Staat erst im Ersten Weltkrieg zum Ziel seiner Politik.

6. Kapitel

DIE KROATISCHE NATION ERWACHT

Unter der Ungarnherrschaft bedeutete die Bezeichnung »Kroate« keine Volks-, sondern eine Provinzzugehörigkeit, wie etwa »Slawonier«, »Bosnier«, »Dalmatiner«. Vielsagend hierfür ist ein Bericht von Mavro Orbini, demzufolge die Dubrovniker einmal ein Angebot der Kroaten, ihnen gegen die Serbenkönige zu helfen, ablehnten mit der Begründung, die Kroaten kämen aus »einem sehr weiten Land«[1]. Die Katholiken, die Slawoserbisch sprachen, wie die Philologen damals diese Sprache nannten, fühlten sich während der serbischen Befreiungskriege im 18. und 19. Jahrhundert als Angehörige der illyrischen, d.h. der südslawischen Nation. Diese Position vertrat, wie gesagt, vor allem die römische Kirche. »Wenn die Walachen«, schrieb 1746 der Franziskanerprovinzial Franje Jovanović den slawonischen Guardianen (den Konventsvorstehern ihres Ordens), »auch im Glauben ein wenig von uns getrennt sind, stammesmäßig sind sie es keineswegs; sie gehören zum gleichen illyrischen Volk wie wir.«

Zum Durchbruch kam die Idee der illyrischen Nation erst nach dem Wiener Frieden vom 14. Oktober 1809, zu dem Napoleon das geschlagene Österreich zwang. Dadurch entstanden die Illyrischen Provinzen, ein französischer Vasallenstaat unter Marschall Marmont, dem Herzog von Ragusa: Kärnten, Krain, Görz, Gradiska, Istrien, Kroatien sowie die Militärgrenze südlich der Save, Dalmatien, Ragusa und die Cattarobucht. Die Franzosen zerstörten den Feudalismus mit seinen tausend Abhängigkeiten und Partikularismen so gut wie völlig und schufen so die Voraussetzungen für die Entstehung einer modernen Nation. Die Fronarbeit wurde entschädigungslos aufgehoben, eine gut funktionierende, straff zentralisierte Verwaltung nach französischem Muster eingeführt, ebenso das französische Zivil- und Strafgesetzbuch.

Erst jetzt bekamen die Serben Religionsfreiheit und ein eigenes Bistum in Zadar. Aber auch die Toleranz gegenüber den Juden begann; der erste von ihnen zog unter den Franzosen in Laibach (Ljubljana) ein. Die neuen Herren mühten sich ernsthaft um die Ankurbelung der Wirtschaft und bauten Wege im dalmatinischen

Karst. Auch entstand in Laibach die französisch-illyrische Freimaurerloge »der Freunde des Königs von Rom und Napoleons«, die den Geist des westlichen Rationalismus pflegte. Ihr Mitglied, der Schriftsteller und Aufklärer Valentin Vodnik, sang den Franzosen zu Ehren seine Ode »Das wiederbelebte Illyrien«:»Napoleon sprach: Illyrien steh auf!«

Überall im südslawischen Illyrien breiteten sich nun die Logen aus. Sobald die Franzosen in eine Provinz kamen, brachten sie auch die Freimaurer mit; der populäre Marschall Marmont, der Illyrisch zu einer offiziellen Sprache machte, war ebenso ein Logenbruder wie der Gouverneur Dalmatiens, Vincenzo Dandolo. In Zadar gründete man im März 1806 die Loge »de Saint Jean de Jérusalem Franco-Dalmate sous le titre distinctif Eugène Napoléon à l'Orient de Zara«, in Kotor 1807 die Loge »L'Orient de Cattaro Des Amis de la Victoire« unter dem Pariser Großorient, in Karlovac 1808 die Loge »Saint Jean de Croati«, in Dubrovnik am 30. März 1810 die Loge »L'Étoile Illyrienne«.

Nach dem namhaften kroatischen Historiker Ferdo Šišić (1869–1940), selbst ein führender Freimaurer, bediente sich Napoleon der Freimaurerei »als seines geheimen Generalstabs ... für die Verbreitung liberaler Ideen und die Kultivierung des kaiserlichen Kultus in all jenen Gebieten, wo er herrschte«. Das kroatische Freimaurertum, dessen Geburtstunde jetzt schlug, nahm die folgenden Richtlinien seiner Strategie an: radikaler Liberalismus; Kampf einerseits gegen römischen Klerikalismus, Germanen- und Magyarentum, das dreifache Joch, unter dem Illyrier und Westslawen litten; Kampf andererseits für kulturelle und politische Einheit mit den Serben – ein westlich-revolutionärer Panslawismus somit.

Die Illyrischen Provinzen fielen 1814/1815 zwar an Österreich, doch die herausragenden Folgen des kurzlebigen Franzosen- und Freimaurerregiments waren die »Illyrische Bewegung« – auch »Illyrische Wiedergeburt« genannt – und die von dieser getragene kroatische Aufklärung (1830–1849). Diese Bewegung enthielt ja alles, was die Freimaurerei dachte. Anläßlich des Besuchs von Ljudevit Gaj – des geistigen Führers des Illyrismus – 1846 in Budapest meldete ein englischer Diplomat, nach seiner Überzeugung sei das Geheimziel der Kroaten wahrscheinlich noch immer die Gründung eines wirklichen illyrischen Königreiches aus den Ländern

Kärnten, Krain, Istrien, Kroatien, Slawonien, Serbien, Bosnien, der Herzegowina und Dalmatien[2].

Andere Häupter der Illyrischen Bewegung waren selbst Logenbrüder. Ihr Hauptgönner, Graf Janko Drašković, aus einem Geschlecht, das viele Freimaurer stellte, war höchstwahrscheinlich Mitglied der Pariser Loge »Philanthropes réunis« (»L'Union philanthropique«). Der Bewegung schlossen sich auch einige Ex-Freimaurer und Ex-Carbonari[3] an, unter welchen Stipan Ivičević besonders hervorragte, einer der namhaften dalmatinischen Illyrier der dreißiger und vierziger Jahre des 19. Jahrhunderts. Große Aufmerksamkeit verdient hier auch der Agramer katholische Bischof Maximilian Vrhovac, ein Freimaurer und Aufklärer, der sich in Nordslawonien als erster dafür einsetzte, die »illyrische« Sprache zur gemeinsamen Schriftsprache sowie zur offiziellen Sprache der Südslawen zu machen – von deren politischer Einheit er ebenfalls gewisse Vorstellungen besaß[4] .

VON DER ILLYRISCHEN BEWEGUNG ZUM »JUGOSLAWENTUM«

Die Teilnahme der katholischen Priester an der Illyrischen Bewegung hatte eine nicht zu unterschätzende Bedeutung[5]. So verlangte etwa die revolutionäre Versammlung, die unter der Ägide der Illyrier – Laien, Priester, Jugendliche – im März 1848 in Zagreb zum Beschluß ihrer Forderungen (*Zahtevanja*) an den Wiener Hof tagte, unter anderem die Abschaffung des Zölibats sowie die Einführung der Volkssprache in der Kirche. Das Ziel dieser Forderung war – neben der Distanzierung von Rom – eine Annäherung an die Serben.

Daraus aber entwickelte sich auch der katholische Panslawismus bei den Kroaten. Sein Hauptvertreter im 19. Jahrhundert ist der Bischof von Djakovo, Josip Juraj Stroßmayer, der gleichfalls aus der Illyrischen Bewegung hervorgeht.

Wien und der Vatikan, vom Illyrismus höchst beunruhigt, trachteten diesem natürlich den Garaus zu machen. Doch als der Kaiser am 11. Januar 1843 den Gebrauch des Namens »Illyrien« verbot, bezeichneten sich die Illyrier, wegen ihres politischen

Kampfes gegen die Ungarn *Magyarionen* genannt, als Volkspartei. Auch begann sich statt des Wortes »illyrisch« das Wort »kroatisch« einzubürgern. Und zur Begründung der nationalen Einheit der Serben, Kroaten und Slowenen brachten die katholischen Illyrier den Ausdruck »Jugoslawentum« in Umlauf.

Als Ljudevit Vukotinović, ein kroatischer Schriftsteller und Politiker, in der Zeitung *Sarborske novine*[6] bekannte, in den gemeinsamen Fragen der Serben und Kroaten leiteten ihn »allgemeine südslawische Interessen«, kommentierte die Redaktion: »So, Herr, so! Nur dann, wenn uns das allgemeine Interesse des Jugoslawentums bestimmt, werden wir in diesen stürmischen Zeiten aushalten und uns konstituieren.« Der bedeutende Illyrier und katholische Priester Pavao Stoos sprach im selben Jahr von der »Wiedergeburt aller jugoslawischen Brüder« und 1849 von der »jugoslawischen Nationalität«. Auch auf dem Einband des 1851 in Zagreb von dem montenegrinischen Oberhaupt und Metropoliten Petar II. Petrović Njegos publizierten Werkes *Der falsche Zar Stefan der Kleine* stand ausdrücklich: »In Jugoslawien« (*U Jugoslaviji*). 1861 dekretierte der kroatische Landtag als offizielle Bezeichnung der in Kroatien gesprochenen Sprache: »jugoslawisch«.

Der eigentliche »Evangelist der Jugoslawentums« (Viktor Novak) war indes der deutschnamige katholische Bischof Stroßmayer. Er förderte überall die Idee der jugoslawischen Einheit; er führte zuerst die illyrische Volkspartei und gründete 1868 in Zagreb die »Jugoslawische Akademie der Wissenschaften und Künste« (JAZU). Sein Endziel war freilich die Kirchenunion, also die Unterjochung der Orthodoxen unter den Vatikan sowie der Serben unter die Habsburger Krone.

Wie weit Bischof Stroßmayer vom liberalen Illyrismus entfernt war, zeigt deutlich sein Hirtenbrief zur Fastenzeit 1885, worin er die Freimaurer beschuldigte, Satanisten zu sein; sie unterhielten Beziehungen zu dem ältesten Feind des Christentums – den Juden –, und sie erstrebten die definitive Vernichtung des Katholizismus. Stroßmayer finanzierte antifreimaurerische und antisemitische Hetzschriften und entsandte auch einen Vertreter Kroatiens zum Antifreimaurerkongreß 1896 in Trient. Der katholische Geistliche Kerubin Šegvić, die spätere Eminenz des faschistischen Ustascha-Staates, berichtete von diesem Kongreß, unter Berufung

Bosnien-Herzegowina im 19. Jahrhundert

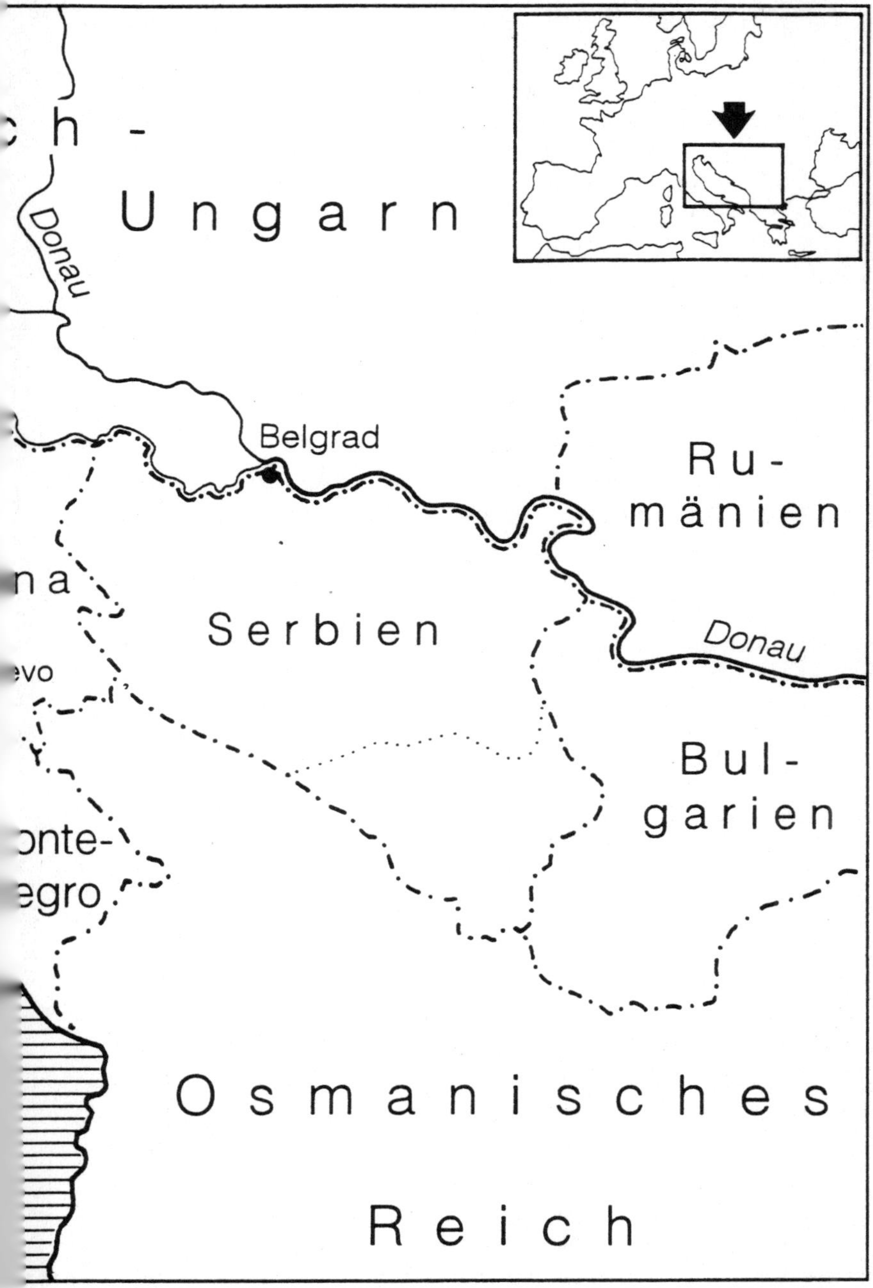
Ungarn
Donau
Belgrad
Ru-
mänien
Serbien
Donau
Bul-
garien
Osmanisches
Reich

auch auf Leo Taxil – einen von Jesuiten erzogenen Katholiken und Freimaurerverleumder –, es stehe fest, daß »die Freimaurerei in ihren höchsten Graden den Satan (verehrt), mit dem sie sogar physischen Kontakt hat!« Mit wem erst kontaktierte dann aber seine Kirche der Inquisition und der Kreuzzüge!

Als 1868 die Serbenkapitale Belgrad in einem romantischen Rausch Stroßmayer mit Ovationen und Feuerwerk empfing, dachte die serbische Regierung – freilich nur insgeheim – über diesen neuen slawischen Apostel bereits ganz anders. Schon 1858 wurde ein »Plan« zur Bekämpfung der österreichischen Propaganda in Bosnien-Herzegowina verfaßt und darin hervorgehoben: »Man soll sich besonders vor den Agenten des Bischofs Stroßmayer hüten, des Hauptes dieser Propaganda, der jedoch von Österreich selbst bestochen ist, sowie vor allen reichen Kroaten, die durch ihre Taten bewiesen haben, daß sie die Serben hassen und damit Österreich helfen.«[7] Diesen Panslawismus Stroßmayers, der nichts anderes war als eine Spielart des römisch-germanischen ›Drangs nach Osten‹, wird im 20. Jahrhundert Stjepan Radić, der Gründer der Kroatischen Bauernpartei (HSS), fortführen. Auch die totalitäre Diktatur Titos ist ohne Stroßmayer und Radić nicht zu verstehen.

Das Ende der Illyrischen Bewegung, die sich mit der Revolution von 1848/49 identifizierte, kam mit ihrer Niederlage und dem Sieg der Reaktion und des Absolutismus in Österreich. Das illyrische Erbe, die Idee der jugoslawischen Einheit, übernahmen aber jene Serbenkreise, die sich für Fortschrittsträger hielten: Freimaurer, Schulen, akademische Jugend, zuletzt die Kommunisten, wobei man sehr beeinflußt war durch die Lage der Serben in Österreich-Ungarn. Diese »drübigen« Serben (*Srbi Prečani*), wie man sie auch nannte, durften nicht offen für die Vereinigung mit ihrem Mutterland eintreten; das hätte als Hochverrat gegenüber der Habsburger Monarchie gegolten. Deshalb setzten sie sich, zumal nach der Vereinigung der Militärgrenze mit Kroatien-Slawonien, für Einheit und Gleichheit mit den Kroaten im Rahmen dieser Provinz ein, um dieselbe gemeinsam mit den Kroaten von Österreich-Ungarn zu entfernen und näher an Serbien heranzuführen. Hinzu kam, daß Zagreb Ende des 19. Jahrhunderts das stärkste Wirtschafts- und politische Zentrum der Serben in der Donaumonarchie wurde, die dort – wie die Juden – reiche Geschäftsleute waren; auch deshalb neigten sie eher zur Zusammenarbeit als zur Konfrontation mit den Kroaten. Die politische Einheit mit diesen erschien ihnen zwar als eine durchaus mögliche Lösung der nationalen Frage; jedoch begingen sie den kapitalen Fehler, diese Möglichkeit zur Notwendigkeit zu erklären. Das Jugoslawentum wurde bei den Serben zum Objekt eines fanatischen Glaubens, zu einer Pseudoreligion also, deren Apostel sich aus der freimauerischen und kommunistischen Intelligenz rekrutierten. Sie handelten, ähnlich wie jene Rußlands, gegen das eigene Volk, weil Jugoslawien, als freimaurerisches Königreich wie als pseudokommunistische totalitäre Diktatur, zum Friedhof der serbischen Nation geworden ist.

Nicht lange sollte sie auf ihren Totengräber warten.

Die Annäherung von Serben und Kroaten innerhalb der allgemein-slawischen Frontbildung beunruhigte die Wiener Regierung und veranlaßte sie, gemäß dem Prinzip des »Teile und herrsche«, zu einer systematischen Politik der Spaltung und Trennung. Diese bestand vorwiegend darin, daß der katholische Hof den katholischen Kroaten Vorteile auf Kosten der Serben gewährte. Als Wien am 27. Dezember 1860 die Serbische Wojwodschaft mit einem Federstrich aufhob, wurde dies serbische Kronland zwischen Ungarn und Kroatien geteilt, so daß Sirmien zu Kroatien-Slawonien kam. Die Kroaten bejubelten den Gewinn, die Serben aber waren zutiefst verletzt.

Ein weiteres Geschenk Österreichs an die Kroaten, gleichfalls unter Ignorierung der Serben, war am 15. Juni 1881 der Anschluß der Militärgrenze an das kroatische Banalgebiet. Schon etwas früher aber, am 6. Oktober 1878, hatte sich der kroatisch-slawonische Landtag offen auf die Seite des österreichisch-ungarischen Imperialismus gestellt und verlangt, daß Bosnien-Herzegowina zu einem Teil Kroatiens werden solle. Die Großzügigkeit von Wien und Budapest gegenüber den Kroaten war jedoch begrenzt, und der Kaiser wies die Forderung des Landtags mit der Begründung zurück, dieser überschreite seine Befugnisse. Die Serben reagierten nun, indem sie sich von den Kroaten distanzierten. Noch 1877 sprach sich der Schriftsteller und Politiker aus Budva, Stjepan Mitrov Ljubiša, im dalmatinischen Landtag gegen eine Vereinigung Dalmatiens mit Kroatien-Slawonien aus. Hiergegen trat 1880 auch die Serbische Partei in Dalmatien offiziell auf, was die definitive

Trennung der serbischen und kroatischen Politik in diesem österreichischen Kronland zur Folge hatte.

Das war die Lage, in der Ante Starčević politisch erschien und wirkte.

ANTE STARČEVIĆ UND DAS »BEIL FÜR TOLLWÜTIGE HUNDE«

Ante Starčević (1823–1896), ein einstiger Illyrier, Doktor der Philosophie mit dem Wahlspruch »Gott und die Kroaten«, gilt als der Vater der kroatischen Nation. Er wurde als Sohn einer orthodoxen Serbin, Milica Bogdanov, in der Militärgrenze geboren, und auch sein katholischer Vater war höchstwahrscheinlich serbischer Abkunft. Doch noch nie hatte jemand so ekelhaft über das serbische Volk gesprochen – geradezu phantastisch ekelhaft – wie der kroatische »Pater Patriae«, dessen Serbenhaß an Wahnsinn grenzte, ja, diese Grenze zuweilen zu überschreiten schien. Hatte Jovan Skerlić, der Belgrader Professor und Literaturkritiker, nicht recht, als er 1912 über die Ideologie des Starčević schrieb: »Was die Türken in vier Jahrhunderten mit Köpfen, Erwürgen, Erhängen, Pfählen nicht erreichen konnten, tat Starčević mit einem Federzug. Er ertränkte die Serben in seinem Tintenfaß«? Von Ante Starčević aber führt ein direkter Weg zum Ustascha-Häuptling (*Poglavnik*) Ante Pavelić, der wie jeder »rechtgläubige« Kroate Starčević verehrte.

Zusammen mit Eugen Kvaternik gründete Starčević 1861 die »Kroatische Rechtspartei« *(Hrvatska stranka prava)*, eine nationale Integrationsbewegung, die sich, von Jugend und Geistlichen getragen, nach 1873 zur stärksten Partei unter den Kroaten entwickelte.

Kvaternik war ein politischer Romantiker, ein Hitzkopf. Seine und Starčevićs Ideologie gründen in der Fiktion des »kroatischen historischen Staatsrechts« (daher *Rechts*-Partei), das – wie oben dargelegt – ungeachtet der ungarischen Eroberung gelten sollte. Trotz seines wohl etwas überzogenen nationalen Anspruchs hatte dieser Messianismus doch auch etwas Edles, sozusagen. In Kvaterniks Schrift *La Croatie et la confédération italienne*[8] figuriert nämlich das kroatische Volk in der europäischen Geschichte als Volk der Retter und Befreier, eigens von der Vorsehung beauftragt, die christliche Kultur, ja, die Menschheit zu schützen. So belehrt Kvaternik den unkundigen französischen Leser, daß die Kroaten, sobald sie im Süden Europas erschienen, den bösen Feind des Christentums und Repräsentanten Asiens, die Awaren, geschlagen und danach auch andere europäische Völker befreit hätten. Unermüdlich um die Rettung anderer bemüht, hätten sie Europa auch vor den »getauften Barbaren«, den Franken beziehungsweise Deutschen gerettet! Und durch ihren Sieg über die Mongolen, so Kvaternik, bewahrten die Kroaten, dieser Finger Gottes, Europa noch ein drittes Mal vor dem sicheren Untergang – all das natürlich im Interesse der gesamten Menschheit. Bitter merkt Kvaternik an, daß Europa viel weniger bedeutende Schlachten feiere, nicht aber das wichtigste Ereignis seiner Geschichte – eben den Triumph der Kroaten über die Mongolen –, eine wahrlich beklagenswerte Undankbarkeit der Europäer gegen »das Volk der Erlöser par excellence«.

Die Kroaten sind nicht das, doziert Kvaternik weiter, wofür sie im allgemeinen gelten; sie sind viel, viel mehr. Die Slowenen nämlich sind nicht die Slowenen, sondern »norische Kroaten«. Auch Bosnien, die Herzegowina und Montenegro sind demnach Teile Kroatiens, da ihre Bewohner eben Kroaten sind. Sogar die Serben leben »vielleicht« auf kroatischem Boden. Woher aber kommen die in den kroatischen Ländern siedelnden Serben? Für Kvaternik sind auch sie keine Serben, denn westlich der Drina gibt es die Serben nicht, das sind vielmehr die »orthodoxen Kroaten«! Diese »orthodoxen Kroaten« – obwohl, eine notorische Tatsache, die Kroaten spätestens seit dem 11. Jahrhundert ausnahmslos romhörig sind – spuken seitdem im kroatischen nationalistischen und katholischen Schrifttum herum. Unter anderen wurden die Serben ab 1942 von ihrem größten Mörder – dem Ustascha-Führer Ante Pavelić – so genannt, als dieser erkannte, daß er sie nicht so schnell, wie er wollte, ausrotten konnte.

Als Kvaternik 1871 gegen die Habsburger rebellierte, versuchte er das nicht in den kroatischen »Kernländern«, sondern ging – wie Tito 1941 – zu den Serben in die Militärgrenze. In dem Dorf Rakovica sammelte er am 8. November 1871 eine Menge unzufriedener Grenzlandserben um sich, die ihn zum kroatischen König Eugen I. ausriefen. Schon am 11. November war indes sein Reich zu Ende.

Er fiel im Kampf gegen reguläre Truppen, und neben ihm, nicht ohne düstere Symbolik, fiel ein orthodoxer Priester.

Nun schlug die große Stunde des Starčević.

Er übernahm die Rechtskonstruktionen Kvaterniks, der ja Rechtsanwalt war, und dessen Verehrung der vermeintlichen Kroatengeschichte, und fügte ihr etwas hinzu, das dem edler denkenden Kvaternik gefehlt hatte: grenzenlosen Haß und den Trieb zur Verleumdung von allem, was nicht in sein Wunschbild paßte.

Noch als Illyrier, schon in seinem ersten veröffentlichten Gedicht *Die Weissagung aus der Lika* (*Ličko gatanje,* 1845), schimpfte der Weissager und Budapester Theologiestudent Starčević die Ungarn »Zigeuner« und »wilde Tiere«, was ihn jedoch nicht davon abhielt, das ungarische Diplom und Doktorat zu empfangen. Die Metapher »Zigeuner« wurde außerdem ein wichtiges Stück der kroatischen Nationalideologie: Starčevićs Jünger werden so bald darauf auch die Serben zu disqualifizieren versuchen. Der »kroatische Cato«, als den ihn später seine Parteigänger preisen, verachtet in nationaler Hybris ebenso die Deutschen. In seinem Opus *Zum Slawentum oder zum Kroatentum?* (*Bi-li k Slavstvu ili ka Hrvatstvu?*) zählt er die Deutschen zu »den unbedeutendsten Völkern« mit einer jämmerlichen Literatur. »... ich möchte lieber Flöhe ablesen, als aus dem deutschen Schrifttum lernen«, witzelt der Budapester Philosophiedoktor. Statt dessen sollen die Kroaten vor allem die eigene Geschichte studieren. Und so nimmt er sich »halt die Freiheit, ohne Eitelkeit (!) zu sagen, daß kein, merkt euch, kein heute in Europa lebendes Volk in der Vergangenheit eine glanzvollere Glorie kennt als das kroatische«. Die Kroaten retteten nämlich Europa vor den Türken, befreiten Ungarn und machten Österreich groß. Noch schlimmer als die Deutschen sind die Russen. So schmäht er in der Schrift mit dem Titel *Rußland*: »Denkt ihr, daß der Russe für etwas anderes ist oder daß er für etwas anderes arbeiten wird als für die Sklaverei und Dummheit ... Denkt ihr, daß der Russe seine Erniedrigung, seine Schande, sein Elend sieht?«

Der Kampf des Starčević gilt denn auch besonders der slawischen Solidarität. In *Zum Slawentum oder zum Kroatentum?* behauptet er, daß es die Altslawen gar nicht gegeben habe, sondern nur ein erst nachträglich »Slawen«genanntes Völkergemisch, und dieser Name bedeute nichts anderes als »Sklaven«. Die angeblichen

Slawen seien heute bloß die Waffe des russischen Obskurantismus. Die Kroaten dagegen sind laut Starčević keine Slawen, sondern ein Eroberer- und Herrenvolk, das geschichtlich unter den Namen der Hunnen, Awaren, Ungarn, Türken erscheine. Später aber, zumal zur Zeit der klerofaschistischen Ustaschen, entbrannte die Polemik um die Herkunft dieses Herrenvolkes. Der *Poglavnik* Ante Pavelić hielt die Kroaten für Goten, also für Germanen, der Franziskanergelehrte Dominik Mandić für Altiraner.

Indem Starčević die gemeinsame slawische Wurzel von Serben und Kroaten leugnete, konstruierte er zwischen beiden den totalen Gegensatz: die Kroaten das Herrenvolk an sich, die Serben das absolute Sklavenvolk. Wie aber kamen sie dann zusammen? Starčevićs Pasquill *Der Name Serb*[9] gibt die Antwort: »Der Gelehrte aus dem 17. Jahrhundert sprach die Überzeugung aller vernünftigen Geschichtsschreiber aus, als er schrieb, daß die Kroaten, ein Herrenvolk (*gospodujući narod*), die Völker, die sie in diesen Ländern vorfanden, versklavten und daß der Name Serbia oder, was gleich ist, Servia, von dem Wort Sklaven kommt ... Derselbe hält die Kroaten für ein Volk, das von den Slawen verschieden ist.«

Um den Namen der Serben völlig zu beschmutzen, führt ihn Starčević auf »svrab« (Jucken, Krätze) zurück. Der Name *Serbe* »stinkt nach Krätze«, die Serben seien nach ihrer angeborenen Krankheit benannt. Des weiteren verknüpft er in irrer Phantasie die Serben mit den Juden, die der Kroatenvater kaum weniger als Serben und Slawen haßte. »Es läßt sich nicht verheimlichen, daß die Juden die Serbenkrankheit aus Ägypten brachten ... In den ältesten Büchern redet man über diese Krankheit, die ständig mit dem Aussatz vermischt ist ... Die Juden waren in Ägypten serbenkrank und, was dasselbe ist, aussätzig.« Eben deshalb wurden sie »aus Ägypten vertrieben«.

Die Serben müßten also ausgerottet werden.

Das sei jedermanns Pflicht, wie der »kroatische Cato« in diversen Varianten eindrischt. Da sei »der Richter und Vollstrecker jeder, der das auch dem tollwütigen Hund gegenüber ist«[10] – nicht nur eine gesundheitspolizeiliche Notwendigkeit, ebenso eine ethnische. Denn auch moralisch seien die Serben unverbesserlich verkommen. Sogar die Türken, die sie Jahrhunderte lang aufzuklären suchten, mußten am Ende die Nerven verlieren: »Alle Reformen, die die Türkei einführte, scheiterten und müssen an diesem Punkt scheitern.« Gibt es doch für Serben »außer der Keule keine andere Arznei«. Und würden »die Amerikaner, Schweden oder wer auch immer kommen, ihr werdet sehen, sie alle würgen bald die Raja mehr, als es die Moslems tun«. Für die Vernichtung der Serben sprächen auch geschichtliche Gründe. Sie müssen verschwinden, damit die Türkei für den Westen gewonnen, die Ostfrage gelöst werden kann, »indem man die Rasse opfert, die in Europa veraltet ist«[11]. Klingt das heute nicht sehr modern?

Starčević konstruierte auch den Begriff »Slawoserben«.

Das Wort entlehnte er der Sprachwissenschaft, gab ihm aber eine politisch äußerst abwertende Bedeutung. »Slawoserben« sind demnach die Serben sowie jene Kroaten, die sich nicht als Herrenvolk fühlen, sondern als Slawen und Jugoslawen. Dieser zweifache Sklave, sclavus et servus, ist für den ehemaligen Theologiestudenten der Teufel in Person: »Die Slawoserben sind die Sklavenrasse, ein Gezücht, ekelhafter als jedes andere. Nehmen wir im Menschen drei Grade an: des Tieres, des Verstandes und der Vernunft. Die Slawoserben haben nicht einmal die unterste Stufe ganz erreicht, und es gelingt ihnen auch nicht, sich darüber zu erheben. Sie wissen nicht wie Menschen zu lesen, keine Lehre berührt sie. Sie vermögen nicht besser, nicht schlechter zu sein, als sie sind. Von sich aus, seien sie satt oder hungrig, können sie weder schweigen noch bellen, weder ruhen noch springen, sondern sie verhalten sich in allem so, wie ihre Hirten bestimmen.«

Diese Roboter, die Slawoserben, nennt Starčević auch »Magyaroler«, da sie den Magyaren und Deutschen (Tirolern) dienen. »Ich weiß«, sagt der Theologe und Philosoph, »daß die Magyaroler nicht nur Schurken, sondern daß sie zugleich der dümmste Bevölkerungsteil Kroatiens sind ... Halunken, Verräter, Wüteriche und sonstiger ähnlicher Gestank ... dieses Gezücht steht tief unter dem gewöhnlichen stummen Vieh.«[12] In seinem Opus fragt er auch, was auf die slawoserbischen Schurken noch wartet: »... auf sie wartet noch in dieser Welt«, sagt der Theologe, »das Beil«.

Gab es denn auch Gutes in der Geschichte der Serben? Nun, falls ja, dann waren dies, nach Starčević, keine serbischen, sondern kroatische Taten! Der Serbenstaat des Mittelalters lag in den »nord-östlichen Provinzen Kroatiens«. Der Gründer der serbischen Nation, Sankt Sava, war »der Kroate, der die kroatische Ostkirche (!) vom byzantinischen Patriarchen abgespalten hat«. – »In

Stefan-Dušan erlosch der letzte Strahl der hehren Kroatendynastie Nemanjići, die ein Jahrhundert lang, auch als Könige, herrschte ...«[13].

Über die Schlacht auf dem Amselfeld phantasiert Starčević: »Auf dies Erzürnen des Heimes und der Nachbarschaft brachen der König Bosniens und Kastriotić mit ihren Kroaten und Albanern auf, sowie viele Bulgaren, Rumänen, und 1389 traf sich auf dem Kosovofeld ein riesiges christliches Heer.« Freilich – »durch den Verrat des unreinen Blutes siegten die Türken«. Wer war dieser mit dem unreinen Blut, Vuk Branković? Natürlich, der Serbe war es. Das wurde immerhin durch die heldenhafte Tötung des Sultans wieder gutgemacht: » ... Miloš Kobilić erwies sich als Kroate ...«[14].

Die bosnischen Moslems sind im übrigen die besten Exemplare des Herrenvolks an sich. »Was wir an reinstem kroatischem Blut haben, das steckt im Adel der Türkei«.[15] Der größte Nachfolger Starčevićs, Ustascha-Häuptling Ante Pavelić, erklärte demzufolge die bosnischen Moslems zu »Blumen des Kroatentums« und in seinem »Unabhängigen Staat Kroatien«, dem Hitler und Mussolini noch Bosnien-Herzegowina zuschlugen, für mit den katholischen Kroaten völlig gleichberechtigt. Die orthodoxen Serben aber waren daselbst vogelfrei. Doch der kroatische Metropolit und spätere Kardinal Aloisius Stepinac nannte dieses ausgemachte klerofaschistische Gangsterparadies »das Werk der Hand Gottes« und »Antemurale Christianitatis« – »Bollwerk der Christenheit«.

Die Ideologie des Ante Starčević hat ohne Zweifel eine Wurzel in der Lehre des französischen Grafen Gobineau über die Ungleichheit der Menschenrassen. Gobineaus vierbändiges Werk *Essai sur l'inégalité des races humaines* erschien 1853–55, also kurz vor Starčevićs rassistischen Ausfällen gegen die Serben. Andere Quellen seiner Termini – »Herrenvolk«, »Sklavenvolk«, »reine« und »unreine« Rasse beziehungsweise »reines« und »unreines« Blut – lassen sich nicht ausmachen. Interessant ist, daß kein einziger gelehrter kroatischer Autor – die Kommunisten machen da keine Ausnahme – Starčevićs Ideologie mit irgendeiner rassistischen Lehre in Verbindung bringt. Denn Starčević gilt für alle Kroaten als »Pater Patriae«, also wäre es vielleicht für die Nation peinlich, ihren Vater in der Gesellschaft von Hitler und Rosenberg zu sehen.

Graf Gobineau aber war ein pessimistischer Aristokrat, und

wollte man aus seinem *Essai* irgendeine Politik herauslesen, dann allenfalls die einer Rassentrennung und der Abschaffung der Demokratie. Starčevićs Politik dagegen war die des Genozids, des »Beiles für tollwütige Hunde«, für die Serben und ihre kroatischen Freunde also. Sein mörderisch-rassistischer Serbenhaß hat eine römisch-katholische Wurzel.

Auf seine pathologische Weise haßte Starčević zwar auch die politisierenden Priester, zählte sie sogar den »Slawoserben« zu, aber nicht aus irgendeiner Kirchen- oder Romfeindschaft, sondern weil ihre überwiegende Mehrheit damals den katholischen Panslawismus des Bischofs Stroßmayer unterstützte.[16] Starčević wurde von klein auf durch katholische Kleriker erzogen und gefördert[17], ging ins Priesterseminar und studierte Theologie, wollte oder konnte aber kein Geistlicher werden. Doch seine Devise, die er am 26. Juni 1861 im kroatischen Landtag ausrief, hieß, wie gesagt, »Gott und die Kroaten«. Während seiner Ausbildung war er offenbar auf das reiche antiserbische Schrifttum der römischen Kirche gestoßen, das hauptsächlich von jenen Missionaren stammte, die vergeblich versucht hatten, die Serben dem Papststuhl zuzuführen.

Bezeichnend dafür ist in mehrfacher Hinsicht die Arbeit eines unbekannten dalmatinischen Prälaten aus dem Jahr 1648: *Irrtümer des serbischen Schismas (Errori dello scisma serviano)*[18]. Ganz am Anfang sagt dieser gelehrte Theologe, daß die serbischen Glaubensriten von den griechischen herrührten; sie hätten sich aber von diesen, infolge all der Zurückgebliebenheit und Unwissenheit der Serben, so sehr entfernt, daß die serbische Kirche bekennt, was die griechische verabscheut*. Nach dem Theologen sind die »Serbli o Servi« Sklaven – »Sklavenrasse« heißt es beim moderneren Starčević –, Flüchtlinge aus Sarmatien, von Kaiser Heraklius in jenem Reichsteil angesiedelt, den man nachher Serbien nannte. Die Serben** gelangten unter der Herrschaft Kaiser Basilius I., des Mazedoniers (867–886), aus der Finsternis des Unglaubens ins evangelische Licht, nahmen, jawohl, den römischen Katholizismus auf, wurden aber durch das unglückliche Schicksal des griechischen Kaisertums von Sklaven zu Herren. So kamen sie endlich zu einem eigenen Patriarchat, verharrten indes trotz allem im Unwis-

---

* »... ciò che detesta la chiesa greca, professa la serviana«
**Er nennt sie »popolo rude e feroce, ma ignobile e vile«.

sen; denn Serbien hatte keinerlei Kultur*! Starčević meint im gleichen Geiste: »Hätten die Slawoserben nur einen Funken Vernunft und Redlichkeit, wären sie keine Slawoserben«.[19]

So blieb Serbien im Dunkel. Nicht einmal die Griechen konnten es heben, weil die Serben kein Griechisch verstanden und deshalb von der Quelle hellenischer Kultur nicht zu trinken vermochten. Auch die Türken hatten sie ja laut Starčević nicht kultivieren können. Gegen Dummheit kämpfen eben Götter selbst vergebens. Doch in Wirklichkeit lasen, disputierten die gebildeten Serben im Mittelalter, man mischte sich außerdem mit dem orthodoxen Brudervolk, übersetzte theologische Hauptwerke der Byzantiner ins Serbische, die philosophische Terminologie kam dazu, so daß Plato und Aristoteles sich später in der Muttersprache überdenken ließen. Nach unserem Prälaten freilich verfielen die religiös verfinsterten Serben dem giftigen Einfluß der Albigenser**, als diese aus Frankreich verdrängt wurden, und Spuren dieses Giftes haften immer noch. Schade, kann man nur sagen, schade, daß dieser Kontakt nicht tatsächlich stattfand. Der Theologe aber sieht selbst die nordafrikanischen Donatisten*** bei den Serben auferstanden!**** Welch reiches religiöses Leben!

Am ärgsten steht es natürlich mit den orthodoxen Priestern. Sie verachten die Katholiken, nennen sie Atheisten und Heiden. In der Türkei forcieren sie die Feindschaft noch, um den »Ungläubigen« zu schmeicheln. In christlichen Ländern aber zeigen sich diese proteusartigen Typen wieder ganz anders. Obwohl alles Katholische von Grund auf hassend, sind sie dort entgegenkommend und ausgeglichen. Fragen Angesehene, Einflußreiche nach ihren Dogmen, antworten sie so, wie es jenen gefällt, nicht wie sie selber glauben. Wölfe im Schafspelz beim Prälaten***** oder tollwütige Hunde bei Starčević, der Unterschied ist nicht groß.

---

* »... nè scuola, nè studio, nè libri ...«

** Die Sekte, benannt nach der französischen Stadt Albi, breitete sich im 12./13. Jahrhundert in Südfrankreich und Oberitalien aus.

*** Eine große Bewegung innerhalb der nordafrikanischen Kirche (4./5. Jh.), benannt nach dem Bischof Donatus von Karthago.

**** »Certamente gl'antichi Donatisti dell' Africa pare siano risorti dalli Serviani moderni«.

***** »Lupi rapaci coperti di pelle ovine sono tanto piú crudeli all' ovile di Christo, quant son tenuti et appresi.«

Die vermeintlich nordafrikanische Herkunft der Serbenreligion und Starčevićs historische Phantasmagorien haben nach dem Zweiten Weltkrieg Dominik Mandić, den bedeutenden Franziskanergelehrten (der die Ustascha-Verbrecher in den Westen schmuggelte), zu der These bewogen, die Serben seien teilweise nordafrikanischer Abstammung. Nach Starčević wurden ja, wie gezeigt, die Juden in Nordafrika »serbenkrank«. Der Franziskaner und Ustaschen-Komplize Mandić vergaß wahrscheinlich, daß auch der heilige Augustin Nordafrikaner war, dadurch vielleicht serbenverwandt und – horribile dictu – *serbenkrank*.

Der Franziskaner-Übermensch behauptete am Schluß seiner Rassenanalyse, ein Vierteljahrhundert nach dem Zweiten Weltkrieg: »Die Kroaten sind die Erben der alten iranischen Kultur aus Mittelasien, die Serben die der Kultur von Sardes in Kleinasien«.[20] Arier gegen Nichtarier, darauf läuft es also letzten Endes hinaus. Das ist so wenig tendenziös wie 1942 die Beteuerung des *Poglavnik* Ante Pavelić, Bosnien sei zum Westen schon in der Jungsteinzeit gravitiert.[21]

VON ANTE STARČEVIĆ ZUM USTASCHA-REGIME

Bei der Überführung der »Errungenschaften« der Rechtspartei-Ideologie des Starčević – von ihm selbst »Raserei« *(steklištvo)* genannt – ins klerofaschistische Ustaschentum spielte der katholische Klerus eine folgenreiche Rolle.

Don Kerubin Šegvić – derselbe Šegvić, der die Freimaurer des körperlichen Kontaktes mit dem Teufel bezichtigt hatte – verfaßte 1911 ein Buch über Leben und Werk von Ante Starčević, worin unter anderem steht: Starčević »bezeichnete mit dem Slawoserbentum eine soziologische Erscheinung, die man in allen Jahrhunderten und bei allen Völkern beobachten kann. Diese Generalisierung des Begriffs Slawoserbentum ist eine sehr wichtige wissenschaftliche Entdeckung, die sich mit den Entdeckungen großer Soziologen messen läßt, mit dem Nachweis geborener Verbrecher, degenerierter Typen, derAtavismen in der Menschenseele.«

Starčević als großer Soziologe! Slawoserben als ewiger Abfall der Menschheit! Später schon, als Ustaschen-Diplomat und -Propagandist, an kompetentester Stelle somit, jauchzt Don Šegvić entzückt: »Sie (d.i. Starčević und Pavelić) hatten dasselbe Ziel, nur verschiedene Methoden, je nach den veränderten Umständen. Deshalb ist der Sieg des Ustaschentums gleichzeitig der Sieg der Raserei (*steklištvo*). Ustaschenkroatien ist auch das Kroatien der Rasenden. Ustaschenkroatien ist da, es hat ein Mitspracherecht im Reigen der kultivierten Völker der Welt (!). Niemand kann es mehr vernichten, nicht einmal die Landesausgeburten selbst. Man merke sich das letzte Wort des siebzigjährigen Alten (Stari, d.i. Starčević): ›Es gibt kein Zurück zum alten; das Wasser, das verflossen ist, mahlt nicht mehr‹«[22].

In der klerofaschistischen Aneignung des Starčević zeichneten sich auch andere Priester aus. Don Šegvić stand bei weitem nicht allein.

Monsignore Fran Binićki, Philosophie- und Theologiedoktor, schreibt in seiner Autobiographie *Meine Gefängniszeit*, 1942 auf serbokroatisch in dem katholischen Verlag »Društvo svetog Jeronima« erschienen: »Viele Feinschmecker bemängeln an dem Vater des Vaterlandes (natürlich Starčević), daß er die bekannte Rasse (natürlich die Serben) ›Walachengezücht‹ genannt. Als wären die Walachen keine Menschen, sondern Tiere, die gezüchtet werden. Wer gut unterscheidet, lernt gut. Man soll die alten kroatischen Walachen-Hirten gut unterscheiden vom Kehricht, den die Türken von allen Seiten in die Reste des uralten Königreichs Kroatien hereingefegt. Es gab unter ihnen auch die Elenden kroatischen Blutes, es gab auch die der Menschlichkeit und Kultur aufgeschlossenen Fremden, aber die meisten waren und blieben wild, ohne Menschlichkeit, ohne Gefühle ... Und nun befahl der kroatische Landtag, daß Walachen, die kroatische Kinder stehlen, gepfählt werden müssen. Ein unmenschlicher Befehl, doch manchmal zeitgemäß (!). Denn sie sind die Nachkommen jener Räuber, die Jahrhunderte lang an jeden Teufel Kroatien verrieten, das sie manchmal mehr liebkost hat als seine Kinder kroatischen Blutes.«

Nach Starčević und der katholischen Moraltheologie muß man die Serben aus der Militärgrenze und Bosnien-Herzegowina pfählen, weil sie aus Dankbarkeit (zu wem?) nicht Kroaten geworden und deswegen schlimmer als Hyänen sind. Das war keine Einzelmeinung eines katholischen Klerikers. Der Rezensent des katholischen Verlags »Društvo svetog Jeronima«, Petar Grgec, hoffte, das Buch von Binićki werde »heilig und lieb auch den anderen Kroaten sein, und zwar nicht nur denen der gegenwärtigen Generation, sondern auch der Nachwelt«[23].

In diesem Zusammenhang sei noch ein Repräsentant der katholischen Priesterelite Kroatiens erwähnt, Prof. Dr. Don Lovro Katić.

In einem Vortrag, gehalten im Sommer 1943 – am Tag des hl. Anton -, als jedem der hochkriminelle Charakter des klerofaschistischen Kroatien klar geworden sein mußte, bejubelte Don Katić seinen Chef Anton Pavelić: »Und endlich kam der dritte Ante, der Poglavnik, der beide Programme, das von Starčević und das von Radić, vereinigt und vervollständigt, der die kroatische Unabhängigkeit ins Leben gerufen und die Arbeit (welche?) für den einzigen Wert im kroatischen Staat erklärt hat. Dieser dritte Ante nennt alle Kroaten Arbeiter, hebt Sonderrechte aller Stände auf und appelliert an jeden, sich einträchtig um die gemeinsamen Belange sämtlicher Volksteile zu mühen. Es gibt auch heute einige Schwächlinge, die sich nur absondern, nur zu jammern wissen, daß wir schwach und klein sind. Zeigt mir mal ein Volk, das in seiner Geschichte so viel gelitten und seinen Glauben nicht verloren hat wie das kroatische – und sagt, ob dieses kroatische Volk lebt? Und wenn ihr hört, daß es lebt, sollt ihr wissen, daß dies das kroatische Volk ist. Und Kroatiens Ruder hält fest die Hand des dritten Ante, der uns sicher führt, weshalb wir immer für den Poglavnik und dies Heim bereit sein werden!«[24] Das kroatische Volk existiert, weil es lebt und leben wird – durch die Programme der Starčević und Radić und die »Arbeit« à la Pavelić.

Diese maßlose Starčević-Vergötzung hat bei den Kroaten nie nachgelassen, ein Zeichen freilich der eigenen Geschichtslosigkeit. Am gründlichsten erforschte die Zagreber Professorin Mirjana Groß die Starčević-Parteiideologie. Sie erkennt darin »den Stempel der Frustration des jungen Bürgertums und der Intelligenz einer kleinen Nation« und nennt sie »eine Verteidigungsmauer gegen dieses Minderwertigkeitsgefühl«[25].

Auf typische Weise huldigt so der berühmte Dichter und Nationalerwecker A. G. Matoš dem Starčević: »Neben all seinen Verdrehtheiten ist der Alte der Vater des wiedergeborenen kroatischen Nationalismus, der Wiederbeleber unseres Staatsgedankens«, ein Wunder »wie die Jungfrau von Orléans und Kara-Georg ...«. –

»Dieser Schriftsteller und Politiker ist von allen unseren modernen der energischste, der freieste, der kroatischste, bei ihm ist alles klar, kristallisiert. ›Ecco homo!‹, würde Napoleon gesagt haben, und Stendhal hätte ohne Zweifel diesen Diplomaten und Ehrenmann (!) bewundert.« – »Starčević ist oft paradox, aber er ist der einzige unserer unbescholtenen und bewußten Kroaten nach Matija Gubec und Eugen Kvaternik. Der letzte Trojaner, die letzte klassische Seele. Er hat nicht umsonst ein Gesicht wie der verstorbene Gott Silen.«

Starčević – die kroatische Jeanne d'Arc, der kroatische Kara-Georg, der kroatische tote Gott. Doch wenn ein Volk bloß drei »unbescholtene und bewußte« Volksgenossen hat, scheint das ein bißchen wenig – und freilich auch wieder zuviel, wenn einer von ihnen Starčević ist.

Aus Starčević jedenfalls wurde das kroatische Patentrezept.

Nach der Vereinigung mit den Serben und Slowenen 1918 machten ihn seine Zeloten zum »Genius des Jugoslawentums«. Der kroatische Nationalsozialist und überzeugte »Gote« Stjepan Buć entdeckte 1937 in Starčević einen Vorboten Hitlers und dessen Rassenprogramms. Aber auch die kroatischen Kommunisten wollten nicht auf Starčević verzichten. Nach dem Zagreber Geschichtsprofessor Vaso Bogdanov – der serbischer Herkunft ist (»ein guter orthodoxer Kroate«, würden die Starčevićaner sagen) – sind die »Slawoserben« bei Starčević keine ethnische, sondern eine rein moralische Kategorie. Der Übermensch Starčević steht aus dieser kommunistischen Sicht hoch über dem Bürgertum. Seine Rechtspartei repräsentierte breite Volksschichten, Klassenfeinde des Bürgertums; sein »Allkroatentum« war nicht »exklusiv, separatistisch, sondern allumfassend«. Deshalb sei seine Ideologie nicht »gegen dieBrüderlichkeit und Einheit unserer Völker gerichtet«[26]. So wird die Brücke von Starčević hin zu Tito geschlagen, der ja die Parole der »Brüderlichkeit und Einheit der jugoslawischen Völker« – und später auch der »Nationalitäten« – schuf.

In eine ähnliche Richtung bewegt sich Franjo Tudjman, der titoistische Exgeneral und jetzige kroatische Präsident von Deutschlands Gnaden, je nach Bedarf Bolschewist, Klerofaschist und Pseudoliberaler. Für ihn ist Starčević mit seinen »Anschauungen über die Selbstbestimmung der Völker« (vielleicht aller, aber nicht der Serben) ein Vorläufer Lenins[27]. Merkwürdig: Starčević als

Die europäische Staatenwelt vor dem Ersten Weltkrieg (1914)

Schweden
Russisches Reich
tsches
eich
sterreich-Ungarn
Rumänien
Bosnien - Herzego- wina
Serbien
Bulgarien
Monte- negro
Albanien
Osman Reich
Griechenland

Vorläufer von Hitler, Tito und Lenin ... Fügt man diesen noch den Günstling der katholischen Kirche, Pavelić, hinzu, wird das Bild rot von Blut. Vor uns stehen die Schatten der totalitären Despoten Europas, der größten Organisatoren der Vernichtung des Menschen und der Freiheit im 20. Jahrhundert.

Alle Bedenken hinsichtlich Starčevićs Absichten zerstreute der Zagreber Professor Tomislav Maretić, wohl der größte Philologe der Kroaten. Für ihn war Starčević ein Mann, »der mit höllischem Haß die Serben haßte und diesen Haß drei Jahrzehnte lang einem großen Teil der Kroaten eingeflößt hat«. Dazu fragte sich Maretić: »Wie kann man lügen und Starčević (neben Stroßmayer) als Kämpfer für die jugoslawische Idee verehren, obwohl wir, die Älteren, sehr gut wissen und gestehen (wenn wir nicht lügen wollen), daß die jugoslawische Idee Starčević genauso widerwärtig wie die serbische war«.[28] Ein Kroate, der nicht lügen wollte, war Professor Maretić. Und wollten die Serben Starčevićs Begriffsapparat in ihrem Sinn gebrauchen, würden sie sagen, er war ein katholischer Serbe.

Starčević also machte die Serbenvernichtung zur Grundlage der kroatischen Nationalidee.

Die Verwirklichung aber schien zunächst unmöglich zu sein. Einer der geistigen Führer der Starčević-Partei, Kulturhistoriker Isidor Kršnjavi (1845–1927), nahm das Problem aufs Korn: »Es gab eine Zeit, da hieß es, man solle alle Serben mit dem Beil erschlagen. Dieser Gedanke hat etwas für sich, sogar etwas sehr Wichtiges: Er spricht nämlich offen und folgerichtig die einzige Art und Weise aus (also doch!), wie man die ›kroatische Idee‹ (*hrvatska misao*) durchführen kann. Es ist freilich eine ganz andere Frage, ob die Serben sich so leicht erschlagen lassen wie jene gutmütigen Seekälber, Pelzrobben genannt.«[29] Der kroatische Versuch, die Serben totzuschlagen, könnte mit der Ausrottung der Kroaten enden.

Starčević selbst hatte seine Wahrheitsstunden, in denen er sich die tatsächliche Lage der Kroaten eingestehen mußte und folglich auch ihr Unvermögen, die Serben zu beseitigen. Denn auch das sagt bereits der »Pater Patriae«: »Es gibt kein so jämmerliches Volk und jämmerliches Land wie die Kroaten und Kroatien. Dieses Volk taugt für nichts anderes, als so bald wie möglich zugrunde zu gehen, um sich und anderen nicht zur Last zu fallen. Da gibt es keine Menschen, keine Charaktere: Es gibt nichts außer Schurken ... Wo drei Kroaten sind, da sind mindestens fünf Meinungen und

Parteien in der gleichen Sache und Ansicht. Die Kroaten, verrückt und eigensüchtig, ändern sich schneller als Meereswetter. Wir, einige anständige Charaktere, dienen dem restlichen Pack nur zum Lachen. Deshalb dulden wir sie (d. h. die Slawoserben). Kroatien ist ein Jammertal, die wahre Hölle auf Erden.«[30]

Um die kroatische Nationalidee zu realisieren, die man verblendet mit der Serbenausrottung gleichsetzte, brauchte man ausländischen Beistand, von Rom, von Wien, dann auch von Berlin. Die notwendige Brücke jedoch zwischen Starčevićs Rechtspartei und dem hilfsbereiten Ausland schlug der zum Katholizismus konvertierte deutschprachige Jude Josip Frank (1844–1911), sowohl Sprachrohr wie Nachfolger Starčevićs in der Parteileitung.

Starčević war arm wie eine Kirchenmaus und wenig weltgewandt. Frank war ein wohlhabender Rechtsanwalt und Vertreter jüdischer Firmen in Ungarn. Er kaufte einfach Starčević samt seiner Partei und wurde zu ihrem Hauptgläubiger. So führte nun ein Jude, der Angehörige eines »serbenkranken« Volkes, die kroatischen Übermenschen und eine Partei an, aus der sich später die Ustascha entwickelte.

Noch ein weiterer jüdischer Rechtsanwalt spielte hier eine maßgebliche Rolle: Hinko Hinković (eigentlich Heinrich Moses). Denn der Personenkult um Starčević war 1879 geboren worden, nachdem Hinković ihn vor einer großen Anhängerschar als Mann der Vorsehung gefeiert hatte, als den Heros, in dem der Geist der Verschwörer wider die Habsburger des 17. Jahrhunderts – Zrinjski und Frankopan – auferstanden sei. Dieser beredte Hinković sollte als Freimaurer des 33. Grades noch bei der Gründung Jugoslawiens im Ersten Weltkrieg bedeutsam sein[31]. Der Mann, der zuerst den Namen *Serbe* in Anführungszeichen setzte, wurde zuletzt zum Vertrauensmann der serbischen Regierung.

Wer in der Rechtspartei eigentlich den Ton angab, zeigte sich schon im Herbst 1890. In einer Debatte im kroatischen Landtag sprach zuerst Starčević und kritisierte einen Gesetzesentwurf der Regierung. Da seine Rede konfus war, verlangte der *Banus*, der Magyare Khuen-Hedérváry, eine Erklärung. Josip Frank ergriff das Wort und »erklärte« Starčevićs Ausführungen, indem er deren Bedeutung völlig verdrehte – und zwar im Sinne der Regierung. Auch künftig legte Frank Starčevićs Gedanken solcherart in souveräner Manier aus. Schon Ende 1890 sagte er in einer Haushaltsrede, die Rechtspartei trachte nicht »nach dem bürgerlichen Umsturz, nach der Revolution«; ihr »Programm ist das loyalste in Bezug auf das Vaterland und die Dynastie«. Diese Huldigung gegenüber den Habsburgern aber bedeutete den förmlichen Verzicht auf Starčevićs unrealisierbare Idee eines selbständigen Großkroatien.

Von nun an strebte die Rechtspartei nämlich an, dieses Großkroatien im Rahmen der Doppelmonarchie als Bundesland zu schaffen, als Gliedstaat Österreich-Ungarns. Damit jedoch Kroatien-Slawonien, seit dem Ausgleich von 1868 eine Ungarnprovinz mit Kulturautonomie, diese Statuserhöhung verdiene, müsse es sich, so Frank, völlig und willig in den Dienst des Wiener und Pester Balkanimperialismus stellen. In solchem Rahmen könne es auch die Leitidee des kroatischen Nationalismus, die Vernichtung der Serben, verwirklichen, da der Balkanimperialismus der Donaumonarchie notwendig den gewaltsamen Konflikt mit Serbien impliziere.

1892 äußert Frank in einem Artikel: »Nach Westen, Norden und Osten ist ihr (der Donaumonarchie) jede freie Bewegung verwehrt. Nur der Süden steht ihr offen. Doch in den Süden führt der Weg allein über Kroatien. Also müßte Kroatien in dieser Monarchie, eine gesunde Politik verausgesetzt, mehr favorisiert werden, müßte es einen so ausgezeichneten Platz einnehmen und einen so außerordentlichen politischen Einfluß haben, daß es durch seine Freiheit, seinen kulturellen Fortschritt, seine kompakte Ganzheit zu jener Anziehungskraft würde, die auf verwandte Völker am besten wirkt.« Da die Doppelmonarchie aber nur kraft des kroatischen Staatsrechts »ihre Aspirationen im Osten befriedigen« könne, sollte sie eine systematische antiserbische Politik betreiben.

Ein offenes Ohr in Wien fand die Rechtspartei allerdings erst etwa zehn Jahre darauf bei dem Thronfolger Franz Ferdinand und dem Generalstabschef Feldmarschall F. Conrad v. Hötzendorf, als der Krieg mit Serbien schon sehr viel nähergerückt war.

Die Kurskorrektur der Rechtspartei geschah mit voller Billigung Starčevićs. Als 1895 einige Parteilöwen Frank verdrängen wollten, verließ Starčević die Rechtspartei und gründete zusammen mit Frank die Kroatische oder Reine Rechtspartei. Der todkranke Nationalgötze sagte damals: »Ich bin der Führer der Rechtspartei. Wer mir ungehorsam ist, gehört nicht zur Partei. Und weil ich schwach und krank bin, soll statt meiner die Partei der führen, dem ich noch vertraue, und das ist Dr. Frank. Wer ihm nicht gehorcht, gehört nicht zur Partei.«

Die späteren Rechtspartei-Dissidenten, die eine Verständigung mit den Serben suchten, sowie die »linken« Starčevićaner – wie der Schriftsteller Miroslav Krleža, unter Tito zur literarischen Kultfigur erhoben – behaupteten, Frank »verfälsche« Starčević[32] – eine völlige Verdrehung des Faktums. Vielmehr hat Frank, mit Starčevićs Unterstützung, aus dessen blutigen Phantastereien erst ein politsches Programm, hat er Starčević überhaupt erst möglich gemacht, was den politischen Massen sofort klar war. Frank wurde zum Idol der kroatischen Jugend, zum »größten lebenden Kroaten« und »opferbereiten Führer«.

Der Sohn Josip Franks, Ivica Frank, mauserte sich zu einem wilden Serbenvernichtungsprediger im Ersten Weltkrieg. Danach emigrierte er und schloß in Wien am 5. November 1922 als Vorsitzender des Kroatischen Komitees von Budapest mit A. Grandi, dem Vertreter der Faschistischen Partei Italiens, sowie mit dem Leutnant V. C. Vighi, dem Vertreter G. D'Annunzios, eine Geheimkonvention über die Abtretung Dalmatiens an Italien und die Befreiung Kroatiens von Jugoslawien. Damit geriet der kroatische Nationalismus ins Schlepptau des italienischen Faschismus. Frank junior freilich, keine Prätorianerfigur, somit ungeeignet als faschistischer Revolutionär, wurde bald darauf durch den»robusteren« Pavelić ersetzt, während Josip Franks Tochter den kommenden zweiten Mann im Ustascha-Regime heiratete, Marschall Slavko Kvaternik. Der Sohn aus dieser Ehe – Eugen-Dido Kvaternik – ein Typ, den sogar die Ustaschen verabscheuten, organisierte im Auftrag Pavelićs 1934 in Frankreich die Liquidierung des jugoslawischen Königs Alexander und war 1941/42 im Ustascha-Staat zuständig für die Deportation in die Todeslager. (Nach dem Krieg lebte er als gewöhnlicher Bürger in Südamerika.)

Diese Verflechtung der jüdischen Familie Frank mit den Ustaschen ist wahrscheinlich einer der Gründe, weshalb der amtierende kroatische Präsident Franjo Tudjman kürzlich schrieb, daß »Pavelićs Partei nach ihrer Herkunft philosemitisch, ja geradezu die Judenpartei unter den Kroaten war«. Er fährt fort: »Zu diesem Schluß kamen auch die Deutschen selbst in jenem schon erwähnten Bericht, wonach die jüdische Frage – im Geiste der deutschen Richtlinien – nur Serbien gelöst hatte, aber nicht der Unabhängige

Staat Kroatien, denn sie (die Juden) fanden da den Schutz der katholischen Regierung«.[33] In Wirklichkeit wurden in diesem Staat durch diese »Philosemiten« (bzw. durch die »Judenpartei«) 1941–45 die Juden so gut wie vollständig ausgerottet. Dort lebten 1941 noch etwa 36 000 Juden, den Krieg überlebten nur »einige zehn«[34].

Bei diesem Genozid aber spielte gerade der »Halbjude« Eugen-Dido Kvaternik eine große Rolle; er zwang sogar seine jüdische Mutter zum Selbstmord. Der Bericht, auf den sich Tudjman beruft, sagt im übrigen gerade das Gegenteil aus. Sein Verfasser, der deutsche Polizeiattaché in Zagreb, H. Helm, attestiert darin am 18. April 1944 den Kroaten-Behörden, daß die Judenfrage in Kroatien »völlig gelöst« sei. Dagegen werden die angeblichen Verdienste der katholischen Kirche um die – schon beseitigten – Juden überhaupt nicht erwähnt[35].

KROATISCHER KLERIKALISMUS IM 20. JAHRHUNDERT

Der kroatische Nationalismus wurde nicht durch »Philosemitismus« geprägt, sondern durch den katholischen Klerikalismus, bald sein wesentlicher Bestandteil.

Gewiß, solange Starčević und Bischof Stroßmayer gegeneinanderstanden, genoß die Rechtspartei wenig Sympathien bei der römischen Priesterschaft von Kroatien-Slawonien. In den anderen Ländern der Habsburger Monarchie aber sah die Situtation anders aus. In Dalmatien organisierte ein Geistlicher, Ivo Prodan, die Rechtspartei. Er, der um 1880 politsch zu agitieren begann, verkündete die Devise: »Erst Gott, erst der Glaube, dann das Vaterland.« Demnach liegt der wahre Sinn des kroatischen Nationalismus in der katholischen Religion und der Akzeptanz der Papstkirche, ihrer Leitung und ihrer Interessen. Schulden die Kroaten der römischen Kirche doch zwei Kronen: die des göttlichen Dienstes und die des Königreichs Kroatien. Prodan war für unbedingte Treue gegenüber dem Haus Habsburg und für die Lösung der kroatischen Frage aufgrund des »Trialismus«, wonach Kroatien, neben Österreich und Ungarn, zu einem Gliedstaat der Monarchie werden sollte.

Im besetzten Bosnien-Herzegowina nahmen besonders die dortigen Franziskaner die klerikalisierte Starčević-Ideologie begeistert auf. Zumal in der Herzegowina wurden diese Mönche in der Zwischenkriegszeit zu fanatischen Ustaschen, ihre Klöster zu Hochburgen und Festungen der Verschwörung Pavelićs. Folglich kamen gerade aus dem »dunklen« Bosnien-Herzegowina die stärksten Impulse zur Klerikalisierung des kroatischen Nationalismus, erhob sich eben dort die Figur des Erzbischofs von Sarajevo, Josip Stadler, mit dem Anspruch, das politische Haupt der Kroaten zu sein.

Doch um die Jahrhundertwende war auch in Banal-Kroatien die Situation für eine klerikale Führung reif. Die alten Gegner, der Großkroate Starčević und der »Großjugoslawe« Bischof Stroßmayer, hatten sich 1892 feierlich versöhnt. Diese»Eintracht« des Pankroatismus und Katholizismus begrüßte vor allem ein Repräsentant der Studentenschaft, Stjepan Radić, der charismatische Kroatenführer nach 1918. Das Bündnis beider Parteien – der Partei, welche die Serbenvernichtung erstrebte , und der, welche die Überwindung des Schismas favorisierte – war damit besiegelt. Sie sollten bald schon zu voller Einheit verschmelzen.

Der erste machtvolle Ausdruck des organisierten Klerikalismus bei den Kroaten war der »Allkroatische katholische Kongreß« Anfang September 1900 in Zagreb, und seine »Seele« war niemand anderes als der Sarajevoer Erzbischof Stadler. Das Organ seiner Kirchenprovinz, *Vrhbosna*, nannte die programmatische Rede des Prälaten immerhin »unser klerikales Programm für das neue 20. Jahrhundert«. Der Verfasser des Artikels war Dr. Ivan Evangelista Šarić – ab 1922 Stadlers Nachfolger und eifriger Förderer des Ustaschentums –, dessen exaltierte Ode an Pavelić im Ustascha-Staat eine Art Hymne wurde.

Oberhirte Stadler bekundete 1900 in seiner Kongreßrede die vollständige Identifizierung des Kroatentums mit dem römischen Katholizismus: »Wir sind Kroaten und Katholiken, und das wollen wir bleiben. Und wir sind deshalb zusammengekommen, um vor der ganzen Welt, was uns viele freilich nicht erlauben, zu erklären, daß wir Kroaten heißen und, obwohl dies wieder andere uns verweigern wollen, daß wir Katholiken sind. Wir sind sowohl das eine als auch das andere … Diese Welt also und unser liebes Kroatien sind nur da wegen der Gerechten Christi (!) … Somit sind wir verpflichtet, und zwar als Katholiken wie auch als Kroaten, alles zu tun, damit es in unserem Land mehr der Gerechten Christi geben werde. Denn der Herr Jesus hat viele Städte, hat sogar Völker und Königtümer vorzeitig vernichtet, gerade weil er da keine Gerechten gefunden. Deshalb entschlossen wir uns auch, durch dieses katholische Treffen die besondere Ehrerbietung und Liebe zu unserem Herrn Jesus auszudrücken und durch die gute Erziehung der Jugend wie durch die Erfüllung der Pflichten, die uns derselbe Herr Jesus aufgebürdet, alles zu tun, damit in unserem lieben Vaterland mehr der Gerechten Christi sein werden, um zu verhüten, daß der Herr Jesus Christus Kroatien straft, dieses uns liebe Kroatien, weil darin die Zahl der Gerechten ungenügend ist ...« Die Zwangskatholisierung der Serben 1941/42 war ja eine wichtige Maßnahme innerhalb dieser geistlichen Gerechtenmacherei der römischen Kirche.

Nun eilte auch Josip Frank in die Arme des Klerikalismus. 1905 unterstellte er seine Rechtspartei der von Dr. Karl Lueger – dem Wiener Bürgermeister – geführten klerikalen Christlich-Sozialen Partei Österreichs, die sich allmählich zur »Thronfolgerpartei« Franz Ferdinands entwickelte. Die Christsozialen und die österreichischen Generäle erwarteten von der Frank-Partei, daß sie das Funktionieren des kroatischen Landtags, wo eine pro-ungarische, kroatisch-serbische Koalition die Mehrheit hatte, zugunsten einer Militärdiktatur verhinderte. Als Gegenleistung verlangte Frank das Verbot der serbisch-orthodoxen Kirche und deren Verwandlung in die »kroatisch-orthodoxe Kirche«, eine Idee, die erst Pavelić 1942 zu verwirklichen suchte.

Für den Fall eines Krieges mit Serbien schlugen Frank und der *Banus* P. Rauch den Wiener regierenden Kreisen vor, alle Serben in Kroatien entweder abzuschlachten oder nach Serbien zu vertreiben[36]. Seit 1905 hieß ja die offizielle Parole der Reinen Rechtspartei: »Tod allen Serben und Afterserben«.

Zur tatsächlichen Fusionierung der Frank-Partei mit den Klerikalen kam es im September 1910. Die Führung der Partei, von nun an als »Christlichsoziale Rechtspartei« firmierend, übernahmen die Vertrauensmänner der Kirche, A. Horvat und V. Prebeg, ihre Finanzen übernahm die Katholische Bank[37].

Wenn die katholische Kirche heute lügnerisch behauptet, die Konflikte der Serben und Kroaten hätten mit ihr nichts zu tun, so vergißt sie, daß man inzwischen immerhin lesen kann.

7. Kapitel

ÖSTERREICH-UNGARNS SALTO MORTALE: VON DER BESETZUNG BOSNIEN-HERZEGOWINAS BIS ZUM ERSTEN WELTKRIEG

Im Sommer 1875 brach ein Aufstand der Serben in der Ostherzegowina aus. Seit 1874 vorbereitet, erwartete man bei der Rebellion die Hilfe benachbarter Serbenstaaten; der Montenegriner-Fürst Nikola war von Anfang an eingeweiht. Etwas später erhoben sich die Serben auch in Westbosnien, in der Gegend von Banja Luka. Und dieser bosnisch-herzegowinische Waffengang, der zur Einmischung der Großmächte führte und die Tür zum Ersten Weltkrieg aufstieß, war keinesfalls der erste solcher Art.

Während es in Serbien nach dem Aufruhr von 1815 und der Gewährung der Autonomie ruhig blieb, war Bosnien-Herzegowina ein ständiger Unruheherd der orthodoxen *Raja*. So erhoben sich die Serben 1834 unter dem Priester Jovica in der bosnischen Save-Landschaft (Posewina), wo es 1857/58 unter Stojan Avramović und dem Priester Hadschi-Petko Jagodić erneut zur Auflehnung kam. Ebenfalls 1858 entbrannte in Westbosnien, an der türkischen Militärgrenze (*Bosanska Krajina*), ein Massenaufstand unter dem Heiducken Petar Petrović Pecija, der dort auch die Revolte von 1875 kommandieren sollte. Die Herzegowina war zwischen 1852 und 1861 ein permanent tumultuöser Bereich, wo Luka Vukalović, unterstützt von Montenegro, mit einem starken Heer über weite befreite Landstriche gebot. Obwohl die Moslems mit wilden Vergeltungen reagierten und ganze Siedlungen in den Kampfgebieten auslöschten, konnten sie in Bosnien-Herzegowina nie völlig Herr der Lage werden, wurden im Gegenteil immer schwächer.

Die Anlässe der dortigen »Wirren« waren mit Händen zu greifen.

Es herrschte ein barbarisches Chaos. Man arbeitete wie in der Steinzeit, ohne Industrie und ohne Straßen, da diese dem österreichischen Angreifer zugute kommen konnten. Die Diskriminierung der christlichen Mehrheit kannte oft kaum Grenzen. Der gesamte Boden gehörte Moslems, die Christen waren nur Pachtsklaven. Die Steuer setzten die lokalen *Begs* und *Agas* willkürlich fest. Christen mußten Moslems gratis bewirten. Diese hatten die lukrativen Handwerke für sich monopolisiert. Einzig Kirchen und Klöster, die bereits vor dem Türkeneinfall errichtet worden waren, durften bleiben (jedoch bloß mit Holz repariert werden). Der Bau neuer Gotteshäuser erfolgte erst nach Zahlung riesiger Bakschische für die Beglaubigung, daß das betreffende Gebäude schon in vortürkischer Zeit bestanden habe. Das Bakschisch war für Christen der einzige Reiseleiter durch das Labyrinth des islamischen theologischen Rechts.

In Bosnien-Herzegowina bekriegten sich außerdem die reformbereite türkische Zentralmacht und die lokalen konservativen Moslems. Die Kosten dieser Fehden trugen ebenfalls die Christen. So steht in einem Schreiben des österreichischen Generalkonsuls vom 27. August 1850 aus Travnik an den Ministerpräsidenten Fürst Schwarzenberg: »Überhaupt werden die ohnehin auf's äußerste gebrachten Rajas auf eine kaum glaubliche Art gedrückt. Die muhamedanischen Bošnjaken rebellieren gegen ihre Regierung und veranlassen die sich gar so oft wiederholenden kriegerischen Maßregeln der Pforte, während die friedfertigen und treuen Rajas unverschuldetermaßen alle Folgen allein tragen, die Fronen, die Lieferungen zur Verpflegung der Truppen allein und unentgeltlich leisten, mit einem Worte allein leiden müssen.« Dabei geschah es oft, daß man die Christen, wie derselbe Generalkonsul am 16. Oktober 1851 meldet, wenn sie für ihr beschlagnahmtes oder im Kampf zerstörtes Vermögen Entschädigung verlangten, als »Meuterer« bezeichnete.

Die Erhebung von 1875 erhielt starken Auftrieb, als Serbien und Montenegro der Türkei am 30. Juni 1876 den Krieg erklärten. Auch die Freiwilligen aus beiden Fürstentümern kamen nun in die Herzegowina. Dem Kampf schlossen sich außerdem die Katholiken an. Die Popularität des Aufstandes und die Hilfsbereitschaft, besonders in den slawischen Ländern, waren enorm. Auch der alte italienische Nationalheld, Garibaldi, sammelte für die christlichen Rebellen.

In Deutschland und Österreich betrachtete man die Sache freilich ganz anders. Die Wiener Presse, der Polizei stets besonders verbunden, ähnelte zwischen 1876 und 1878 durch ihre Verleumdungen der serbischen *Raja* den Hofjournalen des Sultans. Der deutsche Kanzler Bismarck empfahl seinerseits in den Balkan-Dingen »gänzliche Abstraktion von gefühlsmäßigen Regungen«. Die Frage, »ob wir über die orientalischen Wirren mit England, mehr noch mit Österreich, am meisten aber mit Rußland in dauernde Verstimmung geraten«, schien ihm »für Deutschlands Zukunft unendlich viel wichtiger als alle Verhältnisse der Türken zu ihren Untertanen und zu den europäischen Mächten«. Er mokierte sich über »das bißchen Hercegovina«, hielt es für unbedeutend, »ob Bosniaken und Hercegoviner ein wenig besser oder schlechter regiert werden«, und diese feindselige Neutralität verwandelte sich bald darauf in offene Feindschaft, als Bismarcks junger Kaiser, Wilhelm II., als Freund der 300 Millionen Mohammedaner auftrat – ein bis heute immer wieder durchschlagender Trend der deutschen Politik.

Die deutsche Linke, zumal die Sozialdemokratie, leistete Bismarck und dem Kaiser Schrittmacherdienste. Von ihrem Haß auf den Zarismus geblendet, sah sie im Balkanproblem nichts anderes als eine Verschleierung des moskowitischen Machthungers. Für Wilhelm Liebknecht war die Unzufriedenheit der türkischen Christen »zu neunundneunzig Hundertsteln eine russische Lüge und das übrige Hundertstel zu neunundneunzig Hundertsteln russisches Fabrikat«. Die »freiheitdürstenden Südslawen« hielt er für eine Art Potemkinscher Dörfer.

Die Empörung in Bosnien-Herzegowina geriet in den Sog der Weltpolitik, als Rußland, nachdem es sich der Neutralität Englands und Österreich-Ungarns versichert hatte, am 24. April 1877 die Türkei mit Krieg überzog. Auf Rußlands Seite trat auch Rumänien, das dem Verbündeten seine Straßen und Eisenbahnen zur Verfügung stellte. Die Entscheidung fiel im Winter 1877/78, als die russischen Truppen das verschneite Balkangebirge überschritten, am 20. Januar Adrianopel nahmen und dann vor Konstantinopel erschienen. Weil seine Armee praktisch vernichtet war, bat der Sultan um Beendigung der Feindseligkeiten. Und da die britische Flotte drohend ins Marmara-Meer fuhr, stimmten die Russen zu.

Der russisch-türkische Friedensvertrag wurde am 3. März 1878 in San Stefano (*Yešilköy*) nahe Konstantinopel geschlossen. Sein wichtigster Punkt war die Schaffung eines Großbulgarien als autonomes Fürstentum. Neben dem heutigen Bulgarien sollte es Westthrakien und, mit Ausnahme Salonikis, das ganze geschichtliche Mazedonien umfassen sowie zwei rein serbische Bezirke – die von Pirot und Vranje –, weshalb Serbien, Rußlands Bundesgenosse, sich heftig widersetzte. Für Bosnien-Herzegowina waren eine christliche Autonomie und das Protektorat Rußlands und Österreich-Ungarns vorgesehen. Diese Lösung aber hätte die Vormachtstellung Rußlands auf dem Balkan gesichert und – mit Großbulgarien als russischer Barriere – der Habsburger Monarchie den Weg zum Ägäischen Meer abgeschnitten. Deswegen protestierten auch die Großmächte England und Österreich-Ungarn, und der Sieger mußte den Vertrag von San Stefano einer internationalen Revision unterziehen. Man einigte sich auf Berlin als Konferenzort, wodurch Bismarck zum Schiedsrichter wurde.

Die Russen blickten dem Berliner Friedenskongreß, der vom 13. Juni bis zum 13. Juli 1878 tagte, voller Optimismus entgegen. Bismarck, Preußen und Deutschland hielten sie für große Freunde. Denn nicht nur hatte Rußland, durch wohlwollende Neutralität, Bismarck kürzlich den Raub Schleswig-Holsteins und Elsaß-Lothringens ermöglicht. In Rußland herrschte zudem eine fast völlig germanisierte Dynastie, und die Deutschen, von den Zaren ständig in ihr Land gelockt, nahmen dort in Heer und Diplomatie hohe Positionen ein. Deutschland war Rußlands Brücke zum Westen.

Doch auf dem Kongreß, der unter dem Vorsitz des »ehrlichen Maklers« Bismarck stattfand, kehrte dieser den vertrauensvollen Russen den Rücken und stellte sich auf den Standpunkt Großbritanniens und der Donaumonarchie. Damit das Phantom »Großbulgarien« verschwinde, reduzierte man dieses Land auf seine engsten ethnischen Grenzen, ja, man teilte es auf in ein Fürstentum Nordbulgarien, das unter türkischer Oberhoheit stehen sollte, und in Südbulgarien, »Ostrumelien« genannt, eine türkische Provinz. Serbien und Montenegro wurden mit beachtlichen Gebietserweiterungen honoriert und als unabhängige Staaten anerkannt. Ihr

Hauptwunsch, eine gemeinsame Grenze und die Vereinigung Bosniens mit Serbien und der Herzegowina mit Montenegro, blieb indes unerfüllt. Der große Gewinner war Österreich-Ungarn. Es konnte Bosnien-Herzegowina und den Sandschak Novi Pazar auf unbestimmte Zeit besetzen. Sein Okkupationsterrain keilte sich zwischen beide Serbenstaaten und erreichte die Kosovogrenze, so daß ihm der Weg nach Saloniki offenstand.

Der große Verlierer, Rußland, der den Krieg mit der Türkei gewonnen, den Frieden in Deutschland aber verloren hatte, begann seitdem, von der Vernichtung der Habsburger Monarchie zu träumen. Das ging freilich nicht ohne Krieg mit Deutschland. Schon im Oktober 1879 schloß Bismarck mit Österreich-Ungarn den sogenannten Zweibund, eine geheime Allianz für beiderseitigen militärischen Beistand im Fall eines russischen Angriffs auf eine der vertragschließenden Parteien. Durch die persönliche Freundschaft von Zar Alexander II. und Wilhelm I. wurde immerhin nach außen der Anschein eines Paktes gewahrt. Weiterhin trafen sich die Kaiser (1879), und einmal brachte Alexander sogar einen Toast »auf seinen besten Freund Wilhelm« aus (März 1880).

Der Tod des Zaren, den die Revolutionäre 1881 ermordeten, zerriß jedoch auch diese privaten Verbindungen. Sein Nachfolger, der reaktionäre Alexander III., war indes in Mittelasien beschäftigt und ernannte – trotz seiner Germanophobie – einen friedfertigen Außenminister, Giers. Zudem wurde der 1873 unterzeichnete Dreikaiserbund 1881 und 1884 erneuert. Hierbei und noch einmal 1885 trafen sich die Imperatoren Mittel- und Osteuropas.

In der politischen Wirklichkeit trennten sie jedoch immer tiefere Gräben. So trat dem Zweibund 1882 Italien bei, wodurch er zum Dreibund wurde, überdies mit einer antifranzösischen Spitze.

An einen rein defensiven und folglich friedfertigen Charakter des Dreibundes wollte man in Rußland und Frankreich nicht glauben. Bismarck suchte wenigstens mit Rußland einen Ausgleich, und als der Dreikaiserbund 1887 nicht fortgesetzt wurde, schloß er noch im selben Jahr mit dem Zarenreich seinen Rückversicherungsvertrag. Dieser aber wurde von dem neuen Reichskanzler Caprivi im Juni 1890 durch Nichterneuerung gelöst.

Parallel damit lief die Annäherung der früheren Erzfeinde, der französischen Freimaurerrepublik und einer slawisch-byzantinischen Theokratie; eines der paradoxesten Bündnisse der Weltgeschichte entstand. Sein Endergebnis 1917/18 freilich war das Verschwinden der vier Kaiserreiche und das Entstehen einer völlig neuen historischen Konstellation.

Eine Entente zwischen Rußland und Frankreich hatten die Franzosen (Napoleon, Richelieu, Polignac) vor 1830 zwar wiederholt erwogen, jedoch nie realisiert, da die russische Polen-Politik in der französischen Öffentlichkeit große Entrüstung hervorrief. Jetzt freilich galt es, einen Bündnispartner gegen Deutschland zu gewinnen, und die öffentliche Meinung ließ die allzu »humanitären« Rücksichten fallen.

Die Annäherung, in Rußland gut aufgenommen, wurde im September 1879 deutlich, als in der französischen Zeitung *Le Soleil* ein Interview mit dem russischen Kanzler Fürst Gortschakow erschien, später auch durch die Erklärungen des Ministerpräsidenten Gambetta sowie die Reden des russischen Generals Skobelew (1882). Nach dem bulgarischen Aufstand in Ostrumelien 1885, der die Großmächte in der »Orientalischen Frage« wieder zur Parteinahme zwang, war das französisch-russische Bündnis perfekt.

Nach dem Putsch vom September 1885 in Philippopel verkündete Fürst Alexander von Battenberg am 18. September 1885 die Vereinigung beider Bulgarien. Da dies den Berliner Friedensvertrag verletzte, verurteilten alle Botschafter der Großmächte in Konstantinopel »die Revolution«. Österreich-Ungarn unterstützte jedoch am Ende die Bulgaren mit Bismarcks Billigung. Nach einem Staatsstreich und Gegenstaatsstreich 1886 stabilisierte sich die Macht der proösterreichischen Partei, die einen deutschen katholischen Prinzen – Ferdinand von Sachsen-Coburg – zum Fürsten erhob und die prorussische Partei blutig verfolgte; selbst der orthodoxe Metropolit bekam eine Gefängnisstrafe. So sah sich Rußland aus einem slawisch-orthodoxen Land, das es befreit und zur Staatlichkeit erhoben hatte, von den Habsburgern verdrängt.

Schon 1887 diskutierten die russische und französische Öffentlichkeit über die Allianz und einen gemeinsamen Krieg gegen Deutschland. Bald darauf wurde diese Möglichkeit durch die Regierungen bestätigt. Ein französisches Schiffsgeschwader, ins Baltische Meer geschickt, erwartete in Kronstadt ein festlicher Empfang. Der Zar hörte stehend die »Marseillaise« an, die »Sansculotten«-Hymne also, und versicherte dem Präsidenten der französischen Republik im Juli 1891 telegraphisch die »tiefen Sympathien, die Frankreich und Rußland vereinigen«. Diese Sympathien fanden auch wirtschaftlichen Ausdruck in einem russischen Darlehen, in Frankreich eröffnet und von den dortigen Unterzeichnern gedeckt. Ein Notenwechsel zwischen beiden Staaten vom 21. und 27. August 1891 vereinbarte beiderseitige Konsultationen in allen Fragen, die den allgemeinen Frieden gefährdeten, insbesondere dann, wenn einer der Parteien ein Krieg drohe. Am 17. August 1892 schloß man auf Vorschlag Frankreichs die Militärkonvention, die auch für die Dauer des Dreibunds in Geltung bleiben sollte. Doch trotz aller anfänglichen Geheimhaltung ahnte die Welt das Entstehen einer russisch-französischen Entente, vor allem seit dem Besuch des neuen Zaren Nikolaus II. im Oktober 1896 in Paris.

Großbritannien war zunächst dem Dreibund geneigt. Beunruhigt aber durch deutsche Kriegsvorbereitungen, namentlich zur See, und durch den deutschen Anspruch auf eine neue Weltverteilung, schlug es sich jetzt zu Rußland und Frankreich. Mit Paris regelte es am 8. April 1904 durch die »Entente cordiale« alle Kolonialfragen, die früher beide Länder getrennt hatten. Hierbei unterzeichnete man ebenfalls ein Geheimabkommen, das die beiderseitigen Interessensphären in Nordafrika bestimmte. Eine ähnliche Vereinbarung trafen Briten und Russen am 31. August 1907 bezüglich ihrer Interessensphären in Persien, Afghanistan und Tibet. Somit war die Basis für die militärische Zusammenarbeit Englands mit Frankreich und Rußland gegen den Dreibund gelegt.

Angesichts des nahenden Krieges wollten Rußland und Frankreich die Donaumonarchie auch innerlich schwächen; die Russen unterwanderten sie mit dem Panslawismus, die Franzosen mit der Freimaurerei. Durch letzteren Einfluß wurde der Panslawismus bei den Slawen Österreich-Ungarns revolutionär – wobei die Revolution natürlich nicht die reaktionären Slawophilen, sondern die russischen Sozialisten und Anarchisten propagierten. Als reife Leute, nach der Oktoberrevolution, wurden die jungen Slawophilen normalerweise Kommunisten, und in diesem Kampf sollten die Serben, als die von Österreich-Ungarn am stärksten Benachteiligten, eine große Rolle spielen.

Im besetzten Bosnien-Herzegowina war es das Hauptziel der Habsburger Regierung, mit den frustrierten Moslems eine katholisch-mohammedanische Koalition gegen die Serben zu bilden. Als wichtigste Maßnahmen wurden eine Agrarrevolution verhindert und der osmanische Feudalismus aufrechterhalten. Die *Begs* und *Agas* blieben Eigentümer des Bodens und dadurch weiterhin die Oberschicht, die Christen ihre Fronarbeiter. Zwar konnten diese nun durch Bodenkauf freie Landbesitzer, sogar *Spahis* werden, was aber mehr eine Ausnahme als die Regel war. Erst das Königtum Jugoslawien machte diesem Feudalismus ein Ende.

In den okkupierten Provinzen war das Beamtentum katholisch. Eine Unzahl derer, die nur einen »Koffer« besaßen, deshalb *koferaši* genannt, überschwemmte das Land, um dort baldigst reich zu werden. Die Doppelmonarchie baute Straßen, Schmalspurbahnen und Bordelle; in letzteren saugte man den islamischen Kriegern das Gold auf »zärtliche Weise« aus.

Die orthodoxen Serben freilich lebten in mancher Hinsicht schlechter als zur Türkenzeit.

Der gemeinsame österreich-ungarische Finanzminister, somit auch der Verwalter Bosnien-Herzegowinas, war zwischen 1882 und 1903 der Magyare Benjámin Kállay. Er suchte die Idee der katholischen Kirche, die Provinzbevölkerung sei eine bosnische »Nation« (»Bosniaken«), die eine »bosnische« Sprache spreche, durchzusetzen. Ergo schikanierte man serbische Schulen, schloß sie, verdrängte die kyrillische Schrift und griff sogar in die Autonomie der orthodoxen Kirche ein. Gleichzeitig stieg, nach dem Zeugnis eines Freimaurers, die Zahl der katholischen Klöster von drei in der Türken-Ära auf 98! Es herrschte ein Polizeiregiment. Es gab keine Meinungsfreiheit; die Kontakte mit Serbien und Montenegro wurden streng überwacht und begrenzt. In Sarajevo war ein Drittel der Bevölkerung mit der inneren Spionage befaßt.

Bereits im Dezember 1881 begann ein bewaffneter Aufruhr der Herzegowiner und Serben aus der Boka Kotorska, der bis Ende April nächsten Jahres dauerte. Der orthodoxe Metropolit Sava Kosanović mußte 1885 zurücktreten; er hatte sich zu energisch für seinen bedrohten Glauben verwandt. Unter den Serben entstand eine Protestbewegung. Am 5. November 1896 überreichten die Vertreter ihrer vierzehn Gemeinden der Hofkanzlei eine Denkschrift; sie betraf die behördlichen Verletzungen ihrer Kirchenautonomie, die doch sogar die Türken respektiert hatten. Nun lösten die Machthaber die Gemeinden auf und führten die kommissarische Verwaltung ein. Den Serben, damals die Mehrheit der

Provinzbevölkerung[1], blieb nur noch der Zorn, der sich namentlich vor dem Ersten Weltkrieg in der revolutionären Jugendorganisation »Mlada Bosna« (Jungbosnien) verdichtete.

Die Revolution in Bulgarien hatte natürlich eine starke unmittelbare Wirkung auch auf Serbien. Sein Fürst (seit 1882 König) Milan Obrenović, ein psychisch labiler Autokrat, band sein Regime eng an Österreich-Ungarn. Mit ihm schloß er schon während des Berliner Kongresses 1878 eine wirtschaftliche Konvention und im Juni 1881 ein Geheimabkommen, worin er sich verpflichtete, den Interessen der Donaumonarchie in Bosnien-Herzegowina nicht zuwider zu handeln und ohne Zustimmung Wiens keine Abmachungen mit anderen Staaten zu treffen. Im Volk, das den Verlust Bosniens als eine Nationaltragödie empfand, galt das als Verrat: Nach dem Berliner Kongreß begann man Österreich-Ungarn wegen Bosnien zutiefst zu hassen.

Mitte Oktober 1883 brach in Ostserbien ein Aufstand gegen den König aus, geführt von der populistischen prorussischen Radikalen Partei, der aber durch das reguläre Heer im Blut erstickt wurde. Als es zwei Jahre später zur bulgarischen Vereinigung kam, verlangte Milan für Serbien territoriale Konzessionen und schickte, von Österreich-Ungarn ermutigt, seine Truppen über die bulgarische Grenze. Der Konflikt war in der serbischen Öffentlichkeit unpopulär. Jahrhundertelang hatten die Serben nur Befreiungskriege gegen den Islam geführt, jetzt trieb man sie in einen Angriffskrieg wider ein nahes, unschuldiges Volk. Besonders die russophilen Radikalen, die einen Balkanbund anstrebten, sabotierten den »Brudermordkrieg«. Milan, der keinen Widerstand erwartete, dachte sich den Feldzug eigentlich als ein Paradestück und sah sich schon in Sofia Friedensbedingungen diktieren. Als sich die Bulgaren jedoch zu wehren begannen, geriet er in panische Angst und pfiff zum Rückzug.

Diese Tragikomödie währte nur zwei Wochen – vom 14. bis zum 28. November 1885 – und endete mit der Wiederherstellung des Vorkriegszustandes, indem die Bulgaren Südserbien und die Serben Nordbulgarien räumten. Dennoch hatte der Zwischenfall schwerwiegende Folgen: Zwischen Serben und Bulgaren entstand eine tiefe Kluft des Mißtrauens und der Feindseligkeit, wobei zumal Mazedonien die Rolle des Zankapfels spielte. Andererseits verschwand der österreichische Einfluß in Serbien. Der erniedrigte Milan dankte 1889 ab, nachdem er noch im Jahr zuvor eine ganz liberale Verfassung ausgearbeitet und die Regierung der Radikalen Partei übergeben hatte.

NIKOLA PAŠIĆ, DER SCHÖPFER DES JUGOSLAWISCHEN STAATES

Die radikale Ära war zugleich die Ära des charismatischen Führers dieser Partei, des Nikola Pašić (1845–1926).

Pašić war der Mann, der Jugoslawien schuf. Ohne seinen fanatischen Glauben und dämonischen Willen hätte dieses Staatsgebilde nicht entstehen können. Als absoluter Chef der Radikalen Volkspartei (*Narodna radikalna stranka*) – einer Partei, die im serbischen Parlament ständig eine überwiegende Mehrheit entweder allein oder mit anderen Radikalen besaß und deshalb den politischen Willen der Serben klar repräsentierte – widmete er sich gänzlich der Außenpolitik, also der Verwirklichung der jugoslawischen Idee. Innenpolitik und Staatsfinanzen überließ er vorbehaltlos seinen Vizepräsidenten.

Im kroatischen Schrifttum wird Pašić oft als »Großserbe«, seine Politik als »großserbisch« bezeichnet. Zum Unglück Serbiens aber war Pašić vor allem Großjugoslawe. Er glaubte unerschütterlich, daß Serben und Kroaten eine Nation seien und deshalb auch in einem Staat leben sollten. In seinen Briefen sprach er von Serben und Kroaten als den »Serbokroaten«[2].

Sein Verhalten im Ersten Weltkrieg beweist, daß er ein Südslawien, kein Großserbien anstrebte. Lehnte er doch die Alliiertenangebote in großserbischer Richtung stets bedingungslos ab – auch den Londoner Vertrag, den Großbritannien, Frankreich, Italien und Rußland am 26. April 1915 geschlossen hatten und dessen Artikel 5 ganz Süd- und Mitteldalmatien, samt den Häfen Split, Dubrovnik usw., Serbien und Montenegro zusprach. Diese Haltung, die natürlich die Alliierten zutiefst irritierte, kommentiert der serbische Gelehrte Prof. Dr. Lazo Kostić: »Ein so generöses und zugleich so verrücktes Beispiel kennt die Geschichte nicht. Serbien verzichtet zum Nutzen seiner größten Feinde, der Kroaten, auf den Vorteil, der ihm nur einmal in der Geschichte zuteil werden kann.«[3]

Generös-verrückt war aber weniger Serbien als Pašić. Er finanzierte serbische Freimaurer, damit sie ihre westlichen Brüder für die jugoslawische Idee erwärmten. Während des Ersten Weltkriegs verhandelte er in einem »Jugoslawischen Ausschuß« (*Jugoslovenski odbor*) mit einer Gruppe kroatischer und slowenischer Freimaurer über die Gründung Jugoslawiens. Dabei fragte Pašić, der durch seine unbestrittene Autorität und ein meisterhaft verwobenes Netz der Korruption alle in der Hand hielt, weder das serbische Volk noch die serbische Regierung. Wie eine Anekdote klingt ein Vorkommnis in einer serbischen Kabinettssitzung zu Anfang des Krieges 1914, in der Pašić seine Minister über die Staatsgrenzen nach einem Sieg belehrte. Als er die Linie Klagenfurt – Marburg – Szegedin erwähnte, rannten die Minister zur Landkarte, da sie nicht wußten, wo Klagenfurt lag. Danach scherzte Finanzminister Paču: »Und was ist mit Graz, Nikola? Willst du Graz den Deutschen überlassen?«

Für die Schaffung Jugoslawiens wußte Pašić auch den jungen serbischen Regenten Alexander Karadjordjević (1888–1934) zu gewinnen, der den Unterschied zwischen Großserbien und Jugoslawien zunächst nicht begreifen konnte und nur an die Erweiterung seines Staates dachte. Doch war auch die Führung der in Kroatien lebenden Serben für Jugoslawien, die – durch ihre wirtschaftlichen Interessen an Zagreb gebunden – ganz Kroatien im neuen Staat sehen wollte. Sie paktierte mit dem proungarischen Teil des Kroatentums und bildete mit ihm eine kroatisch-serbische Koalition, welche die Gleichberechtigung von Kroaten und Serben in Kroatien anstrebte, eine Idee, die Tito während des Zweiten Weltkriegs aufgriff. Dieser Koalition kommt immerhin zugute, daß die Welle des Massenterrors, die sich im Ersten Weltkrieg gegen die Serben erhob, nicht über die bosnisch-kroatische Grenze schwappte.

Pašić hatte zuerst Technik in Zürich studiert. Doch obwohl er ein guter Student war, wurde er nicht Ingenieur, sondern Politiker. Er verband sich mit russischen Studenten eines Bakunin-Kreises, las namentlich Proudhon und Lassalle und wurde selbst Sozialanarchist. Als er zum ersten Mal im serbischen Parlament sprach, am 11. Dezember 1878, informierte die Gesandtschaft Österreich-Ungarns in Belgrad ihr Außenministerium, daß Pašić »ein bekannter Kommunard« sei.

In Zürich kontaktierte Pašić auch mit der zaristischen Geheimpolizei, die in der russischen Emigration stets stark vertreten war. Nun gab er seine extremen Ideen preis und wurde gänzlich zum Panslawisten und Mann Rußlands. Er galt in Serbien als Sprachrohr der Petersburger Regierung, blieb im Herzen aber wohl Revolutionär; sein fanatisches Ringen um Jugoslawien ist anders nicht zu erklären. Und Jugoslawien ist auch eine revolutionäre Utopie, im Wesen cum grano salis nicht sehr verschieden von Lenins bolschewistischer Weltrepublik.

Serbien geriet indes nach dem Maiumsturz 1903 und der Ermordung König Alexanders Obrenović V. völlig in den Sog der Entente. Alexander, das einzige Kind Milans, war wetterwendisch und tyrannisch gewesen wie sein Vater, er hatte ebenso die Parteien mißachtet, ja, eine schon bejahrte Hofnutte, Draga Mašin, geheiratet. Weil sie kinderlos blieb, wollte er ihren Bruder zum Thronfolger machen. Das Heer tolerierte Alexander aus Respekt vor seinem Vater, dem Ex-König. Als dieser aber am 10. Februar 1901 in Wien starb, entstand eine Offiziersverschwörung, die das Attentat beging, bei dem König und Königin, deren Brüder und noch einige königsnahe Personen ums Leben kamen.

Der neugewählte Herrscher – Peter I. Karadjordjević –, ein schon alter Enkel Kara-Georgs, war hundertprozentig ein Mann Frankreichs. Als französischer Offizier hatte er im deutsch-französischen Krieg 1870/71 sowie in der Fremdenlegion gekämpft und als Auszeichnung die *Légion d'honneur* erhalten. Er war zugleich Freimaurer, und unter seiner Herrschaft etablierte sich das liberale System, politisierte sich jedoch auch die serbische Freimaurerei völlig, besonders als einige Offiziere, die im Maiumsturz 1903 führend agierten, der Loge beitraten. Der König mußte ja die Verschwörer von 1903, die ihn auf den Thron gebracht hatten, als politische Macht, als eine Art Schattenregierung anerkennen. Daraus freilich folgte, daß die verselbständigte, zu Verschwörungen und Putschen, also zu verfassungswidrigen Akten geneigte Soldateska eine verhängnisvolle Rolle in der serbischen Politik spielte, besonders 1914 und 1941.

Serbiens Umorientierung gegen Habsburg aber stärkte dessen Willen, mit den Serben aufzuräumen. Dafür war auch die kroatische klerikale Frank-Partei tätig. Schon vom 14. bis 16. Oktober 1895, als die Serben beim Besuch Kaiser Franz Josefs I. in Zagreb ihre dortige Kirche und das Pfarrhaus mit ihren Flaggen schmückten, kam es zu serbenfeindlichen Tumulten durch Studenten, Schüler, katholische Geistliche. Sie beleidigten orthodoxe Priester, zerschlugen Fenster der Kirche, des Pfarrhauses und beschmierten die Wände mit Galgensymbolen. Ein Augenzeuge, Dr. Jovan Paću, ein bekannter serbischer Komponist, schrieb am 18. Oktober 1895: »Die wilden Angriffe auf die serbische Flagge und die serbische Kirche durch die Kroaten dauerten sozusagen zwei volle Tage. Sie griffen unseren Klerus, der von allen Seiten kam, öffentlich an, indem sie ihn walachische Schweine schimpften. Das sah aus, als sähe man das zügellose Vieh ...«[4]. Der eigentliche Aufputscher war seinerzeit der Jurastudent Stjepan Radić, das nachmalige politische Haupt der Kroaten[5].

Ähnliche antiserbische Ausfälle der kroatischen Nationalisten gab es später ständig, und die Zagreber Pogrome vom 1., 2. und 3. September 1902, provoziert durch einen antikroatischen Artikel im serbischen Blatt *Srbobran*, stellten gleichsam ein Crescendo dar. Damals, wie ein kroatischer Zeitgenosse[6] sagt, »hatte ein Haufen der finstersten ... Elemente, geführt von Hetzern der Frank-Partei und in gewissem Maß von den Behörden geschützt, drei Tage lang serbische Läden, Wohnungen und Institutionen in Zagreb demoliert.« Etwa hundert Personen wurden verletzt, darunter etliche schwer.

Der schon erwähnte Dr. J. Paću notierte: »Heute ist der vierte Tag, seit in Zagreb Standrecht herrscht. Seit 1848 gab es kein Standrecht in Zagreb, aber es gab auch keine Barbarei gegen die Serben, keine Verwüstungen wie in den vorausgegangenen vier Tagen und Nächten. Denn Tag und Nacht drängte ununterbrochen das zügellose Gesindel heran, brach mit Beilen und Eisenstangen in serbische Läden ein, vernichtete und plünderte die Waren ... griff neben den serbischen Häusern auch serbische Institutionen an, die Serbische Bank, die Serbische Druckerei usf. ... Ich glaube fest, hätte das Heer nicht am Mittwoch nachmittag das Standrecht verhängt, so wäre es zum Ausmorden der Serben ohne Standesunterschied gekommen ... Diese Empörung galt nicht einzelnen Personen oder Institutionen, sondern allen Serben, den Großgespan nicht ausgenommen, weil er Serbe ist ...«

Das Septemberwüten der Kroaten nannte sogar der Großkroate Radić vor Gericht eine »Schweinearbeit«, wegen der sich die

Kroaten ein Jahrhundert lang vor der Welt schämen würden[7]. Aber Radić selbst schämte sich nicht lange, noch weniger sein Volk – und die Welt hat ein kurzes Gedächtnis.

AN DER SCHWELLE DES ERSTEN WELTKRIEGS

Nach dem Maiumsturz 1903 begann Österreich-Ungarn auch direkt gegen die Serben vorzugehen.

Nachdem am 22. Juni 1905 die serbisch-bulgarische Zollunion entstanden war, forderte die Donaumonarchie Ende des Jahres ultimativ, die Zollunion rückgängig zu machen. Außerdem verlangte sie von Serbien, daß es Kanonen von den Skoda-Werken in Pilsen ankaufen solle. Da Serbien dem die Stirn bot, schloß Österreich-Ungarn die gemeinsamen Grenzen und eröffnete den Zollkrieg. Dies schien ein tödlicher Schlag für die Wirtschaft des kleinen Königreichs zu sein, denn neun Zehntel seiner Ausfuhr hatte 1905 die Großmonarchie aufgenommen. Jedoch stellte Serbien, besonders von Finanzminister Lazar Paću gut beraten, binnen kurzem den gesamten Agarexport um. Durch Verträge erschloß es in Italien, Frankreich, England, Belgien und der Schweiz neue Märkte, durch Tarifabkommen mit der Orientbahn und Vereinbarungen mit Dampferlinien eine bei Saloniki ins Meer mündende neue Straße.

Der gewaltsame Ruck, mit dem das zurückgestoßene Serbien seine Volkswirtschaft vom Habsburgerreich abkehrte, nützte auch dem Verkehrsnetz. Die Schienenlänge der neuerdings beliebten Schmalspurbahnen wuchs von 21 Kilometer (1903) auf 442 Kilometer (1912). Blieben im Jahr der Thronrevolution im Haushalt noch 11,5 Millionen Dinar ungedeckt, so begann bereits 1904 die Zeit der Überschüsse mit einem Plus von 6,5 Millionen Dinar. Serbien ging somit aus dem Zollkrieg als absoluter Sieger hervor, was freilich die Doppelmonarchie zu noch schärferen Maßregeln trieb.

Alarmiert durch die jungtürkische* Revolution, die am 3. Juli

---

* Die jungtürkische Partei, eine Reformpartei westlicher Ausrichtung, wurde 1876 gegründet und gehörte 1908–1918 unter Enver Pascha zur Führung des Osmanischen Reiches; durch Atatürk wurde sie bald darauf verboten.

1908 ausbrach, und durch die Möglichkeit eines Arrangements zwischen Türken und Serben wegen Bosnien-Herzegowina, schritt Österreich-Ungarn zur Annexion der Provinzen. Man hatte dies seit geraumer Zeit erwogen, obwohl ja auch dieser Schritt den Berliner Frieden verletzte.

Als Franz Josef am 5. Oktober 1908 die Annexion befahl, gingen die Protestwellen in Serbien hoch. Im Parlament wie auf der Straße verlangte man eine aktive Politik. Schon am 10. Oktober 1908 konstituierte sich in Belgrad die patriotische Organisation »Volksschutz« *(Narodna odbrana)*, deren Aufgaben die Stärkung des Nationalbewußtseins, Einschreibung der Freiwilligen und Organisation der Freiwilligenverbände waren. Eine Regierung der Konzentration, die alle Parteien einbezog, kam am 11. Februar 1909 zustande. Montenegro schloß sich, bereit zu allem, Serbien an.

Als Antwort darauf aber verwandelte sich ein großer Teil der Wiener und Budapester Zeitungen in eine Lügenkloake, täglich wurden neue Verleumdungen in die Welt posaunt, die Serben als verkommene Bande von Hammeldieben, als Raub- und Mordgesindel beschimpft. Es klang wie die Ouvertüre zu einem Krieg, und der kriegslüsterne Wiener Außenminister Baron Ährenthal redete auch bereits von der Möglichkeit, das »serbische revolutionäre Nest« auszuheben. Zwar lehnte er als Kriegsziel die Eingliederung Serbiens wegen innerer Schwierigkeiten ab, hoffte indes, durch Besetzung Belgrads, das eine Kriegsentschädigung zahlen sollte, das Land »möglichst lange unter österreichischem Druck halten« zu können. Der Weltkrieg stand beinahe bevor. Doch das Zarenreich, das an den Folgen der Revolution und seiner Niederlage gegen Japan litt, fühlte sich zum Konflikt mit Deutschland nicht in der Lage und erkannte am 23. März die Annexion an. Danach mußte Serbien ebenfalls einlenken.

Die Annexionskrise wurde von einer neuen Verfolgung der Serben in Kroatien-Slawonien begleitet, dem Agramer Hochverratsprozeß. Er sollte die Rechtfertigung für die Annexion liefern, artete aber in eine Justiztragikomödie aus, eine der erbärmlichsten der Welt, und bewies nur zu sehr, wie wenig Österreich-Ungarn ein Rechtsstaat war. Als Vollstrecker fungierten, ähnlich wie später im Zweiten Weltkrieg, das kroatische Gerichtswesen und die Frank-Partei. Der Prozeß selbst wirkt rückblickend wie das Bindeglied zwischen den katholischen Inquisitionsverfahren und den kommunistischen Schauprozessen, die nicht Taten, sondern Gedanken und Gefühle zum Gegenstand hatten.

Unter dem Verdacht, eine »großserbische Revolution« vorzubereiten, begann die Polizei in Kroatien-Slawonien Anfang August 1908 serbische Politiker zu verhaften, insgesamt 53 Personen, darunter auch proungarische Serben. Der Drahtzieher war nämlich *Banus* Paul Rauch, der Vertrauensmann der Wiener Regierung. Die Opfer kamen ohne Verhör, ohne Kenntnis der gegen sie erhobenen Vorwürfe in Untersuchungshaft, bis am 12. Januar 1909 die Anklageschrift erschien – ein Pamphlet, das, als Broschüre tausendfach verbreitet, die antiserbische Stimmung noch schüren sollte.

Die Verhafteten wurden beschuldigt, den serbischen Namen zu predigen, obwohl dies nicht gegen die Landesgesetze verstieß; die kyrillische Schrift zu fördern, die diese Gesetze ebenfalls erlaubten; die serbische Flagge zu tragen, was nicht verboten war. Und man bezichtigte sie der Sympathie mit den Serben außerhalb Österreich-Ungarns sowie mit allem, was serbische Kennzeichen zeigte. Das Beweismaterial waren etwa Teppiche und Gläser mit Motiven aus der serbischen Geschichte, die Zeugen zu 77 Prozent Angehörige der Frank-Partei. Der Staatsanwalt Accurti verlangte für alle Angeklagten den Tod durch den Galgen.

Der im März 1909 in Zagreb anlaufende Prozeß gegen die serbischen »Hochverräter« in Kroatien war die konsequente Fortsetzung solch juristischer Künste. Dem Angeschuldigten Dr. Djurić hielt ein Richter sogar vor, daß er aus Kroatenhaß keinen Schlips trage, da das Wort »Krawatte« von »Kroate« stamme. Die Anwälte wurden durch Wortentziehung oder Disziplinarstrafen achthundertfünfzigmal gehindert, die wichtigsten Fragen zu stellen, die Angeklagten jeden Augenblick wegen »Ungehörigkeit« in Einzelhaft oder Dunkelarrest gesteckt, die Zeugen der Verteidigung mit Drohungen und Verhaftungen wegen Meineids eingeschüchtert. Da der Präsident Tarabocchia, ein Standbild der Gerechtigkeit, betrunken in Kneipen umhertaumelnd geprahlt hatte, er werde den Kerlen schon einheizen, konnte es niemanden überraschen, daß man am 6. Oktober 1909 insgesamt hundertvierundachtzig Jahre Kerker verhängt und die Brüder Adam und Valerian Pribićević, die angeblichen Hauptrevolutionäre, zu je zwölf Jahren Zuchthaus verurteilt hat.

Der Hochverratsprozeß leistete der serbischen und proserbischen Propaganda freilich Schrittmacherdienste.

Zwei serbische Historiker, der Priester Radoslav Grujić aus Österreich-Ungarn und Ljubomir Kovacević aus Serbien, schleuderten, unabhängig voneinander, jeder gegen die Anklageschrift ein Buch, das deren pseudohistorische Argumentation widerlegte. Doch auch die westliche Öffentlichkeit entrüstete sich über die Zagreber Justizposse. Für die serbischen Opfer traten unter anderem ein der bekannte *Times*-Journalist und Historiker Henry Wickham Steed, der norwegische Dichter Björnstjerne Björnson, derdänische Literaturhistoriker Georg Brandes, der italienische Psychiater und Kriminologe Cesare Lombroso und der französische Dramatiker Jules Lemaître. Endlich mußte sogar der Pester Lloyd feststellen: »Wir haben die Affäre des großserbischen Hochverratsprozesses. Aus der Anklage, die lediglich Lappalien zusammentrug, folgt ganz klar, daß das Ganze bloß eingerichtet wurde, Baron Ährenthal einen Vorwand für die Annexion zu geben.« Also gab die Regierung klein bei. Die höhere Instanz hob im April 1910 den Zagreber Spruch auf, und im November schlug Franz Josef den ganzen Prozeß nieder. Der »Hauptstar« jedoch, Rechtsanwalt Hinko Hinković, der statt dessen die Wiederaufnahme und den wahren Freispruch für die Angeklagten verlangte, bekam dafür sechs Monate Haft.

Das größte Verdienst für die Serben in der Öffentlichkeit erwarb indes Thomas Garrigue Masaryk, der spätere Präsident der tschechoslowakischen Republik, die bedeutendste Gestalt des revolutionären Panslawismus überhaupt. In einer zweitägigen Rede, am 14. und 18. Mai 1909 entlarvte er vor dem Wiener Reichsrat die Regisseure und Ziele des Prozesses[8].

Auch in einer weiteren üblen Geschichte, der sogenannten Friedjung-Affäre, griff Masaryk entscheidend auf serbischer Seite ein.

Zur Förderung des Hochverratsprozesses veröffentlichte der jüdische Geschichtsprofessor Heinrich Friedjung ab 25. März 1909 in der *Neuen Freien Presse* eine Artikelserie, die auch die klerikale Reichspost propagierte. Darin bezichtigte Friedjung die kroatisch-serbische Koalition und insbesondere deren Führer Frano Supilo, für die Arbeit am Sturz der Habsburger Monarchie von der serbischen Regierung bezahlt worden zu sein. Jedoch wurde

Friedjung, zusammen mit dem Chefredakteur der *Reichspost*, Funder, von der Koalition in Wien wegen Verleumdung gerichtlich belangt. Und als im Prozeß wiederum Masaryk auftrat und bewies, daß die von Friedjung und Funder benutzten Dokumente Fälschungen aus der österreichisch-ungarischen Gesandtschaft in Belgrad waren, mußte Friedjung gestehen: Er hatte diese Schriftstücke von der Wiener Regierung bekommen – eine weitere Niederlage der Doppelmonarchie vor der europäischen Öffentlichkeit.

Als Prediger der jugoslawischen Einheit und der Zerschlagung Österreich-Ungarns durch die Slawenrevolution war Masaryk ein Apostel nicht nur der Serben, sondern vornehmlich auch jener jungen Kroaten, zumal aus Dalmatien und Bosnien-Herzegowina, die in Prag studierten. Sie wurden zu fanatischen Freimaurern und serbokroatischen Nationalisten. Zusammen mit jungen Serben füllten sie revolutionäre Klubs und bildeten terroristische Bruderschaften. Diese »Jungslawen« hatten mehrere Blätter, worin Artikel und Aufrufe in neomessianischem Geist erschienen. Bezeichnend dafür ist etwa das Manifest des kroatischen Mazzinisten* Vladimir Čerina in der ersten Nummer des Blattes *Val (Die Welle)* 1911: »Wir sind in ethnischer Hinsicht Nationalisten, aber keine Chauvinisten ... Unser Volksgedanke ist kroatoserbisch, unsere Nationalität serbisch-kroatisch. Unsere Weltanschaunung ist weder dogmatisch noch religiös. Sie ist auf wissenschaftlichen Prinzipien gegründet. Als Gruppe sind wir areligiös.« Ihr Ziel ist, nach Čerina, »die Volkseinheit der Kroaten und Serben sowie der radikale, wissenschaftlich begründete Antiklerikalismus«.

Die serbische und die kroatische Jugendbewegung vereinigten sich am 16. März 1913 im Keller des Spliter Hauses von Oskar Tartaglia, der zugleich Freimaurer und Mitglied der serbischen Organisation »Vereinigung oder Tod« war, die teilweise hinter dem Attentat auf den K.u.k.-Thronfolger Franz Ferdinand vom 28. Juni 1914 stand. Schon bei diesem Gründungstreffen plante man eine Volksrevolution bis zum Jahr 1917, in dem der österreichisch-ungarische Ausgleich ablief –, der Staatsvertrag zwischen den beiden Donaumonarchien. Ohne diese Auflehnung, deren Feuer

---

* Anhänger des italienischen Revolutionärs Giuseppe Mazzini (1805–1872), der ein mit dem Nationalitätenprinzip vereinbares Europa propagierte. Mit seinen Aufstandsversuchen erfolglos, hatten seine Ideen doch großen Einfluß.

noch die kommunistischen Partisanen der Jahre 1941–1945 wärmte, hätte Jugoslawien schwerlich entstehen können.

Die österreichisch-ungarische Annexion Bosnien-Herzegowinas – und damit letztlich der Weltkrieg – wurde auch von der römischen Kurie vorangetrieben. Kardinalstaatssekretär Merry del Val enthüllte die Gründe dafür, indem er offen gestand, in beiden Provinzen strebe die katholische Hierarchie »systematisch« eine Union der serbisch-orthodoxen Kirche mit der römischen an. Ergo billigte auch Papst Pius X. die Annexion. Und als der serbische Widerstand wuchs, kollaborierten Kurie und Kaiserhaus noch enger, deren Interessen weitgehend identisch waren. Hinzu kam, wie 1908 der Sektionschef im Wiener Ministerium des Äußeren, Kajetan Mérey von Kapos-Mére, darlegte: »Nichts eint bekanntlich mehr als gemeinsame Feinde.«

Der vom Vatikan sehr geschätzte Wiener Kardinal Nagel forderte seinerzeit geradezu »ein katholisches Slawenreich«. »Es geht«, schrieb er, »um die erste Gelegenheit, im Slawentum, der unstreitig aufsteigenden Rasse, zum erstenmal auf breiter Basis festen Fuß zu fassen.« Dementsprechend betrieben die klerikalen Medien noch unverschämtere Kriegshetze. Für *Österreichs katholisches Sonntagsblatt*, die in Massenauflagen erscheinende führende Kirchenzeitung der Monarchie, war im Hinblick auf den Balkan schon im Oktober 1912 »der lang erwartete europäische Krieg« (!) offensichtlich kaum aufzuschieben, »trotz aller Erklärungsfreudigkeit der Großmächte. All das Elend! Das Morden! Der wirtschaftliche Ruin! Aber muß es nicht heute oder morgen dahin kommen? Unter den Gefühlswerten (!) eines solchen Krieges bricht auch der moderne Liberalismus zusammen. Es schadete Europa nichts, wenn seine Verhältnisse einmal gründlich durchgerüttelt würden.«

Gerade der Vatikan wollte die Bestrafung Serbiens um jeden Preis – selbst den Weltbrand nicht ausgenommen. Das zeigt deutlich jenes berühmte Telegramm, das der bayerische Geschäftsträger beim Römischen Stuhl, von Ritter, am 26. Juli 1914 nach München sandte: »Baron Ritter an die bayerische Regierung. Der Papst billigt ein scharfes Vorgehen Österreichs gegen Serbien. Der Kardinalstaatssekretär hofft, daß dieses Mal Österreich standhalten wird. Er fragt sich, wann es denn sollte Krieg führen können, wenn es nicht einmal entschlossen wäre, mit den Waffen eine ausländische Bewegung zurückzuweisen, die die Ermordung des Erzherzogs herbeigeführt hat, und die in Rücksicht auf die gegenwärtige Lage Österreichs dessen Fortbestand gefährdet. In seinen Erklärungen enthüllt sich die Furcht der römischen Kurie vor dem Panslawismus. – gez. Ritter.«

Diesem flagranten Kriegstreiben lag die uralte scheinreligiöse Aggressivität der Romkirche zugrunde. So kommt der katholische Bischof Hudal nach Auswertung des Aktenmaterials der österreichischen Vatikanbotschaft zu dem Schluß: »In vatikanischen Kreisen wurde, wie die Botschaftsberichte zeigen, der Krieg gegen Serbien vom Religiösen als eine Abrechnung mit dem Schisma betrachtet ...«[9]

Dieser Vernichtungswille war indes keinesfalls durch das Verhalten der Serben gegen die Katholiken gerechtfertigt. Vielmehr wurden die letzteren in Serbien und Montenegro immer zuvorkommend behandelt, und das sogar während des Zweiten Weltkriegs, als die katholische Kirche in Kroatien und Bosnien-Herzegowina die Serben mit einem blutigen Kreuzzug überzog. Schon 1853 aber, als die Zahl der Katholiken im fast ausschließlich orthodoxen Serbien – nur in den Städten lebten einige Juden und Moslems – zunahm, hatte die Regierung gesetzlich alle Religionen anerkannt. Sie erlaubte unter Staatsaufsicht auch die Gründung von Kirchengemeinden, sobald diese sich selbst unterhalten konnten. So regelte sie die Gründung der römisch-katholischen Gemeinde in Belgrad, wobei es ihr »am Herzen« lag, den Menschen die Befriedigung ihrer religiösen Bedürfnisse »im Einklang mit dem Geist des Jahrhunderts und dem Fortschritt der Zeit zu sichern und zu erleichtern«.

Am 9. September 1853 legte sie per Gesetz die folgenden drei Punkte fest: »1. Nach den zu treffenden Sonderbestimmungen wird das Recht gewährleistet, sich frei zu allen anerkannten christlichen Glaubensrichtungen zu bekennen. 2. Die Anhänger der einzelnen Glaubensbekenntnisse können sich wegen der Gründung ihrer Kirchengemeinde an die Obrigkeit wenden, sobald sie eine genügende Mitgliedszahl erreichen, um selbst einen Priester und eine Kirche oder Kapelle unterhalten zu können. 3. Bei der Erteilung der Erlaubnis wird die Obrigkeit die Regeln zur Verwaltung der betreffenden Gemeinde vorschreiben.« Weil die Katholiken ihre Kirche nicht mit eigenen Mitteln bauen konnten, übernahm das die Regierung sogar selbst. Und da diese erste katholische Kirche nicht genutzt worden ist (!) – sie wurde von den Gläubigen nicht besucht, sie blieb leer –, gab die Regierung sie den Lutheranern und errichtete für die Katholiken eine neue.

Montenegro schloß mit dem Papststuhl schon am 18. August 1886 ein Konkordat; Serbien, nach dreizehnjährigen Verhandlungen, am 11. (24.) Juni 1914. Dazu der kroatische Gelehrte Viktor Novak: »So viel Großherzigkeit und Duldsamkeit wie in Serbien vor 1912 konnte man sonst im zivilisiertesten Land kaum finden«[10]. Doch in ihrem unersättlichen Drang nach Osten wollte die römische Kurie diese Tatsachen nicht sehen, sondern erfand ständig Gründe, um protestieren und immer neue Vorteile und Vorrechte kassieren zu können.

Wien und Rom suchten den Krieg gegen Slawen und Schismatiker, aber ihnen fehlte ein stichhaltiger Grund. Dann jedoch schien ihnen der Erste Balkankrieg den gesuchtenVorwand zu liefern.

Damals, von Oktober bis Anfang Dezember 1912, fegten Bulgarien, Griechenland, Serbien und Montenegro die Türkei fast völlig aus Europa. Die Serben erfüllten ihren Jahrhunderte alten Traum, die Befreiung Kosovos. Als sie die Adriaküste von Durazzo bis Alessio und San Juan di Medua in Nordalbanien besetzten, traf sie das österreichisch-ungarische Ultimatum. Die Doppelmonarchie wollte auf keinen Fall eine serbische Präsenz am Meer und verlangte den sofortigen Rückzug. Die bekannte Kriegspartei – Außenminister Berthold, der Nachfolger des kurz vorher verstorbenen Ährenthal, diesem an Aggressivität ebenbürtig, sowie Generalstabschef Conrad von Hötzendorf – war wieder zu einem großen Mordabenteuer entschlossen. Die Serben zogen sich immerhin zurück, und 1913 entstand ein albanischer Staat, den nicht nur sie als Bedrohung ihrer Sicherheit ansahen. Wurde doch, wie die *Österreichische Rundschau* später frohlockte, durch die Gründung Albaniens »ein starker Grundstein aus dem künstlichen Bau des Balkanbundes herausgezogen und damit sein Zusammenbruch herbeigeführt«.

Serbien aber, um den besten Preis für seine Opfer – den Zugang zur offenen See – betrogen, heischte in Nordmazedonien Entschädigung auf Kosten Bulgariens.Serbische Truppen hatten das Gebiet erobert, um eine gemeinsame Grenze mit Griechenland herzustellen. Nach einer serbisch-bulgarischen Geheimkonvention sollte nun Rußland den Streit beider Staaten schlichten. Doch das Habsburgerreich hetzte die Bulgaren offen zum Krieg, und diese überfielen plötzlich, ohne den Schiedsspruch abzuwarten, am 30. Juni 1913 Serben und Griechen. Die Angegriffenen hatten sich inzwischen allerdings vorbereitet. Sie hielten auch eine montenegrinische Division in Bereitschaft, und die Bulgaren, zum Rückzug gezwungen, wurden zusätzlich von Rumänen und Türken attackiert.

Die Doppelmonarchie, abermals drauf und dran, gegen die Serben militärisch zu intervenieren, wurde davon nur durch die deutsche Regierung abgehalten. So mußte das binnen weniger Wochen völlig besiegte Bulgarien um Waffenstillstand betteln und verlor mit dem Bukarester Friedensvertrag vom 10. August 1913, der diesen Zweiten Balkankrieg beendete, alle strittigen Gebiete. Indes erschien das geschlagene, verstümmelte und erbitterte Land jetzt erst recht als brauchbare Figur auf dem Wiener Schachbrett, und in der Tat versuchte Bulgarien im Oktober 1915 – und dann nochmals im April 1941 – auf die gleiche meuchlerische Weise eine Revanche herbeizuzwingen.

Den lang ersehnten Vorwand zum Krieg lieferte der Donaumonarchie und ihrer Schutzmacht, dem Deutschen Reich, endlich die revolutionäre Geheimorganisation der Serben »Vereinigung oder Tod«, in der Öffentlichkeit nach einem populären Kriminalroman gern »Die schwarze Hand« genannt. Ihr Gründer und Spiritus movens war ein junger Jurist, Guerillakämpfer und Freimaurer, Ljubomir Jovanović-Čupa (1877–1913), den man auch den »Mazzini Jungserbiens« hieß. Als Gehirn der Organisation aber fungierte ein wichtiger Mann des Königsmordes von 1903, der junge Oberst und Chef des serbischen Heeresgeheimdienstes, Dragutin Dimitrijević-Apis (1876–1917). Die Organisation wurde am 9. Mai 1911 in Belgrad gegründet. Der unmittelbare Gründungsanlaß war die serbische Annexionskrise 1908/09, insbesondere die hierdurch ausgelöste Unzufriedenheit im Kreis der Verschwörer von 1903, die König Alexander Obrenović V. gestürzt und ermordet hatten. Dort sowie in Kreisen der jungen, liberalen Städter wurde die Schuld an der Krise vor allem auf Pašić und die radikale Partei geschoben, deren lange Regierungszeit, Korruption, Hinterwäldlertum und Russophilie ihnen mißfielen.

Die Organisation »Vereinigung oder Tod« betrieb die Vernichtung Österreich-Ungarns und den Zusammenschluß aller Serben. Sie war jedoch nicht im echten Sinne großserbisch, sondern eher jugoslawisch, da sie – wie Pašić – auf dem Standpunkt stand, Serben und Kroaten seien eine Nation. Als serbische Länder bezeichnete ihre Satzung: Bosnien-Herzegowina, Montenegro, Altserbien, Mazedonien, Kroatien, Slawonien, die Wojwodina und das Küstenland (Primorje). Folglich zählten zu ihren Mitgliedern auch bedeutende Kroaten wie der Freimaurer Oskar Tartaglia, ebenso Moslems, unter denen Mustafa Golubić hervorragt, der spätere Oberst des Geheimdienstes der Roten Armee und mutmaßliche Organisator des Attentats auf Leo Trotzki im Jahr 1940.

Merkwürdig ist, daß die »Vereinigung oder Tod«, im Unterschied zu Pašić, nicht die Vereinigung der Serben mit den Slowenen erstrebte. Ihre Führer waren der Ansicht, daß die Slowenen in alten deutschen Ländern lebten, weshalb ihr Territorium unversehrt bleiben sollte. Sie bewunderten das Preußentum und meinten, die Serben müßten sich den preußisch-deutschen Militarismus, den Fleiß und das Pflichtgefühl der Preußen zum Vorbild nehmen. In den Großdeutschen sahen sie keine Feinde der Serben, sondern glaubten an die Möglichkeit eines Ausgleichs mit ihnen.

Die Organisation war streng geheim, aber sie wollte auch die breite Öffentlichkeit, namentlich die Jugend, für sich gewinnen und hatte deshalb eine Zeitung, die am 21. August 1911 erstmals erschien und den vielsagenden Titel *Piemont* trug. Er unterstrich, daß Serbien gegenüber dem Rest der Serben jene Rolle spielen solle, die Piemont im 19. Jahrhundert bei der Gründung des italienischen Nationalstaates gespielt hatte, suggerierte jedoch zugleich, daß die serbische revolutionäre Organsation der italienischen »Carbonaria« ähnlich sei und wie diese auch zu terroristischen Methoden greife. Gründer und Direktor der Zeitung war Jovanović-Čupa, der dann im Zweiten Balkankrieg an einer Verwundung starb.

Die Geheimaktivitäten der »Schwarzen Hand« entwickelten sich hauptsächlich über die patriotische Organisation »Volksschutz« *(Narodna odbrana)*, die sich 1909 formell als Kulturorganisation tarnen mußte, aber auch über junge jugoslawische Nationalisten in Bosnien-Herzegowina. Der charismatische Anreger der jungbosnischen Bewegung, Vladimir Gaćinović (1890–1917) – der besonders Gavrilo Princip (1894–1918), den Attentäter, der Franz Ferdinand ermordete, zutiefst faszinierte –, war auch Mitglied der

»Vereinigung oder Tod«. Gaćinović stand den radikalen russischen Revolutionären nahe. In Lausanne machte er unter anderem Bekanntschaft mit dem russisch-jüdischen Weltrevolutionär Leo Trotzki, dem er schrieb: »Wir kennen die Geschichte eurer Ideen und lieben sie, in vielem wiederholen wir sie für uns. Tschernischewski, Herzen, Lawrow und Bakunin zählen wir zu unseren nächsten Lehrern.«[11] Von solchen Gedankengängen inspiriert, verwandelten sich die literarischen Leseklubs der serbischen und jugoslawischen nationalistischen Vereine an den Gymnasien von Sarajewo, Mostar, Banja Luka, Tuzla und Trebinje in politische Geheimgesellschaften fanatischer Verschwörer.

Es war die große Zeit der Attentate auf Repräsentanten der Habsburger Macht.

Der junge Student Bogdan Žerajić hatte schon einen Anschlag auf Kaiser Franz Joseph geplant, als dieser Ende Mai/Anfang Juni 1910 Sarajevo und Mostar besuchte, und die Tat wahrscheinlich nur im Hinblick auf das Alter des Monarchen unterlassen. Am Tag der Eröffnung des bosnisch-herzegowinischen Landtags aber, am 15. Juni 1910, schoß der Verschwörer auf den Landeschef General Marijan Varešanin, um sich danach die letzte Kugel in die Schläfe zu jagen. Ein Zeichen der überheblichen und leichtfertigen Einschätzung seiner Macht, die das Habsburger System charakterisierte, war die Reaktion des unverletzt gebliebenen Generals, der die Leiche Žerajićs mit der Stiefelspitze anstieß, wobei er »Mistkerl« sagte. Danach erschien im Verlag der Zeitung *Piemont* die Broschüre *Der Tod eines Heros* von Vladimir Gaćinović, und diese Apotheose des Attentäters wurde zum Ritualbuch der jungbosnischen Revolutionäre, sein Grab zu ihrer Pilgerstätte. Dort schwor schon 1912 Gavrilo Princip, Žerajić zu rächen, und streute eine aus Serbien gebrachte Handvoll »freier serbischer Erde« darauf.

Anderswo in der Doppelmonarchie gab es ähnliche Attentate.

Am 7. Juni 1912 versucht der Volksabgeordnete Julius Kovacz, ein Anhänger der Revolutionspartei von 1848, den Ministerpräsidenten Tisza im ungarischen Parlament umzubringen. Nur einen Tag später schießt in Agram der bosnische Kroate Luka Jukić auf den königlichen Kommissar Cuvaj, aus Protest gegen die Verhängung des Ausnahmezustands in Kroatien-Slawonien, wobei Cuvaj glimpflich davonkommt, aber zwei weitere Beamte tödlich getroffen werden. Im Prozeß gegen Jukić sitzen als seine Komplizen mit auf der Anklagebank: Djuro Cvijić, August Cesarec, Kamilo Horvatin und Stevan Galogaža, die später allesamt bekannte Kommunisten wurden. Am 11. Februar 1913 verüben einige rumänische Nationalisten in Debreczin einen Bombenanschlag. Am 18. August desselben Jahres, am Geburtstag Franz Josephs, versucht der Kroate Stjepan Dojčić, eigens deshalb aus Amerika angereist, in Zagreb den königlichen Kommissar Baron Skerlecz umzubringen. Demselben will am 20. Mai 1914 in einem Agramer Theater auch der Gymnasiast Jakob Schäfer ans Leben.

Es gilt als nahezu sicher, daß der Jungbosnier Vladimir Gaćinović das Attentat auf Erzherzog Franz Ferdinand beschloß, und die Führung der »Schwarzen Hand« machte sich dies zu eigen. Als die Monarchie sechs Monate vor dem Sarajevoer Anschlag Franz Ferdinands fünfzigsten Geburtstag feierte, veröffentlichte das Verschwörerorgan *Piemont* das Todesurteil gegen den Thronfolger. In die Vorbereitung und Abwicklung des Mordplanes wurden jedoch nur zwei führende Köpfe der Organisation in Serbien eingeweiht, Oberst Dimitrijević-Apis und Major Vojislav Tankosić, ein Freimaurer. Anscheinend wollten beide Franz Ferdinand schon 1911 beseitigen. Das Attentat geschah dann am 28. Juni, also am Tag, als sich die Schlacht auf dem Amselfeld und der durch Miloš Obilić verübte Anschlag auf den Sultan Murad jährten. Die serbische Öffentlichkeit sah deshalb Princip und Genossen als Tyrannenmörder in Obilićs Tradition an, was sie – allen voran der neunzehnjährige Princip – auch von sich selbst glaubten und was sie nach der Zertrümmerung Österreich-Ungarns tatsächlich werden sollten.

Das Habsburger Reich aber beschuldigte die serbische Regierung des Mordes und stellte ihr, nunmehr mit der deutschen Vollmacht für den Krieg ausgestattet, ein freches Ultimatum, das ein unabhängiger Staat nicht annehmen konnte und das überdies binnen 48 Stunden zu beantworten war. Gleichwohl hat sich die serbische Regierung gebeugt und allen Wiener Forderungen entsprochen, auch der, bei der Erstickung der Bewegungen in Serbien, die sich gegen die territoriale Integrität der Monarchie richteten, die Organe der K.u.k.-Regierung zuzulassen. Ausgenommen wurde nur eine unklare, also präzisierungsbedürftige Formalität; sie betraf die Beteiligung der österreichisch-ungarischen Organe an der Untersuchung, die gegen die in Serbien befindlichen Komplizen der Verschwörung vom 28. Juni angestrengt werden sollte – »denn das wäre eine Verletzung der Verfassung und Strafprozeßordnung«. Auch in diesem Punkt aber erklärte sich die serbische Regierung bereit, vor dem Haager Internationalen Gerichtshof oder den Großmächten Rechenschaft abzulegen. Deren Urteil konnte nun Pašić, der mit seinem Vize Stojan Protić die Akte verfaßte, gelassen erwarten, wußte er doch, daß Rußland, Frankreich und England weitere Vergewaltigungen Serbiens durch Österreich-Ungarn nicht mehr ruhig hinnehmen würden.

Die serbische Replik beeindruckte sogar die gegnerische Seite. Der Verfasser des Ultimatums, Legationsrat von Musulin, nannte sie »das glänzendste Beispiel diplomatischer Geschicklichkeit«, das er kenne, und hatte bei der Lektüre das Gefühl, »einen Unglückstag erster Kategorie für die Monarchie« zu erleben. Selbst Wilhelm II. schrieb an den Schluß der serbischen Note: »Eine brillante Leistung für eine Frist von bloß 48 Stunden. Das ist mehr, als man erwarten konnte ..., aber damit fällt jeder Kriegsgrund fort ...«

Doch Österreich-Ungarn, im Besitz des deutschen Kriegsfreibriefes, war nun zu allem entschlossen, selbst zum Krieg, den es – noch vor der russischen Mobilmachung, gerade einen Monat nach dem Attentat – am 28. Juli 1914 Serbien erklärte. Die öffentliche Meinung aber wurde, wie immer, wenn es gegen die Serben ging, ungeheuer aufgehetzt. Ein großer Teil des Blätterwaldes heulte vor Wut wider das »Räuber- und Mordgesindel«, die »Hammeldiebe«, »das Läusevolk«. Die papsttreue Presse sowohl in Österreich als auch im Deutschen Reich war hierbei tonangebend und forderte »die ultima ratio, die Kanonen«. So schrieb der spätere Vizebürgermeister Wiens, E. K. Winter, in dem katholischen, von Kreisen der Hocharistokratie und von Bischöfen gestützten Wochenblatt *Großösterreich*:

»Seit 6 Jahren warten wir schon auf die endliche Auslösung all der drückenden Spannungen, die wir in unserer ganzen Politik so überaus qualvoll empfinden. Weil wir wissen, daß erst aus einem Krieg das neue und große Österreich, das glückliche, seine Völker befriedigende Großösterreich geboren werden kann, darum wollen wir den Krieg. Wir wollen den Krieg, weil es unsere innerste Überzeugung ist, daß nur durch einen Krieg in radikaler, plötzlicher Weise unser Ideal erreicht werden kann: ein starkes Großösterreich, in dem die österreichische Staatsidee, der österreichische Missionsgedanke, den Balkanvölkern die Freiheit und Kultur zu bringen, im Sonnenglanze einer großen, frohen Zukunft blüht.

Zweimal gab uns das Schicksal schon den Degen in die Faust, zweimal stießen wir ihn in die Scheide zurück. Das dritte und letzte Mal winkt uns die Erlösung. Noch einmal haben wir Gelegenheit, uns unserer historischen Aufgabe, die Vormacht des Balkans zu sein, zu erinnern, noch einmal weist uns der Finger Gottes den Weg, den wir gehen müssen, soll uns nicht die Sturzflut kommender Ereignisse vom Schauplatz des Lebens wegspülen, als hätte Österreich nie bestanden.

Es handelt sich um Sein oder Nichtsein! Wollen wir weiterleben als großer, kulturbringender kraftvoller Staat in der Zukunft unseres historischen Berufes am Balkan und in Westrußland im Namen des Katholizismus und der europäischen Kultur gerecht werden, dann müssen wir zum Schwert greifen ... Wir aber beten zu Gott, daß es ihnen (nämlich den versöhnungswilligen, kriegsscheuen Kreisen) diesmal nicht mehr gelänge (sich durchzusetzen), und Gott, dessen Werkzeug wir auf Erden sind, wird uns hören.«

Soweit diese katholische Blasphemie. Man wird bald sehen, daß der österreichische Finger Gottes in Bosnien-Herzegowina und Serbien der Galgen ist.

Jedoch heulten mit den Wölfen nicht nur der Mob und die Pfaffen. Der hervorragende Wirtschaftswissenschaftler und Soziologe Werner Sombart meinte, »daß man ehrliche Waffen beschmutzt, wenn man mit solchen Völkern ficht«. Und der Historiker und (1948) erste Rektor der Freien Universität Berlin, Friedrich Meinecke, beschimpfte »die stinkende Sache der Serben«. Ein Indiz dafür, daß der Serbenhaß im Deutschtum schon damals sehr tief saß.

War aber die serbische Regierung, also Pašić und seine Minister, schuld am Attentat von Sarajevo, das österreichisch-ungarische Untertanen auf österreichisch-ungarischem Boden begangen hatten? Der Prozeß gegen die Mörder, der in Sarajevo bis zum 28. Oktober 1914 lief, förderte keinerlei Beweise gegen das offizielle Serbien zutage. Auch der K.u.k.-Außenminister Graf Berchtold, der Serbien den Krieg erklärte, war überzeugt, daß die Tat der Belgrader Staatsführung höchst unwillkommen gewesen sei. Später bekannte sein einflußreicher Kabinettschef Graf Hoyos, er habe nie geglaubt, »die Ermordung des Erzherzogs sei von maßgebender Stelle in Belgrad oder Petersburg aus vorbereitet oder gewollt worden«.

Eine schlichte Bestätigung dieser Ansicht war der Bericht des zur Untersuchung nach Sarajevo gesandten Sektionsrats F. Wiesner vom 14. Juli 1914: »Mitwisserschaft der serbischen Regierung an der Leitung des Attentats oder dessen Vorbereitung und Beistellung der Waffen durch nichts erwiesen oder auch nur zu vermuten. Es bestehen vielmehr Anhaltspunkte, dies als ausgeschlossen anzusehen.« Als es aber nach dem Krieg für Deutschland und Österreich galt, das Versailler Kriegsschuldurteil zu widerlegen und einen neuen Krieg moralisch – und nicht nur moralisch – vorzubereiten, vertrat derselbe Wiesner die entgegengesetzte Meinung. Menschliches, Allzumenschliches.

In diesem Zusammenhang ist folgendes wichtig. Pašić und der serbische Thronfolger Alexander führten mit Dimitrijević-Apis und seinen Verschwörern damals einen Kampf auf Leben und Tod. Alexander, nicht nur um den Thron bangend, schuf sogar selbst eine geheime Offiziersclique, die »Weiße Hand«, als Widerpart der »Schwarzen Hand«. Diese aber genoß Schutz und Gunst des alten Königs Peter, da der Kern der Verschwörer ihn auf den Thron gebracht und mit ihm gewisse Privatabmachungen getroffen hatte. Gerade 1914 kulminierte dieser interne Krieg. Der König, der Pašić überdies wegen dessen Korruptionsaffären und Ämterpatronage nicht mochte, wollte ihn entlassen und eine Minderheitsregierung bilden, die in der Tat ein Geschäftsbüro der »Schwarzen Hand« gewesen wäre. Pašić protestierte in der Presse heftig gegen diese verfassungswidrige Maßnahme, die einen Bürgerkrieg auslösen könne. Als sich auch der Zar für Pašić einsetzte, sah der König seine Herrschaft bedroht. Er löste am 23. (10.) Juni 1914 das 1912 gewählte Parlament auf und schrieb für den 13. (1.) August desselben Jahres Neuwahlen aus. Am folgenden Tag, dem 24. (11.) Juni, übertrug er die Ausübung der königlichen Gewalt auf Alexander, pro forma nur »vorübergehend, während seiner Kur«, obwohl alle wußten, daß es sich um eine Art Abdankung handelte.

König Peter, dieser schlichte, bescheidene Soldat, der für seine Gäste eigenhändig serbische Bohnensuppe kochte, war beim Volk, zumal bei den Serben in Österreich-Ungarn, besonders populär und wurde voller Liebe »Onkel Peterl« *(Čika Pera)* genannt. Sein Abgang aber bedeutete das Todesurteil für die Organisation »Vereinigung oder Tod«. Es wurde 1917 in Saloniki vollstreckt, nachdem man die Häupter der Organisation, allen voran Dimitrijević-Apis, in einem Prozeß – vom 2. April bis zum 6. Juni – wegen der Gründung ihrer Organisation und der angeblichen Vorbereitung des Umsturzes verurteilt hatte. Dimitrijević-Apis wies die Beschuldigungen zurück, gestand aber seine Verantwortung für das Attentat auf Franz Ferdinand, was ihn den Kopf kosten mußte; zusammen mit Ljubomir Vulović und Rade Malobabić wurde er am 26. Juni 1917 erschossen.

Es ist absurd zu vermuten, daß zwei politische Konkurrenten, die einander auf Leben und Tod bekämpfen, so etwas wie ein Attentat zusammen planen und ausführen – ein Attentat zudem, das die Staatsexistenz aufs Spiel setzt. Hätte Dimitrijević-Apis wirklich Pašić und Alexander in sein Komplott gegen Franz Ferdinand eingeweiht, hätte er ihnen seinen Kopf auf silbernem Tablett angeboten. Dagegen ist es leicht möglich, daß Dimitrijević-Apis durch den Mord von Sarajevo und die darauf folgenden Komplikationen seine gefährdete Lage auf Kosten von Pašić und Alexander verbessern wollte. Es gibt Indizien dafür, daß er wegen des Anschlags auf Franz Ferdinand mit dem ungarischen Ministerpräsidenten Tisza kontaktierte, der ebenfalls für seine außenpolitischen Missionen Freimaurer benutzte.

Ganz unabhängig davon aber hatte die Verschwörung von 1914 internationale Hintergründe. Major Tankosić, der die Attentäter bewaffnete und im Schießen entweder in eigener Person oder durch seinen Vertrauensmann Milan Ciganović übte, war Freimaurer. Deshalb haben besonders die Jesuiten oft versucht, die Verantwortung für den Mord in Sarajevo auf die Logenbrüder abzuwälzen. Dies blieb indes unbewiesen. Tankosić starb 1915 an Kriegsverwundungen, und man weiß nicht, ob er im Auftrag einer Loge oder aus eigener Überzeugung gehandelt hat. Vladimir Gaćinović hatte, wie gesagt, Verbindungen zu jüdisch-russischen Weltrevolutionären, für die Weltkatastrophen natürlich notwendige Voraussetzungen der Weltrevolution sein mußten. Ihre Beteiligung am Attentat läßt sich jedoch ebenfalls nicht direkt nachweisen.

Gewisse Anzeichen für die Mithilfe von Freimaurern und internationalen Revolutionären ergeben sich aus folgendem: Für die

Begnadigung Dimitrijevićs warb am eifrigsten die russische provisorische Regierung, die freimaurerisch und philosemitisch war. Unter Tito und mit seinem Segen organisierten später die freimaurerischen und kommunistischen Eminenzen der Belgrader Universität (V. Novak, M. Bartoš, B. Blagojević und J. Djordjević) zunächst eine wissenschaftliche Rehabilitierung der Verurteilten von Saloniki, also der ganzen Spitze der »Schwarzen Hand«, worauf auch die juristische Rehabilitierung folgte. Das Oberste Gericht Serbiens nahm den Prozeß von Saloniki wieder auf, und nach den Verhandlungen (vom 2. bis 13. Juni 1953) sprach man alle Verurteilten frei.

Diese internationalen Kontakte beleuchten indes noch einen anderen Zusammenhang: In den Logen und revolutionären Geheimgesellschaften saßen üblicherweise die verschiedensten Agenten und Doppelagenten. So konnten auch jene von Attentatsvorbereitungen erfahren, die das Attentat angeblich traf und verletzte.

Pius X., ein großer Kriegstreiber vor dem Herrn, wußte mysteriöserweise schon im voraus, nicht Thronfolger Franz Ferdinand werde der Nachfolger Kaiser Franz Josephs sein, sondern der Erzherzog Karl! Nach dessen – des späteren Kaisers Karl – Verlobung mit Zita hatte deren Mutter eine Audienz bei Pius, wobei sie seinen Segen für den Bräutigam erbat. Der Papst jedoch sagte darauf: »›Ich segne den, der der erste Nachfolger des Kaisers Franz Joseph sein wird‹ – große Bestürzung bei der Erzherzogin« (da der erste Nachfolger des Kaisers, Franz Ferdinand, zu diesem Zeitpunkt noch lebte) –, » ... der Papst aber wiederholte seherisch seinen Segen mit den gleichen Worten.« Dies teilte 1935 in einem Vortrag kein anderer als der österreichische Fürsterzbischof Waitz mit, ein Mann der über den Anteil seiner Kirche an den Kriegsvorbereitungen offenbar gut informiert, wenigstens aus seinem Herzen keine Mördergrube machen konnte.[12]

Vermutlich ist auch die Machtspitze Österreich-Ungarns über das Attentat von Sarajevo unterrichtet gewesen. Der Schutz Franz Ferdinands daselbst war minimal. Dagegen waren, als Franz Joseph im Jahr 1910 Bosnien-Herzegowina bereiste, die Sicherheitsmaßnahmen äußerst streng: Es wurden mehr als 1000 uniformierte Polizisten und mehr als 2000 Zivilagenten aufgeboten – beim Besuch des Thronfolgers im Juni 1914 in Sarajevo weniger als

120 Polizeibeamte! Der Militärkommandant der Stadt hatte alle vorgeschlagenen Schutzmaßnahmen schlicht abgelehnt. Die Generalstabsoffiziere wollten von Heereskordons zur Flankierung der Straßen, durch die der Thronfolger fahren sollte, überhaupt nichts hören. In gewissen Wiener und Pester Kreisen herrschte sogar eitel Freude über die Nachricht von Franz Ferdinands Tod. Die ungarische Seite der Monarchie zeigte besonders wenig Trauer, und die Partei des ungarischen Ministerpräsidenten Tisza demonstrierte offen ihr Entzücken.

8. Kapitel

DER ERSTE WELTKRIEG ALS HEILIGER BÜRGERKRIEG UND WEGBEREITER DES GENOZIDS AN DEN SERBEN

Gleich nach dem Attentat begannen die österreichisch-ungarischen Behörden, den Bürgerkrieg gegen die Serben in die Wege zu leiten. Hauptsächlich bedienten sie sich dabei, ähnlich wie dann im Zweiten Weltkrieg, des muslimischen und katholischen Mobs. Immerhin agierten damals die katholischen Priester noch nicht als Mordbandenführer. Denn im Ersten Weltkrieg war Italien zunächst neutral und stand erst später auf der Seite der Entente, so daß der Papst nicht, wie im Zweiten Weltkrieg, seine Marionetten in den offenen Kreuzzug gegen die Serben hineinzutreiben wagte.

Bereits am 28. Juni 1914 aber brach in Sarajevo der »spontane« Pogrom über die Serben herein. Sogar die damaligen Deutschen waren schockiert. Die *Frankfurter Zeitung* etwa, gewiß keine Serben-Sympathisantin, brachte am 8. Juli 1914 in einem Bericht ihres Korrespondenten die Situation in Sarajevo unmittelbar nach dem Attentat detailliert zum Ausdruck: das hemmungslose Wüten, die Verwüstungs- und Zerstörungswerke, kurz, all die »Exzesse und Plünderungen«. – »Am empörendsten ist die Vernichtung und Entweihung der Sterbegewänder der Familienangehörigen. Diese den Serben besonders heiligen Reliquien wurden auseinandergerissen und bespien! Einem dreihundert Jahre alten Heiligenbild hat man die Augen ausgebohrt ...«

Während der antiserbische Vandalismus in Sarajevo am Tag des Mordes »spontan« war, steuerte man die Barbarei in den nächsten Tagen ganz und gar von oben. Sie wurde durch eine Bekanntmachung der Stadtvertreterschaft eingeleitet, verfaßt vom Regierungskommissar Sarajevos im Einvernehmen mit den anderen höheren Regierungsfunktionären, darunter auch der Präsidialchef Baron Colas. Der Aufruf wandte sich an die Bürger der Stadt und wurde am Vorabend des 28. und am frühen Morgen des 29. Juni plakatiert: »Obwohl die Anregung zu diesem teuflischem Verbrechen vom Ausland herrührt – nach dem Geständnis der Attentäter kommt die Bombe unzweifelhaft aus Belgrad –, besteht doch der wohlbegründete Verdacht, daß es auch in diesem Lande umstürzlerische Elemente gibt. Wir verurteilen das Verbrechen und bedauern tief, daß das Attentat in Sarajevo geschehen ist, dessen Einwohnerschaft immer treu zu König und Vaterland stand, und ich rufe alle auf, Elemente, die sich in solche Verbrechen einlassen, aus ihrer Mitte auszurotten. Es ist die heilige Pflicht der Bevölkerung, sich von dieser Schande reinzuwaschen.«

Ausrottung als heilige Pflicht also. Schon um acht Uhr vormittags versammelten sich mehrere tausend Muslime und Katholiken vor der katholischen Kathedrale. Sie sangen zuerst die Kaiserhymne, erinnerten dann an das tote Thronfolgerpaar, indem sie schrien: »Ehre ihrem Andenken!«, und stürzten sich schließlich auf die nahe serbische Schule. Sie warfen Bänke, Tafeln, Bücher, Bilder heraus und zertrümmerten all das auf der Straße. Dabei trugen sie das Kaiserbild ständig vor sich her, gröhlten die Kaiserhymne und zogen sodann in kleineren Gruppen in die verschiedenen Stadtteile – im Rausch des nationalen Heroismus, wie die patriotische kroatische Zeitung *Hrvatski Dnevnik* frohlockte, die über all dies mit größter Freude, ja, mit Triumph, informierte: »Unterwegs wurden alle serbischen Geschäfte, an denen man vorbeikam, vernichtet.«[1]

Außerdem gab es Demonstrationen, Zerstörungen serbischen Vermögens und serbischer Kirchen und Morde an Serben in Doboj, Maglaj, Zenica, Opličići, Županjac, Ljubuški, Čapljina, Klepci, Mostar, Stolac, Konjic, Tuzla, Brčko, Zavidovići, Šamac, Žepče, Vareš, Tešanj, Bugojno, Visoko, Dubrovnik ... kurz, überall dort, wo die katholische Frank-Partei zu finden war, deren sich die Polizei als Aufwiegler bediente.[2]

Gleichzeitig kam es zu antiserbischen Krawallen in Zagreb. Und all diese wie auch spätere Ausbrüche des »gesunden Volksempfindens« begleiteten die Haßtiraden des großen Kroatenführers und Marschall-Tito-Vorbildes Stjepan Radić.

Den Tod des Thronfolgers beklagte Radić am 1. Juli 1914 verzweifelt in seiner Zeitung *Dom*, indem er sich die österreichische Version zu eigen machte, wonach das Attentat vom offiziellen Serbien inspiriert und ausgeführt worden war: »Die größte Stütze und Hoffnung Kroatiens und des ganzen Kaiserreiches ist dahin.«

Seine Meinung über die Serben als ärgste Kriegstreiber Europas entwickelte Radić am 28. Juli 1914 im Hauptorgan »der Rechtspartei für kroatische Länder«, *Hrvatska*:

»Europa ist vor allem ein großer Kulturbegriff. Wenn wir Europa sagen, denken wir zuerst an die Solidität, den Reichtum und die Freiheit Englands, an die Literatur und Philosophie Frankreichs, ans russische Buch, an die italienische Musik usw. Europa hat heute einen so gewaltigen Kulturschatz, einen so unermeßlichen Wert an seelischen und materiellen Gütern gesammelt, daß es ganz natürlich ist, wenn gerade die mächtigsten Staaten und Herrscher besonders redlich und beharrlich den europäischen Frieden zu erhalten suchen (!). Zumal das ideale und unermüdliche Wirken des heutigen Zaren Nikolaus II. steht uns lebendig vor Augen ... und sein Bestreben hat ein solches Echo in der gesamten russischen Gesellschaft gefunden, daß sich nichts Großartigeres denken läßt. Ich habe mich selbst davon überzeugt, als ich diese ganze Friedensbewegung sah und mit so vielen Repräsentanten der russischen Öffentlichkeit sprach. Aber auf einmal hat sich all das geändert.
Nach der Annexion 1908 nämlich agitierten in Rußland Hunderte von Serbiern, die mit den unglaublichsten Lügen, doch mit unüberwindlicher Geschicklichkeit den empfindlichsten Lebensnerv des russischen Volkes trafen. Da wurde nur darüber gesprochen und geschrieben, wie das ganze katholische Österreich das orthodoxe Rußland unversöhnlich haßt, wie Österreich mit brutalster Methode und unzählbarem Gold die Orthodoxen zum Katholizismus überführt, wie es alle, und besonders seine orthodoxen Slawen, schröpft und verfolgt, viel schlimmer als die Türken, und daß die Habsburger von nichts anderem träumen als davon, wie sie möglichst schnell alle polnischen und ukrainischen Länder annektieren und Rußland nicht nur hinter die Weichsel und den Dnjepr, sondern auch hinter die Wolga zurückdrängen könnten.«

Nun, haben der Friede von Brest-Litowsk 1918 und mutatis mutantis Hitlers Überfall auf Rußland 1941/42 diesen Verdacht nicht bewiesen? Radić fährt in seiner Klage fort:

»Schrecklich war nun anzusehn, wie dieses Gift, das unablässig im Namen der heiligen Orthodoxie und angeblich zur Erhaltung Großrußlands eingespritzt wurde, wirkte ... ›daß nur das große und heilige Rußland nicht untergehe‹.

Ich habe darüber ziemlich ausführlich gesprochen, auch im Landtag 1910, ich zitierte russische und französische Broschüren, mit welchen die Serben Rußland förmlich überfluteten und worin es von solchen Lügen wimmelte. Erzbischof Stadler habe riesige Besitztümer, ein millionenschweres Einkommen; die Franziskaner katholisierten ganze Dörfer und Gebiete mit einer Handvoll Gold und Gendarmeriedolchen; die österreichische Regierung schicke slawische, besonders tschechische Beamte nach Bosnien, mit dem bestimmten Auftrag, die serbische Bevölkerung auszubeuten, wobei jeder Beamte um so schneller in seinem Dienst aufrücke, je mehr und schrecklicher er das Volk plündere ...

All das Gift dieser gewissenlosen Lügen erreichte sein Ziel um so eher, als die Serben schon früher und mit noch größerem Erfolg genauso die Tschechen bearbeitet haben ...

Und so gelang den Serben das wahre Ephialteswerk in zwei Richtungen: Den größten und friedlichsten Weltstaat erfüllten sie mit Mißtrauen und Haß gegen den anderen größten slawischen Staat, gegen die Habsburger Monarchie, so daß der größte Teil der russischen Jounalistik einer Oberflächlichkeit und Leidenschaft frönt, die nicht einmal den Provinzzeitungen kleiner Völker ziemen. Ja, sie verdarben derart das erste und aufgeklärteste slawische Volk, in dem die slawische Idee doch gerade durch den Zweiten Slawischen Kongreß 1908 kulminierte, daß mich die angesehensten Tschechen nach meiner Rückkehr aus Rußland 1909 in Prag fragten: ›Wie viele Serben wollt ihr denn fressen?‹ Serbien ist also daran schuld, daß Europa nun den stärksten Fürsprecher des bedingungslosen europäischen Friedens nicht mehr hat ...

Rußland ist heute so wenig friedfertig, daß die größte Hoffnung für den europäischen Frieden in der militärischen Bereitschaft und Entschlossenheit Deutschlands liegt, wie das namentlich die französischen Blätter hervorheben ...

Man soll also nicht erst prüfen und darstellen, was Serbien alles an unserer Monarchie und an uns Kroaten verbrochen hat ..., es muß dafür früher oder später die verdiente Strafe antreten.«

Serbien habe also Russen und Tschechen so verdorben und verrückt gemacht, daß sie jetzt Deutschland als großer Friedensstifter wieder zu Verstand bringen müsse – wobei Serbien freilich erst recht geprügelt werden soll: eine schöne Kriegstreiberei und zugleich eine reichlich perfide, weil mit geheuchelter Naivität vermischte Apologie.

»SERBIEN MUSS STERBIEN« – *ANTISERBISCHE EXZESSE DER UNTERGEHENDEN DONAUMONARCHIE*

Der Angriff Österreich-Ungarns auf Serbien stimmte Stjepan Radić geradezu euphorisch. Am 6. August 1914 telegrafierten er und Dr. Horvat von der Kroatischen Rechtspartei Seiner Majestät Franz Joseph: »Infolge der grenzenlosen Begeisterung des ganzen kroatischen Volkes begrüßen die Rechtspartei und die Kroatische Bauernpartei die Allerhöchste Kriegserklärung an den niederträchtigen Feind der Durchlauchtigten Dynastie und unserer Monarchie, besonders aber des Kroatentums. Unerschütterlich treu Ihrer Majestät und der ganzen Dynastie, eilt das kroatische Volk, wie durch die Jahrhunderte, auch diesmal tapfer und unerschrocken in die ersten Kampfreihen dieses gerechten und heiligen (!) Krieges, um endlich einmal mit dem arglistigen Serbentum und seinem Schirmherrn gründlich abzurechnen gemäß unserer Losung: Lebendiger Gott, hüte unseren König und unser Heim.«

Der exaltierte Radić erhob sich sogar zu den Musen und ehrte den Angriff auf Serbien mit einem Lied, der »Neuen Habsburger Hymne«, die am 19. August 1914 gleichzeitig in englischer Sprache erschien.

Auch bei den slowenischen »Brüdern« mangelte es an ähnlichen dichterischen Ergüssen nicht. Das Blatt der katholischen Slowenischen Volkspartei, *Slovenec*, rief verzückt aus, wenn je ein Krieg gerecht gewesen, dann der jetzige gegen Serbien, »diese stete Schmach am Leibe des Südslawentums«. Verse in denselben Spalten variierten das österreichische Thema »Serbien muß sterbien«:

Wir grüßen mit Kanonen euch,
ihr Serben.
An Weidenästen hängend sollt
ihr sterben.

Wozu nicht schlecht jene Lyrik paßt, die damals an den zur Front rollenden deutschen Transportzügen prangte:

»Die Serben sind alle Verbrecher,
Ihr Land ist ein dreckiges Loch!
Die Russen, die sind nicht viel besser,
Und Keile kriegen sie doch!«

Oder auch folgende priesterliche Kunst:

»Steirische Holzer, holzt mir gut
mit Büchsenkolben die Serbenbrut!
Steirische Jungen, trefft mir glatt
den russischen Zottelbären aufs Blatt!«[3]

Der Dichter des Liedes *Serben an die Weidenäste!*, das auch *Schlachtruf* hieß, war ein Star der klerikalen Partei, Dr. Marko Natlačen, der später im Königreich Jugoslawien, also unter dem serbischen König, zum *Banus* des Drau-Banats avancierte.

Eine noch größere Verrücktheit freilich sollte sich Jugoslawien hinsichtlich der Slowenen mit einem weiteren Führer dieser Partei leisten, dem katholischen Priester Dr. Anton Korošec (1872–1940). Als Obmann des kroatisch-slowenischen Reichsratsklubs beteuerte Korošec am 19. Januar 1917 in einem Brief an den österreichischen Ministerpräsidenten Graf Clam-Martinitz, »daß die heuchlerische Versicherung der Entente wegen Befreiung der Slawen in Österreich bei den Südslawen nur Entrüstung hervorgerufen hat, da unser kroatisch-slowenisches Volk wie immer, so auch jetzt fest und ganz entschlossen ist, in Not und Tod der Monarchie und dem erhabenen Herrscherhause der Habsburger treu und ergeben zu sein«. Derselbe Korošec jedoch war später im Königreich Jugoslawien so gut wie permanent Regierungsmitglied und Innenminister, einige Zeit auch Ministerpräsident und überdies, als Mann des Vatikans, für die »kroatische Frage« zuständig![4]

Der Herr erinnert ein wenig an einen seiner deutschen Zeitgenossen und Kollegen, der sich noch 1917 unverbrüchlich zum wilhelminischen Deutschland bekannte, 1919 aber bereits zum siegreichen Frankreich kommen oder doch wenigstens einen von Preußen gelösten Rheinischen Freistaat haben wollte; der 1929 enthusiastisch dem Faschistenchef Benito Mussolini gratulierte, Ende 1932 auch »unbedingt« die führende Beteiligung der NSDAP an der Regierung forderte, 1934 seine Verdienste für die Hitlerpartei pries, aber nach 1945 als Hitlergegner galt – und von dem am 7. November 1960 die Londoner *Times* schrieb: »Die Kirche flüstert Dr. Adenauer in das Ohr, und Dr. Adenauer lauscht ...«[5]

Ausnahmen beiseite, ist es immer dasselbe Gelichter, das Politik macht.

Die slowenische Politik, ebenfalls durch Talent zum schnellen Frontwechsel ausgezeichnet, trat 1914 vorbehaltlos für die Serbenvernichtung ein. So versicherte der Chef der klerikalen Partei, Dr. Šušterčić, in einer Trauerfeier für den ermordeten Erzherzog, daß »die schwere Faust des slowenischen Soldaten den Schädel des Serben zerschmettern wird, in dem ein so gefräßiger Größenwahn lebt«. Aber auch der demokratische Bürgermeister Laibachs, Dr. Ivan Tavčar, prahlte (nicht ganz im Bild bleibend) in einer Ansprache, »die slowenische Faust« werde »nicht eher ablassen, bis der Feind in den Staub getreten ist und stolz die schwarzgelbe Fahne über seinen zersprengten Scharen weht«.

Die Kriegshysterie der Kroaten und Slowenen schürten deren Prälaten gewaltig, indem sie ihre Feiern und Rituale nach altbewährtem Brauch in die Dienste des römischen Kriegsgottes Mars stellten, das wahre Wesen des Papstchristentums ja nur einmal mehr offenbarend. So putschte am 31. Juli 1914, also schon drei Tage nach der Kriegserklärung an Serbien, der Agramer Erzbischof Dr. Bauer die Soldaten in Černomerec auf:

»Kroaten! Helden! Unser geliebter König ruft euch in die Schlacht, und ihr geht mutig und begeistert, denn der Kroate war nie taub gegen die Stimme seines Königs. In schwersten Zeiten standen eure Großväter treu zum Thron, und auch ihr werdet in der alten Treue für den König euer Blut und Leben geben ...

Kroaten! Helden! Gott (welcher?) ruft euch in die Schlacht. Gott, die ewige Gerechtigkeit, ruft euch, in seiner Hand die Rächer jener Untat von Sarajevo zu sein ...«

Als die kroatische Hand jedoch 1934 den serbischen König ermordete, rief kein Serbe seine Volksgenossen zum heiligen Krieg gegen die Kroaten auf – was diese indes bloß für Dummheit zu halten schienen. Vielleicht aber war es nicht so sehr das als vielmehr eine Bekundung der religiösen Wahrheit, daß der katholische und der orthodoxe Gott nicht ein und dieselbe Person sind.

Der nämliche säbelrasselnde Erzbischof Bauer erklärte einen

Monat später bei einer Prozession in Remete, einem marianischen Pilgerort, warum Gott und die allerheiligste Jungfrau in diesem Krieg Österreich-Ungarn den Sieg geben müßten:

»Und woran sollen wir zuverlässig erkennen, daß unsere Gebete erhört werden?
Zuerst daran, daß der uns aufgezwungene Krieg wirklich gerecht, heilig ist. Unser grauhaariger Herrscher, den die ganze Welt als Friedensherrscher (!) kennt, hat das Schwert nicht gezückt, um zu erobern, sondern zur Genugtuung für das unschuldige Blut des Thronfolgers Ferdinand und dessen vorbildlicher Gattin Sophie, das die verbrecherische Hand vergossen hat. Und genau wie dieses edle Blut vergossen werden mußte, damit sich in voller Klarheit die Gefahr für unser Königtum zeigte, die Gefahr, daß es verschwindet, für unser Volk die Gefahr, daß es seinen Namen und seine Nationalität verliert, und auch für unsere katholische Religion die Gefahr, den schwersten Versuchungen unterzogen zu werden. Der Krieg zur Verteidigung so großer Staats- und Volks-, zeitlicher und ewiger Güter ist gerecht, ist heilig. Und wir dürfen uns an den Herrn des Himmels und der Erde wenden, daß er sich zum Schutz unseres gerechten Kampfs erhebe! …
Von der sachlichen Seite ist also unser Gebet stark und wohlbegründet. Daß es aber erfolgreich sei, hängt von uns ab. Christliche Brüder! Der Krieg ist in der Hand der allweisen Vorsehung Gottes oft die Peitsche, mit der sie unsere Sünden strafen und uns zu Verstand (!) bringen will. Ist nicht auch dieser Weltkrieg mit all seinen Schrecken so eine Peitsche in der Hand Gottes? O wie sehr kam in der großen Welt die Abtrünnigkeit von unserem Herrn und Gott zur Herrschaft! Und schlugen nicht auch in unserer Heimat die Wogen der Glaubensgleichgültigkeit und des Atheismus gefährlich hoch? Sind wir nicht durch unsere Nachlässigkeit und Trägheit Schuldige vor dem Angesicht unseres Gottes? O meine christlichen Brüder! Bereuen wir, und richten wir unser eigenes Leben nach dem wahren Glauben des Sohnes Gottes aus! Erlauben wir nicht, daß unser Herr und Gott uns erst durch das Kriegsunglück zu Verstand bringe, sondern versprechen wir alle heute fest, ihm als einzelne wie als Volk treu zu dienen. Wenn wir mit solchem Herzen unsere glühenden

Gebete in den Schoß der heiligsten Mutter und Jungfrau Maria legen, wird sie – wir wollen nicht zweifeln – unseren Schrei erhören und durch ihre allmächtige Fürbitte bei Gott den Sieg unseres tapferen Heeres erbitten – und dieser Sieg soll durch unseren allergnädigsten König zum wahren Glück werden und zum Wohlergehen für das treueste Königtum Kroatien.«

Doch als der »gerechte und heilige« Krieg 1918 trotzdem verloren und die Habsburger Monarchie, die Beschützerin der »ewigen« Güter, vernichtet war, kroch dieser Serbenhasser und Erzlügner im Weinberg des Herrn zu den neuen Herren und jauchzte in seinem Hirtenbrief vom 30. Oktober 1918: »Unser Vaterland ist frei und unabhängig! Was für eine Begeisterung, was für eine Freude erfüllt die Herzen unser aller und unseres gläubigen Volks!«

Das muß man erst einmal fertigbringen! Ihnen freilich gelingt es immer wieder, tausendfach durch die Jahrtausende. Und nur so überleben sie. Die »Reueerklärung« des Kirchenfürsten nahm das neue Regime wohlwollend entgegen, zu dessen Persona gratissima Erzbischof Bauer wurde. Obwohl er bis zu seinem Tod 1937 die Staatseinheit Jugoslawiens nie bestritt, war er ein Organisator der radikal klerikalen »Katholischen Aktion« und attackierte oftmals einzelne offizielle Institutionen wegen ihres »liberal-freimaurerischen« oder sogar »atheistischen« Charakters – einer von vielen Wegbereitern der Blütezeit des kroatischen Klerofaschismus in den Jahren 1941–45.

Nach der Kriegserklärung 1914 forderte der Laibacher Fürstbischof, der Slowene Dr. Anton Bonaventura Jeglič , nicht weniger als der Agramer Oberhirte die Serbenvernichtung. Vielleicht ging er sogar noch einen Schritt weiter, indem er die Serben direkt als Gottesfeinde brandmarkte:

»Männer! Der Kaiser ruft euch, mit der Waffe in der Hand das schon jahrelange äußerst ungerechte Trachten nach der Zerstückelung und Auslöschung unseres wunderschönen Österreichs unter dem Zepter unserer ruhmreichen alten habsburgischen kaiserlichen Familie zu rächen …
Männer! Der Kaiser ruft euch, mit der Waffe in der Hand das katholische Österreich und unsere katholische kaiserliche Familie zu verteidigen gegen die geschworenen Feinde Jesu selbst, der

im Sakrament der Liebe (!) anwesend ist. Wißt ihr, seit wann dieser ganz besondere Haß gegen das Kaiserreich, gegen den Durchlauchtigen Herrscher besteht? Seit wann all die Anstrengungen gegen das Kaiserreich und die kaiserliche Familie so besonders rücksichtslos, so besonders wild geworden sind? Seit dem September 1912, seit jenem ruhmvollen (Eucharistischen) Kongreß im kaiserlichen Wien, als wir uns zusammen mit dem kaiserlichen Haus vor Jesu, unserem Herrn und Gott, neigten und Ihm huldigten. Deshalb auf in den Kampf gegen die Feinde Gottes, gegen die Feinde des katholischen Österreich, gegen die Feinde des katholischen Hauses Habsburg!
Männer! Wie erhaben, wie heilig, wie Gott wohlgefällig ist der Kampf, in den ihr berufen seid! Mit euch ist die Gerechtigkeit, mit euch ist Gott, der Herr der Heerscharen! Männer! Im Mittelalter schallte durch ganz Europa hindurch der Schrei: ›Gott will es!‹ Und Tausende verließen Haus und Hof und gingen fort, um Jerusalem aus den Händen der Ungläubigen zu befreien. Der Schrei ›Gott will es!‹ aber ruft auch euch in den heiligen Kampf für den über die Maßen guten Kaiser, in den Strafkampf (!) wider gewissenlose Verbrecher. Also vorwärts! Mit euch ist Gott! Vorwärts mit unseren ausgezeichneten Kriegsführern! Vorwärts zum ruhmvollen Sieg!«

Notabene: Nach 1918 zogen die Serben den Fürstbischof Jeglič nicht zur Verantwortung wegen Anstiftung zum Massenmord. Er blieb in Amt und »Würden« und konnte sogar dem Staat im Namen der katholischen Kirche mit Natur- wie Menschenrechten drohen – ausgerechnet er –, so beispielweise 1923: »Die Kirche wünscht den Frieden im Staate, und sie ist gegen jeden Aufruhr: Sie schützt nur ihre Rechte; und gegen Ungerechtigkeit, die ihr der Staat zufügt, befiehlt sie schlimmstenfalls den passiven Widerstand.« (Doch ist »Ungerechtigkeit« immer und überall alles, was gegen ihre Interessen verstößt, und zwar ganz egal, wie es dabei mit den Interessen anderer steht!) Die Rechte der Kirche, führte der Fürstbischof aus, sowie der Familie und des einzelnen (Privateigentum) stammten von Gott, sie seien Naturrecht, und Jugoslawien habe sich schon mehrere Male dagegen versündigt. So verstieß etwa Artikel 16 der Verfassung von 1921, der besagte, der Unterricht sei staatlich, nach Jeglič gegen das Naturrecht (will die Natur vielleicht, daß man ohne

Unterricht bleibe?), »und deshalb kann er nie Gültigkeit bekommen, und wenn das Parlament ihn hundertmal erließe«.

Die Romprälaten bleiben sich immer gleich. Sind sie politisch schwach, verlangen sie vehement den Respekt vor Natur- und Menschenrechten. Haben sie aber die politische Macht, begnügen sie sich nie mit dem »passiven Widerstand«, sondern fordern bei Bedarf selbst Kreuzzüge gegen »Feinde Jesu« und »gewissenlose Verbrecher« – als wären nicht gerade dies die schwersten Verletzungen der Natur- und Menschenrechte!

Im Islam ist das oftmals nicht sehr viel anders: Am 14. November 1914 erklärte der Sultan England, Frankreich und Rußland den heiligen Krieg – *Djihad* – aller Moslems. Und am 2. Dezember 1914 gab er dem Reis-ul-Ulema von Sarajevo, dem höchsten moslemischen Geistlichen der Provinz, eine Spezialfetwa für Bosnien über den heiligen Krieg gegen Serbien und Montenegro[6]. Dadurch wurden die für Habsburg kämpfenden Moslems ihren katholischen Kriegskameraden völlig gleichgestellt – und warum auch nicht, wenn es ums Kämpfen geht. Und ums Krepieren.

Das waren indes nur Vorspiele.

Den Charakter des Hauptaktes ließ gleich nach Ausbruch des Infernos ein ungarisches Bataillon erahnen, das zur bosnischen Grenze mit Serbien ostentativ einen kilometerlangen Strick mitbrachte. Schon da begann die K.u.k.-Macht, in Bosnien-Herzegowina – also auf eigenem Boden – das Henkershandwerk großartig zu üben. Jedem Träger der Kommandogewalt wurde die Kriegsgerichtsbarkeit, das Recht über Leben und Tod gegenüber den Serben, eingeräumt. Dazu stellte Österreich-Ungarn terroristische Hilfstruppen auf, sogenannte »Schutzkorps«, Vorläufer der Ustaschen des Zweiten Weltkriegs. Demselben Zweck – der Serbenvernichtung – dienten neben den »Schutzkorps« die ungarischen »Strafkorps«. Sie wurden dadurch zusätzlich stimuliert, daß sie sich das Vermögen ihrer Opfer aneignen konnten. Damit aber uferte der Bürgerkrieg gegen die Serben Bosnien-Herzegowinas in fast grenzenloses Banditentum aus.

Gewiß gibt es in nicht wenigen Kriegen analoge Exzesse. Aber sie werden häufig nur in einigen Ländern bekannt und in anderen kaum oder gar nicht, jedenfalls oft für sehr lange Zeit. Nicht zuletzt deshalb sei das folgende einbezogen.

Damals also hat man am 14. August 1914 in Foča 126 Serben entweder erhängt oder erschossen. In Pale bei Sarajevo wurde im Oktober 1914, nach dem Rückzug der Montenegriner, die gesamte Bevölkerung massakriert. In der Umgebung von Zupci starben 83 Menschen am Galgen. Die Österreicher und die Schutzkorps wüteten gegen serbische Zivilisten besonders dann, wenn sie an der Front Niederlagen eingesteckt hatten. In der herzegowinischen Stadt Trebinje errichtete man am Tag der Kriegserklärung, am 28. Juli 1914, sechs Galgen gerade vor der serbischen Schule und der Kirche, und sofort begannen die Soldaten mit der Henkersarbeit; insgesamt 103 Personen serbischer Nationalität endeten da. Unter dem Druck der europäischen Öffentlichkeit gestand die österreichisch-ungarische Diplomatie, es habe in Bosnien-Herzegowina 460 »ordentlich« zum Tode Verurteilte gegeben, mußte aber immerhin einräumen, viele Morde an den Serben seien aus »religiösen Gründen« geschehen, was die Behörden nicht hätten verhindern können.[7]

Diese »ordentlichen« Todesurteile wurden jedoch oft gegen Unschuldige oder wegen kleiner politischer Übertretungen verhängt. Ein Beispiel: Vor dem Krieg konnte man in der Herzegowina auch montenegrinisches Geld, *Perper*, benutzen. Eine alte Frau in Trebinje wollte in dieser Währung auch nach dem Kriegsausbruch bezahlen, und da der muslimische Ladenbesitzer die Transaktion ablehnte, sagte sie zornig: »Gott gebe, daß man wieder einmal damit bezahlen kann!« Diese Erklärung verriet dem Gericht die »hochverräterische Absicht«; die Unglückliche wurde am gleichen Tag erhängt. Häufig enthielten die öffentlich plakatierten Urteilsakten nur die Formulierung: »Heute wird dieser und dieser erhängt, weil seine Nachbarn dem uns feindlichen Heer geholfen haben.«

Manchmal wurden »ordentlich« Freigesprochene trotzdem umgebracht. Der slowenische Publizist Rasto Pustoslemšek führt das folgende Beispiel an[8]. In Milići, Ostbosnien, wurden erhängt: Maksim Vasiljević, Jovan Obradović, Milorad Milinković, Pero Žugić-Nešić, Gajo, Pavle und Petar Madjerović, Simeon Petrović und Vaso Milić. Daselbst wurden erschossen: Marko Kovačević, Pero Grkić, Miladin und Djoko Mišić. Sie alle aber, vor dem Militärgericht als Tschetniks angeklagt, waren für unschuldig erklärt und freigesprochen worden. Doch Hauptmann Svetek, mit diesem »ordentlichen« Urteil unzufrieden, ließ sie aufs neue gefangennehmen und befahl, »kurzen Prozeß« zu machen. Von solcher »Schärfe« überrascht, hielten Sveteks Leute dem Hauptmann sogar entgegen, das Töten Unschuldiger sei verboten. Svetek freilich rief: »Ich bin Befehlshaber und niemand sonst. Ich befehle, mein Kommando sofort zu vollstrecken!«

Manchmal wollte Österreich-Ungarn Rechtsstaatlichkeit vortäuschen und stellte seine eigenen Kriegsverbrecher vor Gericht. Sie wurden aber immer freigesprochen oder sehr mild bestraft. Der aus Dalmatien stammende kroatische Literat und Politiker Dr. Ante Tresić-Pavičić hob im Wiener Reichsrat den folgenden Fall hervor: Der Reserveoberleutnant Mario Minah, sonst Polizeibeamter in Fiume, mußte sich vor dem Militärtribunal in Temesvar wegen der Tötung dreier Serben in Pločice an der Donau verantworten. Schon die Anklage beschuldigte ihn jedoch nicht des Mordes, sondern bloß des Mißbrauchs der Dienstgewalt. Und der brave K.u.k.-Oberleutnant erklärte – wie die Dienstakte 1293/15 bezeugt – unerschrocken vor dem Tribunal, er habe nicht drei, sondern mindestens 303 Serben töten lassen, doch all das nur »aus reinem patriotischem Gefühl«. Danach wurde er nicht bloß freigesprochen, sondern bald darauf auch mit einem Kronorden ausgezeichnet.

Strafprozesse, die sich wirklich oder scheinbar im rechtsstaatlichen Rahmen bewegten, veranstaltete die Habsburger Monarchie nur, wenn sie damit psychologische Effekte im Ausland zu erzielen hoffte – namentlich, wenn ihre Repräsentanten so die Kriegsschuld Serbiens zu demonstrieren oder den Terror gegen das serbische Volk zu rechtfertigen suchten. Das bedeutet aber, daß die Donaumonarchie allenfalls dem serbischen Staat oder Volk insgesamt echte Prozesse machte; einfache Leute wurden kurzerhand niedergemetzelt.

Ein solcher Prozeß war der große Hochverratsprozeß von Banja Luka (vom 3. November 1915 bis zum 16. März 1916) gegen 156 Angeklagte, darunter viele Intellektuelle. Die Anklageschrift ging davon aus, daß jede geistige Bewegung bei den Serben Bosnien-Herzegowinas auf die Organisation *Narodna odbrana* (»Volksschutz«) aus Serbien zurückgehe. Insbesondere stünden serbische Kultur- und Sportvereine wie die *Prosvjeta* und der »Serbische Falke« *(Srpski Sokol)* unter deren Einfluß. Anklage und Urteil betonen, das Bestreben nach offizieller Anerkennung der »serbischen« Sprache, »serbischen« Religion und »serbischen« Flagge habe nicht nur die Erhaltung der serbischen Eigenart oder Nationalität bezweckt, vielmehr müsse angenommen werden, daß dieses Bestreben »das Hauptmittel ... großserbischer Propaganda war«.

Durch solch Brandmarken jeder öffentlichen Bekundung eigenen Volktums als Verbrechen »großserbischer Propaganda« wollte die Habsburger Rechtssprechung einerseits das Verbot der kyrillischen Schrift im ganzen Reich und die Schließung sämtlicher serbischer Schulen rechtfertigen, andererseits wohl auch künftige Formen des Kulturgenozids, Ausrottung der Ethnie und vor allem Vernichtung der religiösen Eigenart der Serben legalisieren.

Die Strafen waren drakonisch. Es gab sechzehn Todesurteile. Insgesamt wurden 858 Jahre Zuchthaus und Gefängnis verhängt. Freilich zeigen etwa die folgenden Qualifikationen, daß der Prozeß wenig mit der kalten Logik der Rechtsnormenanwendung zu tun, wohl aber genozide Tendenzen hatte. In der Anklage gegen den Bauern Anto Trifković steht: »Nach dem Zeugnis ist er als Serbe hervorgetreten, was beweist, daß er wirklich Mitglied der ›Narodna odbrana‹ war.« Als ein Sonderdelikt des Schmiedes Stanoje Zarić geißelt die Anklage: »Er ist bei jeder Gelegenheit als Nationalserbe aufgefallen.« Vladimir Čorović, dem späteren namhaften Historiker, verübelten Anklage und Urteil, daß er sich in Belgrad »mit der Tochter des bekannten Dr. Jovan Skerlić verheiratet hat«. Am Ende befindet das Gericht unter anderem, der Angeklagte betrachte zweifellos »das serbische Volk Bosnien-Herzegowinas als Teil des serbischen Volks des Königreichs Serbien«, woraus der Schluß folgt, »daß sein König Petar Karadjordjević und sein Heer das Serbiens sei«!

Die Todesurteile von Banja Luka wurden nicht vollstreckt. Nach dem Tod Franz Josephs am 21. November 1916 und nach der russischen Februarrevolution von 1917 entspannte sich die Lage etwas. Pašić bat den spanischen König Alfons XIII., der die serbischen Interessen in Österreich-Ungarn vertrat, um Intervention zugunsten der Verurteilten. Alfons hat sich für eine Begnadigung eingesetzt, neben ihm auch Papst Benedikt XV., und Kaiser Karl ließ sich die Gerichtsakten bringen; am 30. März 1917 wurde den Verurteilten sein Gnadenerlaß vorgelesen[9]. Der Preis dafür war offenbar der serbische Prozeß von Saloniki gegen die »Schwarze Hand«, der gerade drei Tage später, am 2. April 1917, begann.

Ähnliche Hochverratsprozesse gegen die Serben wurden auch

zwischen Herbst 1916 und Januar 1918 geführt. Dazu veranstaltete Österreich-Ungarn 1915 vier politische Schülerprozesse gegen serbische Gymnasiasten aus Bosnien-Herzegowina. Sie waren (angeblich) Mitglieder von geheimen, mit der *Narodna odbrana* verbundenen Schulgesellschaften. Die Anführer wurden in der Regel zum Galgen oder zu Kerkerhaft verdammt.

Gegen die Serben Bosnien-Herzegowinas gab es neben den »ordentlichen« und »unordentlichen« Todesurteilen auch »ordentliche« und »unordentliche« Todesstrafen. Meistens liquidierte man damals auf zeitgemäße Art durch Erhängen oder Erschießen. Doch wandte man auch ältere, entsetzlich sadistische Hinrichtungsformen an, die erst in dem totalen Bürgerkrieg und Kreuzzug des Zweiten Weltkriegs zur vollen Blüte kommen sollten.

In Vlasenica erschlugen die muslimischen Freiwilligen, die sich stolz »Legionäre« nannten, die Serben mit Beilen. Nikola Stojanović schreibt[10], daß der in Brčko geborene Lausanner Soziologiestudent Jovan Živanović, ein Freiwilliger im serbischen Heer, nach seiner Gefangennahme in Srebrenica lebendig verbrannt worden sei. Der kranke Greis Joko Ćeranić wurde totgeschlagen und dann samt seinem Haus in Brand gesteckt. Ebenfalls im Haus verbrannt wurden der alte Tomo Ivković sowie Ilija und Djole Ivković mit ihrer Mutter. Ein psychisch kranker Junge, Petar Kovačević aus Kotari, wurde zuerst bestialisch gefoltert, danach lebendig verbrannt. Im Bulozi schlossen im Oktober 1914 Gendarmen und Schutzkorps Aćim Paprica mit Frau und Kindern im Haus ein und zündeten es an. Das gleiche taten sie mit Simo Kovačević und seiner Familie; den Sohn, der aus dem Feuer sprang, haben sie lebendig begraben, den hundertjährigen Stjepan Lazarević ermordet und Schweinen zum Fraß gegeben, den Schultheißen Djordje Mitrović nebst sechzehn Männern und Frauen mit Bajonetten zerstückelt[11]. Muslimische Schutzkorpsmitglieder haben Nedjo Borovina aus Vjetrenik die Haut vom Kopf[12] und Nikola Pejović aus Ligat bei lebendigem Leib die Haut abgezogen[13]. Man wird hier freilich fragen: Beweisen diese entsetzlichen Greuelberichte mehr als die Schrecklichkeit von Kriegen? Könnte die Gegenseite, wenn sie hier zu Wort käme, nicht auch mit Greuelberichten aufwarten? Wurden tatsächlich – in diesem, wie tendenziell in allen anderen geschilderten Kriegen – immer nur schuldlose Lämmer durch sadistische Schlächter überfallen?

Solche und ähnliche Fragen sind keinesfalls von der Hand zu weisen. Ihre Berechtigung läßt sich durch manches Beispiel belegen. Doch geht es hier um mehr. Einmal nämlich ist das in diesem Buch Dargestellte aus naheliegenden Gründen dem breiteren Publikum gerade des deutschsprachigen Raumes bis heute sehr wenig oder gar nicht bekannt geworden. Denn eine extrem einseitige Berichterstattung hat es unterdrückt – wie sie ja auch den gegenwärtigen Balkan-Konflikt ganz selten nur aus der Sicht der Serben schildert!

Noch wichtiger aber ist der folgende Grund: Nicht das Kroatentum als solches oder der kroatische Katholizismus waren jemals im Ersten oder gar Zweiten Weltkrieg in ihren Existenzen bedroht, sondern das Serbentum und die serbische Orthodoxie. Das wird der hier bald zu dokumentierende klerofaschistische Ustascha-Kreuzzug 1941–1943 noch erschütternd belegen, worin sich ja nur die jahrhundertelange Verfolgungswut der – wenn sie kann! – alle Gegner vernichtenden römisch-katholischen Kirche fortgesetzt und wahrlich blutig genug ausgetobt hat.

Darauf aber weisen manche Praktiken der katholischen österreichisch-ungarischen Seite in gar nicht so unbeträchtlichen Ansätzen schon im Ersten Weltkrieg hin.

In den unsicheren Gemeinden Bosnien-Herzegowinas war auch die Geiselnahme üblich. Und schon dies vielleicht einzigartige Beispiel dafür, daß ein Staat seine eigenen Untertanen als Geiseln nahm, bezeugt den Vernichtungsbürgerkrieg Österreich-Ungarns gegen die »Bosniaken«. Man folterte und mordete diese Geiseln – oft orthodoxe Priester – bei jeder Sabotage der serbischen Guerilla oder Offensive der serbischen und montenegrinischen Truppen. Bei der montenegrinischen Offensive in Foča 1914 stellten die Habsburger Soldaten die Geiseln in der ersten Reihe auf, und in Pašino Brdo, gegen die Serben, trieben sie sogar die Frauen vor den Feind und schossen aus der Deckung, die ihnen dieser ›menschliche Schutzschild‹ bot[14].

Neben Massenverhaftungen – nach Kriegsausbruch gab es in Bosnien-Herzegowina über 5000 ohne irgendeinen Rechtsgrund verhaftete Serben – praktizierte die Doppelmonarchie dort und in Sirmien massive Ausbürgerungen. Die gesamten Vermögen dieser Menschen wurden konfiziert, sie selbst in der Regel nach Serbien oder Montenegro vertrieben. Allein in Montenegro befanden sich zwischen 50 000 und 70 000 solcher Unglücklichen, die aller Unterhaltsmittel beraubt und somit zum Hungertod verurteilt waren. Die K.u.k.-Macht wollte an ihrer Stelle »loyale Elemente« ansiedeln und redete von dieser »ethnischen Säuberung« ganz offen und stolz. So steht in dem bezeichnend betitelten Artikel *Frühlingsgedanken*, veröffentlicht im offiziösen Organ der bosnischen Regierung, der *Bosnischen Post*[15]: »Ganze Bezirke an der serbischen Grenze sind zum größten Teil von der zumeist serbischen Bevölkerung entblößt, die sich dem Feinde angeschlossen und mit ihm das Land verlassen hat. Hier könnte eine Kolonisierung die durch die Serbeninvasion der Volkswirtschaft geschlagenen Wunden bald heilen. Doch nicht nur in diesen Gebieten sollten Landleute aus der Monarchie angesiedelt werden, auch in den übrigen Teilen des Landes müßte das geschehen.«

Sonstige Ausgebürgerte wurden meist nach Arad – im heutigen Rumänien – geschickt, wo bereits am 17. August 1914 die ersten Transporte eintrafen.

Auf seine besondere Art nämlich war Österreich-Ungarn, dieser Herd der Reaktion, »fortschrittlich«. Es schuf damals für die Serben in Arad, in der alten, gewaltigen Festung mit ihren vielen unteridischen Galerien, das erste europäische Konzentrationslager. Da die Festung an einer Biegung des Maros lag, waren diese lichtlosen Grüfte ständig feucht. In ihnen hat man Männer, Frauen und Kinder zusammengepfercht, Familienmitglieder oftmals von Angehörigen der *Narodna odbrana*, denen also Kollektivschuld aufgebürdet wurde. Es gab wenig Luft, und die stank übel nach menschlichem Kot. Daß dieses Lager zur Vernichtung der Internierten bestimmt war, zeigt sich auch daran, daß es dort, obwohl die Festung am Ufer eines schiffbaren Flusses lag, an Wasser mangelte. Bald verbreiteten sich ansteckende Krankheiten, zuerst Ruhr, zuletzt Fleck- und Bauchtyphus. Die Insassen begannen in Massen zu sterben; an einem einzigen Tag gab es 48 Tote[16]. In den Galerien lagen tagelang Lebende, Sterbende und Tote zusammen. Auch schwere Straßen- und Fabrikarbeiten, welche die Häftlinge bis zur völligen Erschöpfung leisten mußten, dienten dem Vernichtungsziel. Wer wegen Krankheit nicht arbeiten konnte, wurde auf Befehl des Lagerkommandanten Hegedüs erstochen. Mißhandlungen und Vergewaltigungen der Frauen durch die Wächter – ungarische Soldaten – waren alltäglich; viele starben oder begingen infolge der Bestialitäten dieser Helden Franz Josephs Selbstmord. Insgesamt kamen in Arad etwa 40 000 Serben aus Serbien und Österreich-Ungarn um[17].

Arad war aber keine Ausnahme. Gefangene Serben – Zivilisten und Soldaten – wurden auch in den Konzentrationslagern bei Neusiedl am See (Nežider), Sopronek, Túrony und Thalersdorf interniert. Besonders gefürchtet waren die Transitlager in Doboj, Žagar bei Bihać und Vićegrad in Bosnien. Auch dort starben Zehntausende an ansteckenden Krankheiten und verschiedenen Folterungen, vor allem Menschen aus Bosnien-Herzegowina.

Schlimmer noch als in diesem Land, in »ihrem« Bosnien-Herzegowina, wüteten die K.u.k.-Heere nebst Verbündeten – den von der Zentralmächte-Propaganda aufgehetzten, nach Revanche für 1913 lüsternen Bulgaren (die inzwischen entdeckt hatten, daß sie nicht Slawen, sondern Hunnen waren) – im besetzten Serbien.

Beim ersten Einbruch dort, im August 1914, erließ das Generalkommando des neunten österreichisch-ungarischen Korps die »Direktiven« über das Verhalten in einem »Feindesland, das von einer mit fanatischem Haß gegen uns erfüllten Bevölkerung bewohnt ist, und wo der Meuchelmord als erlaubt gilt und geradezu als Heldentat gefeiert wird. Einer solchen Bevölkerung gegenüber ist jede (!) Humanität und Weichherzigkeit höchst unangebracht, ja, geradezu verderblich.« Außerhalb der Ortschaft angetroffene Einwohner, auch unbewaffnete, seien als Bandenmitglieder anzusehen; »man mache solche Leute, wenn sie halbwegs verdächtig erscheinen, nieder!«.

Diese hochrangigen Mordanstifter wußten freilich sehr genau, daß die serbischen Reservisten größtenteils keine Uniformen bekamen und in ihren Volkstrachten kämpften. Die »Direktiven« führten aber dazu, daß solche Serben, gerieten sie in Gefangenschaft, an Ort und Stelle als »Banditen« erschossen wurden, ebenso die festgenommenen Mitglieder der *Narodna odbrana*. Bereits beim Betreten des serbischen Bodens in der nordwestlichen Mačva massakrierten die Soldaten Habsburgs alles, was sie erwischten, schonten auch Frauen und Kinder nicht, plünderten und setzten ganze Dörfer in Flammen. Die nordserbische Bevölkerung reagierte mit schwarzem Humor: Sie schimpfte diese Wüteriche mit dem deutschen Wort »Kulturträger«, mit dem die deutsch-österreichisch-ungarische Propaganda die Invasoren rühmte; so wurde das Wort

»Kulturträger« in der serbischen Sprache zum Synonym für »Kriegsverbrecher«.

Die Bilanz der Arbeit, die diese »Kulturträger« in der Grenzstadt Šabac bis zum 25. September 1914 verrichteten, beschreibt der nach Serbien gereiste schweizerische Kriegskorrespondent Prof. Dr. R. A. Reiß[18]: »In Šabac sind zerstört oder schwer beschädigt zweitausendfünfhundert Häuser; etwa zweitausendfünfhundert Personen haben durch Bombardierung und Plünderung alles verloren; eintausendfünfhundert Zivilpersonen wurden entweder getötet oder vom Feind entführt; fünfhundertsiebenunddreißig Familien verschwanden ... Die Greuel der österreichisch-ungarischen Soldaten sind unerhört. So haben die Soldaten Franz Josephs alle Frauen und Mädchen zusammengetrieben, etwa zweitausend. Ein Teil von ihnen wurde fünf Tage lang im Hotel ›Europa‹ eingesperrt; die Frauen bekamen nicht mehr als ein wenig Wasser und Brot ... Aus dem Hotel ›Europa‹ wurden die Frauen zuerst ins Hotel ›Cassino‹, dann in die Kirche geführt, wo es schon viele Leute gab. Als die Serben beim Gegenangriff die Kirche bombardierten, befahl man jenen zu schreien: ›Es lebe Ungarn!‹ Die Offiziere vergewaltigten die Mädchen hinter dem Altar. Und als der Beschuß anhielt, trieben die Österreicher und Ungarn die armen Frauen auf die Straßen, damit sie von den serbischen Granaten zerfetzt würden ...«

Die größte Leidenschaft aber und der beliebteste Sport der »Kulturträger« in Serbien war das Erhängen.

Schon als die Habsburger Armee zum ersten Mal für kurze Zeit – vom 2. bis zum 15. Dezember 1914 – Belgrad okkupierte, errichtete sie auf dem Hauptplatz der Stadt (*Terazije*) den Galgen. Als man im November 1915 das ganze Land besetzte, pflanzten die vorläufigen Sieger in jedem Dorf Galgen auf. Sie töteten fast ständig und beinahe wahllos Männer und Frauen, alte wie junge. Das Aufhängen jedoch geschah mit System, der Galgen war in Serbien das Sinnbild der Besatzungsmacht. In ihrer Siegeszuversicht wollten die österreichisch-ungarischen Soldaten ihre Mordlust verewigen und ließen sich, wie später auch ihre Sprößlinge oftmals im Zweiten Weltkrieg, mit ihren Opfern fotografieren. So kamen im Hinterland, ja, bis ins Ausland Aufnahmen von Schindanger-Szenen in Umlauf: drei und vier, fünf und sechs, ja, sieben und acht Galgen nebeneinander, an jedem eine starr ausgestreckte Leiche, und ringsum, Zigaretten rauchend, in bester Laune, das Käppi schräg auf einem Ohr, standen Offiziere, Unteroffiziere und Soldaten Seiner Apostolischen Majestät. Dies alles weist bereits auf die Kroatenmassaker im Zweiten Weltkrieg voraus. Schon im Ersten gab es ja unter jenen österreichisch-ungarischen Kriegern viele Kroaten, die in manchen Divisionen des K.u.k.-Balkanheeres mehr als die Hälfte stellten; wie auch seinerzeit der Kroatenführer (ab 1928) Dr. Vladimir Maček und der kroatische Partisanendiktator Tito gegen Serbien kämpften.

Die katholischen wie mohammedanischen Südslawen waren ein so zuverlässiges Element in der Doppelmonarchie, daß die Angehörigen der Frank-Partei und bosnische Moslems im besetzten Serbien die Hauptlast der Verwaltung trugen. Diese Verwaltung aber ging so weit, daß die serbischen Sozialdemokraten – obwohl alles andere als »Sozialpatrioten« und ohne Hang zur Übertreibung – in ihrer Denkschrift für die Internationale Sozialistische Konferenz in Stockholm 1917 erklärten, die ganze Okkupation sei nichts anderes als eine Fortsetzung des Krieges gegen die friedliche serbische Bevölkerung.

Wie der Menschenmord, so war im besetzten Serbien und Montenegro auch der Kulturmord an der Tagesordnung. Der Königshof in Belgrad wurde demonstrativ in eine katholische Kirche verwandelt, und während der ganzen Okkupationszeit veranstalteten die Katholiken große Prozessionen. Die Besatzungsbehörden bauten auch eine katholische Kirche in Šabac, die am 8. September 1916 eingeweiht wurde. Andererseits hat man die orthodoxen Gottesdienste stark begrenzt oder ganz verboten. In der Belgrader Kathedrale war 1916 nur der Ostergottesdienst erlaubt, in Kragujevac wurde 1917 nur die Weihnachts- und Osterliturgie gelesen, und auch dies bloß für Kinder und Kriegsgefangene. Jede freie Versammlung war bei Todesstrafe verboten, auch fast jede religiöse Zusammenkunft.

Eine Militäranweisung für die Ausübung des Religionskultus in Serbien lautete: »Keine Glocke darf läuten; falls erforderlich, sollen Glocken abgenommen werden. In der Regel ist jeder Kirchturm mit einer Patrouille zu besetzen. Messen sind nur auf Bitte der Bevölkerung erlaubt, und zwar unter freiem Himmel, vor der Kirche, doch darf in keinem Fall im Anschluß daran eine Predigt sein. Während des Gottesdienstes soll sich ein Zug Soldaten in

Schußbereitschaft in der Nähe der Kirche befinden.« Da die orthodoxen Kirchen für ihren Kultus nicht mehr benutzt wurden, konnten sie ihm auch entfremdet werden wie die Himmelfahrtskirche im Zentrum Belgrads, die man den protestantischen Soldaten der Besatzungsarmee zugeteilt hatte. Und um die Entnationalisierung der Serben vollständig zu machen, verbot man, genau wie in Österreich-Ungarn, den Gebrauch der kyrillischen Schrift.

Noch mehr wollte der Aggressor Montenegro erniedrigen. Im Juli 1916 wurde durch die K.u.k.-Besatzungsmacht auf dem Lovćen-Gebirge die Grabkapelle des größten serbischen Dichters und größten Montenegriners Petar II. Petrović-Njegoš – ein Symbol Montenegros – abgerissen. Die serbische Herkunft und das serbische Bewußtsein der Montenegriner sollten ausgelöscht werden. An der Stelle der Njegoš-Kapelle wollte die Doppelmonarchie ein Franz-Joseph-Denkmal errichten; sie ging freilich vorher selbst zugrunde. Bemerkenswert ist, daß dann ihr Rächer Tito dies Vermächtnis vollstreckt hat. Die nach dem Ersten Weltkrieg erneuerte alte Kapelle ließ er nach dem Zweiten Weltkrieg zerstören und statt ihrer für die Überreste des orthodoxen Metropoliten ein klobiges Mausoleum bauen, wie für einen kommunistischen Pharao.

Über die Kriegsführung der Habsburger und Bulgaren in Serbien schrieb der französische Surrealist Guillaume Apollinaire[19]:

> »Man weiß, daß die Österreicher in Serbien eine Entnationalisierung betreiben, die eines der verbrecherischsten und absonderlichsten Unternehmen dieses Krieges ist. So wird der orthodoxe Glaube auf die schroffste, manchmal auch schändlichste und am wenigsten kaschierte Weise zum Nutzen der katholischen Religion verfolgt, was bis zu einem gewissen Punkt das kluge Schweigen des Papstes erklärt, das er hinsichtlich Serbiens in seiner Note an die Oberhäupter der kriegführenden Staaten wahrte.
>
> Wie die Religion, wird auch die Volkssprache bekämpft. Die kyrillische Schrift, die als eines der Charakteristika der serbischen Sprache gilt, ist streng untersagt.
>
> In den Städten wurden die Straßennamen in lateinische Buchstaben umgesetzt, und diese Art der Unterdrückung erstreckt sich auch auf die Nationalliteratur. Überall hat man die Volksliedersammlungen beschlagnahmt und für ihr Hinterziehen

strenge Strafen angedroht. Da diese Gesänge nichts gegen Österreich enthalten, vielmehr nur den Kampf der Serben wider die Türken erzählen, ist klar, daß die Zensur allein die Zerstörung jeder Äußerung des Nationalgeistes bezweckt. Man hat auch die poetischen Werke von B. Radičević und J. Jovanović Zmaj verboten, obwohl beide ungarische Untertanen waren; ihre Dichtungen, schon länger als fünfzig Jahre unter den Serben Österreich-Ungarns frei verbreitet, wurden nur deshalb indiziert, weil sie in serbischer Sprache verfaßt worden sind.

Die Bulgaren gehen in der Bekämpfung der Nationalsprache sogar noch weiter. Sie verbrennen serbische Bücher und Handschriften, ja, schonen selbst die Register und Archive der Kirchen und Gerichte nicht.

Der bulgarische Handelsminister hat diese vandalischen Maßnahmen ein wenig durch seinen Erlaß geschönt, serbische Bücher und Handschriften künftig in die Staatsdruckerei von Sofia zu schicken und zu Papiermaché zu verarbeiten.

Die Bulgaren haben in ihrer unsinnigen Wut sogar jene historischen Denkmäler Serbiens vernichtet, die selbst die türkische Macht respektiert hatte. Alle Inschriften aus Kirchen und Klöstern, die serbische Herrscher erwähnen, wurden entfernt. Ja, die Bulgaren zwangen die Serben, die Endung ›itsch‹ ihrer Familiennamen in ›off‹ zu ändern, in die Endung der Bulgarennamen.«

Doch als die Bulgaren nach allem Quälen und Demütigen die Serben auch noch rekrutieren wollten, erhoben sich diese im Toplica-Bezirk (zwischen Niš und Priština) im Februar 1917 in einem verzweifelten Aufstand. Nach dessen Erstickung reagierten die Bulgaren wie wahre Hunnen – sie verwüsteten und verbrannten sämtliche Dörfer im Gebiet und massakrierten über 20 000 Männer, Frauen und Kinder. Ein Beispiel ihrer Rechtsanschauungen: Im Februar 1918 erzielte der Oberst Kalkandjev vom 42. Infanterieregiment, wegen seiner Untaten vors Kriegsgericht gestellt, einen Freispruch mit der Rechtfertigung: »Ich habe sechzig Geistliche, zweihundert Beamte und mehr als dreitausend Zivilisten getötet, weil ich die Vollmacht meiner Regierung hatte, alle zu töten, die mir als schädlich für Bulgarien angegeben worden sind.«

9. Kapitel

JUGOSLAWIEN: EIN UNMÖGLICHER STAAT ENTSTEHT

Als die österreichisch-ungarischen Soldaten im Sommer 1914 in Serbien einfielen, rechneten sie mit einer leichten, vernichtenden Strafexpedition. Die Serben waren erheblich schlechter bewaffnet. Es fehlte ihnen vor allem an Artilleriemunition, die sie im Ausland kaufen mußten. Nebenbei: Ihre Verbündeten schenkten ihnen nichts. Alles, was das serbische Heer 1918 ins »Vaterland« mitbrachte, war ein Schuldenpaket von drei Milliarden Goldfranken; sie schuldeten ihren Freunden jeden Hosenknopf und jede Sohlenzwecke. Hinsichtlich ihrer Kampfmoral freilich zeigten sich die serbischen den österreichisch-ungarischen Soldaten überlegen.

So kam es gleich zu Kriegsbeginn zu einer großen Überraschung. Nachdem die Invasoren am 12. August 1914 die Grenzflüsse Drina und Save überquert hatten, stießen die 5. Armee (General L. Frank) und Teile der 2. Armee (Feldmarschall Böhm-Ermolli) auf dem Gebirge Cer in Nordwestserbien auf die 2. und 3. Armee der Verteidiger. Nach einer bis zum 24. August dauernden Schlacht mußten die geschlagenen K.u.k.-Truppen über die Grenze zurückweichen; nur der allzu große serbische Respekt vor dem Feind rettete die Frank-Armee vor der Vernichtung. Immerhin, es war der erste Sieg der Entente im Ersten Weltkrieg.

Diese Niederlage freilich machte Österreich-Ungarn nur noch aggressiver. Es versuchte, sein ramponiertes Prestige zu steigern, und begann bereits am 8. September 1914 von Bosnien und Sirmien aus eine noch größere Offensive, an der sich auch die 6. Armee des Generals O. Potiorek beteiligte, des Kommandanten der ganzen Operation. Vom gesamten Balkanheer der Doppelmonarchie angegriffen, schlug Serbien so seine blutigste Schlacht im Ersten Weltkrieg. Sie dauerte bis zum 2. Dezember 1914, doch schon am folgenden Tag, nachdem die Serben die Verteidigung Belgrads aufgegeben, berannten sie in einer Gegenoffensive mit allen verfügbaren Kräften die erschöpfte 6. Armee. Nun mußte das Balkanheer Serbien wieder räumen, diesmal jedoch unter schweren Verlusten: Österreich-Ungarn verlor bei der serbischen Gegenoffensive etwa 100 000 Soldaten, und die Serben erbeuteten riesige Mengen Kriegsmaterial.

Alles in allem starben für die Habsburger Monarchie im ersten Jahr ihres letzten Krieges gegen Serbien und Montenegro 7592 Offiziere und 266 212 Unteroffiziere und Soldaten. Doch die Menschenopfer auf serbischer Seite waren ebenso schrecklich. Es gab 132 000 außer Gefecht gesetzte Krieger – 22 000 Tote, 91 000 Verwundete, und 19 000 Soldaten gerieten in Gefangenschaft.

Nach dieser Schlacht war klar, daß die Donaumonarchie allein die Serben nicht besiegen konnte. So erlangte sie Hilfe vom großen Bruder Deutschland, der im Sommer 1915 enorme Erfolge gegen Rußland errang und nun einen Teil seiner Truppen in den Balkan schickte. Beistand kam auch von Bulgarien, das am 6. September 1915 in Pless (Pszczyna) eine Kriegskonvention mit den Zentralmächten schloß. Daraufhin schlug Serbien den Alliierten die Ausschaltung Bulgariens durch einen Präventivkrieg vor, was die Verbündeten jedoch ablehnten – die Ursache für das schwere Schicksal Serbiens und Montenegros in der Folgezeit. Nur der griechische Ministerpräsident Venizélos sorgte sich um diese Staaten und lud die Entente zur Entsendung ihrer Truppen nach Saloniki ein. Zunächst reagierte freilich bloß Frankreich, das überdies seine 57. und 157. Division erst Ende Oktober in Saloniki ausschiffte, für Serbien und Montenegro zu spät.

Den neuen Angriff auf Serbien unternahm eine Armeegruppe, die aus der 3. österreichisch-ungarischen Armee (Feldmarschall H. Kövess von Kövessháza), der 11. deutschen Armee (General M. Gallwitz) und der 1. bulgarischen Armee (General K. Bojadschiev) bestand, wobei der deutsche Feldmarschall A. v. Mackensen, Sieger über die Russen bei Gorlice, den ganzen Feldzug befehligte. Den Angriffsplan hatte sein Stabschef erarbeitet, der famose General Hans von Seeckt, das Gehirn der deutschen Wiederaufrüstung sowie der Haupttheoretiker des »Blitzkrieges«. Unabhängig von der Armeegruppe Mackensen sollte sich an diesem Kriegszug noch die 2. bulgarische Armee (General G. Todorov) beteiligen. Insgesamt standen somit 360 000 Infanteristen und 6000 Reiter gegen 563 235 Serben. Technisch aber war der Angreifer sehr viel stärker; auf 678 serbische Geschütze kamen 1400 Kanonen des Feindes. Zugleich sollte Montenegro durch die bosnisch-herzegowinisch-dalmatinischen Kontingente Österreich-Ungarns (General S. Sarkotić) sowie durch jene Teile der 3. K.u.k.-Armee erledigt werden, die nach der Besetzung Serbiens verfügbar würden.

Nach einer höllischen Kanonade begann am 6. Oktober 1915 vom Norden her der Sturm der deutschen und K.u.k.-Truppen, der sich vorerst gegen Belgrad richtete; in der Nacht vom 13. zum 14. Oktober griffen vom Osten her zudem die Bulgaren an. Dieser Übermacht hätte das serbische Heer durch Verlassen des Landes noch rechtzeitig ausweichen können, um bei Saloniki eine günstigere Kriegswende abzuwarten. Das serbische Oberkommando aber baute auf die Bundesgenossen und ließ sich in ein Ringen um jeden Fußbreit Boden ein. An allen Lagerfeuern kursierte das Gerücht, die Alliierten hätten gemahnt, um jeden Preis zehn Tage bis zum sicheren Eintreffen des Entsatzes auszuharren. Auch ein Tagesbefehl des serbischen Feldmarschalls Petar Bojović verhieß: »Wir dürfen in diesem Kampf nicht den Mut sinken lassen, denn über Saloniki, Djevdjelija und Krivolak eilen uns die Franzosen und Engländer zu Hilfe, und bald wird uns auch die russische Unterstützung erreichen.« Doch der französische Botschafter in Rußland, Palologue, notierte am 25. Oktober: »Jeden Tag richtet Pašić an die Alliierten einen verzweifelten Appell – umsonst.« Die Alliierten nämlich wollten keinen ernsthaften Krieg mit Österreich-Ungarn und überließen daher 1915 Serbien seinem Schicksal.

Inzwischen hatten die Bulgaren den durch das Vardar-Tal führenden Weg nach Saloniki gesperrt, und dem serbischen Heer, das Mackensen ständig zu umkreisen und zu vernichten trachtete, blieb nichts anderes übrig, als – zusammen mit mehreren tausend flüchtenden Zivilisten – über das wilde und vereiste Gebirge Montenegros und Albaniens an die Adria zu fliehen. Damit begann das Kapitel der serbischen Geschichte, das als »albanisches Golgatha« bekannt ist.

Als sich das serbische Heer am 23. November 1915 in Kosovo-Metochien zu diesem Marsch sammelte, hatte es von seinen ursprünglich 563 235 Soldaten durch die Offensive der Zentralmächte bereits 138 600 Mann verloren. Auf dem Weg nach Montenegro und Albanien starben weitere 243 877 Personen – vorwiegend Soldaten – an Hunger und Erschöpfung oder durch Kugeln der albanischen Guerilla, die von den Österreichern mit Repetiergewehren und Rosenkränzen bewaffnet worden war. In Korfu kamen 151 828 Soldaten an, und so wurde diese Insel zu einem riesigen Militärhospital, wo zwischen dem 23. Januar und dem 23. März 1916 noch einmal 4847 Menschen starben. 13000 Krieger wurden nach Bizerte in Tunesien transportiert, wo es eine serbische Offiziers-und Unteroffiziersschule gab; etwa 5000 Personen, vorwiegend Zivilisten, brachte man in Frankreich und Korsika unter.

Im September 1918 standen an der Front von Saloniki noch etwa 140 000 serbische Soldaten. Auch die Kriegsverluste der serbischen Zivilbevölkerung waren sehr hoch: 600 000 Menschen[1]. Insgesamt verlor das Königreich Serbien durch den Ersten Weltkrieg jeden vierten Einwohner, das Königreich Montenegro gleichfalls ein Viertel der Bevölkerung.

Während des Rückzuges 1915/16 hatte Serbien nur einen aufrichtigen Alliierten: das montenegrinische Volksheer. Sein Armeekorps »Sandschak« schützte mit übermenschlichen Kräften die serbischen Kolonnen, die die K.u.k.-Armee von Bosnien her zu erreichen versuchte, und schlug am 6. und 7. Januar 1916 bei Mojkovac das 8. Korps des Generals I. Trolmann. Als aber das 19. Habsburger Korps am 11. Januar das – auch durch Kriegsschiffe beschossene – Gebirge Lovćen eroberte, verlor Nikola, der alte König Montenegros, den Mut. Vor die Wahl gestellt, zusammen mit den Serbiern nach Saloniki zu gehen oder die Waffen zu strecken, entschied er sich für die Kapitulation, die er am 21. Januar 1916 durch seine Regierung erklären ließ. Hierdurch liquidierte er seinen eigenen Staat, hoffend, daß eine künftige Friedenskonferenz diesen wiederbeleben würde[2]. Das aber sollte – trotz der Anstrengungen Italiens und der Vereinigten Staaten – nicht geschehen, da die Montenegriner selbst 1918 die Vereinigung mit Serbien vollzogen. Sie war in der Tat seit 1912, als beide Staaten eine gemeinsame Grenze bekamen, erwogen, allerdings durch die verschiedenen Herrscher und Dynastien – Petrović-Njegoš und Karadjordjević – immer wieder verhindert worden. Mit seiner Kapitulation jedoch, die einer Abdankung gleich kam, hatte Nikola selbst den Weg freigemacht.

Als Deutschland im September 1918 wegen Problemen an der Westfront seine Reserven aus Mazedonien abziehen mußte, sah die Entente an der Front von Saloniki, wo sich 600000 Zentralmächtesoldaten 619000 Entente-Soldaten gegenüberstanden, ihre Chance gekommen. Durch zwei französische Divisionen verstärkt, sollte das serbische Kontingent den Durchbruch erzielen, und am 14. September um 8 Uhr begann es, in einer Breite von 33 Kilometern mit 580 Geschützen und Mörsern sowie 81 Flugzeugen die bulgarischen Festungen und Stacheldrahtverhaue auf dem Dobro Polje zu bombardieren. Nach fast vierundzwanzigstündigem ununterbrochenem Beschuß erreichte die Infanterie der 2. serbischem Armee am 15. September um 5.25 Uhr kriechend die bulgarischen Schützengräben. Auf das Trillerpfeifensignal hin »erhob sich die erste Angriffswelle wie eine Mauer«, und der Sturm brach los. »In vier Minuten«, schreibt der Historiker Ekmečić, »rannten sie in die bulgarischen Schützengräben hinein, und in ebenso vielen weiteren Minuten des Gemetzels ging für immer der Traum vom großen Bulgarenreich unter«.[3] In den folgenden Tagen lösten sich die fliehenden bulgarischen Armeen auf. Bei Mlado Nagoričane wurden 46 800 ihrer Soldaten gefangen, bei Skoplje noch einmal 70 000; es ergaben sich auch 4200 Deutsche und 10 000 Streiter Seiner Apostolischen Majestät. Aus Furcht, die Serben könnten in Bulgarien einfallen und dort die in Serbien verübten bulgarischen Greuel rächen, kapitulierten die Bulgaren am 29. September – und wurden aus Hunnen wieder zu Slawen.

Noch versuchte die deutsche 11. Armee am 10. Oktober 1918 bei Niš diesem serbischen »Sturm ins Vaterland« Einhalt zu gebieten, wurde aber von der serbischen 1. Armee bis zum 12. Oktober zersprengt. Am 1. November stand das Heer Serbiens in Belgrad, am 6. November in Sarajevo, am 8. in Kotor, am 19. in Zagreb, am 14. in Dubrovnik, am 18. in Split. Doch hatte der Durchbruch bei Saloniki nochmals 42 725 getötete oder verwundete serbische Soldaten gekostet.

Am 26. November 1918 beschloß die »Große Volksversammlung des Serbischen Volkes« in Podgorica in Montenegro dessen Anschluß an Serbien. Einen Tag früher dekretierte die »Große Volksversammlung der Vojvodina« in Novi Sad die Trennung von Ungarn und die Eingliederung in Serbien. Zugleich stellte sich die Frage der Vereiningung mit Kroaten und Slowenen.

Die Westalliierten beabsichtigten keinesfalls, Österreich-Ungarn zu zerschlagen. Sie sahen in ihm einen Gleichgewichtsfaktor sowohl gegen Deutschland als auch gegen den Bolschewismus. Habsburgfreundlich waren besonders die Vereinigten Staaten, deren Präsident Thomas Woodrow Wilson sich selbst auf der Pariser Friedenskonferenz 1919 sogar als »Antiserbe« bezeichnete. Den Erhalt der katholischen Großmacht verfocht am vehementesten natürlich der Vatikan. Daher gewährten die Alliierten am 3. November 1918 großzügig einen Waffenstillstand und setzten die Regierung von Pašić und König Alexander unter Druck, eine großserbische Lösung zu akzeptieren, die – gemäß dem Londoner Vertrag vom 26. April 1915 – Bosnien-Herzegowina und Süddalmatien umfassen sollte.

ZENTRALISMUS ODER FÖDERALISMUS?

Für die selbstmörderische Idee eines Südslawenstaates hatte die serbische Regierung nur einen wahren Verbündeten – die französische Freimaurerei, die in ihrem Kampf gegen Rom in der Habsburger Monarchie bloß ein Ungeheuer des römischen Katholizismus sah. Ohne Einsatz dieser mächtigen, während des Ersten Weltkriegs mit der serbischen Regierung am engsten verbundenen Organisation hätte Jugoslawien nicht entstehen können[4].

Nach dem Durchbruch der Front von Saloniki und der Kapitulation Bulgariens, als der Sieg der Alliierten offensichtlich war, bildeten sich in den südslawischen Teilen der Doppelmonarchie die »Nationalräte«. So trat am 6. Oktober 1918 der »Nationalrat der Slowenen, Kroaten und Serben« (*Narodno Vijeće Slovenaca, Hrvata i Srba*) in Zagreb auf den Plan, der die verschiedensten Parteigruppen umfaßte: die Serbisch-Kroatische Koalition, die Starčević-Partei, die Kroatische Bauernpartei, die Serbische Radikale Partei der Vojvodina, die Slowenische Volkspartei, die Südslawische Demokratie und die Südslawische Sozialdemokratie sowie Delegierte aus allen anderen Gauen des südslawischen Stammesgebietes der Donaumonarchie. Das Gremium beanspruchte für sich, »die politische Vertretung aller Slowenen, Kroaten und Serben in Kroatien-Slawonien zu sein, einschließlich Fiume, Dalmatien, Bosnien-Herzegowina, Istrien, Triest, Görz, Steiermark, Kärnten, Bačka, Banat, Baranja und der übrigen Teile Südwestungarns«.

Das »gemeinsame Grundprogramm« des Nationalrates war die Vereinigung aller Slowenen, Kroaten und Serben in einem freien, unabhängigen, auf demokratischen Grundsätzen beruhenden

Nationalstaat. Nachdem Kaiser Karl in seinem Manifest vom 16. Oktober 1918 die Nationalräte als legitime Organe der Volkswillensbildung in der Monarchie anerkannt und zur Neubildung eines österreichischen Bundesstaates aufgefordert hatte, erklärte der Zagreber Rat – unter Vorsitz von Dr. Anton Korošeć (Slowene), Dr. Ante Smith-Pavelić (Kroate) und Svetozar Pribićević (Serbe) – am 19. Oktober, daß er die Führung der Nationalpolitik übernehme. Zugleich lehnte er aber deren Lösung im Sinne des kaiserlichen Manifestes ab und setzte sich für die Internationalisierung der Situation der Südslawen des Habsburger Reiches ein, d. h. für ihre direkte Teilnahme an der künftigen Friedenskonferenz.

Am 23. Oktober forderte der Nationalrat zur Einsetzung von »Ausschüssen des Nationalrates« in Stadt und Land auf. Diese papierene Revolution erreichte ihren Höhepunkt am 29. Oktober, als der kroatische Landtag – während in ganz Zagreb euphorische Stimmung herrschte und von den Galerien aus Damenhänden Blumen regneten – einstimmig beschloß: »Kraft des vollen nationalen Selbstbestimmungsrechts sind alle bisherigen staatsrechtlichen Beziehungen und Verbindungen zwischen dem Königreich Kroatien-Slawonien auf der einen und dem Königreich Ungarn sowie dem Kaiserreich Österreich auf der anderen Seite gelöst. Infolgedessen wird besonders der kroatisch-ungarische Ausgleich für nichtig, wird Dalmatien-Kroatien-Slawonien einschließlich Fiume zum völlig unabhängigen Staat gegenüber Ungarn und Österreich erklärt. Er tritt nach dem modernen Nationalitätenprinzip und kraft der nationalen Einheit der Slowenen, Kroaten und Serben ein in den gemeinsamen souveränen Nationalstaat der Slowenen, Kroaten und Serben auf dem ganzen ethnographischen Raum dieses Volkes, ohne Rücksicht auf die territorialen und staatlichen Grenzen, in denen das Volk der Slowenen, Kroaten und Serben heute lebt.« Zugleich erkannte der Landtag den Nationalrat als oberste Gewalt an.

Hierdurch übertrug der eine inexistente Staat seine fiktive Souveränität auf den anderen Staat, der genausowenig existierte.

Der erste Vereinigungs-Versuch der österreichisch-ungarischen Südslawen mit Serbien wurde auf der Genfer Konferenz vom 6. bis zum 9. November 1918 unternommen und mißlang. Die serbische Regierung wollte keine Verbindung Serbiens mit einem österreichisch-ungarischen Südslawien, dem »Staat der Slowenen, Kroaten und Serben«, in einem Bundesstaat Österreich-Ungarn. Sie wollte im Gegenteil, daß sich die abgetrennten Teile des österreichisch-ungarischen Südslawien einfach Serbien anschließen sollten, damit der so entstehende Staat nichts anderes sei als ein erweitertes und transformiertes Serbien.

Eine solche Vereinigung geschah am 1. Dezember 1918 in Belgrad. Das Oberhaupt des neu proklamierten Königreichs der Serben, Kroaten und Slowenen – ab 1929 Königreich Jugoslawien – war der serbische König, dem eine provisorische Volksvertretung zur Seite trat. Am 3. Dezember 1918 stellte der Nationalrat in Zagreb fest, nach den Akten vom 1. Dezember sei seine »Funktion ... als höchste souveräne Gewalt des Staates der Slowenen, Kroaten und Serben auf dem Gebiet des ehemaligen Österreich-Ungarn« erloschen. Auch der Versailler Friedensvertrag vom 28. Juni 1919 behandelte das Königreich der Serben, Kroaten und Slowenen nicht als neuen Staat wie die Tschechoslowakei und Polen, sondern setzte es mit Serbien gleich.

Die serbische Regierung wollte keine Föderation mit Kroaten und Slowenen, sie bestand auf einem zentralistischen Jugoslawien. Diese Haltung vertraten auf der verfassungsgebenden Versammlung 1921 auch die serbischen Parteien, weil sie argwöhnten, die kroatischen und slowenischen Separatisten würden die föderalistischen Institutionen ausnutzen, um den Staat zu zerstören. Den Verdacht, der sich schließlich auch bewahrheitet hat, nährten die kroatischen und slowenischen Parteien schon 1920, indem sie den Verfassungsentwurf S. Protićs ablehnten. Er sah einen Länderföderalismus vor, der die Staatseinheit nicht bedrohen konnte, doch die Kroaten und Slowenen beabsichtigten, nur so lange in der Föderation mit den Serben zu bleiben, bis die Friedenskonferenz vorüber war – und mit ihr die Gefahr, als Kriegsschuldige mitbelastet zu werden. Anschließend wollten sie sich von den Serben wieder trennen und ihr wahres Ziel – zugleich das große Ziel des Vatikans – verwirklichen: eine Donauföderation mit Österreich und Ungarn[5].

In der Tat widersetzten sich die Kroaten und Slowenen bis zuletzt dem Anschluß an Serbien. Sie versuchten ihre eigene Armee zu organisieren, allerdings vergeblich, und ohne Rücksicht auf die Zentrale in Zagreb setzte der Prozeß der Vereinigung mit Serbien ein. Dem Beispiel der Vojvodina und Montenegros folgend, beschloß die Volksversammlung in Ruma am 25. November 1918 den Zusammenschluß Sirmiens mit Serbien. Dasselbe geschah durch den Nationalrat in Banja Luka am 27. November, den Nationalrat in Kotor am selben Tag sowie – nach dem Bericht der Volksregierung für Bosnien-Herzegowina – durch den Nationalrat in Bihać. Schon am 6. November hatte sich die bosnisch-herzegowinische Regierung für den Anschluß an Serbien entschieden. Dessen Regierung verwehrte es am 10. November dem Zagreber Nationalrat, seine Offiziere nach Bosnien-Herzegowina zu schicken, da sie die dortige Militärverwaltung schon dem serbischen Heer anvertraut hatte.

Am schlimmsten für die Kroaten entwickelte sich die Situation an der Adria, wo die Italiener – im Einklang mit dem Londoner Vertrag – Triest, Fiume und Šibenik besetzten. Die dalmatinischen Kroaten sahen in Serbien den einzigen Schutz vor dem lateinischen Urfeind und stellten am 16. November Zagreb das Ultimatum: Falls es die Vereinigung mit Serbien nicht unverzüglich vollziehe, werde sich Dalmatien in fünf Tagen diesem allein anschließen. So mußten Kroaten und Slowenen ihren Widerstand aufgeben, setzten freilich im neuen Staat ihren Kampf gegen die Serben fort.

Einen weiteren großen Fehler begingen diese damals, indem sie die Kriegsverbrecher nicht bestraften. Der Verbrecher aber, der seine Untat nicht verantworten muß, wird ermutigt, sie – oftmals in noch schlimmerer Form – zu wiederholen. So zogen die Schutzkorpsangehörigen von 1914 dann 1941 die Ustascha-Uniformen an. So wurde Nikola Mandić – während des Ersten Weltkriegs Zivilgouverneur Bosnien-Herzegowinas, wofür er vom Königreich Jugoslawien eine Pension bekam – 1943 Ministerpräsident im kroatischen Ustascha-Staat. General Stjepan Sarkotić – seit dem 23. Dezember 1914 Nachfolger Potioreks als Landeschef und zusammen mit ihm Oberhenker Bosnien-Herzegowinas – konnte 1918 ohne große Komplikationen nach Wien reisen, wo er bis zu seinem Tod 1938 einer der Köpfe der kroatischen terroristischen Bewegung und Vertrauensmann des *Poglavnik* Ante Pavelić war. Auch die K.u.k.-Offiziere setzten ihre Laufbahn im jugoslawischen Heer fort, wo sie die fünfte Kolonne bildeten und so gut wie alle dem führenden Kader der Pavelić-Soldateska angehörten.

Der serbische Romandichter aus der Vojvodina, Miloš Crnjanski, notierte am 12. Januar 1919: »Ich habe in Zemun mit Konjović oft gesprochen und außerdem unsere ›Jugoslawen‹ gesehen. Ich wundere mich, daß die Serbier sich nirgendwo rächen, obwohl die Rache das einzige ist, was bei uns hilft.«

Die Staatsverfassung wurde am 28. Juni 1921 – deshalb »Veitstag-Verfassung« genannt – von der verfassungsgebenden Versammlung angenommen, wobei die orthodox-muslimische Mehrheit eine katholische und kommunistische Minderheit überstimmte. So war der neue Staat von Anfang an religiös und weltanschaulich gespalten. Und obwohl im Artikel 1 der Verfassung als konstitutionelle und parlamentarische Erbmonarchie definiert, war sein wahrer Träger der König und nicht das von den Parteien getragene Parlament, wie sonst in den modernen Monarchien dieser Art.

Eine Parlamentsherrschaft erfordert die stabile Mehrheit einer Partei oder zumindest den Willen der im Parlament vertretenen Parteien zur Zusammenarbeit. Das eine war in Jugoslawien – aufgrund der inneren Spaltung – unmöglich, und das andere kam immer nur durch Druck, Drohungen und kurzlebige »faule« Kompromisse zustande, wobei stets eine der Parteien benachteiligt und vergewaltigt werden mußte. Notwendig war also ein souveräner Vermittler und Machthaber – der König. Die Situation erinnert sehr an Österreich-Ungarn, wo gleichfalls, als Gegengewicht zu zentrifugalen Parlamenten, alles auf den Habsburger als einziger zentripetaler Kraft im politischen System ankam. Jugoslawien mußte deshalb ein ähnliches Schicksal erleiden wie das Reich, das es ins Grab gelegt hatte.

Die Hauptstützen der königlichen Macht waren einerseits das Heer, das im serbischen Bauerntum wurzelte, andererseits die Freimaurergroßloge »Jugoslavija«, die unter französischem Einfluß stand und deren Führung – bzw. der Oberste Rat der Serben, Kroaten und Slowenen – eine Art Zentralkomitee des Regimes war. Diese hervorragende Rolle wurde der Freimaurerei vor allem deshalb zuteil, weil sie das Zentraldogma des Staates, die integrale jugoslawische Nation, deren »Stämme« die Serben, Kroaten und Slowenen lediglich seien, entwickelt, gepflegt und geschützt hat.

Aber die Gegensätze zwischen Serben und Kroaten machten auch vor der jugoslawischen Freimaurerei nicht halt. So verließ ein Teil der kroatischen Logenbrüder, vorwiegend Juden und kroatische Separatisten, 1926 die gemeinsame Organisation und gründete die »wilde« Symbolische Großloge »Libertas«. In dieser Großloge, hinter der die deutsche Loge »Zu den drei Weltkugeln«

stand, nisteten sich bald auch die späteren Ustascha-Matadore ein, Slavko Kvaternik, Eugen-Dido Kvaternik, Dr. Mile Budak, Dr. Mirko Puk und andere[6]. Dagegen waren viele bedeutende Jugoslawen Mitglieder ausländischer und gemischtnationaler Logen. König Alexander Karadjordjević gehörte anscheinend einer Pariser Loge an[7]. Es ist wahrscheinlich, doch nicht erwiesen, daß es sogar eine kommunistische »Ostloge« gab.

Zur Stärkung der persönlichen Macht des Königs trug auch Jugoslawiens außenpolitische Lage wesentlich bei. All seine Nachbarländer, mit Ausnahme Griechenlands und Rumäniens, standen ihm feindlich beziehungsweise revanchistisch gegenüber. Besonders gefährlich aber war ihm die katholische »Sichel« Italiens, Österreichs und Ungarns. Wegen Nichterfüllung des Londoner Vertrags wurde das ehemals kriegsverbündete Italien zum erbittertsten Widersacher Jugoslawiens. Zumal nach der faschistischen Machtergreifung 1922 tat Mussolini alles, um den südslawischen Staat zu vernichten. Er beherbergte gemeinsam mit Ungarn die kroatischen Ustaschen, arrangierte Attentate auf Alexander und trieb endlich 1941 Hitler gegen Jugoslawien in den Krieg.

Das Zentrum des kommunistischen Kampfes gegen Jugoslawien und Gehirn der ganzen kommunistischen Balkan-Propaganda war die Donaumetropole. Die Hauptkontakte zwischen Moskau und den Balkansektionen der Kommunistischen Internationale (Komintern) liefen über die sowjetische diplomatische Vertretung in Wien, unter deren Aufsicht die Geheimorganisationen der Sowjetunion und der Komintern wirkten. Der Wiener Stab der Kommunistischen Internationale kollaborierte eng mit den Vertretern der kroatischen Emigration und der »Heimwehr«, jenem militanten österreichischen Selbstschutzverband, der sich später zu einer gegen die Sozialdemokraten gerichteten Bewegung mit extrem faschistischem Flügel entwickelte. In der Wiener antijugoslawischen Zentrale befanden sich zudem die bulgarisch-mazedonischen Terroristen (Innere Mazedonische Revolutionäre Organisation – VMRO), Emissäre des Kosovo-Komitees sowie die magyarischen Revisionisten[8]. Diese scheinbar unnatürliche Kollaboration rechter wie linker Extremisten gegen die Serben dauerte bis weit in den Zweiten Weltkrieg hinein.

Kraft der Persönlichkeit des Soldatenkönigs Alexander Karadjordjević entwickelte sich die Vormachtstellung des Monarchen in

Jugoslawien zum Cäsarismus hin. Geboren am 17. Dezember 1888 in Cetinje, wurde Alexander das Gegenteil seines am 21. August 1921 verstorbenen liberalen Vaters, übernahm aber vieles von seinem Großvater, dem montenegrinischen König Nikola, der seine Bergstämme wie ein patriarchalischer Despot beherrscht hatte. Er betrachtete sich sogar als Montenegriner. Als ein Besucher aus Montenegro einst bemängelte, daß kein Montenegriner in seiner Regierung sitze, sagte Alexander ganz ernst: »Und was bin ich?«

Der Charakter des Königs war auch durch Alexanders Kadettendienst im Pagenkorps des russischen Zaren beeinflußt. Nikolaus Romanow mochte ihn, noch mehr freilich fühlte sich die älteste Zarentochter, Großfürstin Olga, zu ihm hingezogen. Wäre der Weltkrieg nicht ausgebrochen, hätte Alexander sie wahrscheinlich geheiratet. Doch am 16. Juli 1918 wurde Olga zusammen mit ihren Eltern und Geschwistern auf Befehl der Revolutionäre Swerdlow und Lenin ermordet, worauf in Alexander tiefer Haß, ja, eine fanatische Rachsucht gegen den Bolschewismus entbrannte.

Nach dem Sieg der Kommunisten in Rußland nahm er die Reste der Weißen Armeen und die russische Exilkirche auf, so daß in Jugoslawien ein kleines antikommunistisches Rußland entstand. Man sprach gar davon, Alexander prätendiere auf die Zarenkrone. Als er 1922 die rumänische Prinzessin Maria heiratete, erklärten dies manche Beobachter damit, daß Alexander plane, über Rumänien einmal Rußland von den roten Tyrannen zu befreien. Tatsächlich stand der Kampf gegen den Kommunismus immer im Mittelpunkt seines politischen Denkens und Handels. Die roten Herren blieben ihm jedoch nichts schuldig: Sie bliesen zur Jagd auf seinen Kopf.

DIE KOMMUNISTEN EROBERN DAS KÖNIGREICH

Bald darauf zeigten die Kommunisten in Alexanders eigenem Haus, ausgerechnet in Serbien und Montenegro, ihre imponierende Kraft. Ihr Erster Kongreß, der sogenannte »Kongreß der Vereinigung der sozialistischen Parteien und Gruppen«, fand im April 1919 statt. Daraufhin schlossen sich die Serbische Sozialdemokratische Partei, die Sozialistische Partei Dalmatiens und die große Mehrheit der

Mitglieder der Sozialdemokratischen Partei Kroatien-Slawoniens sowie die sozialistischen Organisationen und Gruppen aus der Vojvodina, aus Mazedonien und Montenegro in der Sozialistischen Arbeiterpartei Jugoslawiens (der Kommunisten) – SRPJ(k) – zusammen. Die Partei war klassenkämpferisch und eine Bürgerkriegspartei. Sie trat der Moskauer Kommunistischen Internationale bei und nahm den Sturz des Kapitalismus sowie den Kampf für die Errichtung einer klassenlosen Gesellschaft in ihr Programm auf, wobei sie die besitzlosen und armen Bauern als die »natürlichen« Verbündeten der Arbeiterklasse ansah.

Wie schon die Sozialdemokraten, so vertraten auch die Kommunisten den Standpunkt, Serben, Kroaten und Slowenen seien eine einheitliche Nation der Jugoslawen, ja sie behaupteten, das herrschende Bürgertum, das durch die nationale Vereinigung eine fortschrittliche Tat vollbringe, tue zuwenig für die nationale Integration, die Zentralisierung des Staates, so daß Jugoslawien eher ein Gemenge von Kleinstaaten sei als ein normaler Staat. Deshalb glaubte die Kommunistische Partei, unerschütterlich eine »Schutzmauer der Volkseinheit« bleiben und den Kampf gegen Nationalismus, Separatismus, Partikularismus, Föderalismus etc. unversöhnlich führen zu müssen. So warnte etwa die Zagreber kommunistische Zeitung *Istina* im Juli 1919: »Die Stammes-Chauvinismen zeigen sich von Tag zu Tag offener ... Protestiert gegen all die Stammes-Chauvinismen, die vielleicht im Mittelalter zeitgemäß waren, aber heute – heute in der Zeit der Sozialrevolution haben sie nirgends mehr Platz ...!«

Im Unterschied zur herrschenden Freimaurerei jedoch waren die Kommunisten keine jugoslawischen Nationalisten. Vielmehr glaubten sie, daß die Nation nach der Sozialrevolution »absterben« müsse. Als es 1924 zur Wende in der kommunistischen Nationalpolitik kam und die Komintern zum Kampf gegen die serbische Nation blies, blieben die serbischen Kommunisten sowie ein Teil der kroatischen Kommunisten immerhin Internationalisten – mit gutem Recht. Denn ein nationalistischer Kommunismus ist nur eine Art Sekundärfaschismus, wozu sich allerdings der Titoismus entwickeln sollte.

Kaum als Partei gegründet, griffen die Kommunisten gleich zu den üblichen Klassenkampfmethoden und stürzten das Land in den Zustand des latenten Bürgerkriegs. Neben ständigen Proteststreiks und -kundgebungen veranstalteten sie am 20/21. Juli 1919 einen erfolgreichen Generalstreik. Unter ihrer Führung kam es zu mehreren blutigen Meutereien im Heer. Die Kommunalwahlen im März 1920 in Kroatien, Slawonien, Dalmatien und Montenegro waren ein großer Sieg der revolutionären Partei, die nun die absolute oder relative Mehrheit der Stadträte in Zagreb, Slavonski Brod, Osijek, Vukovar, Križevci, Karlovac, Split, Šid, Zemun, Podgorica, Petrovac na Moru und weiteren Städten stellte. Diese große Ermutigung bewirkte, daß im Juli 1920, auf dem Zweiten Kongreß der SRPJ(k), die Radikalkommunisten siegten.

Daraufhin verließen die gemäßigten Elemente – die später zusammen mit den Sozialdemokraten die Sozialistische Partei Jugoslawiens gründeten – die Partei. Diese wurde in »Kommunistische Partei Jugoslawiens« umbenannt, die Parteiorganisation total zentralisiert und ein Programm beschlossen, das den Kampf für die »Sowjetrepublik Jugoslawien« und die Gründung des roten Volksheeres vorsah.Aus den Kommunalwahlen in Serbien und Mazedonien im August 1920 gingen die Kommunisten als stärkste politische Kraft hervor. Sie eroberten die Gemeindeverwaltungen in 36 Städten und Dörfern, unter anderem in Belgrad, Niš, Kragujevac, Šabac, Valjevo, Leskovac, Užice, Pirot, Djakovica, Skoplje, Veles, Kumanovo, Kavadarci. Bei den Wahlen für die verfassungsgebende Versammlung (ohne Wahlrecht der Frauen) vom 28. November 1920 errangen die Kommunisten 58 von 419 Sitzen. Damit zogen sie, in Montenegro ohnehin die bei weitem stärkste Partei, auch in das nationale Parlament als drittgrößte Fraktion ein.

Zum Aufstieg der Kommunisten trugen zweifellos die schweren sozialen Mißstände der Nachkriegszeit bei, insbesondere in Serbien und Montenegro, die der Krieg völlig verwüstet hatte. Auf den Straßen bettelten die verkrüppelten Helden von Saloniki, um zu überleben. Aber auch der Panslawismus – die Slawensolidarität also – spielte vor allem bei den Orthodoxen eine große Rolle und kam den jugoslawischen Kommunisten nach dem Sieg ihrer Genossen im größten slawischen Land zugute. Die Kommunisten hatten überdies eine brillante Führung. Ihr Haupt war der Serbe Sima Marković, Mathematikdozent an der Belgrader Universität, der einzige wahre Intellektuelle in der jugoslawischen Kommunistenführung überhaupt, zugleich ein großer Redner und Polemiker, ein Volkstribun ersten Ranges.

Nun schien den Kommunisten die Situation für den Waffengang reif zu sein. Gewaltsam versuchten sie den Bergbau zu paralysieren, um so die Lähmung der ganzen Wirtschaft einzuleiten. Daher kam es bei Tuzla in Bosnien-Herzegowina am 21. Dezember 1920 zu einem bewaffneten Aufruhr der Bergleute, der sogenannten »Husiner Erhebung«, die Heer und Gendarmerie erst mit Hilfe der Artillerie am 28. Dezember niederrangen. Danach schlug die Regierung zurück, die sich auf ihren Gegenstoß wahrscheinlich lange vorbereitet hatte. Am 29. Dezember 1920 erließ sie eine Verordnung, die – mit einer langen Proklamation eingeleitet, deshalb »Obznana« genannt – bis zum Erlaß der Verfassung vorerst jede kommunistische und »zersetzende« Propaganda verbot, ebenso alle Zeitungen und anderen Schriften, die im Verdacht standen, Ruhe und Frieden im Staat zu stören, die Diktatur, Revolution oder irgendwelche Gewalt zu predigen, zu rechtfertigen oder zu rühmen.

Die »Obznana« war bei weitem keine Terrormaßnahme. Sie hatte keine Gesetzeskraft und wurde daher nur von den Verwaltungsbehörden, nicht von der Justiz angewandt, so daß, wer gegen sie verstieß, gerichtlich nicht verfolgt werden konnte. Immerhin erreichte sie ihr Ziel. Ohne beachtenswerten Widerstand zerschlug die Polizei alle klassenkämpferischen Organisationen; und deren Führer, die ausländischen »Instruktoren«, wurden des Landes verwiesen. Damit schien die Gefahr der bolschewistischen Revolution auf absehbare Zeit gebannt zu sein.

Die Ursache der kommunistischen Katastrophe war eigentlich ein Mißverständnis. Das Volk, vor allem das serbische, bei dem die Kommunisten ihre Hochburgen hatten, verlangte soziale Gerechtigkeit, wollte indes keine blutige, selbstzerstörerische Revolution wie in Rußland. Es war des Krieges überdrüssig und trotz aller Unruhen von einer revolutionären Situation weit entfernt. Dies beweist auch der Umstand, daß bei den Wahlen für die verfassungsgebende Versammlung in Serbien etwa 43 Prozent der Wahlberechtigten nicht wählten.

Die enttäuschten Kommunisten antworteten auf die »Obznana« mit individuellem Terror. Ein junger Arbeiter, Alija Alijagić, erschoß am 21. Juli 1921 einen Führer der Demokratischen Partei, in dem man einen neuen Pašić sah – Milorad Drašković –, nur weil dieser, als die »Obznana« dekretiert wurde, Innenminister war.

Schon am 28. Juni hatte ein anderer junger Arbeiter, Spasoje Stejić, eine Bombe auf den Regenten Alexander selbst geworfen, der jedoch unverletzt blieb. Aufgrund dieser kommunistischen Attentate beschloß das Parlament am 2. August 1921 das Staatsschutzgesetz, das jede Tätigkeit, die auf gewaltsamen Umsturz zielte, insbesondere kommunistische und anarchistische Propaganda, zu schweren Verbrechen erklärte, für welche die Todesstrafe oder Zuchthaus bis zu zwanzig Jahren ausgesprochen werden konnten. Daraufhin legalisierten die Kommunisten im Rahmen des Staatsschutzgesetzes ihre Partei, die sich nunmehr »Unabhängige Arbeiterpartei Jugoslawiens« (NRPJ) nannte. Aber eine kommunistische Partei ohne Klassenkampf war eine Wespe ohne Stachel, und bei den Wahlen im März 1923 bekam sie nur etwa ein Prozent der Stimmen und keinen Platz im Parlament. Ihr wahres Leben führten die Kommunisten fortan in der Emigration (in Wien) oder als tief konspirative Organisation der Berufsrevolutionäre und Geheimagenten.

STJEPAN RADIĆ, DER KROATISCHE VOLKSTRIBUN

Einen nicht minder unversöhnlichen Feind hatten Staat und Regime in Stjepan Radić und seiner Kroatischen Bauernpartei.

Radić, der aus seinen antiserbischen Gefühlen schon im Ersten Weltkrieg keinen Hehl gemacht, bemühte sich danach, eine große separatistische Bewegung ins Leben zu rufen. Er erkannte den neuen Staat niemals an und boykottierte dessen Parlament. Für ihn bestand der »kroatische Staat« fort, der sich künftig als eine neutrale und pazifistische Bauernrepublik konstituieren sollte. So taufte Radić am 7. Dezember 1920 seine Kroatische Bäuerliche Volkspartei (HPSS) in »Kroatische Republikanische Bauernpartei« (HRSS) um. Ihr Fundament bildeten der niedere katholische Klerus, der sich jeder antiserbischen Aktion stets automatisch anschließt, sowie das kroatische Bauerntum, dem Radić in seinem »pazifistischen« Kroatien vorerst die Befreiung vom Militärdienst und von den Steuerlasten zusagte. Er versprach den Bauern aber auch die Befreiung vom Papst und von Rom. Radić war ein genuiner Antiklerikaler und Antijesuit, dem seine Gegner nachsagten, er habe 1904 in Belgrad geäußert, das kroatische Volk werde erst glücklich sein, wenn der römische Papst ihn verdammt habe. Radić dementierte dies zuerst, ließ es sich aber später stillschweigend zusprechen[9].

Im Unterschied zu den Kommunisten, die Gewaltanwendung bevorzugten, hing Radić mehr dem Parlamentarismus als anderen politischen Kampfmethoden an und baute deshalb eine populistische, auf Stimmengewinn eingestellte Massenpartei aus. Die Logik dieser Orientierung zwang ihn zur Aufnahme auch nichtkatholischer und nichtkroatischer Elemente, die ihm gegen das Belgrader Regime hilfreich waren. So wollte er die Gegensätze zwischen den Serbiern einerseits und den Moslems, Montenegrinern, Bulgaromazedoniern und Vojvodina-Serben andererseits nutzen, um diese auf seine Seite zu ziehen. Auch versprach er den kroatischen Arbeitern im kroatischen »Staat der Bauern und Arbeiter« die soziale Befreiung von dem Joch, das ihnen sowohl Belgrader Monarchisten und Militaristen als auch die heimischen Kapitalisten auferlegt hätten. Er übernahm 1922 die kroatischen Gewerkschaften, den »Kroatischen Arbeiterbund« (HRS), der ein Instrument seiner Partei war, bis er sich 1941 dem Ustascha-Staat zur Verfügung stellte.

Die Übernahmen hatten zur Folge, daß Radić auf Kosten des Nationalen immer sozialer wurde und 1924 sogar der kommunistischen Bauerninternationale in Moskau beitrat. Um ihn, den charismatischen Führer, einen fleischigen, gutmütigen – oder doch gutmütig sich gebärdenden – vulgären Hanswurst und apostolischen Visionär, Schwejk und Johannes Hus zugleich, scharten sich alle national und sozial unzufriedenen Kroaten, von den Klerofaschisten bis zu den Nationalkommunisten. Dieses Sammelsurium seiner Bewegung präsentierte sich eindrucksvoll auf Kundgebungen, wo man unter der Losung »Ave Maria – Es lebe die Republik!« die roten kommunistischen Fahnen neben den Bildern des Kaisers Karl von Habsburg trug.

Ideologie und Bewegung des Radić mußten dem jugoslawischen Episkopat um so unangenehmer sein, als sie in einem katholischen Volk wurzelten, das – nach dem Vatikan – wie andere katholische Völker von einer klerikalen »Volkspartei« geführt werden sollte. Aber die klerikale Kroatische Volkspartei (HPS), mit der klerikalen Slowenischen Volkspartei (SLS) Koršecs im »Jugoslawischen

Klub« vereint, bekam bei den Wahlen für die verfassungsgebende Versammlung nur dort Mandate, wo die Kroaten und Katholiken, seit altersher von den Franziskanern gegängelt, mit Serben und Moslems zusammenlebten (Vojvodina, Bosnien-Herzegowina, Dalmatien). In den rein kroatischen Gebieten dominierte Radić souverän und bildete mit zwei kroatischen Zwergparteien, der faschistoiden Rechtspartei und der liberalen Kroatischen Gemeinschaft, den sogenannten »Kroatischen Block«. Die den Bischöfen fatalste Bestimmung des Radić-Programms (»Staatsordnung oder Verfassung der Neutralen Bauernrepublik Kroatien«) sah indes vor, daß jeder Großgrundbesitz, »der staatliche, der kirchliche und der private, prinzipiell abgeschafft wird«. Denn die kroatischen Bauern wurden natürlich auf den Latifundien der katholischen Kirche ausgebeutet, die im Königreich Jugoslawien rund 170 000 Morgen* Land besaß, und schon deshalb mußte Radićs Agrarsozialismus für sie unannehmbar sein.

Der führende Klerikale, Anton Korošec, beschuldigte Radić bereits 1919, den Bolschewismus in Kroatien zu befürworten. Die klerikalen Kreise behaupteten auch, hinter seinem Kroatischen Block, wie hinter den kroatischen Unitaristen, stehe die Freimaurerei[10].

Radić reagierte auf diese Vorwürfe rücksichtslos. Nach den Stadtwahlen in Zagreb, wo von 28 000 möglichen Stimmen der Kroatische Block 15 297, der Kreis der Klerikalen aber nur 366 Stimmen erhielt, schimpfte Radić seine Gegner nicht nur »Pfaffendiener«, sondern lancierte, ausgerechnet bei einem Begräbnis, auch eine neue Parole: »Glaube an Gott, aber nicht an die Pfaffen!« – »Ein Mann«, kommentierte der klerikale *Katolički list*[11], »der selbst in einem solchen Augenblick in Haß gegen den ganzen Stand entbrennt, verrät seine wahre Meinung über die katholische Religion, die er doch so heuchlerisch vor dem Bauerntum bekennt, von dem er weiß, daß es noch immer etwas zu ihr hält. Was werden wir erst von Herrn Radić hören, wenn die gute Hälfte des Klerus hinter ihm – dem Führer – schreitet!«

Diese doppelte Feindseligkeit Radićs – gegen die Serben und gegen den katholischen Episkopat – führte zum ersten paradoxen Bündnis im paradoxen Staat Jugoslawien: einem Pakt zwischen

---

* Ein Morgen = 5754 m²

dem serbischen orthodoxen sowie freimaurerischen Regenten Alexander und der romhörigen Kirche. Als Preis dafür freilich verlangte diese ein Konkordat, das den Südslawenstaat in den geistigen Sklawen und die Terra missionis der Kirche verwandeln sollte.

Die Annäherung des Regimes an den Papst sondierte ausgerechnet der Laibacher Fürstbischof Jeglić, jener Jeglić, der 1914 die Serben als gewissenlose Verbrecher und Gottesfeinde gegeißelt hatte. Zuerst begab er sich als Delegat der Bischofskonferenz zu einer Audienz bei Alexander, anschließend, im August 1919, zu Benedikt XV. Dabei sagte der Papst zu ihm[12]: »Gegen das neue Königreich der Serben, Kroaten und Slowenen habe ich keinen Einwand«; er fürchte »für die katholische Kirche gerade in diesem Staat am wenigsten«.

Wichtig ist: Benedikt XV. vertrat damals den Standpunkt, das Konkordat Serbiens lasse sich auf den ganzen neuen Staat ausdehnen. Dies zeigt sich auch daran, daß Benedikts Nachfolger Pius XI., unterstützt vom faschistischen Italien, sehr viel weitergehende Forderungen erheben sollte. Allerdings stellte schon Jeglić 1919 bei seinem Papstbesuch fest, daß – im Unterschied zum »offiziellen« – das »inoffizielle« Rom dem jugoslawischen Staat nicht geneigt sei. König Alexander indes überschätzte das Wohlwollen des »offiziellen« und unterschätzte die Mißgunst des »inoffiziellen« Rom, was sehr naiv war, und in der Politik ist Naivität immer ein schweres Vergehen.

Voll von unrealistischem Optimismus war die Thronrede, mit der der Regent die verfassungsgebende Versammlung eröffnete: »Die Verfassung soll den Staat mit allen modernen Erfordernissen ausstatten, mit Dauerhaftigkeit, Stabilität und Entwicklungsmöglichkeiten. Ich lenke Ihre Aufmerksamkeit auf eines dieser Erfordernisse, ich meine, auf das wichtigste. Das ist die Gerechtigkeit, die Gerechtigkeit allen Teilen unseres Volkes, die Gerechtigkeit allen Konfessionen gegenüber ... Die Religionskämpfe unter Menschen und Völkern verschwinden oder treten zurück (!).«

Neben den serbischen Unitaristen schworen dem König auch die muslimischen Parteien den Eid. Am 15. März 1921 und am 27. Juni 1921 schlossen diese Gruppen sogar zwei politische Abkommen, die den Moslems einen Sonderstatus im Königreich zusicherten. Den Eid legten am 29. Januar 1921 aber auch die katholischen Klerikalen ab; dabei sagte ihr Führer Korošec, »daß die Volks- und Staatseinheit des Verfassungsstaates der Serben, Kroaten und Slowenen das Alpha und Omega unsres politischen Programmes ist«. Wenn nicht schon früher, kam Alexander sicher damals auf die Idee, den Teufel Radić samt den Kommunisten mit Beelzebub – also mit dem Vatikan und den muslimischen *Begs* und *Agas* - zu bekämpfen.

Diese Idee fand am 23. Februar 1928 in der Ernennung Korošecs zum Innenminister ihren sichtbaren Ausdruck. Freilich brachte der Schachzug dem Regime nicht den erhofften Sieg über kroatischen Separatismus und jugoslawischen Kommunismus. Vielmehr stellte diese Politik den Staat auf den Kopf, und es begann der Verrat am staatstragenden serbischen Volk, das durch seine ganze Geschichte gerade die Romkirche und die Moslemherren bekämpft hatte.

DER VERHÄNGNISVOLLE KURSWECHSEL DES STJEPAN RADIČ

Indes schreckte auch Radić vor illegaler staatsfeindlicher Tätigkeit nicht zurück; dies zeigen einige seiner Aktivitäten seit dem Ersten Weltkrieg. Am 5. Dezember 1918 brach in Zagreb ein Militärputsch gegen die Vereinigung mit Serbien aus. Beim Zusammenstoß der Rebellen (Parolen: »Es lebe die Republik! – Es lebe Radić! – Nieder mit König Peter!«) mit den Truppen des Nationalrates kamen fünfzehn Menschen ums Leben, siebzehn weitere wurden verwundet. Vor dem kroatischen Militärgericht, das am 27. Dezember 1918 gegen die Anführer verhandelte, stellte man unter anderem fest, daß die Rebellen von Agitatoren des Radić mit dessen Schriften und Parteiabzeichen versorgt und ideologisch bearbeitet worden waren[13]. Ziel des Aufruhrs aber war die Abschlachtung sämtlicher Mitglieder des Nationalrats.

Bei seinen Versuchen, die Vereinigung der Kroaten mit den Serben zu sabotieren, entwickelte Radić eine rege internationale Aktivität. Ende November 1918 begab er sich nach Prag, um die Tschechen zu beeinflussen, in einer Föderation mit Österreich-Ungarn zu bleiben. Die außerordentliche Hauptversammlung seiner Partei beschloß am 3. Februar 1919, die Anerkennung des kroatischen

Staates durch die Pariser Friedenskonferenz zu beantragen. Zugleich hatte Radić Kontakte mit jenen italienischen Kreisen, die den Plan des Aufstandes der von Serbien »unterjochten« Völker gemacht hatten*.

Der jugoslawische Innenminister ließ Radić am 25. März 1919 verhaften und behielt ihn bis zum 27. Februar 1920 in Gewahrsam. Radić wurde am 4. August 1920 zu zweieinhalb Jahren Gefängnis verurteilt, doch schon am 28. November 1920, also am Wahltag für die verfassungsgebende Versammlung, vom König begnadigt. 1921 schickte Radić einen Emissär, Kežman, nach Budapest, der mit der ungarischen Regierung verhandelte. Die Ungarn boten Radić Waffen für die Errichtung des »unabhängigen kroatischen Staates« an, was er jedoch ablehnte; immerhin erklärte er den mit ihm kontaktierenden ungarischen Vertretern, er wünsche Kroatiens Unabhängigkeit und die engste Zusammenarbeit mit Ungarn.

Den politischen Kampf führte Radić mit harten Bandagen. Er griff seine Gegner auf die geschmackloseste Weise an. Regierungschef Pašić nannte er einen »politischen Trottel«, den zweiten Mann der serbischen Radikalen, Ljuba Jovanović, einen »politischen Esel«, den jugoslawischen Staat die »serbische Bastille« und die Truppen Serbiens, anspielend auf ihre Tragödie in Albanien, »Katschaken« (albanische Banditen). Er drohte dem König, sein Zepter auf dem Rücken des kroatischen Bauern zu zerschlagen, die Königin verglich er mit Madame de Pompadour. Als er jedoch erfuhr, die Regierung werde ihn wegen Beleidigung des Königspaares verhaften, suchte er am 23. April 1923 das Weite. Er verschwand im Ausland, wo er bis zum 11. August 1924 blieb und wichtige außenpolitische Schritte unternahm.

Zuerst reiste er über Ungarn nach Wien, von wo aus er am 17. August 1923 London erreichte. Dort wohnte er bis zum 22. Dezember dieses Jahres, gab britischen und amerikanischen Zeitungen ein paar Interviews, konnte aber die maßgeblichen Kreise nicht für die kroatische Frage erwärmen. Schließlich ging er nach Wien zurück, wo er Österreich, Italien und Ungarn für die Bildung einer antijugoslawischen Front gewinnen wollte, doch das Ergebnis seiner Bemühungen blieb wieder gleich Null.

---

* »... piano di cui trattó con Stefano Radić e altri agitatori croati, ottenende l'approvazione dell'ammiraglio«. – Zit. nach Mužić: Stjepan Radić, a. a.O., S. 42

Nun, vom Westen enttäuscht, entschied sich Radić für das letzte Mittel: einen Appell an das rote Moskau. Zu diesem Zweck wollte er sich samt seiner Partei in den Dienst der Komintern stellen, eine Wende, die er seit Frühjahr 1924 vorbereitete. Als Modus für die Zusammenarbeit wurde der Beitritt der Kroatischen Republikanischen Bauernpartei zur kommunistischen Bauerninternationale gewählt, deren Führer Radić im Mai 1924 nach Moskau einluden. Die Absicht der Weltrevolutionäre, ein unabhängiges Kroatien anzuerkennen, war also schon vorhanden, Radićs Verbindung mit der Komintern allerdings kein bloßes taktisches Manöver: Seine sozialpolitischen Anschauungen waren mit denen des Leninismus durchaus vereinbar. Schon 1917 hatte er die Oktoberrevolution gepriesen und seinen Bauern begeistert erklärt, daß »Rußland sich nicht zerreißt und nicht zerfällt, sondern Rußland fliegt empor und erneuert sich ... Und so wird jetzt der Traum zur Wirklichkeit ...«[14]. Später nannte er Lenin »den genialen Sozialpolitiker«[15]. So begab er sich, begleitet von seinem Sohn Vladimir und dem Sekretär A. Košutić, am 3. Juni 1924 hoffnungsvoll auf die Reise in die Sowjetunion, die er über Deutschland und die baltischen Republiken erreichte.

Schon im Grenzort Sebesch empfing man Radić als Staatschef. Die kroatische Hymne wurde intoniert, und der Kommandeur der Ehrenkompanie der Roten Armee rapportierte dem »Genossen Präsidenten« Radić. In Moskau scharte sich die Diplomaten- und Parteielite des kommunistischen Reichs – Tschitscherin, Litwinow, Smirnow, Radek, Sandomirski und andere – um den kroatischen Bauernführer, den Gast Kalinins, des nominellen Unionspräsidenten und Vorsitzenden des Präsidiums des Zentralen Vollzugsrates der UdSSR. Außenminister Tschitscherin begrüßte im Namen der Sowjetregierung Radić »als ersten und einzigen Volksführer (!), der seit dem Bestehen Sowjetrußlands Moskau besucht hat«. Radić empfing dort auch drei führende serbische Kommunisten, Filipović, Čopić und Kaclerović. Worüber er mit den roten Herren verhandelte, wurde teilweise bald darauf bekannt.

Am 27. Juni beantragte Radić die Aufnahme seiner Partei in die Bauerninternationale. Dem wurde am 1. Juli 1924 entsprochen. Die kroatische Partei konnte ihr bisheriges Programm und ihre Taktik beibehalten, mußte fortan aber den Standpunkt der Nationalisierung der industriellen Produktionsmittel verfechten. Die kroatischen Volksabgeordneten trafen sich am 3. August 1924 in Zagreb und billigten Radićs Entscheidung »als erste reelle Beziehung zwischen dem kroatischen und dem russischen Volk«. Wie betont wurde, habe Radić aufgrund der Vollmachten der Sitzung der Kroatischen Volksvertretung vom 19. August 1923 und vom 1. Mai 1924 gehandelt – was beweist, daß seine Moskauer Unterschrift gründlich geplant war. Nun mußten sich die Bolschewiken bei den Kroaten revanchieren.

Seit dem 17. Juni 1924 tagte in Moskau der Fünfte Kongreß der Komintern. Am 8. Juli beschloß er eine Resolution zur nationalen Frage in Jugoslawien, die eine radikale Wende in der kommunistischen Nationalpolitik im Staat der Südslawen einleitete und von enormer geschichtlicher Bedeutung war.

Diese Resolution hob unter anderem hervor: »Die Serben, Kroaten und Slowenen sind drei verschiedene Völker. Die Theorie vom einheitlichen, dreinamigen Volk der Serben, Kroaten und Slowenen ist nur die Maske für den großserbischen Imperialismus. Die Aufgabe der Kommunistischen Partei Jugoslawiens ist es, den entschlossenen Kampf gegen jede nationale Unterdrückung in all ihren Formen und für die Selbstbestimmung der Völker zu führen, die Volksbefreiungsbewegungen zu fördern, indem sie ständig danach strebt, diese vom Einfluß des Bürgertums abzubringen und sie mit dem allgemeinen Kampf der arbeitenden Massen gegen das Bürgertum und den Kapitalismus zu verbinden.« Deshalb und »weil in Jugoslawien die Massenbewegung für das Selbstbestimmungsrecht und gegen nationale Unterdrückung in all ihren Formen besteht, hat die nationale Frage eine aktuelle und besondere Bedeutung und berührt unmittelbar die Interessen der arbeitenden Massen«. »Deswegen muß der allgemeine Leitsatz, den die Kommunistische Partei Jugoslawiens propagiert, die Trennung Kroatiens, Sloweniens und Mazedoniens von Jugoslawien sowie die Gründung unabhängiger Republiken ausdrücken.«

Die Frage, inwiefern Radić diese Komintern-Resolution beeinflußt hatte, erübrigt sich, berücksichtigt man, daß die »Massenbewegung für das Selbstbestimmungsrecht und gegen nationale Unterdrückung in all ihren Formen« nur seine Partei sein kann. Radić war nach ihrer Aufnahme in die Bauerninternationale sehr zufrieden und schrieb begeisterte Artikel über die Sowjetunion, worin er hervorhob, der Geist, der in der UdSSR herrsche, sei hauptsächlich der, den auch die kroatische Bauernbewegung atme[16]. Doch wirklich begeistern konnte ihn im kommunistischen Paradies wohl nur die antiserbische und antijugoslawische Komintern-Resolution.

Daß die Komintern der Kroatischen Bauernpartei tatsächlich die jugoslawischen Kommunisten untergeordnet hatte, demonstrierte Ministerpräsident Nikola Uzunović in der Sitzung des jugoslawischen Parlaments vom 25. März 1925, wo er laut Sitzungsprotokoll sagte: »Man fragt, warum die Kommunisten denn für Radić stimmen?! Die Antwort ist einfach; nach allem, was geschehen ist, haben sich diese beiden Parteien miteinander identifiziert, und die kommunistische Partei hat den vollgültigen Beschluß gefaßt, Radićs Partei zu helfen. (Murmeln bei den Rechten. Dr. Žanić: ›So tötet man den Kredit des Staates.‹ Ausrufe bei den Linken: ›Das ist nicht wahr!‹) Die Herren rufen: ›Das ist nicht wahr.‹ Herr Bazala – würde ich sagen – behauptet das, und die Herren akzeptieren es. Ich war eine Zeitlang Richter und bin es gewöhnt, ohne Beweise keine Behauptung zu machen, und ich habe auch für diesen Fall einen vollgültigen Beweis, der so heißt (er liest): ›Weil es unsere Listen nicht geben wird, haben wir beschlossen, daß alle unsere Genossen für die Listen der Kroatischen Republikanischen Bauernpartei stimmen. Grüßt alle Genossen! Kaclerović.‹ Stempel der Kommunistischen Partei.«

Zehn Jahre später korrigierte die Komintern ihren Standpunkt bezüglich der Existenz Jugoslawiens. Sie war nunmehr für das Weiterleben des Südslawenstaates, doch nicht aus prinzipiellen, sondern aus rein taktischen Gründen; ihre antiserbische Haltung hatte sie mitnichten geändert. Der erste Grund war außenpolitischer Natur: die faschistische Gefahr, also die Möglichkeit eines deutschen Angriffs auf die Sowjetunion. In diesem Falle hätte man die Serben als ein Entente-Volk gegen Hitler benutzen können. Der zweite Grund war innenpolitischer Natur, die Auffassung nämlich der Kroatischen Bauernpartei, insbesondere ihres Präsidenten Maček, Jugoslawien könne unter der Bedingung »der Freiheit des kroatischen Volkes« bestehen. Jugoslawien also kann es geben, aber nur insofern es den Kroaten paßt[17].

Kroatentreu waren Stalin und die Komintern. Nicht zuletzt deshalb brachten sie auch einen Kroaten – Josip Broz Tito, den obskuren Agenten der sowjetischen Polizei – an die Spitze der Kommunistischen Partei Jugoslawiens. Die Tatsache, daß Jugoslawien als kommunistisches Gebilde aus dem Zweiten Weltkrieg hervorging, verdankte es bloß dem paradoxen Umstand, daß während des Krieges die große Mehrheit der kommunistischen Partisanen in Jugoslawien Serben waren. Titos wahrhaftes Ziel war allerdings nicht Jugoslawien, sondern eine Balkanföderation, die neben den jugoslawischen Ländern noch Albanien, Bulgarien und eventuell Griechenland umfassen sollte.[18]

Am 28. Juli 1914 hatte Radić, wie gesagt, behauptet, den Serben sei »das wahre Ephialteswerk« gelungen, Haß zu säen zwischen Rußland und Österreich-Ungarn, deshalb hätten die Serben »die verdiente Strafe« zu erleiden. In Wirklichkeit hat er aber 1924 in Moskau das Ephialteswerk der tragischen russisch-serbischen Entfremdung vollbracht, und die Folgen dieses Werkes waren für Serben wie Russen äußerst schwer: Die ersten Opfer waren serbische Kommunisten, welche die antiserbische Wende der Komintern nicht akzeptieren konnten, allen voran der brillante Kommunistenführer Sima Marković. Er polemisierte 1925 in Moskau, als wäre die Komintern ein bürgerliches Parlament gewesen, mutig mit Stalin über die nationale Frage. Und obwohl er bis zum Juli 1939 in der russischen Hauptstadt ein völlig zurückgezogenes Gelehrtenleben geführt hatte, wurde er verhaftet und als »imperialistischer Agent« zu zehn Jahren Gulag verurteilt, wo er verschwand.

Doch da war Tito, der Fortsetzer des Ephialteswerkes von Radić, schon wirksam. Seit dem 4. März 1935 schrieb er für die sowjetische politische Polizei die »Charakteristiken« der früheren jugoslawischen Kommunisten – oftmals nichts anderes als Anklageschriften, die den so »Charakterisierten« aufs Schafott führten. So denunzierte Tito am 31. August 1936 den NKWD Sima Marković als »Leader der rechten Fraktion«, der »in der letzten Zeit viele unzufriedene Mitglieder der rechten Fraktion um sich sammelt«, und er schließt: »Meiner Meinung nach erweckt er kein Vertrauen ...«[19]. Nach dieser Methode verfuhr er, bis an der Spitze des jugoslawischen Kommunismus allein Tito selbst mit seinen Satrapen und Speichelleckern blieb. In der Sowjetunion wurden Stalins und Titos gemeinsame Opfer später rehabilitiert, im titoistischen Jugoslawien dagegen schlug man ihre Rehabilitierung nach gewissen Ansätzen 1969 aus allzu verständlichen Gründen nieder.

Die Folge des Ephialteswerkes von Radić war des weiteren, daß

Stalin 1944 – wenn auch mit reichlicher Assistenz Churchills – die serbische Monarchie zu Fall brachte und das von der Roten Armee befreite Serbien dem Kroaten Tito auslieferte – Tito, der bis April 1943 mit Hitler und Mussolini kollaborierte, eine Kollaboration, die nicht er, sondern Hitler abbrach; Tito, der Stalin als Zeichen seiner Dankbarkeit den Dolchstoß von hinten versetzte; Tito, dessen kroatisches Volk noch im April 1945 mit 170 000 Soldaten auf Hitlers Seite focht (ist das offizielle Deutschland nicht noch heute dafür dankbar?). Wohin Stalin seine bolschewistischen, unhistorischen Denkschablonen geführt hatten, wurde ihm erst später – zu spät – bewußt, was sein Nachkriegstrinkspruch auf den serbischen Kommunistenführer Blagoje Nešković zeigt: »Ich rufe Ihnen zu, dieses Glas zu Ehren des serbischen Volkes auszutrinken, des einzigen slawischen Volkes, das nie einen Schuß gegen seine russischen Brüder abgefeuert hat.«[20]

Doch zurück in die Zeit zwischen den Weltkriegen: Nach zweimonatigem Aufenthalt in Rußland kehrte der selige Radić am 11. August 1924 nach Zagreb zurück und setzte seine alte Beschimpfungspraxis gegenüber den Serben und dem König fort. Diesmal stieß er allerdings auf eine harte Haltung der Regierung Pašić. Sie beschloß am 23. Dezember 1924 und verkündete am 1. Januar 1925 die juristisch einwandfreie Anwendung des antikommunistischen Staatsschutzgesetzes auf Radić und seine Parteiführung. Am 5. Januar 1925 wurde er, der in Zagreb versteckt lebte, verhaftet und dem Untersuchungsrichter überantwortet. Nun aber, ohne Lust, seine gloriose Laufbahn im Gefängnis zu beenden, machte dieser ideenreiche Mann nochmals eine große politische Wende. Er erkannte den König und die Verfassung an, und seine Partei entfernte kurzerhand das Attribut »republikanisch« aus ihrem Namen. Überdies bot er der Radikalen Partei den Abschluß eines serbisch-kroatischen »Volksübereinkommens« (*Narodni sporazum*) an, das die Beendigung des Konfliktes zwischen Serben und Kroaten und eine Koalition der Parteien von Pašić und Radić als »Bauernparteien« vorsah. Der alte Fuchs Pašić wollte diesmal nicht hereinfallen, weil er zu Radić und offenbar auch zu den Kroaten überhaupt kein Vertrauen mehr hatte; er wurde aber vom König und von einigen Freunden zu dem Bündnis gezwungen[21].

So kam das serbisch-kroatische »Volksübereinkommen« vom 14. Juli 1925 zustande, und der König ordnete vier Tage später an, die Anklage gegen Radić zurückzuziehen. Der jedoch betrachtete diese Vereinbarung als einen bloßen Fetzen Papier. Durch das »Volksübereinkommen« hatte er lediglich versucht, sich der Strafe zu entziehen und die Koalition der Radikalen mit der Unabhängigen Demokratischen Partei S. Pribićevićs – einer Freimaurerpartei, die die Serben aus Kroatien und die kroatischen Unitaristen repräsentierte – zugrunde zu richten. Bezeichnend ist, daß seine Moskauer Freunde das Manöver völlig billigten. Das Präsidium des Exekutivkomitees der Komintern sah darin den Anfang des politischen Dilemmas, des Klassenzwiespalts in Jugoslawien, der »zur Umgruppierung der Klassenkräfte und Parteien in ganz Jugoslawien führen wird«[22]. Wie gut las man Radićs Gedanken in der Komintern!

Nun, in der Pause des Kampfes mit den Serben, richtete Radić mehrere Angriffe gegen die römische Kirche. Sein neuer, höchstwahrscheinlich mit Moskau abgestimmter Plan war es, auch die Orthodoxen und Freimaurer auf seine Seite zu ziehen und die Beziehungen zwischen der Regierung, in der er seit Abschluß des »Volksübereinkommens« als Minister saß, und dem Vatikan zu verschlechtern. So vertraute er im Mai 1925, noch im Gefängnis, Anton Schlegel – dem bedeutenden Freimaurer und Intimus des Königs – an, die Kroaten sollten sich durch die Gründung einer »kroatischen Nationalkirche« völlig von Rom befreien.

Diesen Gedanken entwickelte Radić in der Zeitung *Hrvat* vom 18. Juli 1925, indem er bekannte, »immer (!) überlegt« zu haben, »daß man eine kroatische Kirche, die unabhängig von Rom und national wäre, gründen sollte, die sich mit der serbisch-orthodoxen Kirche im Lauf der Zeit leicht zusammenschließen könnte ...«. Und am 6. August 1926 äußerte er in einem politischen Vortrag in Tuzla: »Wir haben die Politik vom Glauben getrennt. Ich sagte schon, daß die Bischöfe eine Organisation der römischen Päpste sind. Was die Pfaffen während des Krieges mit uns getan hätten, wäre da nicht die Bauernpartei gewesen, können wir uns gar nicht vorstellen. Eines ist sicher: Es hätte uns Kroaten nicht mehr gegeben ... Wir sollten zuerst das Bauernvolk geistig und moralisch befreien ... Das bedeutet, die Wurzeln des furchtbarsten Sklaventums zu vernichten: den Klerikalismus. Und von allen Lügen des Klerikalismus ist die ekelhafteste und dümmste die, daß die Religion noch heute, heute gefährdet sei.«[23]

Als Minister störte Radić den Konkordatsabschluß und beleidigte den päpstlichen Nuntius in Jugoslawien, Pellegrinetti, was zu einem diplomatischen Zwischenfall führte und die klerofaschistische Presse des Vatikans und Italiens nochmals anregte, über »furchtbare Verfolgungen der katholischen Kirche in Jugoslawien« zu jammern.

Die jugoslawischen Klerikalen wüteten gegen Radić. Unter ihnen meldete sich auch der unheilverheißende Pfaffe Don Kerubin Šegvić zu Wort, der im Esseger *Hrvatski list* im November 1926 behauptete, Radićs »Entfernung wäre das wichtigste Werk der gesamten kroatischen Geschichte«[24]!

DER SKUPŠTINA-MORD

Radićs Haltung wurde dermaßen regierungsfeindlich und destruktiv, daß er schon am 15. April 1926 nicht mehr in der Regierung war. Wie der kroatische Historiker I. Mužić schreibt, hat Radić »als Regierungsmitglied die Regierung zu Fall gebracht«[25]. Damit aber zerstörte er auch das serbisch-kroatische »Volksübereinkommen«. Bald nach Pašićs Tod am 10. Dezember 1926 wurde es von der Kroatischen Bauernpartei am 27. Januar 1927 formell aufgekündigt. Praktisch dauerte also die »Eintracht« der Serben und Kroaten weniger als ein Jahr.

Auch diese Wende Radićs wurde von der Komintern nachdrücklich gebilligt. Ihre jugoslawische Filiale, die Kommunistische Partei Jugoslawiens, hatte im Juli 1926 auf ihrem Dritten Kongreß in Wien die Politik der Zusammenarbeit von Serben und Kroaten massiv kritisiert: »Die Kapitulation (!) der Partei Radićs vor der Monarchie und dem herrschenden großserbischen Bürgertum ist das wichtigste Ereignis im politischen Leben Jugoslawiens bis heute. Sie bedeutet vor allem die Erweiterung der Basis, die Stärkung der Diktatur des Dreipakts zwischen Monarchie, Militarismus und großserbischem Großbürgertum, die faktisch Jugoslawien beherrschen ...«

Die Parlamentswahlen vom 11. September 1927 waren jedoch eine Katastrophe für die Radić-Partei. Von 3 375 593 eingeschriebenen Wählern gaben nur 2 324 676 ihre Stimme ab. Radić bekam davon 367 570 Stimmen, 177 896 Stimmen weniger als bei den Wahlen von 1925. Man war seiner müde geworden. Es kam eine stabile Koalitionsregierung der Radikalen, Moslems und katholischen Klerikalen zustande. Radić seinerseits verband sich – eine erstrangige politische Sensation – am 10. November 1927 mit der Unabhängigen Demokratischen Partei, der Partei der Serben aus Kroatien-Slawonien. Dessen Präsident Svetozar Pribićević war noch vor dem Ersten Weltkrieg in Zagreb als Führer der Kroatisch-Serbischen Koalition ein prominenter Freimaurer und pflegte später, wie sich nachträglich herausstellte, genau wie Radić, enge Kontakte mit der Komintern[26]. Nun schlossen beide eine »Bauerndemokratische Koalition« (SDK), eine Art Volksfront in nuce. Da Radić im liberalen Parlamentssystem keine Chance mehr hatte, war seine neue Taktik, dieses System zu zerstören und durch eine Diktatur zu ersetzen. Von ihr erwartete er die Ausschaltung der mächtigen großserbischen Radikalen Partei, seiner gefährlichsten Gegnerin, sowie – durch direkte Verhandlungen mit dem isolierten König – eine Lösung der kroatischen Frage in Radićs Sinne.

Die Zerstörung des Parlamentarismus arrangierte Radić mit seinen Volksabgeordneten in widerlichster Weise. In den Parlamentssitzungen johlten, sangen und provozierten sie bloß noch. Seine serbischen Gegner nannte Radić »Mörder«, dem Minister Ceda Radović rief er zu, er habe »keinen Kopf, sondern einen Flaschenkürbis«. – »Sie sind ein Halunke auf dem Ministerstuhl!« Und zu den Radikalen: »Sie gehören auch dazu!« Seine Parteigänger skandierten: »Nieder mit der blutigen Regierung! Henker! Mörder!« Dabei sei dahingestellt, ob dies nur ›typisch Radić‹ war oder charakteristisch für den Zerfall des Parlamentarismus in Jugoslawien.

Vergeblich versuchte der König am 21. Januar 1928, Radić zur Rückkehr in die Regierung zu bewegen. Der Ministerpräsident Velja Vukčević bot ihm am 26. Januar 1928 drei Ministerressorts an, was der Stärke seiner Partei im Parlament entsprach (unter Pašić hatte die Kroatische Bauernpartei vier Sitze in der Regierung). Radić aber verlangte fünf Ministersessel und dazu die Regierungsbeteiligung für die Partei von Pribićević, den aber die Radikalen, die ihn für einen neuen »Vuk Branković« hielten, im gemeinsamen Kabinett nicht mehr dulden mochten. Endlich gebrauchte der König sein letztes verfassungsmäßiges Mittel, um

Radić von seinem destrukiven Kurs abzubringen: Er gab ihm am 8. Dezember 1928 das Mandat für die Bildung einer breiteren Konzentrationsregierung, was aber an der Opposition der Radikalen scheiterte.

Nun brachte die Radić-Partei die Idee der Diktatur in Umlauf. Radićs Neffe und Sprachrohr, Pavle Radić, hatte schon in der Parlamentssitzung vom 18. Oktober 1927 scheinbar indigniert gerufen: »Führen Sie doch ein Regime wie Mussolini oder etwas ähnliches ein!« Und Stjepan Radić forderte in der Parlamentssitzung vom 5. März 1928 eine »Regierung der Generäle«. Dabei erwähnte er, schon 1926 habe ihm bei der Lösung der Frage der Kommunalwahlen (in Dalmatien) ein »General« vorgeschwebt, »wie wir ihn heute verlangen, und der auch kommen wird und der Sie Polizisten auseinandertreiben wird, wie Sie es verdienen«. »Polizisten« waren die Radikalen.

Der Radau und verbale Terror, den die Abgeordneten der Kroatischen Bauernpartei im Parlament unablässig inszenierten, verwandelte sich schrittweise in offene Gewalt. Die Sitzung vom 3. März 1928 endete bereits mit einer allgemeinen Schlägerei zwischen Radićs Gefolgsleuten und Radikalen, wobei sich besonders Dr. Ante Pavelić – der ehemalige Rechtsanwalt und Volksabgeordnete der kroatischen Rechtspartei und spätere *Poglavnik* des Ustascha-Staates – »mit blutigen Händen« hervorgetan hat.

Auch die Parlamentssitzung vom 20. Juni 1928 begann im üblichen Stil der kroatischen Bauernpartei-Abgeordneten. Jedoch war die Atmosphäre im Saal besonders erhitzt, weil das Parlament über den Antrag der Radikalen zu entscheiden hatte, Radić psychiatrisch untersuchen zu lassen. Die Beleidigungen seiner Gefolgsleute und die Drohungen der Radikalen lösten einander ab. Radićs Volksabgeordneter Ivan Pernar schrie den Radikalen zu: »Ihr habt Menschen abgeschlachtet und gefressen. Darin seid ihr Helden, und dann nennt ihr euch Wojwoden.« Toma Popović sagte, wenn Radić mit seinen Beleidigungen fortfahre, werde sein Kopf hier fallen. Es gab immer größeren Lärm, immer mehr Proteste. Dr. Ivan Pernar schrie: »Ihr habt die *Begs* ausgeplündert!« Puniša Račić, der montenegrinische Radikale und Guerillakämpfer, ging einmal mehr zum Rednerpult: »Ich verlange, Herr Vorsitzender, daß Sie ihn bestrafen, oder ich werde ihn bestrafen! (Lärm und stürmische Proteste) Wer immer versucht, sich zwischen mich und Pernar zu stellen, wird tot sein!« … Der Vorsitzende Dr. Ninko Perić: »Ich unterbreche die Sitzung.« (Die Sitzung wurde um 11.20 Uhr unterbrochen.) So die offiziellen stenographischen Notizen. Das weitere stand in den Presseberichten, etwa im Zagreber Tageblatt *Novosti* vom 21. Juni 1928:

»Der Volksabgeordnete Puniša Račić wartete bis etwa 11.25 Uhr auf die Bestrafung des Volksabgeordneten Pernar durch den Parlamentsvorsitzenden. Da diese ausblieb, zog Račić eine Parabellumpistole aus der hinteren Hosentasche. Die Minister, die ihn zurückhalten wollten, schleuderte er, ein physisch sehr starker Mann, meterweit von sich und begann auf die Führer der Kroatischen Bauernpartei zu schießen. Djuro Basariček und Pavle Radić fielen tot um. Ivan Pernar, Ivan Grandja und Stjepan Radić wurden verwundet.«

Stjepan Radić, der in den Bauch getroffen, aber nicht lebensgefährlich verletzt worden war[27], verließ am 8. Juli 1928 die Klinik zu Fuß und reiste nach Zagreb ab. Beim Verlassen Belgrads sagte er zu seinem Koalitionspartner Svetozar Pribićević, aus aktuellem Anlaß wieder einmal den Unterschied zwischen Serben und Kroaten verdeutlichend: »Wir sind gute Leute, und sie sind Schakale.«[28] In Zagreb, wo seine Wunde bald zuheilte, stürzte er sich erneut in die Politik. Zugleich aber kursierten Gerüchte, ihm drohe ein weiteres Attentat. Darauf kamen etwa fünfzig »treue« Anhänger zusammen, um ihn zu schützen, indem sie mit ihm sein Haus bewohnten. Doch gerade als die »Treuen« gekommen waren, verschlechterte sich plötzlich sein Gesundheitszustand[29], und er starb am 8. August 1928. Die Hand, die ihn in Belgrad nicht töten konnte oder wollte, erreichte ihn offenbar in Zagreb.

Im Prozeß gegen Puniša Račić entschied das Gericht, seine Untat sei im Affekt begangen worden. Er erhielt eine Gefängnisstrafe, wurde aber von den Titoisten – die den Prozeß so auf ihre Weise revidierten – 1944 ermordet.

Viele Kroaten und einige titoisierte Serben behaupten, hinter dem Mord im Parlament (der im Deutschen zu der halbserbischen Wortschöpfung »Skupštinamord« führte) habe Alexander gestanden. Sie müssen freilich einräumen, daß es keine direkten Beweise gegen den König gibt[30]. Das Motiv derer, die diese Legende in Umlauf brachten, ist leicht zu durchschauen: Alexanders Ermordung 1934 durch die Ustaschen sollte als Rache für Radić gelten.

Doch das einzige Argument für die angebliche Verschwörung des Königs gegen Radić, daß er nämlich Radićs Liquidierung als Anlaß für die Einführung der Diktatur gebraucht habe, ergibt keinen Sinn, da Radićs ganze Politik nach den Wahlen von 1927 (falls man den von ihm im Parlament systematisch veranstalteten Zirkus und verbalen Terror überhaupt Politik nennen darf) auf die Diktatur abzielte. Außerdem hätte der König Radić auf legalem Wege beseitigen können.

Dagegen hatte – wie gezeigt – die katholische Kirche seit langem Radićs Beseitigung verlangt, von der sie in der Tat am meisten profitierte, da Radić das letzte Hindernis vor der völligen Klerikalisierung der Kroaten war.

Die Einmischung der Catholica in den Skupštinamord – und sie ist in ungezählte Morde auch und gerade in diesem Land verstrickt – wird durch das Tagebuch des Stanko Majcen beleuchtet, der in der kritischen Zeit Sekretär des jugoslawischen Innenministers und Vertrauensmannes des Vatikans – des slowenischen Priesters Dr. Anton Korošec – war[31]. Majcen schrieb:

> »Wenn ich mich der Erschießung im Parlament erinnere, sträuben sich mir die Haare.
> Darüber habe ich bis heute geschwiegen. Am Vorabend des verhängnisvollen Tages meldete sich zum Empfang bei Dr. Korošec der unglückliche Puniša Račić. Niemand mehr war im Ministerium als wir drei, der Minister, ich und Račić. Das Gespräch bei geschlossener Tür dauerte bis elf Uhr nachts. Als der Minister sich von mir verabschiedete (sagte er): ›Es wird ein Unglück geben.‹
> Am nächsten Tag, ungefähr gegen elf Uhr, verlangte der Polizeikommissar des Parlaments telephonische Verbindung mit dem Minister. Ich gab sie ihm und kam in sein Zimmer, weil ich dachte, der Minister, im Gespräch mit einem Besucher, habe die Telephonklingel nicht gehört. Als er den Besucher entließ und ich ihm sagte, der Polizeikommissar des Parlaments sei am Apparat (sagte er): ›Es bedeutet Unglück.‹ … Und so war es.
> Ich habe bis heute darüber geschwiegen, da ich Puniša Račić nicht schwerer belasten wollte, als er belastet war. Denn ein oder zwei Tage sich auf einen Mord vorzubereiten ist schlimmer, als im Ausbruch augenblicklicher Leidenschaften zu töten, zumal

durch Beleidigungen provoziert, die nicht nur auf den Mörder abzielen, sondern auch auf das Volk. Und Puniša Račić war ein Patriot, ein montenegrinischer Patriot. Die Beleidigungen Stjepan Radićs waren frevelhaft.«

So der Slowene Stanko Majcen, der aus seinem Herzen keine Mördergrube machen wollte.

Erhellend ist in diesem Zusammenhang auch eine Parlamentsrede des Attentäters Račić, die er schon am 19. Oktober 1927 gehalten hatte: »Dieses Unglück für unsere bürgerliche Freiheit kommt von der Höchsten Macht (!), von der Herr Basariček (sein späteres Opfer) zu reden begann, aber Sie haben ihm hier Schweigen geboten. (Man hört: »Geheimmächte?«) Ja, Geheimmächte ... Indem ich diese negativen und gefährlichen Erscheinungen in unserer Gesellschaft und in unserem Staat betrachte, qualifiziere ich sie als Staatsgefahr, und ich habe die Quelle dieser Erscheinungen erforscht, fand sie aber in keiner politischen Partei. Sie sind außerhalb der politischen Parteien, und man sollte Zivilcourage, Redlichkeit und Verstand genug haben, um all diese Erscheinungen zu bekämpfen.«

»Geheimmächte«, das war die Umschreibung der katholischen Kirche im Königreich Jugoslawien für die Freimaurerei. Der Führer der klerikalen Partei, Dr. Korošec, der erbittertste Gegner der Logenbrüder, beschuldigte diese 1940 sogar, 1934 in Marseille König Alexander ermordet zu haben. Račić war, wie die Montenegriner oft, eine mystische Natur, Korošec ein katholischer Priester, Jesuit und Geisterbeschwörer, der von Berufs wegen solche Naturen zu beeinflussen verstand. Glaubte Puniša Račić womöglich, als er auf Radić und dessen Gefolgsleute schoß, daß seine Kugeln jene staats- und gesellschaftszersetzende »Geheimmacht«, von der er gesprochen hatte, vernichte?

10. Kapitel

DER UNTERGANG DES KÖNIGREICHS JUGOSLAWIEN

Das Attentat im Belgrader Parlament hätte normalerweise zur Trennung der Serben von den Kroaten führen müssen. Noch am selben Tage kam es auch in Zagreb wieder zu wilden Demonstrationen gegen das Regime und die Serben, die drei Tage lang dauerten und viele Tote und Verwundete forderten. Auch Vladimir Ristović, der Journalist und scharfe Polemiker gegen Stjepan Radić, wurde ermordet. Der spätere Diktator Josip Broz Tito stachelte in einem Flugblatt Arbeiter und Arbeiterinnen zum Generalstreik auf und soll – nach der Erinnerung eines Augenzeugen – mit seiner Pistole möglicherweise selbst am Blutbad beteiligt gewesen sein[1]. Am 5. Juli 1928 beschloß in Zagreb die Versammlung der kroatischen Kulturgesellschaften, alle kulturellen Beziehungen mit Serbien zu unterbrechen. Sie begründete diese Maßnahme so:

> »Das kroatische Volk schuf schon in seiner ersten Volkswiedergeburt ... und insbesondere in der zweiten ... die Ideologie und ethische Basis der Volkseinheit der Südslawen, und wir glaubten, sie Ende 1918 realisiert zu haben! Indessen machten die byzantinische Mentalität und die orientalischen Methoden der Übervorteilung und hegemonistischen Ausbeutung die harmonische Entwicklung unserer Ideale unmöglich. Diese Mentalität und Methoden kulminierten und fanden ihren Ausdruck am 20. Juni 1928 – inmitten des Parlaments – in der Ermordung des Pavle Radić und Dr. Djuro Basariček, die nicht nur politisch, sondern auch kulturell gesehen die ausgesprochenen Nachfolger der kroatischen Wiederbelebung waren (!). Der Belgrader Mord hat in diesem Jubiläumsjahr (das heißt, im zehnten Jahr der Entstehung des Staates der Serben, Kroaten und Slowenen) ethisch jede kulturelle Zusammenarbeit zwischen den Nachfolgern der westlichen Kultur und jenen, in deren Mitte dieses entsetzliche Verbrechen aufgekeimt ist, unmöglich gemacht. Anläßlich des tragischen Todes ihrer Mitarbeiter Pavle Radić

und Dr. Djuro Basariček beschließen deshalb die kroatischen Kulturarbeiter, alle Beziehungen mit den Verehrern (!) des Mordes, der Plünderung und Korruption zu unterbrechen und zu ihrem Volk zurückzukehren, um im Einklang mit den europäischen Begriffen der Kultur und Zivilisation ihre alte slawische ethische Kultur innerhalb ihres Kulturbundes in Zagreb zu hüten und selbständig weiterzuentwickeln.«

Für die kroatischen Kulturarbeiter, die erklärten Nachfolger der kroatischen Wiederbelebung, die monatelang pausenlos das serbische Volk beschimpften und bespien, waren die Serben alle zusammen Verehrer des Mordes, der Plünderung und Korruption! War das bereits ein neuer Schlachtruf zum Genozid?

Daß die Kroaten jedenfalls nicht allein stehen würden, zeigte damals, 1928 – ähnlich wie bereits 1914 (und wie später 1991/92) – die deutsche »Vierte Gewalt«, die deutsche Presse, die mit hysterischem Geheul über die Serben herfiel. Der serbische Romandichter Miloš Crnjanski, 1928 jugoslawischer Attaché in Berlin, notierte hierzu in seinen diplomatischen Erinnerungen:

»Aber trotz all der Rennerei Balugs (Živojin Balugdžićs, des jugoslawischen Gesandten) zum Redakteur des *Berliner Tageblatts,* Theodor Wolf, schlug die Berliner Presse Alarm. Seit dem Tag des Attentats auf Radić, schrieben die deutschen Zeitungen aller Parteien, zerfalle Jugoslawien. Es sei, sagen sie, eine kurzlebige Versailler Schöpfung.
Einige Blätter brachten auch geographische Karten, um zu zeigen, wie diese Versailler Schöpfung zu zerfallen hatte. Das Königreich der Serben, Kroaten und Slowenen war auf diesen Karten in mehrere Teile geteilt. Es wurde ein Großkroatien konstruiert, Ungarn bekam wieder Baranja, Bačka und Banat, Bulgarien bekam Mazedonien.
Auf Kosten des serbischen Volkes und Belgrads wurden Dinge geschrieben, die man seit dem Attentat von Sarajevo und der Ermordung Alexander Obrenovićs nicht mehr gehört hatte. Deutschland begann über uns zu reden wie in der Habsburger Zeit.«[2]

»AMPUTATION« ODER MILITÄRDIKTATUR?

Nach allem, was 1928 geschah, erwog König Alexander zuerst, die serbischen Truppen bis zur Linie des Londoner Vertrags zurückzunehmen und die »Amputation« Kroatiens zu vollziehen. Die Kroaten hatten die geistigen Beziehungen mit den Serben unterbrochen, sie als Verehrer schlimmster Untaten gebrandmarkt; in ein und demselben Haus war für beide Völker kein Platz mehr. Wäre die »Amputation« geschehen, wäre über die Serben im Zweiten Weltkrieg kein Genozid hereingebrochen. Zwischen Italien, das Norddalmatien und vielleicht ganz Kroatien genommen hätte, und Serbien hätte es keine Streitobjekte mehr gegeben.

Die Idee der »Amputation« Kroatiens war damals keinesfalls neu. Der größte serbische Held im Ersten Weltkrieg, Feldmarschall Mišić, bereiste 1919 im Auftrag König Alexanders Kroatien und berichtete ihm anschließend: »Nach allem, was ich gehört und gesehen habe, bedauere ich tief, daß wir uns, verführt durch die Ideen irgendwelcher Brüderlichkeit und Gemeinschaft, einem Selbstbetrug ausgeliefert haben ... Das dort ist eine Welt für sich, man kann vorschlagen, was man will, am Ende geht jede Sache kaputt ... Es ist unmöglich, irgend etwas zu tun. Auf diese Leute ist kein Verlaß.«

Als Anfang September 1920 in der Umgebung Zagrebs wegen einer Wegmarkierung (!) ein Aufruhr der Bauern ausbrach, schlug Pašićs Gegenspieler in der Radikalen Partei, Stojan Protić, die »Amputation« als Alternative zur Militärexpedition vor. Und als Svetozar Pribićević am 7. Juli 1928 zur Audienz bei Alexander erschien, sagte der König: »Herr Pribićević, meines Wissens fährt Herr Radić morgen nach Zagreb. Ich bitte Sie, ihm meine Botschaft zu übermitteln, daß er morgen in Zagreb die Spaltung proklamieren kann. Wir können nicht mehr mit den Kroaten zusammenbleiben. Ich will keinen Krieg mit den Kroaten. Da wir nicht zusammenbleiben können, ist es besser, daß wir uns trennen. Es ist besser, daß wir im Frieden auseinandergehen wie Schweden und Norwegen. Wenn Radić meinen Vorschlag akzeptiert, kann er morgen die Abspaltung proklamieren. Wir werden unsere Truppen von dort zurückziehen, ausgenommen nur einige Verbände, damit man nicht sagen kann, wir hätten diese Gebiete den Italienern überlassen. Und wird dort die Volksverteidigung organisiert, werden wir auch diese Verbände zurückholen.« In der Audienz am 9. Juli 1928 sagte der König ebenfalls zu Pribićević, diesem Serben aus Kroatien: »Sehen Sie, Herr Pribićević, Sie wollen nicht zugeben, daß es am besten wäre, uns von den Kroaten zu trennen. Doch mit dem, was uns bleiben wird, werden wir wenigstens einen sicheren Staat haben. Und mein verstorbener Vater hat mir oft gesagt, daß wir uns mit den Kroaten nicht verständigen, daß wir keine gemeinsame Politik mit ihnen führen können, daß sie seit Jahrhunderten Feinde der Serben seien. Überlegen Sie nochmals all das.«[3]

Auch der alte König Serbiens, Peter, war also gegen die Vereinigung der Serben und Kroaten gewesen, ein wichtiges Zeugnis. Die Trennung schien somit eine ausgemachte Sache zu sein, und nach Tudjman[4] lagen schon die diplomatischen Noten, welche die fremden Mächte über die Teilung des Landes informieren sollten, sozusagen auf dem Tisch des Königs.

Plötzlich aber nahm Alexander Abstand von der »Amputation«. Am 6. Januar 1929 proklamierte er eine Militärdiktatur und ließ sie durch die Verfassung vom 3. September 1931, nach der die Regierung nicht mehr dem Parlament, sondern nur noch dem König verantwortlich war, rechtsstaatlich verbrämen. Die Diktatur schuf die Verfassung ab, die politschen Parteien wurden verboten. Politsche Delikte sollte ein Staatsschutzgericht beurteilen, für das der Grundsatz der richterlichen Unabhängigkeit nicht galt. Um die Freimaurerei zufriedenzustellen, hob die Diktatur als höchstes Staatsprinzip die Phantomidee des »integralen Jugoslawentums« hervor; sie sollte durch die Staatsorganisation *Jugoslovenski Sokol* (»Jugoslawischer Falke«) gepflegt werden. Die erste Diktaturregierung war tatsächlich eine Kombination der Freimaurer und der militärischen »Weißen Hand«.

Die Diktatur führte zur Ermordung Alexanders, sie bedrohte die Existenz und die Freiheit des serbischen Volkes, das im Unterschied zu Kroaten und Slowenen seit 1888 eine parlamentarische Regierung hatte. Warum beging Alexander trotz bester Absichten dieses Verbrechen gegen sein eigenes Volk?

Als ihn nach der Proklamation der Diktatur eine Delegation der führenden Freimaurer besuchte, sagte der König, er habe auf die »Amputation« verzichtet und die Diktatur eingeführt, um die Kroaten vor Italien zu schützen![5] Tatsächlich nützte unter den gegebenen Umständen die Diktatur nur den Kroaten. Der Nachfolger Stjepan Radićs an der Spitze der Kroatischen Bauernpartei, Vladimir-Vlatko Maček, von den Kroaten wegen seines exponierten Glaubens an Pazifismus und passiven Widerstand eine »Tolstojnatur« genannt, suggerierte die Diktatur schon im Herbst 1928 in einem Gespräch mit den Korrespondenten des *Corriere della Serra*: »Wir erkennen nur den König und das Volk an. Vier Wahlen in zehn Jahren haben keinen Fortschritt gebracht«.[6] Auf diese Maček-Idee, die auf Beseitigung der serbischen Parteien und des Parlamentarismus zielte, erwiderte die Belgrader Zeitung *Politika* am 3. Januar 1929 scharf: »Und was will Herr Maček? Nicht mehr und nicht weniger, als nicht mehr mit den Politikern verhandeln, die die Staatsgeschäfte zu führen berufen sind, verantwortlich dem König nach der Verfassung und den Gesetzen, sondern mit der Krone selbst?!«

Am Vorabend der Einführung der Diktatur war Maček bei Alexander zur Audienz, wobei dieser ihm sagte, er wolle auch zum »kroatischen König« werden. Als die Diktatur dann zustandekam, meinte Maček, die Worte wiederholend, die 1867 der ungarische Staaatsmann Franz Deák an den Kaiser Franz Josef gerichtet hatte: »Die Weste, wie Sie sehen, ist abgeknöpft« (das heißt, die bisherige Staatsordnung ist abgeschafft), und fuhr fort: »Die Veitstag-Verfassung, die über sieben Jahre lang das kroatische Volk bedrückt hat, wurde gestürzt, wurde nicht nur im Bewußtsein des Volkes gestürzt, sondern auch faktisch, durch die Entscheidung Seiner Majestät.«[7]

Die königliche Diktatur begeisterte auch die katholische Kirche. Der Laibacher Fürstbischof Jeglić, der die Serben 1914 als gewissenlose Verbrecher und Gottesfeinde verleumdet hatte, frohlockte am 6. Januar 1929 in seinem Tagebuch: »Es scheint, daß dies der letzte Schritt, der Schritt der Verzweiflung ist und der einzige Weg, den Staat in eine gute Ordnung zu bringen: keine Verfassung etc. Bravo! Die Blätter müssen von all dem schweigen, die Versammlungen sind verboten. Bravo!«[8]

Als er die Diktatur der »Amputation« vorzog, müssen den König rein persönliche Motive bewegt haben. In einem nach der Teilung entstandenen Großserbien wäre seine Macht beträchtlich kleiner gewesen. Er hätte nicht mehr, wie in Jugoslawien, mit mehreren Parteien jonglieren können, da ihm eine starke Radikale Partei gegenübergestanden hätte; wie sein Vater früher, hätte er sich bald darauf einem Parteiführer, einem neuen Pašić, beugen müssen. Außerdem wäre in Großserbien die kommunistische Gefahr viel größer gewesen als in Jugoslawien, wo er sich bei der Bekämpfung des Kommunismus auf eine mächtige katholische Kirche stützen konnte, und der Haß auf den Kommunismus, die Angst vor ihm, das waren immer die stärksten Beweggründe seines politischen Handelns gewesen. Deshalb opferte er die Lebensinteressen des serbischen Volkes und wollte um jeden Preis der »kroatische König« sein.

Gleich nach der Proklamation der Diktatur stürzte sich der Monarch mit aller Wucht auf die Kommunisten; der Antikommunismus war damals das Hauptmerkmal des Patriotismus. Die Roten beantworteten dies im Februar 1929 mit der Proklamation des bewaffneten Aufstandes, worauf Alexander aber nur gewartet hatte: Die Gendamerie tötete die kommunistischen Führer, und in kurzer Zeit verschwand ihre ganze Organisation, bisher immerhin in den Gewerkschaften und im Untergrund existent, aus dem Land. Schon 1929 bestand das Zentralkomitee als einheitliches Gremium nicht mehr. Im Oktober 1929 wurde in Wien das »Auslandsbüro des Zentralkomitees der KP Jugoslawiens« gegründet, während es im Land zuerst in Zagreb und danach in Ljubljana ein Politbüro gab, bis dieses im April 1930 ebenfalls ins Ausland übersiedelte.

Alexanders Absicht, die katholische Kirche zur Hauptstütze des Regimes zu machen, läßt sich anhand der Tatsache beweisen, daß er 1930 unter strengster Geheimhaltung – ohne Mitwissen selbst des Außenministers und des Gesandten im Vatikan – die 1925 unterbrochenen Konkordatsverhandlungen wiederaufnahm, mit dem Ziel, Jugoslawien durch das Konkordat zu einem Satelliten des Vatikans zu machen. Das mußte Alexander natürlich von den Logen entfernen. Und als es 1931–33 zum Kulturkampf kam – zum Streit des katholischen Episkopats mit den freimaurerischen Falken des Königreichs Jugoslawien –, machte die Regierung der Catholica gewichtige Zugeständnisse.

Die Diktatur von 1929 gebar aber noch ein Ungeheuer: die Ustascha-Organisation.

1929 emigrierten mehrere kroatische Politiker, um vom Ausland her die Diktatur zu bekämpfen. Mitte des Jahres 1929 verließen J. Krnjević und A. Košutić von der Kroatischen Bauernpartei Jugoslawien. Während sie aber die Diktatur mit Propagandamitteln attackierten, bevorzugten die Emigranten aus der Kroatischen Rechtspartei, die im Einklang mit den Lehren von Ante Starčević und Josip-Josua Frank die Vernichtung der Serben in einem Großkroatien betrieben, »revolutionäre«, also terroristische Mittel. Daher der Name der Organisation, die der Vizepräsident der Rechtspartei – Dr. Ante Pavelić – schuf: Ustascha (*Ustaša*), eine veraltete Bezeichnung für »den Aufständischen«. Pavelić nämlich gebrauchte sehr viele antiquierte Wörter oder konstruierte Neologismen, um das kroatische Idiom vom serbischen möglichst zu entfernen, ein Verfahren, bei dem er heute in Dr. Franjo Tudjman einen treuen Schüler hat.

Schon vor Pavelić emigrierten seine engsten Mitarbeiter: G. Perčec, Generalsekretär der Rechtspartei, und B. Jelić, Führer der Rechtsparteijugend. Pavelić selbst verließ das Land legal am 19. Januar 1929. Vorher sagte er seinem Vertrauensmann und späteren Marschall des Ustascha-Staates, Slavko Kvaternik, daß er im Einvernehmen mit der Bauernpartei Mačeks fahre[9]. Zunächst hielt er sich in Wien auf, wo er das erste Terroristenzentrum der Ustaschen unter Leitung Perčecs etablierte, das dann nach Ungarn übersiedelte, wo die Bedingungen für antijugoslawische Terroristenarbeit besser waren. Danach begaben sich Pavelić und Perčec als Gäste des Mazedonischen Nationalkomitees und der terroristischen VMRO (»Innere Mazedonische Revolutionäre Organisation«) nach Bulgarien, wo man sie besonders festlich und warm empfing. Ihre Reden über die Notwendigkeit gewaltsamer Zerschlagung Jugoslawiens brachten ihnen dort viel Publizität und Sympathien ein, aber zugleich – am 17. Juli 1929 – das vom jugoslawischen Staatsschutzgericht in Abwesenheit gefällte Todesurteil wegen Hochverrats. Das Urteil über Perčec vollstreckte Pavelić selbst: Um sich von diesem gefährlichsten Nebenbuhler zu befreien, ließ er ihn im Februar 1935 mitsamt seiner Frau und seinem Adjutanten ermorden.

Mit großem Verständnis begegnete dem Pavelić das faschistische

Italien. Als er Ende September 1929 in München weilte, übergab ihm dort der italienische Geheimagent und Journalist Eugenio Morreale einen italienischen Paß auf den Namen Antonio Serdar und begleitete ihn bis nach Verona, Pavelićs erstem Aufenthaltsort in Italien.

In der zweiten Hälfte des Jahres 1931 gründete Pavelić dort sein erstes militärisches Ustascha-Lager. Zugleich organisierte er die Werbung für sein Heer, das er in Belgien und Südamerika unter kroatischen Wirtschaftsemigranten und Gastarbeitern rekrutieren ließ.

Die Ustaschen waren eine ideologisch ausgerichtete terroristische Truppe, ihr Vorbild die »Schwarzhemden« Mussolinis, aber auch die irischen antibritischen Republikaner und bulgaromazedonischen *Komitadschi*. In einem direktiven Artikel von 1932 sagte Pavelić: »Messer, Revolver, Bombe und Höllenmaschine – das sind Idole (!), die dem Bauern die Früchte seiner Erde, dem Arbeiter das Brot und Kroatien die Freiheit zurückbringen sollen.«[10] Die Ustaschen-Ideologie war antiserbisch, totalitär und rassistisch; in den Grundsätzen der Kroatischen Ustascha-Bewegung vom 1. Juni 1933 schrieb Pavelić: »In den kroatischen Volks- und Staatsangelegenheiten im selbständigen Unabhängigen Staat Kroatien darf jemand, der nach Abstammung und Blut kein Mitglied des Kroatischen Volkes ist, nicht entscheiden ...«[11]

In Jugoslawien selbst arbeitete für Pavelićs Sache ein mächtiger Verbündeter, der mit den Ustaschen eine klerofaschistische Symbiose eingehen sollte: die katholische Kirche, wobei der Vatikan die kroatische Terroristenorganisation gewaltig beschirmte; andernfalls hätte sich die katholische Kirche in Kroatien mit den Ustaschen nicht identifiziert. Bezeichnend für diese Vorkriegs-Spitzenkollaboration zwischen päpstlichem Stuhl und Ustascha ist ein offizieller Bericht des jugoslawischen königlichen Gesandten beim Vatikan an seine Regierung vom Mai 1941:

> »In Rom haben wir unsere große katholische Anstalt des heiligen Hieronymus ... Auch zu dieser Anstalt hatte Pavelić seit seiner ersten Aktion die Beziehungen, die er ebenfalls jetzt gebrauchte, so daß ich in meinen Untersuchungen immer wieder auf die Kanäle Pavelićs und seiner Leute stieß ... Nach den Berichten der Königlichen Gesandtschaft aus Washington kam

die Post für Pavelić über unseren Priester Fra Bonaventura Zec, den Generalprokurator der Anstalt der heiligen Brüder Cosmas und Damianus – Via Miranda 2. Meine Untersuchung hat die Richtigkeit dieser Nachricht bestätigt, aber die Untersuchung blieb stecken, da für diesen Mann interveniert worden ist, unter anderem auch durch Vatikankreise (!). Um die Aktion des Pavelić unter den Priestern zu illustrieren, würde es genügen, einen Brief von Fra Bonaventura Zec zu zitieren, der, in Latein geschrieben, dem italienischen Pfarrer im Ort Tauria Nova zuging, wo damals der bekannte Terrorist Vladimir Singer, Vlado ›Žap‹ genannt, konfiniert wurde. In diesem Brief erklärt Zec die Aktion der Ustaschen mit der Parole des Kampfes gegen die serbische Orthodoxie (!) und empfiehlt den jungen Streiter für den Katholizismus (!) dem Pfarrer wegen der Eheschließung. Die Korrespondenz zwischen Zec und Singer lief über diesen italienischen Pfarrer. Auf meine Intervention hin bemühte sich die italienische Polizei beim Vatikan um eine Versetzung des Pfarrers, der jetzt entfernt worden ist.
Bei dieser Gelegenheit ist hervorzuheben: Pavelić war von jeher bei gewissen vatikanischen Kreisen gut angesehen, insbesondere bei dem Kardinal Pellegrinetti, dem ehemaligen Papstnuntius in Belgrad, weil er den Kampf gegen die Orthodoxie und die Gründung eines katholischen Staates (!) propagierte. Er nutzte im ersten Teil seiner Aktion die vortrefflichen Beziehungen zu dem Erzbischof Ivan Šarić von Sarajevo (!), den er in früheren Jahren mehrere Male in Rom traf. Šarić hat beim Eucharistischen Kongreß in Südamerika die Heime der ›Kroatischen Heimwehr‹ (*Hrvatski domobran*) besucht und sie gesegnet, worüber wir Berichte und Fotos auch durch die Ustascha-Presse erhielten …
Bei meiner Arbeit traf ich auf manches, was meinen Verdacht gegen den Rektor der Anstalt des heiligen Hieronymus, Dr. Juraj Madjerec, wachrief; man verlangte jedoch von mir schriftliche Beweise, die ich nicht erbringen konnte, denn dieser hat sich sehr geschickt benommen und anscheinend seine Beziehungen über Fra Medić und den anderen Priester-Schüler filtriert, und inzwischen hat sich auch das leider als wahr erwiesen …«[12]

Das Paktieren der Catholica mit Pavelić und seinen terroristischen »Streitern für den Katholizismus« erwies sich schlicht als strategische Notwendigkeit: Es war die größte Chance der Papstkirche, die Orthodoxie westlich der Drina zu zerschlagen.

Hinter Pavelić stand aber auch der kroatische legale Volksführer Vlatko Maček. Er traf Pavelić im Herbst 1930 in Österreich im Zug, mit dem er nach Hause fuhr. Da bestimmte Maček: »Die Rollen: Pavelić führt die Politik mit den Italienern, Košutić die zwischen Italien und England, Krnjević hält sich an die Engländer, Kežman soll sich legal in Beziehung zu den Franzosen setzen«.[13] Was für ein Doppelspieler war dieser »kroatische Tolstoj« Vlatko Maček! Vor der Diktatur Koalitionspartner der Serben aus Kroatien, also der Unabhängigen Demokratischen Partei, setzte er diese Koalition fort, als nach dem Tode Alexanders 1934 die Parteien wieder legalisiert wurden. Zugleich aber hielt er es insgeheim mit Pavelić, der die Serben auffressen wollte.

Mit Radićs Tod war auch der Antiklerikalismus seiner Partei vorbei. Ja, nun beugte sich Maček tief vor der Catholica, so daß sich in Kroatien der feste Ring der Populisten, Faschisten und Klerikalen schloß.

In seiner Weihnachtsbotschaft 1936 gebrauchte Maček sogar das beliebte Motiv der katholischen Kirche im kommenden Ustascha-Staat, welches das Kroatien der Mörder als »Gottesreich« ausgab: »Indem ich Ihnen zu Weihnachten gratuliere, wünsche ich, daß alle unsere kroatischen Dörfer, alle Städte und das ganze kroatische Volk, innerhalb des Vaterlandes und außerhalb, sich zur Zeit des Weihnachtsfestes durch den Geist der göttlichen Wahrheit erleuchten lassen, und glauben Sie mir, es wird uns viele Mühe auch in unserer großen Arbeit für die Freiheit unseres kroatischen Vaterlandes und des Reiches Gottes in ihm erspart werden.«[14]

Die Bischöfe waren natürlich begeistert. Besonders enthusiasmiert aber war der Erzbischof von Sarajevo, Ivan Šarić, der engste Mitarbeiter Pavelićs noch in dessen Emigrantenzeit. Šarić schrieb ein panegyrisches Gedicht an Maček, *Die Eiche*, ähnlich wie er später – zu Weihnachten 1941 – eine Reimerei an Pavelić verfaßte: die *Ode an den Poglavnik*, eine Art Schulhymne im Ustascha-Staat, worin er die Serben »Heiducken« nennt und die jugoslawisch orientierten Kroaten »Judasse«.

Am 19. März 1936 sagte Šarić in einer Rede in Sarajevo: »Wir katholischen Bischöfe und alle katholischen Priester fühlen heute, Gott sei Dank, mit unserem Volk das eine, daß unser gemeinsamer

Führer (!) Dr. Vladimir Maček ein vernünftiger Mann ist, dem sowohl das Volk als auch die Priester ihre volle Anerkennung bezeugen, und ... ich als Ihr Oberhirte erkläre feierlich, daß ich nicht nur alle Erklärungen, jedes Wort Dr. Mačeks gutheiße, sondern ich sage auch noch dies: Dr. Maček redet so, wie jeder unserer Priester und jeder unserer Bischöfe reden sollte (!).«[15]

Ins Wechselspiel des katholischen Klerikalismus, Faschismus und Populismus in Kroatien mischte sich aktiv auch der junge Aloisius Viktor Stepinac (1898–1960), seit 29. Mai 1934 Erzbischof-Koadjutor, seit 7. Dezember 1937 Erzbischof von Zagreb und Metropolit Kroatiens. Nach dem Historiker des kroatischen Klerikalismus, Viktor Novak, besteht eine Ähnlichkeit zwischen den Physiognomien von Pavelić und Šarić sowie denen von Maček und Stepinac[16]. Diese charakterologischen Züge sind wohl nicht unabhängig von der Abstammung beziehungsweise dem Abstammungsort. Pavelić und Šarić kamen aus der national- und kulturgemischten breiteren Umgebung Sarajevos (Pavelić ist im fast rein serbischen Dorf Bradina, Šarić im vorwiegend muslimischen Travnik geboren), während Maček und Stepinac der kroatisch-slowenischen Gegend zwischen Zagreb und Karlovac entstammten.

Im Unterschied zum redseligen, affektgeladenen und offen mörderischen Šarić – auf einem Foto figuriert er in der Beduinentracht mit dem Streitkolben in der einen und dem Revolver in der anderen Hand, ein wahrer bosnischer Bischof und Makkabäer – war Stepinac relativ schweigsam, unbeugsam, unkommunikativ und ausgesprochen feminin, ein fanatischer und disziplinierter Diener der Papstkirche mit der steten Pose der Scheinheiligkeit. Aber er war auch ein haßerfüllter Mann der Politik, der – wie namentlich sein erst lange nach seinem Tod an die Öffentlichkeit gelangtes Tagebuch zeigt – einen fast mittelalterlichen, totalitären römischen Katholizismus verfocht und als unversöhnliche Feinde seiner Weltanschauung Freimaurerei, Judentum und Kommunismus ansah, außerdem das »Schisma«, wie er in der Regel die Orthodoxie nannte. Er hatte alle Kennzeichen des faschistischen Syndroms. Sein Ziel war – wie das der Ustaschen – das serben- beziehungsweise »schismafreie«, romhörige Großkroatien. Er selbst rief zwar nie zur Abschlachtung der Serben auf, sondern bevorzugte die Methode ihrer Zwangsbekehrung, doch seine zelotische Intoleranz und sein Klerofaschismus waren zugleich Vorbedingung und Legitimation des Genozids.

So notiert Stepinac schon 1934 bei seiner Wahl zum Erzbischof-Koadjutor: »In Jugoslawien herrscht heute die Freimaurerei. Leider, im Herzen des kroatischen Volkes, in Zagreb, hat sich diese höllische Gesellschaft eingenistet, diese Brutstätte der Unsittlichkeit, Korruption und jeder Unredlichkeit, der geschworene Feind der katholischen Kirche, sonach auch des kroatischen Volkes. Ohne Wissen und Erlaubnis der Freimaurerei kann niemand eine einflußreiche Stellung bekleiden. Es ist kein Spaß, mit ihr zu ringen, und doch muß man das im Interesse der Kirche, des kroatischen Volkes und des Staates Jugoslawien selbst, wenn er weiterexistieren soll. Denn diese Gewalt, die heute herrscht, wird von der Freimaurerei unterstützt. Und die Gewalt führt ins Verderben. Ich sehe nicht, wie das kroatische Volk daneben existieren kann.«[17]

Primas Stepinac störte also die freimaurerisch unterbaute, relativ liberale Diktatur sehr. Aber die genozide und terroristische Gewaltherrschaft Pavelićs war für ihn »die Hand Gottes« und bedeutete die Entstehung des »Gotteslandes«, die Realisierung des Bibelsatzes »A Domino factum est istud et est mirabile in oculis nostris«[18].

Im Kampf gegen die Freimaurerei sind nach Stepinac alle Mittel erlaubt. Als sein Blatt *Hrvatska straža* (*Kroatische Wache*) als faschistisch kritisiert wurde, ließ er in sein Tagebuch eintragen, dies sei »nur die Reaktion auf das zerstörerische Wirken der Freimaurerei, des geschworenen Feindes der Kirche in der ganzen Welt und die Ursache der schlimmen Zustände in allen Teilen Europas und der Welt (!), weshalb diese die schreckliche Seuche des Kommunismus nicht zu verdrängen wisse oder das nicht wolle«.[19]

Der Faschismus als mögliche Rettung des Katholizismus vor Freimaurerei und Kommunismus also. Und faschistisch, sehr faschistisch, war seine *Kroatische Wache* in der Tat. Als der Zweite Weltkrieg ausbrach und Jugoslawien neutral blieb, verherrlichte dieses Blatt die Eroberungen der Nazis: »Das heutige Deutschland weiß gut, daß in Kroatien lebendige Sympathien für den Kampf des deutschen Volkes bestehen, das für sein Recht (!) und um sein Dasein (!) kämpft ... daß die nationalen Kroaten seit Beginn des Kampfes des nationalsozialistischen Deutschlands auf dessen Seite standen.«[20] Und als das faschistische Italien am 3. Oktober 1935

Abessinien angriff, worauf der Genfer Völkerbund Sanktionen gegen Italien beschloß, kritisierte dies Stepinac als freimaurerisches Werk; der Völkerbund war ja für ihn nichts anderes als eine »Freimaurerinstitution«.

Die Freimaurer aber sind für Stepinac am engsten mit den Juden verbunden, ja, sie sind nur die verlängerte jüdische Hand. Am 27. April 1935 trug er in sein Tagebuch ein: »Gestern abend beschlagnahmte die Polizei im theologischen Priesterseminar die Broschüren, die der UDSK herausgibt. Sie beschlagnahmte die Broschüre ›Wer herrscht in Rußland und die Jüdische Freimaurerei‹. Daraus läßt sich deutlich ersehen, daß bei uns die Macht in den Händen der Freimaurerei beziehungsweise der Juden liegt, da die Freimaurerei nur ihre Waffe ist. Weder das kroatische Volk noch Jugoslawien werden Ruhe haben, bis es diesen verdammten Freimaurersamen loswird, der sich wie eine Fledermaus versteckt und aus dem Hinterhalt auf die katholische Kirche schlägt, diese stärkste Stütze des Volkes, Vaterlandes und der moralischen Ordnung.«

Deshalb ist Stepinac gegen die Gründung des »zionistischen Judenstaates« in Galiläa: »Dies bedeutet ja sicher eine große Gefahr für die christlichen heiligen Orte, besonders für Nazareth, das in Galiäa liegt. Gefahr würde auch den christlichen Katholiken(!) drohen, von denen es gerade in Galiäa viele gibt.« Am 29. April 1935 notiert Stepinac: »Heute war bei mir der Volksabgeordnete aus Čakovec ... Er bat mich, ihm meinen Standpunkt über unsere Staatsordnung darzulegen ... Ich habe ihm geantwortet, daß die Kirche nichts Gutes weder von links noch von rechts zu erhoffen hat und daß ich nicht mehr an Gerechtigkeit in diesem Staat glaube, in dem die Freimaurer und die Juden herrschen.«[21]

In diesem Zusammenhang ist Stepinacs am 5. November 1940 geäußerte Meinung über den Zweiten Weltkrieg bezeichend: »Die Welt taumelt in Wahrheit in den Untergang, wenn nicht auf wunderbare Weise die Hand Gottes sie rettet. Siegt Deutschland, wird es schrecklichen Terror und das Verderben der kleinen Völker geben. Siegt England, werden die Freimaurer, die Juden, an der Macht bleiben und somit auch die Unsittlichkeit und Korruption in unseren Ländern.«[22] Doch die »Hand Gottes« hat dann »auf wunderbare Weise« interveniert, und es entstand der Ustascha-Staat.

Stepinacs Abneigung und Haß scheinen aber kein Maß mehr zu

haben, wenn er das Thema der Orthodoxie und orthodoxen Kirche berührt. Ihn störte namentlich der Kultus des Sankt Sava, des Gründers der serbischen autokephalen Kirche und Nation. Habe Sankt Sava doch »das verdorbene, byzantinische und römische Christentum« verbreitet. Diesem Kultus wollte Stepinac den Kultus des Nikola Tavelić entgegensetzen, eines kaum bekannten Franziskaners italienisch-dalmatinischer Herkunft, der im 14. Jahrhundert erfolglos bei Bogomilen und Moslems missionierte, welche letzteren ihn schließlich umbrachten. Erzbischof Stepinac mühte sich nun, ihn zum »Apostel Kroatiens« zu machen. Nach seinem eigenen Tod aber wollen die kroatischen Katholiken – es wird ständig von Wundern erzählt, die sich an seinem prächtigen Grab in der Zagreber Kathedrale ereigneten – diese Rolle ihm selbst beimessen.

Zum Staatsstreich vom 27. März 1941 vermerkt Stepinacs Tagebuch: »Aber diese ganze Tat macht nur wieder deutlich, daß Serben und Kroaten zwei Welten sind, die sich nie vereinigen werden, solange die eine von beiden lebt. Der Geist des Byzantismus ist etwas so Entsetzliches, daß nur der Allmächtige und Allwissende Gott imstande ist, die Intrigen und Übervorteilungen dieser Leute zu parieren.« Am nächsten Tag, am 28. März, bleibt Stepinac beim Thema und fährt fort: »Alles in allem sind die Kroaten und Serben zwei Welten, der Nord- und Südpol, die sich nicht annähern werden, außer durch ein Wunder Gottes. Das Schisma ist der größte Fluch Europas, fast größer als der Protestantismus (!). Da gibt es keine Moral, keine Wahrheit, keine Gerechtigkeit, keine Redlichkeit.«

Als das Chaos des Aprilkrieges 1941 Jugoslawien heimsuchte, schrieb Stepinac schadenfroh: »Und all das hat sich die serbisch-orthodoxe Kirche mit den Juden, Kommunisten, Freimaurern, Falken usw. eingebrockt.«[23]

Das erste Opfer des Ustascha-Terrorismus war der bedeutende Freimaurer und führende Journalist Kroatiens, der Ex-Priester deutscher Herkunft Anton-Toni Schlegel. Ihn erschoß meuchlerisch der Ustascha Mijoć am 22. März 1929 in Zagreb. Starben indes auch viele völlig unschuldige Personen durch Höllenmaschinen, die Pavelićs Mörder in jugoslawischen Zügen anbrachten, so war das Hauptziel von Pavelić (beziehungsweise von Mussolini, in dessen Auftrag Pavelić handelte) doch König Alexander.

Mussolini glaubte, daß Jugoslawien ein Staatengebilde ohne Zukunft sei und bald zerfallen werde, wovon er dann profitieren wollte. Er dachte, der Tod Alexanders durch Ustaschen-Hand würde zum Bürgerkrieg zwischen Serben und Kroaten führen und ihm den Anlaß zu einer gewaltsamen Intervention geben. Außerdem war Alexander eine Art Soldatenkönig, mit seinem Heer am engsten verbunden; sein Tod konnte daher das jugoslawische Militär leicht kopflos, verteidigungsunfähig machen. So traf schon im Dezember 1933 in Zagreb, wo Alexander seinen Willen, »Kroatenkönig« zu sein, allen demostrierte, eine Gruppe in Italien vorbereiteter Ustaschen-Attentäter ein. Dem Hauptexekutor Petar Oreb versprach Pavelić persönlich 500 000 Dinar für Alexanders Ermordung; das Geld kam natürlich aus der Kasse der italienischen Regierung. Die jugoslawische Polizei war jedoch schneller, und die Terroristen wurden verhaftet. Untersuchung und Prozeß im März 1934 bewiesen vollends die Verantwortung Pavelićs und Italiens. Frankreich aber setzte sich dafür ein, daß die jugoslawische Regierung in Rom nicht protestierte.

Jugoslawiens einzige Stütze in Europa war damals Frankreich, das jedem Versuch Alexanders, Großbritannien näherzukommen, eifersüchtig entgegentrat. Dabei wußte allerdings die Freimaurerrepublik ihre Schutzmachtfunktion sehr gut zu verwerten, so daß Alexander 1932 dem britischen Gesandten sagte, »in Finanzsachen seien die Franzosen schlimmer als die Juden«.[24] Aber nach Hitlers Machtergreifung wurde Frankreichs Haltung gegenüber Jugoslawien noch übler, was mit der grundlegenden Umorientierung der französischen Außenpolitik zu tun hatte. Bedroht von Deutschland, wollte Frankreich ein antideutsches Bündnis mit Italien und Rußland erneuern. Dafür war die Freimaurerrepublik bereit, dem faschistischen Italien, das als Gegenleistung Territorien verlangte, Jugoslawien zu überlassen. Alexander selbst trachtete trotz aller Angriffe Italiens auf seinen Staat und seine Person beharrlich, mit der faschistischen Großmacht einen Ausgleich zu finden, und bot ihr einen »Freundschaftsvertrag« an. Mussolini signalisierte indes, einen solchen Vertrag werde er nur dann unterzeichnen, wenn Jugoslawien ihm das Recht zugestehe, in Albanien zu intervenieren, und wenn ihm – wohl nach dem Londoner Vertrag – weitere territoriale Zugeständnisse in Dalmatien gemacht würden.[25] Das aber wollte Alexander nicht.

So reagierte der trotzige König auf die französisch-italienische und französisch-sowjetische Annäherung mit offenen Sympathiebekundungen für Nazi-Deutschland. Schon am 14. April 1933 erklärte der jugoslawische Außenminister B. Jevtić dem französischen Gesandten, Mussolini als eventueller Alliierter Frankreichs solle seine Träume von der Vorherrschaft im Donauraum und auf dem Balkan vergessen; falls er das nicht wolle, werde Jugoslawien an die Seite Deutschlands treten! Im August machte der jugoslawische König Deutschland einen Privatbesuch[26]. Im April 1934 kam der Reichsminister und Stabschef der SA, Röhm, nach Dalmatien, und am 17. Mai desselben Jahres traf in Belgrad Außenminister Jevtić den zweiten Mann des Dritten Reiches, Hermann Göring, was Frankreich und die Tschechoslowakei konsternierte. Am 1. Mai 1934 wurde zwischen Deutschland und Jugoslawien in Belgrad ein bedeutender Handelsvertrag unterzeichnet, der Jugoslawien in den deutschen wirtschaftlichen »Großraum« zu integrieren begann. Der britische Gesandte in Belgrad, Nevil Henderson, meldete am 23. Dezember 1933 dem *Foreign Office*: »The King, regardless of his Czechoslovak friend, is an enthusiastic hitlerite.« Ja, derselbe Henderson notierte am 1. November 1934 prophetisch über die politische Zukunft des Südslawenstaates: »Her (Jugoslawiens) alliance with France would not thus prevent her from concluding a treaty with Italy, nor would the latter prevent her from making another with Germany, or finally, a fourth with Russia«!

Zugleich startete der französische Außenminister Louis Barthou, ein großer Staatsmann und Mann der weiten geistigen Horizonte – er schrieb sogar ein Buch über das Liebesleben Richard Wagners –, eine imposante diplomatische Initiative mit dem Ziel, die Gefahr des deutschen Revisionismus zu bannen und vorerst den Anschluß Österreichs an Deutschland zu verhindern.

Barthou plante, einen »Ost-Locarnopakt« zu organisieren. Infolgedessen erstrebte Frankreich ein Bündnis mit der UdSSR und der Kleinen Entente (Tschechoslowakei, Jugoslawien und Rumänien). Die jugoslawische Regierung sträubte sich aber von Anfang an gegen diese Idee. In Paris, das ihn eingeladen hatte, um ihm die französischen Vorschläge zu erläutern, erklärte Außenminister Jevtić am 10. Juni 1934, daß Jugoslawien vorher Garantien gegen die Komintern, die ungarische Revision und gegen Mussolinis Anspruch auf Dalmatien brauche, was in der Tat einer Ablehnung gleichkam. Deswegen reiste Barthou nach Belgrad, konferierte dort am 25. Juni 1934 mit Alexander und sprach am nächsten Tag im Parlament, wo sich während seiner Rede ein Geschrei gegen die Revision erhob. Barthou gab indes nicht nach und verlangte von Alexander imperativ, sich mit Stalin und Mussolini zu »versöhnen«; wegen weiterer Unterredungen in dieser Richtung müsse der König nach Frankreich kommen.

Armer Barthou! Er wußte nicht, daß er Alexander in die Mordfalle lockte, in der auch er selbst umkommen sollte. Im Laufe des Septembers 1934 schrieb die gesamte europäische Presse über die plötzliche Verständigung zwischen Paris und Rom. Die von Mussolini dirigierten italienischen Blätter verherrlichten die Freundschaft Italiens mit Frankreich. Der italienische Gesandte in Ungarn, Colonna, teilte mit, Barthou werde bald nach Rom kommen, um Italien in Afrika für Dalmatien zu entschädigen! Und am 6. Oktober 1934 sagte Mussolini in einer Rede, er sei bereit, sich mit Jugoslawien zu arrangieren – nachdem er schon die Ustaschen nach Alexander ausgeschickt hatte.

Am 9. Oktober 1934 wurde König Alexander zusammen mit dem französischen Außenminister Barthou in Marseille erschossen – wenige Minuten, nachdem er sich von seinem Zerstörer »Dubrovnik« ausgeschifft hatte. Der Attentäter war der Bulgare Veličko Kerin Georgijev, ein Berufsmörder, der schon zweimal zum Tode verurteilt, jedesmal aber begnadigt worden war. Ihn hatte der Führer der bulgarisch-mazedonischen Terroristen, Ivan-Vančo Mihailov, an Pavelić »ausgeliehen«; er war einer der zwei Attentäter in Marseille, während in Paris ein weiteres Ustaschen-Duo auf den König wartete, falls das Attentat in Marseille scheitern sollte.

Die nachfolgende Untersuchung und der Prozeß gegen die Attentäter – außer Georgijev, der an Ort und Stelle umgebracht worden war – in Aix-en-Provence bewiesen auch die Mitverantwortung Ungarns. Die Attentäter hatten ungarische Pässe und in einem Lager in Ungarn (Janka-puszta) zusammen mit anderen Ustaschen das Terroristenhandwerk gründlich erlernt; der Königsmörder Georgijev war daselbst Instruktor gewesen. Deshalb wurde Ungarn vom Genfer Völkerbund »getadelt«. Frankreich aber erreichte, daß Italien weder im Gerichtsprozeß in Aix noch vor dem Völkerbund im Zusammenhang mit dem Attentat erwähnt worden ist. So spuckte die hochmütige Republik ihrem südslawischen Verbündeten nochmals ins Gesicht.

Doch die Verantwortung der französischen Regierung für Alexanders Tod war offensichtlich. Der britische Gesandte Henderson schrieb von der »verbrecherischen Fahrlässigkeit« Frankreichs[27] – was in der Diplomatensprache soviel wie »Absicht« heißt. Tatsächlich spricht vieles dafür, daß die französische Regierung beim Mord in Marseille Komplizendienste leistete. Obwohl die jugoslawische Polizei das französische Innenministerium über die in Frankreich lauernden Attentäter informierte, wurden keine Sicherheitsmaßnahmen getroffen. Man lehnte auch den Vorschlag ab, Alexander und Barthou im geschlossenen Wagen zu fahren. Statt dessen saßen beide in einem Kabriolett mit breiten Trittbrettern, was vor allem dem Attentäter nützte, der auf das Trittbrett sprang und aus unmittelbarer Nähe vier Kugeln auf den König feuerte. Neben dem Wagen fuhren auch nicht, wie üblich, Gendarmen auf Motorrädern, und es gab keine Absperrung der Straßen durch Polizei oder Militär. Die einzige Sicherung des Königswagens war ein mit dem Säbel bewaffneter Reiter, der dem Wagen in einem Abstand von vier, fünf Metern folgte; ein weiterer Wächter war etwa sieben Meter entfernt. Später wurde der offizielle Kameramann, der das ganze Ereignis filmte, ermordet und sein Film der Zensur unterworfen; sonst hätte man sehen können, wie auch die Polizisten auf den Königswagen schossen und vielleicht den Attentäter sowie Barthou trafen. Bei dieser Schießerei kamen noch vier Personen ums Leben, neun weitere wurden verwundet, jedoch gab es keine Untersuchung. Pavelić, Eugen-Dido Kvaternik und Ivan Odavna Perčević, die Mussolini nicht auslieferte, hat das Gericht von Aix am 12. Februar 1936 in Abwesenheit zum Tode verurteilt, die gefangenen Attentäter Z. Pospišil, M. Kralj und I. Rajić zu lebenslänglicher Zuchthausstrafe, wonach sich ihre Spuren verlieren. Zvonimir Pospišil tauchte jedoch später als Führer eines Ustaschen-Trupps in der Herzegowina wieder auf, wo er am 23. Juni 1941 im Kampf gegen die aufständischen Serben fiel.

Den Hintergrund des Marseiller Attentats beleuchtet auch die Mitteilung von Prof. Dr. Dide – des Gerichtspsychiaters im Prozeß von Aix und Direktors der größten französischen Anstalt für Geisteskranke – an den jugoslawischen Diplomaten Stanislav Vinaver. Diesem vertraute der Professor nämlich an, daß die französische Regierung auf ihn Druck ausgeübt habe, den Hauptangeklagten Mijo Kralj für geisteskrank zu erklären, was zur Sistierung des ganzen Strafverfahrens hätte führen können. Nachdem er abgelehnt hatte, bekam Dide keine Gerichtssache mehr zur Expertise.[28]

Die katholischen und prokatholischen Kreise erklärten die Freimaurerei für schuldig oder mitschuldig am Königsmord. Sie begründeten dies mit Alexanders engen Beziehungen zu Deutschland und dem Vatikan sowie mit dem Umstand, daß der Mord im Land der Freimaurerei geschehen sei. All das ist sehr naheliegend, aber die Wahrheit muß nicht immer naheliegend sein. Wichtig dagegen ist in diesem Zusammenhang folgendes: Zur Zeit des Attentats regierte in Frankreich das ausgesprochen klerikale, profaschistische Kabinett Doumergues, mit Marschall Pétain als Verteidigungsminister – der während des Zweiten Weltkrieges Staatschef des kollaborationistischen Vichy-Frankreich war –, und in dem P. Laval, später Ministerpräsident im Vichy-Regime, Barthou als Außenminister nachfolgte. Der Freimaurer und Jude Léon Blum bildete seine Volksfrontregierung erst im Juni 1936, lange nach dem Attentat.

Radio Rom stellte am 11. Oktober 1936 den Königsmord als Folge von Zentralismus und Diktatur hin und meldete, daß die Proklamation des unabhängigen kroatischen Staates zu erwarten sei. Die Serben trauerten aufrichtig um den König, hatten sie ja ihren Beschützer verloren. Doch sie rächten sich nicht an den Kroaten, so daß es zu keinem Bürgerkrieg kam. Der wütende Mussolini ließ danach die Ustaschen inhaftieren.

So endete der König Alexander Karadjordjević – trotz all seiner Irrtümer ein Ritter und Märtyrer –, dessen größter Fehler es war, daß er als Serbe ein Kroatenkönig sein wollte, ein Fehler, immerhin kleiner noch als der jener verantwortungslosen Serben, die den Kroaten Tito zu ihrem roten Sultan machten. Denn während Alexander für kroatische Territorien focht und eigentlich deshalb starb, weil er Dalmatien für die Kroaten retten wollte, schacherte Tito schamlos mit den Ländern des serbischen Staates.

Dem Testament Alexanders gemäß übernahm bis zur Volljährigkeit seines ältesten Sohnes, König Peter, ein Regententriumvirat die Ausübung der königlichen Macht. Praktisch aber herrschte allein der erste Regent, Alexanders Vetter Prinz Paul Karadjordjević, ein rechtschaffener, skrupulöser Mann, der sein äußerstes tat, um Jugoslawien aus dem Weltkrieg herauszuhalten. Dabei beging der scheue Prinz einen sehr ernsten Fehler: Er vernachlässigte die Rüstung des Heeres. Vor dem deutsch-italienischen Angriff im April 1941 verfügte die unzulänglich bewaffnete königliche Armee über Munition und Nahrung für einen nur sechswöchigen Krieg, was der Feind, der seine Agenten in Regierung und Heer hatte, ganz genau wissen mußte. Dagegen hätte eine schlagkräftige, der serbischen Mentalität entsprechende Truppe die Aggressoren vielleicht dazu bewegt, die Neutralität des Staates zu respektieren.

Doch gab es noch eine tiefere Ursache des Mißerfolgs. Der Prinzregent konnte keinen Kontakt zum Volk, vor allem nicht zu den Serben, herstellen. Er hatte zuvor kaum im Land gelebt. Ein wahrer Weltmann, Schöngeist und Aristokrat – seine Mutter entstammte der hochadeligen russisch-französischen Famile Demidov -, hatte er in Oxford studiert und in England auch seine schöne Frau, die griechische Prinzessin Olga, kennengelernt. Mehr an Kunstsammlungen als an Politik interessiert, nahm er als Regent die Pose eines aufgeklärten Absolutisten an, der seine Politik für das Volk, aber fern vom Volk, aus seinem Kabinett heraus wie eine Schachpartie führt. Das verunsicherte die Serben enorm, die mit ihren Herren, und wären diese Tyrannen schlimmster Sorte, immer in Berührung sein müssen. Das Ganze war ein einziges Mißverständnis, und so wurde alles, was der Prinzregent tat, vom serbischen Volk abgelehnt – der sichere Weg in die Katastrophe.

In der Tat war das königliche Regime unter dieser Regentschaft autoritärer als je zuvor, bei dem volksfernen und volksscheuen Prinzregenten gar nicht anders möglich. Unter ihm regierte eine Koalition der Hofradikalen, deren Repräsentanten – Milan Stojadinović, der slowenische Klerikale Korošec und das Haupt der jugoslawischen Moslems, Mehmed Spaho – alle zusammen am 19. August 1935 die Regimepartei »Jugoslawische Radikale Gemeinschaft« (JRZ) bildeten. Wie der bedeutende linksorientierte kroatische Politiker Dr. Ivan Ribar notierte, wurden in der siebzehnjährigen Geschichte Jugoslawiens vor Stojadinović und Korošec nicht so viele Leute umgebracht wie nun durch die Polizei des katholischen Prälaten Korošec; innenpolitisch sei das Regime gekennzeichnet »durch ununterbrochene Gesetzwidrigkeit, Gewalt und Rechtlosigkeit, durch Mißhandlungen und Folterungen, ähnlich wie zur Zeit der spanischen Inquisition«[29].

Dieses Regime richtete sich ja gegen die Ustascha-Terroristen, die Kommunisten und ihre Hehler. Die deutschen, vatikanischen und englischen Agenten wurden dagegen als hochrespektierte Eminenzen behandelt. Der Prinzregent bekannte, Europa habe nur zwei Feinde: den Hunger und den Kommunismus. Aufgrund dieser Regierungshaltung unterstellte sich die liberale und gemäßigt linksorientierte serbische Opposition dem Kroatenführer Maček, den sie zum Führer der ganzen Opposition erhob. So wurden die serbischen fortschrittlichen Intellektuellen dazu erzogen, den Kroaten zu dienen, so wurde der Weg zu Tito geebnet.

Am 25. Juli 1935 ließ die Regierung Stojadinović-Korošec-Spaho – ihr erster außenpolitischer Schritt – den Justizminister Dr. Ljudevit Auer (einen klerikalen Kroaten) im Vatikan das staatswidrige Konkordat unterzeichnen, dessen Text jedoch vor dem Tod von König Alexander festgelegt worden war. Es räumte der katholischen Kirche in Jugoslawien eine überstaatliche und überkonstitutionelle Stellung ein und verfügte, daß ihm entgegenstehende Normen des Königsreiches außer Kraft träten (Art. 35) und alles im Konkordat nicht Behandelte nach dem katholischen Kirchenrecht zu regeln sei (Art. 37, Abs. 1.). Schon in Artikel 1 stand die für die Serben besonders irritierende Bestimmung: »Der katholischen Kirche wird mit all ihren Kulten das Recht zuerkannt, öffentlich und frei im Königreich Jugoslawien ihre Mission zu üben.« Eine anonyme Broschüre gegen das Konkordat kommentierte dies so: »Unser Land wird zu einer ›terra infidelium‹ erklärt, als handele es sich um Afrika, wo die katholische Kirche halbwilde Schwarze zu bekehren habe.«

Das traf nicht zu. Die katholische Kirche behandelte in ihrem Paradies, dem kroatisch-muslimischen Ustascha-Staat, die Serben bald darauf viel schlimmer als die Schwarzen in Afrika!

Nach Artikel 22 des Konkordats sollte die Agrarreform auf den Kirchengütern der Catholica eingestellt und dieser für die früher enteigneten Ländereien eine »gerechte Entschädigung« bezahlt werden. Der Staat mußte ferner diese Kirche und ihre theologischen Fakultäten aushalten sowie ihre Einnahmequellen garantieren und sie sogar steuerfrei lassen (Art. 17 und 18). Im Artikel 33 wurde der katholischen Kirche die »volle Freiheit« zuerkannt, die Vereine der Katholischen Aktion zu gründen und zu verwalten; alle Staatssportvereine und alle Schulen, die katholische Schüler besuchten, fielen unter die Aufsicht der Romkirche, alle Lehrbücher unterstanden ihrer Zensur (Art. 25–29). Wäre das Konkordat in Kraft getreten, wäre Jugoslawien der katholischste Staat Europas geworden.

Um aber in Kraft treten zu können, mußte das Konkordat laut Staatsverfassung erst durch ein Dekret des Königs beziehungsweise der Regentschaft bestätigt und von den beiden Häusern des Parlaments – der Volksversammlung und dem Senat – ratifiziert werden. Ministerpräsident Stojadinović war sich jedoch der Unterstützung der gesetzgebenden Körperschaft und der Öffentlichkeit für eine solche Kapitulation des Staates vor der Papstkirche gar nicht sicher. Deshalb hielt er das Konkordat streng geheim und wartete noch siebzehn Monate lang mit der weiteren Prozedur. Erst als ihn der Vatikan durch den Nuntius Pellegrinetti und den Erzbischof-Koadjutor Stepinac im November 1936 unter Druck setzte, machte er sich daran, das Konkordat, das die Regenten am 5. November 1936 bestätigt hatten, definitiv durchzupauken.

Nach den jahrhundertelangen Verfolgungen, den Knebelungen, Schikanen und Erniedrigungen durch Katholizismus und Islam hatte die orthodoxe Kirche wie alle anderen anerkannten Religionen im Königreich Jugoslawien ungestörte Freiheit und Entwicklungsmöglichkeiten genossen. Als sie jedoch vom Konkordat in Kenntnis gesetzt wurde, sah sie in ihm die Rückkehr der schlimmsten Zeiten und erkannte natürlich zugleich die unerhörte Herausforderung, die das Konkordat für einen Staat mit orthodoxer Dynastie bedeutete. Am 11. November 1936 traf die Heilige Episkopale Synode, das höchste Organ der serbisch-orthodoxen Kirche, das Erzbischöfe, Bischöfe und Archimandriten umfaßt, zu einer außerordentlichen Tagung zusammen und beriet bis zum 24. November des Jahres über das Konkordat. Sie erklärte, daß es in dieser Form für die orthodoxe Kirche unannehmbar sei, da es den Verfassungssatz über die Gleichheit der anerkannten Religionen verletze und der katholischen Kirche mehr Rechte gebe, als die orthodoxe Kirche sogar als Staatskirche in Serbien und Montenegro je besessen habe. Die Regierung und der Vatikan vertraten indes weiter den bestehenden Konkordatstext, und der Kampf begann.

Der entschiedenste Gegner des Konkordats war der beredte serbische Patriarch Varnava (Barnabas) Rosić. In seiner Neujahrsbotschaft 1937, deren Veröffentlichung die Regierung verbot, brandmarkte er die ganze Politik des Regimes und des Vatikans, indem er unter anderem sagte:

»Ohne Vernunft und Redlichkeit haben unsere Machthaber jetzt auf die orthodoxe Kirche Sankt Savas losgeschlagen. Alle serbischen Bastionen in dieser Freiheit und in diesem freien Staat sind bereits verlassen und aufgegeben worden; nun kam es zur Attacke auf das letzte serbische Bollwerk, auf die heilige Kirche. Sie wollen jetzt auch sie aufgeben und verraten. Sie wollen die Wurzel des serbischen Volkes gänzlich ausrotten. Sie wollen den serbischen Namen leer, wüst, ohne irgendeinen Inhalt, ohne geistigen und moralischen sowohl als auch ohne geschichtlichen und kulturellen.
Aus ganz unbekannten und niemandem begreiflichen Gründen machten sie den Vertrag mit dem schwarzen Oberhaupt (!) der schwarzen Internationale (!). Mit diesem Vertrag wollen sie dies Oberhaupt zum Triumph auf dem Balkan bringen, wonach es seit tausend Jahren trachtet. Gegen dies schwarze Oberhaupt und sein Jesuitenheer kämpften zuerst die byzantinischen Patriarchen und Kaiser. Als ihre Waffen stumpf waren, führten den Kampf unsere ruhmvollen Nemanjiden mit Sankt Sava an der Spitze fort. Und als das serbische Reich auf dem Kosovofeld zugrunde ging, bekämpften sogar die Türken die Lateininvasion auf dem Balkan. Und dank der Türken wurde diese Invasion zu Boden gezwungen. Kannten doch die Türken den lügnerischen Charakter dieser Internationale und hinderten sie, auf den Balkan zu kommen. Kannten doch die Türken deren zerstörerische Wirkung innerhalb des Staates, wußten sie doch, daß diese Internationale vor keinem Mittel zurückschreckt, vor keinen Ränken und Intrigen, und machten deshalb keinen Kompromiß mit ihr. Den orthodoxen Glauben hatten die Osmanen manchmal verfolgt, aber sie betrachteten ihn als Religion und respek-

tierten ihn als solche. Jene schwarze Internationale indes sahen sie nicht als Religion an, sondern als Politik. Und heute, meine Brüder, öffnen unsere Machthaber dieser skrupellosen politischen Organisation weit die Tore und lassen sie festen Fuß auf dem Balkan fassen.«

Die Entschlossenheit der orthodoxen Kirche ermutigte auch die politische Opposition, und leidenschaftliche Polemiken für und gegen das Konkordat begannen die Pressespalten zu füllen. In der Antikonkordatsfront tat sich namentlich die Freimaurerei hervor, deren führende Intellektuelle – Viktor Novak, Ivan Ribar und Mihailo Ilić – bemerkenswerte Streitschriften gegen das Diktat des Vatikans veröffentlichten. Zugleich aber erkrankte Patriarch Varnava an einer mysteriösen Magenkrankheit, und es begann das vielleicht gar nicht grundlose Gerücht zu kursieren, er sei von der Regierung vergiftet worden.

Die Atmosphäre im Staat wurde wieder explosiv. Am 19. Juli 1937, an demselben Tag, an dem die Volksversammlung über das Konkordat zu diskutieren begann, rief die orthodoxe Kirche für die Gesundheit des sterbenden Patriarchen in Belgrad zum Bittgang auf, den aber die Regierung verbot. Die Kirche ignorierte dies, und die Prozession – der sich auch die kommunistischen Straßenkämpfer anschlossen, (die illegale Partei fischte ebenfalls im trüben und brachte ein Flugblatt mit dem Titel *Nieder mit dem Jesuitenkonkordat* heraus) –, angeführt von Bischöfen, vielen Priestern, Mönchen, Nonnen, verließ die Kathedrale. Darauf folgte etwas, das vorher nur in der Türkenzeit möglich gewesen war: Die Polizisten, eigens für diese Gelegenheit von dem Prälaten Korošec aus Slowenien herbeigeholt, beleidigten und prügelten serbische Bischöfe in Serbiens Hauptstadt. Am Abend des 23. Juli votierte die Volksversammlung für das Konkordat, was aber zum Pyrrhussieg der Regierung wurde.

In der gleichen Nacht starb der Patriarch der serbisch-orthodoxen Kirche. Dazu bemerkte sein Gegenspieler, der Zagreber Erzbischof-Koadjutor Stepinac, in seinem Tagebuch: »Man erzählte alles. Die einen: daß Stojadinović ihn vergiften ließ; aber warum sollten sie das verheimlichen, da sie – man sieht das – darauf aus sind, Stojadinovićs Regierung zu stürzen? Warum die Verwandten nicht erlaubten, ihn zu balsamieren oder ihn zu untersuchen? Wäre er nicht durch sie vergiftet worden, hätten sie das doch um so eher erlaubt, um es zu beweisen. Die anderen sagen, er habe sich selbst vergiftet (Dr. Stojadinović habe ihm gedroht, seine Schmutzigkeiten mit Frauen {!} an die Öffentlichkeit zu bringen). Einige Ärzte, die die Krankheitsbulletins des Patriarchen verfolgten, erklärten, das sei Lues (Geschlechtskrankheit {!}) gewesen.«[30] Der allzu verständliche Neid eines Mannes – der zum Priester wurde, nachdem ihn seine Verlobte verlassen – auf den bildschönen Montenegriner Varnava.

Danach griff die orthodoxe Kirche zu ihrem letzten Mittel: Sie stellte den Ministerpräsidenten sowie alle orthodoxen Minister und Volksdeputierten, die für die Konkordatsannahme stimmten, am 1. August 1937 vor das Kirchengericht und drohte ihnen die Exkommunikation an. Der Prinzregent und Stojadinović kapitulierten. Das Konkordat wurde aus der Prozedur vor dem Senat zurückgezogen. All das beobachtete mit gespannter Aufmerksamkeit eine Gruppe proenglisch eingestellter Offiziere, denn Großbritannien spielte jetzt in Jugoslawien jene Rolle, die Frankreich durch das Marseiller Attentat eingebüßt hatte, und diese Offiziere bereiteten sich zum Staatsstreich vor. Doch durch die Schlichtung des Konfliktes zwischen Regentschaft und Kirche wurde die Verwirklichung des Plans noch um einige Jahre verzögert.

Die Catholica aber wütete. Empört erwiderten die neunzehn katholischen Bischöfe Jugoslawiens im Oktober 1937, der Episkopat werde »in jedem Falle die Rechte der katholischen Kirche und der sechs Millionen Katholiken in diesem Staat zu beschützen wissen, und er hat zur Gutmachung aller Ungerechtigkeiten die erforderlichen Maßnahmen ergriffen«.

Besonders gekränkt fühlten sich Pius XI. und sein Staatssekretär, der an der Ausarbeitung des Konkordats beteiligte und durch erfolgreiche Vertragsabschlüsse verwöhnte Eugenio Pacelli, der spätere Papst. In einer Rede an das Konsistorium im Dezember 1937 drohte er geradezu: »Es kommt der Tag (er wolle es nicht gerne sagen, doch sei er seiner Sache sicher), da die Zahl jener nicht gering sein wird, die sehr bedauern werden, ein großmütiges und großherziges gutes Werk (!) ausgeschlagen zu haben, das der Statthalter Christi ihrem Lande anbot.«[31] Der große Klerofaschist Pacelli wußte offenbar, was er sagte. Seine Drohung war nicht in den Wind gesprochen. 1941 erfüllte sie sich in einem Maß, das den schlimmsten Massakern des westchristlichen Mittelalters nicht nachsteht.

Auch ohne das Konkordat aber wurde die katholische Kirche im Königreich Jugoslawien keinesfalls in ihren Rechten beschränkt oder diskriminiert. Selbst das *Handbuch der Kirchengeschichte* räumt ein: »Das kirchliche Leben blühte auf. Besonders in der Presse, im Schul- und Vereinswesen, in der Seelsorge und bei den religiösen Orden war ein Aufstieg bemerkbar«.[32]

Ja, die *Civiltà Cattolica* zitiert noch am 4. Januar 1941 aus dem Organ des Erzbischofs von Sarajevo, *Katolički tjednik*: »Im kroatischen Banat kommt man den Wünschen der Kirche entgegen, unsere christlichen katholischen Traditionen werden respektiert ... Es gibt nicht die geringste Voreingenommenheit, nicht das leiseste Mißtrauen ... Die Beziehungen mit der Kirche sind nicht nur korrekt, sondern auch freundschaftlich ... dem Pastoralklerus, ob im Amt oder im Ruhestand, hat man das Einkommen erhöht; viele katholische Institute haben finanzielle Subventionen erhalten.«

Die katholische Kirche in Jugoslawien gab heraus beziehungsweise veröffentlichte siebzig Zeitungen und Zeitschriften, sie unterhielt die kroatische »Literaturgesellschaft des hl. Hieronymus«, ihre Schulen, Kollege, Hospitale, Vereine florierten, kurz, sie erfreute sich – wie selbst Prälat und Innenminister Korošec konzedierte – auch ohne Konkordat »voller Aktionsfreiheit«. Doch erst im Zweiten Weltkrieg sollte sie zeigen, was nach ihrer Meinung der beste Gebrauch solcher Aktionsfreiheit war.

DAS ENDE DES KÖNIGREICHS

Der nächste bedeutende Schachzug des Prinzregenten sollte das »Einvernehmen« der Serben und Kroaten sein, diesmal unter dem Druck Englands. Spätestens nachdem Deutschland am 14. März 1939 die Rest-Tschechoslowakei besetzt und zerschlagen sowie am 28. April desselben Jahres den Nichtangriffspakt mit Polen gekündigt hatte, war den Briten klar, daß der Krieg mit dem Nazi-Staat unvermeidlich sein würde; deshalb wünschten sie in der künftigen Auseinandersetzung ein starkes Jugoslawien an der Seite des Westens.

Zu dieser Zeit führte Maček, der Führer der »Kroatisch-serbischen« Opposition (SDK), Geheimunterredungen mit dem faschistischen Italien über die Zerschlagung Jugoslawiens und die Gründung eines Großkroatien unter italienischem Protektorat; dieser Serbenpartner erstrebte also nichts anderes als Pavelić und die Ustaschen. Großbritannien, dem Land mit dem besten Geheimdienst der Welt, konnte das schwerlich unbekannt bleiben; außerdem hatte es in der Führung der Kroatischen Bauernpartei seine freimaurerischen Freunde.

So mußte der Prinzregent »die kroatische Frage« definitiv lösen. Schon am 4. Februar 1939 stürzte er den Ministerpräsidenten Stojadinović, dem die Katholiken nicht verzeihen konnten, daß er beim Kampf um das Konkordat vor der orthodoxen Kirche kapituliert hatte, und übertrug die Regierungsführung dem scheuen Zinzaren (Rumänen) aus Niš, Dragiša Cvetković, der nichts anderes war als die Marionette des Prinzregenten. Dieser nahm die Verhandlungen mit Maček auf, und Ende August 1939 kam es zum Einvernehmen über das Banat Kroatien, zu einer fast vollständigen Kapitulation der Serben vor den Kroaten. Daß England der Drahtzieher war, sieht man auch an der Zusammensetzung der Juristenkommission, die den Entwurf der Übereinkunft verfaßte; alle ihre Mitglieder, sowohl Serben wie Kroaten, waren prominente Freimaurer und Anglophile: I. Krbek, J. Šutej, I. Šubašić (der spätere kroatische Banus und Churchills Unterhändler bei den Verhandlungen mit Tito), S. Mihaldžić, M. Konstantinović, Dj. Tasić, M. Ilić[33].

In der Übereinkunft wurde Kroatien als eigene Nation anerkannt, die Ideologie der Volkseinheit begraben. Ein größeres Kroatien entstand: Das ehemalige Kroatien-Slawonien wurde mit Dalmatien vereinigt, dem Banat etwa die Hälfte Bosnien-Herzegowinas zugeschlagen. Das Banat erhielt eine weitgehende Autonomie, eigene Verwaltung und Rechtspflege, die Maček mit den Leuten besetzte, die 1941 geschlossen zu den Ustaschen übergehen sollten. Eine Koalitionsregierung mit den Kroaten wurde gebildet. Das Abkommen zwischen Cvetković und Maček sah eine Verfassungsänderung vor. Auch weil die Serben im Parlament dies nie akzeptiert hätten, beging der Prinzregent einen nochmaligen Verfassungsbruch. Er löste das Parlament am 26. August 1939 auf unbestimmte Zeit auf und legalisierte zugleich das kroatische

Banat durch eine Notverordnung! Damit öffnete er den illegalen politischen Kampfmitteln Tür und Tor.

Die Absicht Englands, Jugoslawien durch den serbisch-kroatischen Kompromiß innerlich zu stabilisieren, scheiterte dagegen völlig. Die Kroaten verlangten noch mehr: Sie wollten ganz Bosnien-Herzegowina, Vojvodina, Sandschak. Und da sie in Jugoslawien mit dem kroatischen Banat das Maximum erreicht hatten, wandten die Führer ihrer Bauernpartei sich jenen Mächten zu, die den Südslawenstaat in ihrem Sinne zerstückeln konnten, vor allem Nazi-Deutschland. So informierte Ing. M. Derffler, der in Jugoslawien spionierte, das Oberkommando der Wehrmacht in einem Bericht vom 7. November 1940 über sein Gespräch mit Mačeks Leuten, besonders mit dem Minister Ivan Andres, wohl einem Gestapomann, wobei er »ihre bedingungslose Orientierung auf Deutschland« feststellte[34]. Daß die kroatische Führung die Kunst des Machiavellismus beherrschte, zeigt ihr streng geheimes Rundschreiben, das sie gleich nach dem Abschluß des serbisch-kroatischen Einvernehmens erließ. Dort heißt es im fünfzehnten und letzten Punkt: »Indem wir uns nach diesen Weisungen richten, werden wir jede Konjunktur für unsere Ziele nutzen. Die internationale Situation kommt uns zustatten. Das Versailler System bricht zusammen, und Jugoslawien ist ein künstliches Gebilde dieses Systems. Unsere Führung wird zwischen der Achse und der Demokratie balancieren. Wir haben die Leute sowohl für diese als auch für jene. Die Hauptsache ist, Jugoslawien zu zertrümmern. Dabei hilft uns die katholische Kirche (!) einerseits und der internationale Kommunismus (!) andererseits. Man soll immer den Katholizismus als Hauptbollwerk Kroatiens verherrlichen. Die orthodoxe Kultur als byzantinische soll man angreifen und ihre Verschiedenheit hervorheben ...«[35]

Bald war nun Hitler daran, auf Jugoslawien Druck auszuüben. 1940 wurde er der Herr Europas. Binnen sechs Wochen zwang er die Westmächte zu Boden, ja, überrannte vom 5. bis zum 17. Juni den stolzen Sieger aus dem Ersten Weltkrieg, Frankreich, durch die überlegene Strategie des »Blitzkrieges«. Hitler sagte dem Ustaschen-*Poglavnik* Pavelić bei ihrem Treffen am 9. Juni 1941, »er habe an und für sich gar nicht die Absicht gehabt, gegen Jugoslawien vorzugehen«; »die jüngste Geschichte« – habe ihn »zu einem ungewollten Werkzeug der Befreiung Kroatiens gemacht«.

Diese »jüngste Geschichte« war vor allem Mussolini. Der Duce wollte auf die Ansprüche Italiens nach dem Londoner Vertrag nicht verzichten; zudem hatte er viel Geld für die Ustaschen ausgegeben. Die Sowjetunion bot Italien eine Teilung der Interessensphären auf dem Balkan an: Rot-Rußland begehrte Rumänien, Bulgarien und die Türkei, dafür wollte es Jugoslawien, Albanien und Griechenland Italien überlassen[36].

So schien es schon im April 1940, daß Italien Jugoslawien angreifen werde. Hitler aber, der Ruhe im Südosten brauchte, setzte den Duce unter massiven Druck, und dieser machte sich klein. Doch zur Kompensation griff er am 28. Oktober 1940 Griechenland an, wo er sich freilich in den folgenden Monaten eine Niederlage holte. All das war für Hitler, der intensiv seinen Überfall auf Rußland plante, äußerst peinlich, insbesondere, als die Briten Vorbereitungen trafen, ihr Expeditionskorps von Ägypten nach Griechenland zu verlegen, um eine neue Front bei Saloniki zu errichten. Den Plan (mit dem romantischen Namen »Marita«), Griechenland über Bulgarien anzugreifen, hatte er schon am 13. Dezember 1940 unterzeichnet. Zugleich begann er, die Südoststaaten in sein diplomatisch-ideologisches Lebenswerk – den Dreimächtepakt – zu zwingen, den am 27. September 1940 Deutschland, Italien und Japan unterzeichneten, Francos Spanien und Pétains Frankreich aber ablehnten. Am 20. November 1940 trat dem Dreierpakt Ungarn bei, am 23. November Rumänien, am 24. November die Slowakei, am 1. März 1941 Bulgarien.

Nun sollte sich auch Jugoslawien anschließen. Hitler war sehr großzügig. Jugoslawiens Unterzeichnung und Beitritt hatte für ihn einen großen Weltanschauungswert, denn es würde die feierliche Grablegung des Versailler Systems bedeuten; der Versailler Frieden und der Dreimächtepakt stellten zwei diametral entgegengesetzte Weltordnungen dar.

Aus dem Pakt sollten für Jugoslawien keine militärischen Pflichten folgen, weder Truppen noch Kriegsmaterial durchs Land geleitet werden; überdies sollte es mit der Hafenstadt Saloniki einen eigenen Zugang zum Ägäischen Meer erhalten. Falls Jugoslawien aber ablehnte, daraus machte Hitler keinen Hehl, würde er angreifen.

Das waren die schwersten Stunden des Prinzregenten. Die Unterzeichnung würde ihn ins Lager der Feinde Englands und Griechenlands, der Feinde des Liberalismus überhaupt führen, was gegen alle seine Gefühle und Prinzipien verstieß. Gegen den Pakt waren die probritischen Offiziere, geführt von den blind-ambitiösen und abenteuerlichen Generälen Borivoj Mirković und Dušan Simović, die mit dem Putsch drohten. Auch die Freimaurer waren selbstverständlich gegen den Pakt mit Hitler und Mussolini. Wegen ihres Drucks auf die jugoslawische Regierung mußte sich die Großloge »Jugoslavija« am 1. August 1940 selbst auflösen, während die Auflösung der Logen in Kroatien sogar durch einen Bescheid des Vizebanus vom 15. August 1940 – wegen des Verstoßes gegen die »Staatsneutralität« – erfolgte. Nebenbei: Sowohl Banus Šubašić als auch Vizebanus Prof. Dr. I. Krbek waren Logenbrüder.

Auch die serbische orthodoxe Kirche bekämpfte den Pakt. Ihr seit dem 21. Februar 1938 amtierender Patriarch Gavrilo Dožić hatte als Metropolit von Montenegro 1918 dieVereinigung seiner Heimat mit Serbien organisiert. Mit Recht betrachtete er Hitler als Ungeheuer und Slawenfresser, zu Unrecht schloß er aber daraus, daß man mit ihm keine politischen Verträge schließen dürfe; diesbezüglich korrigierte er sich später selbst. Als er die Kollaboration der kommissarischen Regierung und des Generals Milan Nedić als einziges Mittel billigte, die völlige Vernichtung des serbischen Volkes zu verhindern, sagte er zu Nedić, dieser habe das höchste Opfer für sein Volk dargebracht: seine Ehre[37]. Wenn man seine Prinzipien opfert, kann man das später vielleicht wiedergutmachen. Wenn man sein Volk opfert, ist der Schaden irreparabel.

MILITÄRPUTSCH UND PROKLAMATION DES USTASCHA-STAATES

Die Titoisten verherrlichten den Putsch, da er sie an die Macht hievte. Doch mußte der bedeutende Partisanenkommandant und Militärhistoriker Generaloberst Velimir Terzić gestehen, für den Putsch wäre es besser gewesen, Hitlers Angriff auf Rußland abzuwarten[38].

Der Prinzregent, der viel weitsichtiger war als seine Gegenspieler, ließ den Dreierpakt am 25. März 1941 in Wien unterzeichnen. Die Tatsache, daß ihn nicht die Serben, sondern zwei Zinzaren –

also Rumänen –, D. Cvetković und A. Cincar-Marković, unterschreiben mußten, sagte schon genug. In der Nacht vom 26. auf den 27. März kam es zum Militärputsch nach den Wünschen Londons; König Peter II. wurde für volljährig erklärt, der abgesetzte Prinz in die britische Gefangenschaft geschickt. Nach der Bekanntgabe des Putsches gab es große probritische Demonstrationen, namentlich in Belgrad. Bei diesen Umzügen wurden jugoslawische und britische Flaggen geschwenkt, und man trug Transparente mit Parolen wie »Besser Krieg als Pakt!« und »Besser tot als Sklav'!«. Die Demonstranten demolierten das deutsche sowie das italienische Verkehrsbüro, und jemand zerfetzte die Hakenkreuzfahne mit den Zähnen. Es gab indes keine ernsthaften Angriffe auf Menschen. Die Masse stieß Buhrufe gegen den Wagen des deutschen Gesandten aus, als er von der Kirche nach Hause fuhr. Ein Hauptmann aus der deutschen diplomatischen Mission, der die Demonstration aus der Nähe betrachten wollte, wurde verhaftet, jedoch sofort wieder freigelassen.

Die neue Regierung, welcher der Exponent der militärischen Glücksritter, Luftwaffengeneral Simović, präsidierte, zeigte die gleiche serbisch-kroatisch-slowenisch-muslimische Struktur wie die vorherige; Maček wurde wieder ihr Vizepräsident. Am nächsten Tag schickte sie die Demonstranten nach Hause, die auch unverzüglich Folge leisteten. Die Putschregierung entschuldigte sich bei Deutschland und Italien, reparierte den Schaden an deren Verkehrsbüros und erklärte sogar, sie werde beim Dreimächtepakt bleiben.

Doch Hitler beschloß jetzt, Jugoslawien und Griechenland gleichzeitig anzugreifen und zu zerschlagen. Von wilder Wut ergriffen, wollte er das »serbische Verschwörerpack«, die »Eiterbeule auf dem Balkan«, das »Wespennest Belgrad« nun »endgültig ausbrennen«. Sogleich verlangte er Hilfe von Italien, Ungarn und Bulgarien, die auch versprochen wurde. Der Duce, jetzt einmal der Beute sicher, sowie die anderen Satelliten nahmen begeistert den Auftrag an – auch wenn Bulgarien am 24. Januar 1937 und Ungarn gar erst am 12. Dezember 1940 mit Jugoslawien die Verträge über »ewige Freundschaft« geschlossen hatten.

Die Kroaten waren ebenfalls dabei. Obwohl ihre Minister in der Belgrader Regierung saßen, traf sich am 31. März 1941 in Zagreb ein großer Teil der kroatischen Parlamentsmitglieder, der Repräsentanten der Machtstrukturen des kroatischen Banats sowie der Vertreter der kroatischen Kultur- und wirtschaftlichen Institutionen aus allen »historischen Teilen« Kroatiens und beschloß die folgende Resolution:

»I. Jugoslawien hat aufgehört zu bestehen. Der freie Staat Kroatien wird wieder in seinen historischen und ethnographischen Grenzen geschaffen werden, inbegriffen das Übermurgebiet, das Zwischenmurgebiet, Slawonien, Dalmatien, Bosnien und die Herzegowina sowie der kroatische Teil der Vojvodina.
II. Bis zum Erlaß der neuen Verfassung wird die neue kroatische Nationalregierung mit Sitz in Zagreb die vollziehende Staatsgewalt ausüben.
III. Die kroatischen Repräsentanten stellen diese Resolution dem Außenminister des Dritten Reiches zu und ersuchen ihn, daß sowohl das Dritte Reich als auch die anderen Achsenmächte den neuen Staat Kroatien anerkennen mögen. Die kroatischen Abgeordneten bitten im Namen des ganzen kroatischen Volkes die Regierung des Dritten Reichs, zur Sicherung des selbständigen Staates Kroatien diesem sofort Hilfe und Schutz zu gewähren.[39]

Die Repräsentanten der Kroaten luden Hitler also ein, das Verbrechen der Aggression zu begehen. Der aber hatte ohnehin nicht vor, noch zu warten. Am 6. April sollte die Achse mit etwa einer Million Soldaten das südslawische Königreich angreifen: 520 000 Deutsche mit 1570 Flugzeugen (die vorwiegend für die Ostfront bestimmt wurden), 350 000 Italiener mit 666 Flugzeugen, 100 000 Ungarn und 30 000 Bulgaren. In der Hauptsache war das ein Krieg gegen die Serben. Am 6. April 1941 beschuldigte Hitler in einem »Aufruf an das deutsche Volk« die serbische »Verbrecherclique«, die »gleichen Kreaturen, die schon im Jahre 1914 durch das Attentat von Sarajevo die Welt in ein namenloses Unglück gestürzt« hätten, betonte aber, »das deutsche Volk« sei nicht veranlaßt, »gegen Kroaten und Slowenen zu kämpfen«. Die deutsche Presse hatte wie üblich – wie vorher 1914 und 1928 und nachher 1991 – eine antiserbische Greuelpropaganda schon am 1. April 1941 eröffnet.

Hitler wandte auch diesmal die bewährte Strategie des Blitzkrieges an. Aus Österreich, Ungarn, Rumänien und Bulgarien stürmten die deutschen Panzerverbände in langen Keilen über die jugoslawischen Grenzen, während das königliche Heer pausenlos bombardiert wurde. Dabei befahl Hitler der Luftwaffe zu Beginn des Jugoslawienfeldzugs, als besondere »Strafaktion« gegen das »Verschwörernest« »die Hauptstadt Belgrad in rollenden Angriffen (durch fortgesetzte Tag- und Nachtangriffe) zu zerstören«. Allein durch diese vandalische Bombardierung kamen etwa 20 000 Menschen ums Leben.

In Slowenien und Kroatien versagte die Verteidigung völlig. Schon Tito betont in seinem Bericht an die Komintern für Mai 1941, daß die Zivilbehörden in Kroatien die Einberufungen zum Militärdienst gar nicht zugestellt hätten, und fährt fort: »Zur Zeit der Kriegsoperationen hat der Verbindungsdienst überhaupt nicht funktioniert ... Es gab nicht nur ganze Regimenter, sondern auch Armeen, die keine Verbindung mit ihren höheren Kommandos hatten, und viele Verbände flüchteten ohne Munition und Verpflegung hilflos vor dem Feind.« Die kroatischen Soldaten töteten ihre serbischen Offiziere, und die Offiziere kroatischer Nationalität lieferten ihre Soldaten kampflos dem Gegner aus. Als am 10. April die deutschen motorisierten Verbände Zagreb erreichten, empfing die Bevölkerung sie mit lautem Jubel.

Am gleichen 10. April proklamierte, selbstverständlich mit deutscher Erlaubnis, der Oberst a. D. und spätere Ustaschen-Marschall Slavko Kvaternik den Ustascha-Staat: »Gottes Vorsehung und der Wille unseres großen Verbündeten (d. h. Deutschlands) sowie der jahrhundertelange Kampf des kroatischen Volkes und die große Opferbereitschaft unseres Führers Ante Pavelić und der Ustaschenbewegung in der Heimat und im Ausland haben es gefügt, daß heute, vor der Auferstehung des Gottessohnes, auch unser Unabhängiger Staat Kroatien aufersteht.«

Danach wurde die Erklärung Mačeks, der immer noch Vizepräsident der königlichen Regierung war, im Radio vorgelesen: »Kroatisches Volk! Der Oberst Slavko Kvaternik, der Führer der nationalistischen Bewegung im Land, hat heute den freien und Unabhängigen Staat Kroatien auf dem gesamten historischen und ethnographischen Gebiet Kroatiens proklamiert und die Macht übernommen. Ich rufe das ganze kroatische Volk auf, dieser Macht Gehorsam zu leisten. Ich appelliere an alle Anhänger der Bauernpartei, die Verwaltungsposten innehaben, sowie an alle Bezirksratsmitglieder ..., mit der neuen Regierung aufrichtig zusammenzuarbeiten.«[40] Und sie arbeiteten ja mit diesen Massenmördern ganz »aufrichtig« zusammen.

Der Zagreber Erzbischof und Metropolit Kroatiens, Stepinac, der Feldvikar des königlichen Heeres war, nahm sofort Verbindung mit der neuen Regierung auf. Noch bevor Pavelić in Zagreb erschien, besuchte Stepinac am 11. April den Ustaschen Dr. Milovan Žanić, der das Polizeiministerium leitete. Am nächsten Tag traf er sich mit Pavelićs Stellvertreter Kvaternik und sprach ihm »seine Gratulation zur Proklamation des Unabhängigen Staats Kroatien« aus[41].

Am Karsamstag, 12. April, segnete der jugoslawische Feldvikar Stepinac in der vollen Zagreber Kathedrale Kvaternik, was die Ustaschen-Presse so kommentierte: »Dadurch wurde die enge Zusammenarbeit zwischen der Ustascha-Bewegung und dem höchsten Repräsentanten der römisch-katholischen Kirchengewalt im Staat Kroatien hergestellt«.[42] Ja, trotz gewisser Meinungsverschiedenheiten haben die drei Instanzen – Nazi-Deutschland, die Ustaschen und die römisch-katholische Kirchengewalt – im klerofaschistischen Kroatien wunderbar zusammengearbeitet bei dem, was ihnen allen gemeinsam am Herzen lag, bei der Vernichtung der Serben und der orthodoxen Kirche.

Und einige Tage, nachdem der *Poglavnik* Pavelić am 16. April in Zagreb eingetroffen war, fand er sich mit Stepinac zum Meinungsaustausch zusammen. Danach bekannte der jugoslawische Feldvikar fasziniert: »Wenn dieser Mann Kroatien regieren wird, wie er mir erzählte, wird Kroatien zum Paradies werden!«[43]

Am 28. April 1941 rief Stepinac die Katholiken Kroatiens offiziell auf, sich in den Dienst des Ustascha-Staates zu stellen. In seinem exaltierten Hirtenbrief, in dem er völlig sein Herz öffnete, kann man lesen: »Ehrliche Brüder! Das sind die Ereignisse, die unser Volk dem längst geträumten und gewünschten Ideal nähergebracht haben ... Und obwohl die aktuellen Ereignisse sehr verwickelt sind, obwohl die Faktoren, die ihren Lauf beeinflussen, sehr verschieden sind, ist es doch leicht, die Hand Gottes in diesem Werk zu erkennen ... Indem ich somit als Repräsentant der Kirche und Seelenhirte zu euch spreche, bitte ich und rufe ich euch auf, mit allen Kräften euch zu bemühen und daran zu arbeiten, daß unser Kroatien zum Land Gottes werde ... Leistet deshalb Folge diesem meinem Aufruf zur erhabenen Arbeit, zum Hüten und Fördern des Unabhängigen Staates Kroatien ... Zeiget das, auch jetzt, ehrliche Brüder, und erfüllet eure Pflicht dem jungen Staat Kroatien gegenüber«.[44]

So trieben die stärkste politische Partei und die römische Kirche das kroatische Volk völlig ungezwungen in die Dienste der hochkriminellen Ustascha-Regierung, was auch bald darauf der Vatikan selbst bestätigen sollte. Damit aber trägt dieser, zusammen mit diesem Volk und, natürlich, mit Nazi-Deutschland, die Verantwortung für die Verbrechen dieser Regierung.

Die Ansicht des kroatischen Politikers und Staatsanwalts im Prozeß gegen Stepinac 1946, Jakov Blažević, der *Poglavnik* Pavelić sei nur die Marionette von Maček und Stepinac gewesen, ist daher nicht leicht zu widerlegen. Blažević, der sich mit dem »Fall Stepinac« auch nach dem Ende des Prozesses jahrzehntelang befaßte, sagte zu Vladimir Dedijer: »Wären Maček und Stepinac nicht mit den konstitutiven Dokumenten aufgetreten, hätte es Pavelić nicht geben können. Der unabhängige Staat Kroatien hätte keinen Grund gehabt, und Pavelić hätte mit seinen paar hundert Ustaschen, die er aus Italien mitbrachte, seine Macht nicht so festigen können. Stepinac gab sofort das Rundschreiben heraus, in dem er das Programm für das Kirchenverhalten konstituierte, womit er den Unterbau des Pavelić-Regimes schuf. Noch vor dem Krieg hatte die Kirche die Kreuzritterorganisation mit ins Leben gerufen, die aus fanatisierten Studenten und Spießbürgern bestand. Diese Kreuzritterorganisation schloß sich im Auftrag Stepinacs der Ustascha-Bewegung an, und viele ihrer Mitglieder wurden zu den verbissensten Abschlächtern ... Nur durch diese Hilfe kam Pavelić an die Macht, indes Maček und Stepinac dann versuchten, sich während des Krieges zu verstecken.«[45]

Während man in Zagreb feierte und das Ustascha-Paradies hoffnungsvoll konzipierte, erlebte zugleich das königliche Heer, das die Deutschen in den Bergen Bosniens und Montenegros zusammengetrieben hatten, seine Agonie. Um das nutzlos gewordene Massaker zu beenden und einen Übergang zur Guerillakriegsführung zu ermöglichen, beschloß die Regierung, den Generalstab zu bevollmächtigen, die Deutschen um Waffenstillstand zu ersuchen, und verließ am 14. April von Nikšić (Montenegro) aus mit dem König per Flugzeug das Land. Am 17. April unterzeichneten die schon gefangenen Generäle die bedingungslose Kapitulation gegenüber Deutschland, die am 18. April um 12 Uhr in Kraft treten sollte. Die Regierung betrachtete diesen Akt als nichtig und rief das Volk zum Widerstand auf, was wohl nur deshalb möglich war, weil die Serben gewaltige Waffenvorräte versteckt hatten[46]. So erhob sich schon am 10. Mai Oberst Dragoljub-Draša Mihailović als Repräsentant der Regierung – er wurde am 15. November 1941 zum Kommandanten aller jugoslawischen Streitkräfte und als Brigadegeneral am 11. Januar 1942 zum Kriegsminister ernannt – mit seinen Tschetnikverbänden in Südwestserbien gegen die deutsche Besatzungsmacht.

Im besetzten Serbien wurde offiziell verlautbart, das deutsche Volk habe die Serben zum Tod verurteilt und nur die Vollstreckung dieses Urteils verschoben; erst nach dem Besuch des Generals Nedić bei Hitler am 18. September 1943 wurde dieses »Urteil« aufgehoben[47].

11. Kapitel

DIE ZERSCHLAGUNG JUGOSLAWIENS DURCH HITLER UND DIE VERNICHTUNG DER SERBEN UND DER ORTHODOXEN KIRCHE IM KROATISCH-MUSLIMISCHEN USTASCHA-STAAT

Schon am 12. April 1941 machte Hitler den Plan zur Zerschlagung Jugoslawiens, den er später, nach Anhörung seiner Satelliten, perfektionierte. Obwohl die Slowenen ihre deutschen »Befreier« ebenfalls begeistert begrüßten, honorierte Hitler das nicht: Slowenien wurde zwischen Deutschland und Italien geteilt; das frühere Gebiet der Steiermark sowie die Nordkraijna kamen zum Großdeutschen Reich, den südlichen Bereich erhielt, als Provinz Laibach, Italien.

Von Serbien wurde Mazedonien getrennt; dessen Ostteil mit einigen Gebieten Ostserbiens ging an Bulgarien, während Westmazedonien mit Kosovo-Metochien ohne den Bezirk Kosovska Mitrovica dem italienischen Protektorat Albanien zufiel. Montenegro wurde ebenfalls von Serbien gelöst und zu einem italienischen Verwaltungsgebiet. Der größere Teil der Vojvodina wurde Serbien gleichfalls genommen: Die Baranja und Baćka bekam Ungarn, Sirmien fiel an Kroatien. Das Banat blieb formell ein Teil Serbiens, die Verwaltung dort übernahm die deutsche Minderheit. Rest-Serbien wurde als Besatzungsgebiet Serbien unter die deutsche Militärverwaltung gestellt.

Die Albaner, Bulgaren und Ungarn begannen sofort damit, die Serben aus Kosovo-Metochien, Mazedonien und der Vojvodina zu verjagen. Die ungarische Regierung erließ schon am 25. April 1941 eine Verordnung über die Zwangsaussiedlung aller Serben, Juden und Montenegriner, die nach dem 31. Oktober 1918 in die Vojvodina eingewandert waren. In Kosovo-Metochien, wo die Serben vor dem Krieg fast die Hälfte der Bevölkerung stellten und mehr als die Hälfte des Bodens besaßen, kam es zu Vertreibungen, zu Mord und Plünderungen sowie zum Frauenraub durch deren albanische Landsleute. Die völlige Vernichtung der Serben verhinderten jedoch die Italiener, immerhin eine Rechtsmacht in der Provinz. Ein wichtige Rolle bei dieser Rettungsaktion spielten auch die albanischen *Begs*. Sie bestanden darauf, daß die Serben, die vor 1912 ihre Leibeigenen gewesen waren, bleiben konnten, um für sie weiter Frondienste zu leisten[1]. Der mittelalterliche Feudalismus war menschlicher als Hitlers neue Ordnung.

Kroatien, Slawonien, Dalmatien und Bosnien-Herzegowina wurden, ähnlich der Slowakei, ein formell souveräner Staat, der offiziell Unabhängiger Staat Kroatien hieß, weshalb er am 15. Juni 1941 auch den Beitritt zum Dreimächtepakt vollziehen und am 15. Dezember 1941 Großbritannien und den USA den Krieg erklären konnte.

Von den neutralen Ländern haben die Sowjetunion und Spanien ausdrücklich, der Vatikan und die Schweiz stillschweigend die Zerschlagung Jugoslawiens anerkannt. Erst am 17. Juli 1941, also erst nach dem deutschen Angriff vom 22. Juni, hat die Sowjetunion die diplomatischen Beziehungen zum Königreich Jugoslawien wieder aufgenommen. Das zeigt, wie wenig die Komintern an Widerstand in Jugoslawien dachte, wie sehr dessen Zerfall in ihre Pläne paßte und daß Tito, als er die von Hitler gezogenen inneren Grenzen Jugoslawiens aufrechterhielt, völlig in ihrem Sinne handeln mußte.

Hitler plante zunächst, Kroatien mit einer »gewissen Autonomie« an Ungarn zurückzugeben[2]. Mussolini aber hatte Pavelić und seine 195 Ustaschen in Bereitschaft, die ihm als Faustpfand für seine Ansprüche in Dalmatien dienten, und Hitler gab nach. Am 18. Mai 1941 mußte Pavelić diesbezüglich die sogenannten »Römischen Verträge« unterzeichnen, worauf Italien die Gebiete bekam, die ihm nach dem Londoner Vertrag von 1941 zustanden. Als Gegenleistung erhielt Kroatien ganz Bosnien-Herzegowina.

Kroatien war trotz der formellen Unabhängigkeit in Wirklichkeit ein Kondominium Deutschlands und Italiens. Zwischen seinem nördlichen und seinem südlichen Teil verlief eine Demarkationslinie, welche die deutsche Besatzungszone im Norden von der italienischen im Süden trennte. Die deutsche betrug drei Fünftel, die italienische zwei Fünftel des Gesamtgebietes. Doch da der bevölkerungsstärkere und reichere Teil mit der Hauptstadt Zagreb und mit Sarajevo von Deutschland kontrolliert wurde, war der deutsche Einfluß in Kroatien relativ stärker als der italienische. Die Kroaten haßten die Italiener, denen sie ihre »Unabhängigkeit« zu verdanken hatten, und dieser Haß stieg himmelhoch, als die Italiener die Serben zu schützen begannen.

Hitler hatte daneben noch ein starkes Mittel, die Kroaten zu disziplinieren: Bosnien-Herzegowina. Während der gesamten Zeit der deutschen Besatzung wurde in den deutschen Kreisen die Möglichkeit erörtert, beide Provinzen Serbien zuzuschlagen oder ihnen eine Autonomie unter Vorherrschaft der Moslems zu bewilligen. Deshalb bemühten sich die Kroaten ständig, den launischen Hitler zufriedenzustellen. Schon einen Tag nach dessen Überfall auf die Sowjetunion schrieb ihm Pavelić einen Gratulationsbrief und bat darum, daß eine kroatische Legion zusammen mit den deutschen Truppen gegen die Russen kämpfen dürfe, was Hitler selbstverständlich annahm. Wie die kroatische Kriegführung in Rußland aussah, zeigt schon der Name, mit dem die Russen die kroatische Legion benannten: *Tschorty*, »die Teufel«. Die Anlehnung an Deutschland war derart, daß am 2. April 1943 die kroatische Polizeiorganisation Deutschland unterstellt wurde, wobei die Kroaten sogar die deutschen Uniformen zu tragen hatten[3].

Das kroatische Regime tat alles, um sein Hauptziel zu verwirklichen: die Vernichtung der Serben im ganzen Unabhängigen Staat Kroatien. Die Ustaschaführer sagten das in den Hetzreden, die die kroatische Presse publizierte, ganz offen. Besondere Popularität genoß etwa das in Gospić gesprochene Wort des Ministers und Schriftstellers Mile Budak, dessen Romane auch jetzt in Kroatien gerne gelesen werden: »Wir töten einen Teil der Serben, wir vertreiben einen anderen, und der Rest, der die katholische Religion annehmen muß, wird in das kroatische Volk aufgenommen werden.«[4]

Der Romandichter Budak war mit solchen Plänen bei weitem nicht allein. So sagte Minister Mladen Lorković vor einer Konferenz in Donji Miholjac: »Das kroatische Volk muß all die ausländischen Elemente, die für dieses Volk ein Unglück, die diesem Volk fremd sind, die seine gesunden Kräfte zersetzen, die es durch Jahrzehnte und Jahrhunderte von einem Übel ins andere trieben, vernichten. Diese Elemente sind die Serben und die Juden.«[5]

Minister Milovan Žanić erklärte auf einer Ustascha-Tagung in Nova Gradiška: »Ustaschen! Ihr sollt wissen, ich rede offen: Dieser Staat, diese unsere Heimat muß kroatisch sein und nichts sonst. Und deshalb sollen jene, die hierherkamen, weggehen. Die Ereig-

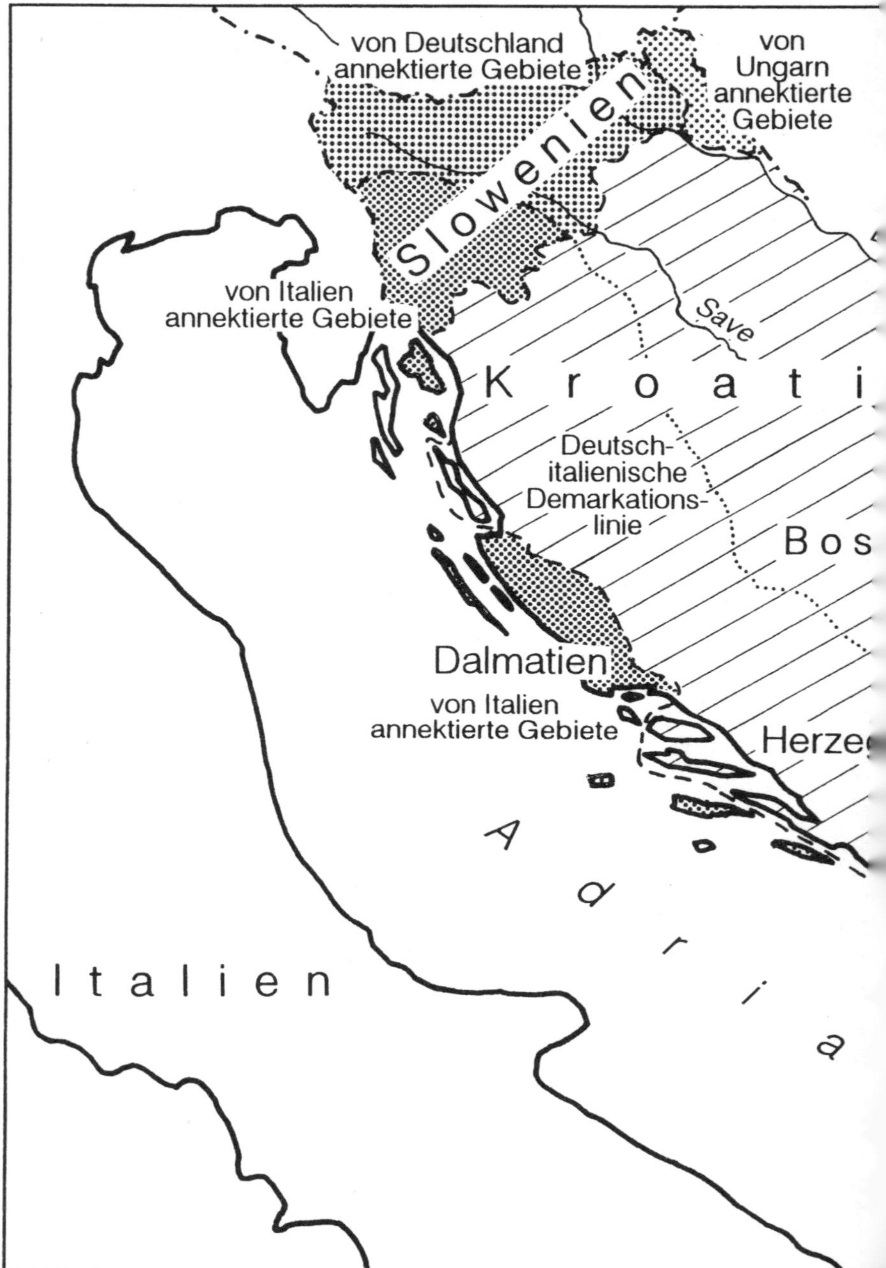

Das geteilte Jugoslawien nach dem Aprilkrieg 1941

ngarn
von Ungarn
ektierte Gebiete
Wojwodina
Donau
Rumänien
Serbien
Donau
Monte-
negro
Bul-
garien
Kosovo
an Albanien
angeschlossene
Gebiete
von Bulgarien
annektierte Gebiete
Mazedonien
Albanien
Griechenland

nisse der Jahrhunderte, und namentlich diese zwanzig Jahre, zeigen, daß da jeder Kompromiß ausgeschlossen ist. Das muß das Land der Kroaten sein und nichts sonst, und es gibt keine Methode, die wir als Ustaschen nicht anwenden werden, um dieses Land wirklich kroatisch zu machen und es von den Serben zu reinigen, die uns jahrhundertelang bedrohten und die uns wieder bei der ersten Gelegenheit bedrohen würden.«[6]

Nach einer deutschen Angabe war die Bevölkerung des Unabhängigen Staates Kroatien wie folgt zusammengesetzt: Kroaten 3 300 000; Serben 1 925 000; Moslems 700 000; Deutsche 150 000; Ungarn 75 000; Juden 40 000; Slowenen 30 000; Tschechen und Slowaken 65 000. Die Zahl der Serben muß indes noch größer gewesen sein, die der Kroaten kleiner; nach einigen Forschern gab es dort etwa 2 200 000 Serben[7]. Am glaubwürdigsten sind jedoch die Angaben, die der Vertreter der deutschen Wehrmacht in Zagreb, General Glaise von Horstenau, auf seiner Konferenz mit dem *Poglavnik* Pavelić am 23. September 1942 machte: General Glaise sagte damals, zwei Fünftel der Bevölkerung des Ustascha-Staates seien Serben, und Pavelić stimmte dem zu[8].

Einer so starken Bevölkerungsgruppe konnten natürlich ein paar hundert Ustaschen aus Italien und 2000 Studenten – die illegalen Mitglieder der Ustascha-Organisation in Zagreb –, nichts anhaben, auch wenn man mit dem Zustrom weiterer Revolutionäre rechnen konnte. Deshalb mußten die Ustaschen nicht nur das ganze kroatische Volk für ihre Mordpläne engagieren, sie mußten auch die Moslems aus Bosnien-Herzegowina dafür gewinnen – was ihnen größtenteils auch gelang.

Pavelić nämlich lancierte, seinen Lehrer Ante Starčević paraphrasierend, daß die Moslems die »Blumen des kroatischen Volkes« seien. Schon am 12. April 1941 saß in der provisorischen »putschistischen« Ustascha-Regierung der Zagreber Mufti Ismet Muftić, ein kleinwüchsiger, buckliger Geistlicher, der sich gerne mit dem faschistisch ausgestreckten Arm photographieren ließ. Er wollte offenbar nicht nur eine Blume des Kroatentums, sondern auch eine Blume des Faschismus sein. Faschismus und Serbenhaß waren also die Brücke, die Katholiken und Moslems verband. Und nachdem der erste Repräsentant des Katholizismus, Primas Stepinac, die Kroaten aufgerufen hatte, Pavelić zu dienen, tat dasselbe sein muslimischer Kollege in der Gazi-Husref-Beg-Moschee in Sarajevo, Reis-ul-Ulema Fehim Spaho, indem er an die Gläubigen appellierte, »dem Allmächtigen für die Verwirklichung des Unabhängigen Staates Kroatien zu danken und ihn in der größten Reumütigkeit zu bitten, diesen Staat ewiglich zu schützen«.[9]

Nachdem die Leiter der Kroatischen Bauernpartei am 10. August 1941 in Form einer Huldigung an Pavelić den Beitritt ihrer Partei zur Ustascha-Bewegung beschlossen hatten, tat die Jugoslawische Muslimische Organisation (JMO) das gleiche – diese typische Regierungspartei des Königreichs Jugoslawien, die ihren »jugoslawischen« Charakter schon in ihrem Namen hervorhob. Am 14. August 1941 empfing Pavelić die Delegation der Vertreter der JMO, wobei die Moslems ihre volle Unterstützung des Mörderregimes ausdrückten. Welche Atmosphäre bei dieser Audienz herrschte, zeigt die Presseerklärung des Parteiführers Džafer Kulenović, der die Frage, ob die JMO der Ustascha-Bewegung beitreten werde, so beantwortete: » ... das ist gar nicht nötig. Wir alle (!) sind in der Bewegung seit der ersten Stunde (!), und wir arbeiten darin mit, in der Staatspolitik, in der Verwaltung des Unabhängigen Staates Kroatien – in jeder Hinsicht«.[10]

Ein Moslem, Adem-Aga Mešić, war Pavelićs Stellvertreter (*Doglavnik*). Die Stellung des Vizepremierministers in der Ustascha-Regierung hatte ebenfalls ein Moslem inne; sie waren Minister und bekleideten führende Ustascha-Ämter in Bosnien-Herzegowina, wo sie auch ihre eigene Ustascha-Miliz (»Grüner Kader« genannt) besaßen. Insbesondere die Moslems Bosnien-Herzegowinas huldigten Adolf Hitler, und zwar in der Erwartung, er würde ihnen die Autonomie und Bosnien-Herzegowina sogar den Status eines »Reichslandes« im Rahmen des Großdeutschen Reiches zubilligen, selbstverständlich mit muslimischer Hegemonie[11]. Im November 1942 sandte ein muslimisches »Volkskomitee« (*Narodni odbor*) »Seiner Exzellenz Adolf Hitler, dem Führer des deutschen Volkes« eine Denkschrift zu, worin es die Lösung der bosnischen Frage im deutsch-muslimischen Sinne auf Grund der nazistisch-panislamistischen Sicht vorschlug; so wurde etwa das klerofaschistische Regime Pavelićs beschuldigt, gegen die Juden zu »nachgiebig« zu sein. Das»Volkskomitee« regte auch die Gründung eines bosnisch-muslimischen Heeres unter dem Oberkommando der deutschen Wehrmacht sowie der bosnischen nationalsozialistischen Partei an.

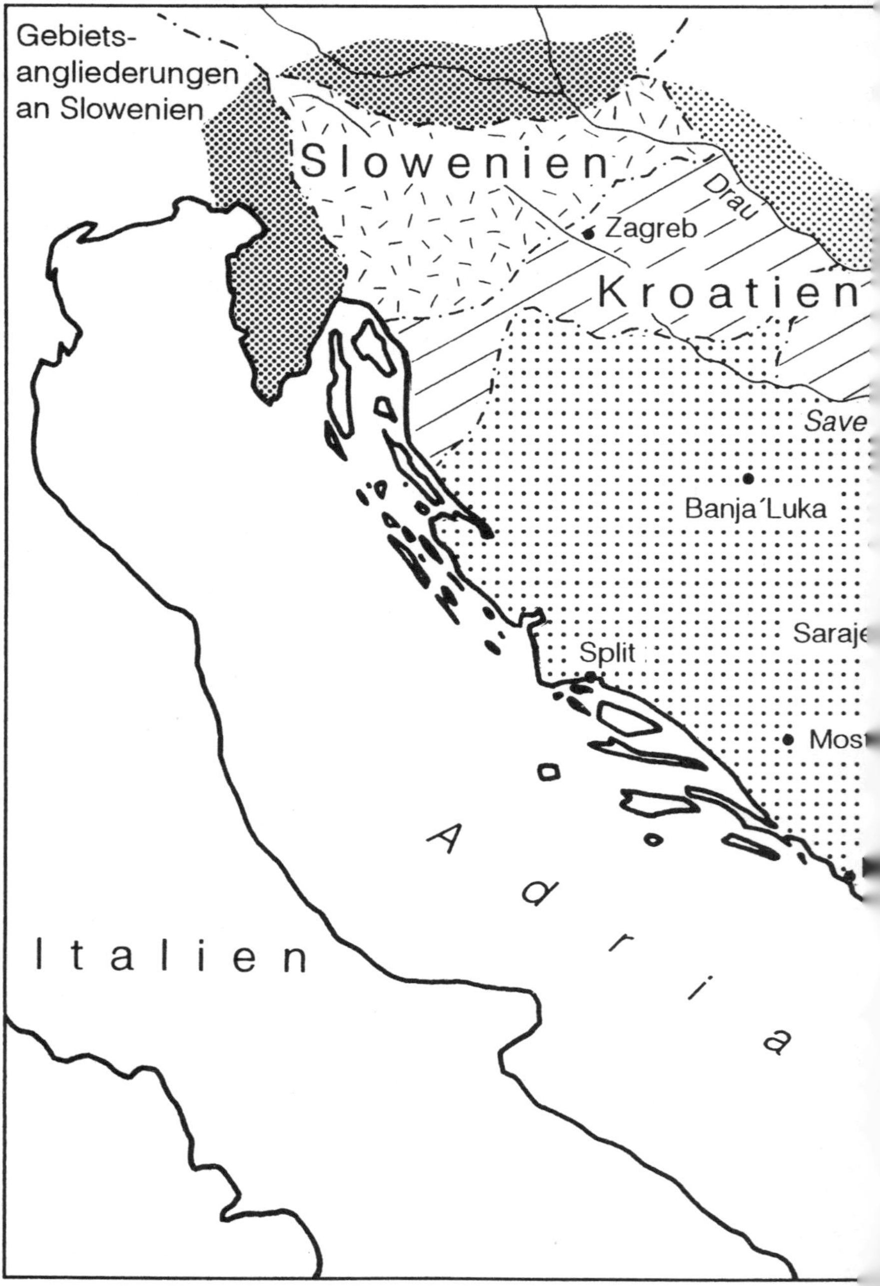

Das Nachkriegsjugoslawien nach dem Plan der Tschetniks (1941)

garn
Szeged
Rumänien
Donau
Gebiets-
angliederungen
an Serbien
Belgrad
Donau
Serbien
Bul-
garien
Skopje
Albanien
Griechenland

Das alles mußte Hitler sehr angenehm sein; er sympathisierte mit dem Islam als einer »Männerreligion« und trieb außerdem eine »positive Muselmanenpolitik«[12]. Er interessierte sich für die bosnischen Moslems und sagte Pavelić bei ihrem Treffen am 27. April 1943, es freue ihn, daß das Verhältnis der Kroaten zu den Moslems gut sei. Da er seine Sonderbeziehungen zu den Moslems weiter ausbauen wollte, schickte er den bei ihm in Berlin weilenden Großmufti von Jerusalem Amin al Husseini nach Bosnien, um die Gründung einer bosnisch-muslimischen SS-Division zu propagieren. Der Großmufti war erfolgreich: In Sachen Hitler leistete ihm die lokale muslimische Geistlichkeit unbegrenzte Unterstützung, so daß am 5. März 1943 Deutschland und Kroatien ein Abkommen über die 13. bosnische »Handschar«-SS-Division schlossen, die etwa 40 Prozent der Deutschen und 60 Prozent der Moslems umfassen sollte. Ihr Ziel war die »Rückkehr des Islams und durch den Islam der Kampf und die Befreiung aller Moslems, insbesondere derjenigen des Nahen Ostens«[13].

Die aufständischen Serben begannen indes den Versuch der Ausrottung ihres Volkes mit Repressalien zu beantworten. Tschetniks und Partisanen massakrierten ganze Familien jener Moslems, die sich die Häuser und Landgüter der ermordeten und vertriebenen Serben angeeignet hatten; über 8000 Moslems kamen ums Leben. Anfang Januar 1944 flüchteten nach deutschen Polizeiangaben aus Bosnien-Herzegowina etwa 210 000 Menschen, darunter 80 000 Familienmitglieder von SS-Angehörigen und Freiwilligen in der Polizei[14].

Das brachte ein gewisses Schwanken in die Politik der Moslems; 1943 gab es sogar muslimische Tschetnik- sowie Partisaneneinheiten. Noch Ende September 1941 – nachdem die aufständischen Serben die Ustaschen in der italienischen Besatzungszone geschlagen hatten, was die italienische Reokkupation mit sich brachte und somit das Ende der muslimischen Sicherheit im Ustascha-Staat – entstand eine Welle muslimischer Resolutionen an die eigenen Repräsentanten im Ustascha-Regime, die eine Wende in der bisherigen Politik verlangten. So heißt es in der Resolution der Moslemführer Banja Lukas vom 22. November 1941:

»Seit der Gründung dieses unseres Unabhängigen Staates Kroatien sehen wir Moslems mit größter Sorge, wie einige Ustaschen

und andere verantwortliche und unverantwortliche Instanzen die gröbsten Fehler und sogar Verbrechen begingen. Die elementarsten Menschenrechte wurden skrupellos mit Füßen getreten. Die Sicherheit des Lebens und Vermögens, die Religions- und Gewissensfreiheit gelten für einen beträchtlichen Teil des Volkes dieser Provinzen nicht mehr.
Die Ermordung von Priestern und anderen Führern ohne Gericht und Urteil, massenhafte Erschießungen und Metzeleien oft völlig unschuldiger Männer, Frauen und sogar Kinder, massenhafte Vertreibungen ganzer Familien von Haus und Hof innerhalb einer Frist von ein bis zwei Stunden, Deportierung in unbekannte Gegenden, Aneignung und Plünderung ihres Vermögens, Zerstörung der Gotteshäuser oft mit ihren eigenen Händen, erzwungener Übertritt zum katholischen Glauben, all das sind Tatsachen, die jeden wahren Menschen bestürzen und die auf uns Moslems aus diesen Gegenden am unangenehmsten wirken …
Ein Teil des katholischen Klerus glaubt, seine Stunde habe geschlagen, und er nutzt sie völlig aus. Die Propaganda für die Bekehrung nahm so sehr überhand, daß sie an die spanische Inquisition erinnert. Unter solchem Druck und toleriert durch die Behörden, wurden die orthodoxen Christen in Massen katholisiert. Und so sind jene, denen man jeden bürgerlichen Wert und jede nationale Verwandtschaft abgesprochen hatte (!), bürgerlich gleichberechtigt und national kroatisch geworden, nur weil sie förmlich zum Katholizismus konvertiert sind (!) …
Der Übertritt zum Islam, den wir nicht propagierten, gewährte nie denselben Schutz wie der Übertritt zum katholischen Glauben. Viele Intellektuelle haben einen solchen Versuch sogar mit dem Kopf bezahlt, wie das in Travník der Fall war …
Der Aufstand in unseren Provinzen, der immer schneller um sich greift, ist die Folge der oben angeführten Vorgänge und Fehler. Die Erhebung birgt in sich all jene Greuel, die Empörungen und Bürgerkriege mit sich bringen. Die Aufständischen verbrennen und töten auf bestialischste Weise Männer, Frauen und Kinder und rächen sich oft an jenen, die an ihren Übeln nicht schuld sind. Der Aufruhr hat das Tor unserer Stadt erreicht, und seine Folgen werden immer deutlicher …
Die Kommunisten haben die Unzufriedenheit eines großen

Volksteils ausgenutzt und sich oft an die Spitze der Rebellen gestellt. Und bei der Verfolgung der Kommunisten wird man häufig uns, den Moslems, gegenüber ungerecht. Wir wollen nicht bestreiten, daß es unter uns in der Stadt einige Kommunisten gibt. Aber statt dieser werden jene Moslems verhaftet und verfolgt, die nie Kommunisten waren, sondern nur verschiedene Unbilligkeiten kritisierten, die geschehen sind. Viele als Kommunisten bekannte Katholiken hingegen brauchen sich nicht nur nicht verstecken, sondern werden häufig mit Stellungen und Sinekuren belohnt.

Das besondere Ärgernis ist, daß diejenigen Elemente, die diesen Aufstand verschuldet, darin auch einen Teil des muslimischen Gesindels verwickelt haben, was wir bedauern und verurteilen. Wir wissen, daß die Ustaschen nicht selten mit dem Fes auf dem Kopf die orthodoxen Christen niedermetzelten. Das war so in Bosanski Novi, wo vier Lastkraftwagen mit Ustaschen, die den Fes trugen, herüberkamen; sie verbanden sich mit dem muslimischen Mob und schlachteten die orthodoxen Christen in Massen ...«

Dieses aufschlußreiche Dokument, von loyalen Bürgern des Ustascha-Staates geschrieben, zeigt vor allem eines: daß der Katholizismus, das heißt, die römisch-katholische Kirche, den Wesenskern dieses Mörderregimes ausmachte. Der Ausdruck »Klerofaschismus« dafür ist deshalb kein Propagandawort, sondern ein wissenschaftlicher Begriff.

Anscheinend hat man nur die serbisch-orthodoxe Kirche für rechtlos erklärt, proklamiert wurde die Gleichheit aller anderen Religionen. Aber die erwähnten Serben aus Travník, die lieber zum Islam als zum römischen Katholizismus konvertieren wollten, wurden umgebracht. Ähnliches geschah mit jenen, die Protestanten werden wollten. Der deutsche evangelische Bischof im Unabhängigen Kroatien, Dr. Ph. Popp, beschwerte sich am 19. November 1941 bei allen höheren Organen des Ustascha-Staates wegen der »Zurücksetzung und Mißachtung des Protestantismus« in diesem Staat: »Gerade zu dieser Stunde werden wir benachrichtigt, daß einige Orthodoxe aus Podravska Slatina und Umgebung, die sich zum Übertritt zur evangelischen Kirche angemeldet hatten, ins Konzentrationslager deportiert worden sind. Weiter bekamen wir die Nachricht, daß vor einiger Zeit eine orthodoxe Familie zum evangelischen Glauben konvertierte, darunter auch eine Lehrerin. Dieser Lehrerin teilte man jetzt mit, sie könne nur dann im Staatsdienst bleiben, wenn sie den evangelischen Glauben verlasse und römisch-katholisch werde.« Durch eine Anordnung vom 14. Juli 1941 wurde den Orthodoxen auch der Übertritt zum griechischen Katholizismus verboten.

Der katholische Klerus war durch und durch Schutzherr und ideologischer Träger des Ustaschentums. Der passionierteste Erforscher des klerofaschistischen Genozids an den Serben, der Belgrader Diplomat Dr. Milan Bulajić, stellte eine – nach ihm unvollständige – Liste der katholischen Priester auf, die Angehörige und Helfer der Ustascha-Organisation waren; sie umfaßt 694 Namen mit Kurzbiographien[15] – mehr als dreimal so viel wie die Zahl der eigentlichen Ustaschen-Emigranten in Italien.

In einem Bericht des jugoslawischen königlichen Heeres vom 3. Oktober 1940 heißt es: »Auch weiterhin hört man und bekommt bestätigt, daß die katholischen Geistlichen in der Durchführung des Pavelićtums den Ton angeben. Wo immer man auf irgendwelche Pavelić-Propaganda stößt, steckt gewöhnlich ein katholischer Priester dahinter, und nach den Aussagen vieler zuverlässiger nationaler Leute auf dem Territorium sind alle jüngeren Priester offenbare Pavelićianer und erledigen die öffentliche Agitation für ihn. Besonders wird das Pavelićtum offenbar durch die katholische Assoziation ›Kreuzritter‹ (Križari) verbreitet, deren Mitglieder aus Split bei einem Ausflug auf die Insel Brać öffentlich und laut geschrien haben: ›Es lebe Ante Pavelić und der freie kroatische Staat unter dem Protektorat Italiens‹, und bei der Rückkehr grüßten sie mit dem faschistischen Gruß und dem Ausruf ›ŽAP‹ (d. h. ›es lebe Ante Pavelić‹ – *Živio Ante Pavelić*).«

Diese Wesensidentität von Ustaschatum und römischer Kirche – der klerofaschistische Charakter des Regimes – wurde im Unabhängigen Staat Kroatien gar nicht verhehlt. Im Gegenteil, man rühmte sich dessen.

Die katholische Presse des intendierten »Gottesreiches« versicherte der Ustascha überschwenglich ihre Sympathie. In einer Fülle von Artikeln feierte sie »das neue und freie Kroatien als einen christlichen und katholischen Staat«, sah das »Kroatien Gottes und Marias aus alten Zeiten ... wiedererstanden«, »Christ und Ustaschen, Christ und Kroaten ... zusammen durch die Geschichte« marschieren, beteuerte Papstgünstling Pavelić ihre Loyalität und feierte Hitler als »Kreuzfahrer Gottes«. »Ruhm sei Gott, unsere Dankbarkeit Adolf Hitler, und unendliche Treue unserem Poglavnik, Ante Pavelić«, so faßte die Zagreber Zeitung *Nedelja* am 27. April 1941 alles zusammen, was zusammengehörte[16].

Kroatien als Reich Gottes und Marias, das bedeutete natürlich Vernichtung der serbischen »Ketzer«. »Im Unabhängigen Kroatien gibt es keine Serben und keine sogenannte serbisch-orthodoxe Kirche«, meldete am 29. Juli Radio Zagreb. »Es kann keine Serben und keine Orthodoxie in Kroatien geben, die Kroaten werden sobald als möglich dafür sorgen.« Ganz offen proklamierte das Bistumsblatt von Erzbischof Šarić, Sarajevo, den Katholizismus zu verkünden »mit Hilfe von Kanonen, Maschinengewehren, Panzern und Bomben«[17].

Zum Todestag des Ustascha-Mörders Mijo-Miško Babić veröffentlichte die Zeitschrift *Ustascha* ein Photo, das den »Eingang in die Katakomben« der Kapitelstadt Zagreb, also der Residenz des Zagreber Erzbischofs, zeigt. Über die Bedeutung der »Katakomben« (für das Jahr 1928) heißt es in *Ustascha* (vom 28. Juni 1942): »Der Kreis der Revolutionäre beginnt mit der kämpferischen Zeit ihrer Tätigkeit, als die Katakomben in der Kapitelstadt zum ersten Sammelplatz der Verschwörung wurden. In diesem Kreis ist Miško Babić der Mann der ›guten Hand‹ in der Handhabung der Ustaschen-Pistolen und des beispiellosen Heldentums (hinterrücks erschoß er, wie gesagt, den Freimaurer und Expriester Anton Schlegel). Und als es im Herbst zu immer stärkeren Spannungen kam, ging es in den Katakomben in der Kapitelstadt immer stürmischer zu, und Miško Babić war inmitten seiner Arbeit.«[18]

Im *Katolički list* Stepinacs vom 1. Oktober 1942 erschien in der Rubrik »Kirchliche Nachrichten« der folgende Bericht: »Die Ustascha-Feier in der Kapitelstadt. Am Sonntag, 27. September vormittags, wurde die Gedenktafel an der Kapitelkurie Nr. 4 feierlich enthüllt. Auf der Tafel steht geschrieben: ›In diesem Haus wurden die ersten Grundlagen der kroatischen Ustascha-Befreiungsbewegung gelegt und die ersten kroatischen Ustascha-Kampfabteilungen von den Angehörigen des Bundes der kroatischen revolutionären Rechtsparteijugend (SHPRO) formiert. Errichtet von den ehemaligen Mitgliedern des SHPRO am 25. September

1942.‹ Aus diesem Anlaß wurde das Gebäude Nr. 4 erneuert und mit grünen Kränzen geschmückt ...«

Stepinac war also Hehler der Ustascha-Mörder. Am 11. Oktober 1946 wurde er für das Hehlen der Ustaschen – und zwar nicht vor, sondern nach dem Zweiten Weltkrieg – sowie unter anderem für die Zwangskatholisierung der orthodoxen Serben von einem kroatischen kommunistischen Gericht zu sechzehn Jahren Gefängnis verurteilt, wovon er freilich nur etwas über fünf Jahre absaß. Im Gefängnis hatte er ein Arbeitszimmer und eine Kapelle, eine eigene Köchin und erhielt einen Liter Rotwein pro Tag. Die katholische und die antikommunistische Weltpresse aber machte dieses Urteils wegen Stepinac zum »Märtyrer der Menschenrechte«. In kommunistischer Zeit gab es viele solcher Märtyrer, besonders viele orthodoxe Priester Rußlands und Jugoslawiens, ohne Zweifel. Stepinac allerdings, den jeder rechtsstaatliche Richter hätte verurteilen müssen, unter sie einzureihen, ist ein Sakrileg.

Als Pavelić am 19. Juni 1941 die Abordnung der »Kreuzritterorganisation« empfing, die als eine Formation der Katholischen Aktion Stepinac unterstand, sagte er: »Ich weiß, daß Sie unter denjenigen waren, die nicht zweifelten, unter denjenigen, die arbeiteten.« Das Kreuzritterblatt *Nedjelja* vom 23. Juni 1941 verherrlichte den Empfang und bezeichnete in maßloser Begeisterung diesen 19. Juni als »den hellsten (Tag) in der Geschichte des Kreuzrittertums, denn an diesem Tag fand die Kreuzritterorganisation die Anerkennung vom größten Kroaten aller Zeiten (!!!), vom Souverän des Unabhängigen Staates Kroatien, *Poglavnik* Dr. Ante Pavelić«[19].

DAS USTASCHA-REGIME IN BOSNIEN-HERZEGOWINA

Dieser größte Kroate aller Zeiten, der Kroatien in ein Paradies verwandeln wollte, ernannte zu seinen Beauftragten in Bosnien-Herzegowina gerade die katholischen Priester. Sie sollten dort die Ustaschen-Macht organisieren und das Genozid an den Serben vorbereiten, was den klerofaschistischen Charakter des Regimes ins grellste Licht stellt. So wurde, zusammen mit dem Moslem Hakija Hadžić, der Priester und Liebling des Erzbischofs Šarić

Božidar Bralo zum Beauftragten des *Poglavniks* für ganz Bosnien-Herzegowina in Sarajevo – mit Ausnahme Westbosniens, aus einem Grund, der gleich deutlich werden wird. Der Ustaschen-Beauftragte in Dvor war Pfarrer Ante Djurić, der in einer Rede hervorhob, daß es drei Mittel gebe, die serbische Frage zu lösen: »Bekehren, Aussiedeln und Auskehren mit eisernem Besen (Gewehr)«[20]. Ustaschen-Beauftragter in Tuzla war Dr. Dragan Dujmušić. Die – schon im Königreich Jugoslawien aktiven – Organisatoren des Ustaschentums in der Herzegowina waren Dekan Don Marko Zovko, der auch die geheime Ustascha-Polizei aufbaute, und Don Ilija Tomas. Beide bekehrten zuerst die Serben zum Katholizismus, um sie danach abschlachten zu lassen, und zwar mit einer »theologisch« klingenden Begründung: »Wir haben nicht die Absicht, eure Leben zu retten. Die Geschichte lehrt, daß es auch früher Völker gab, die verschwunden sind, und so wird auch das serbische Volk verschwinden. Indem wir euch zum katholischen Glauben bekehren, wollen wir eure Seelen retten.«[21]

Nun sollte völlig klar sein, warum bereits am ersten Tag ihrer Existenz, am 11. April 1941, die Ustascha-Behörden über Radio Zagreb bekanntgaben, der nichtstädtischen Bevölkerung würden die Priester der Pfarrämter die Direktiven erteilen, auch hinsichtlich des Verhaltens gegenüber der Besatzungsmacht![22]

Auch der ganze Franziskanerorden hatte sich schon im Königreich Jugoslawien geschlossen der Ustaschen-Sache hingegeben; die Franziskanerklöster waren Zufluchtsstätten, Festungen, Parteizellen, Komitees der kroatischen klerofaschistischen Revolution. Es ist daher kein Zufall, daß der zeitweilige Kommandant des Todeslagers Jasenovac, Fra Miroslav Filipović, *Majstorović* (d. h. »Meister für Abschlachtungen«) und *Fra Satan* genannt, ein Franziskaner war.

Der Ober-Ustascha Bosniens, Priester Bralo, der nachdrücklich betonte, er werde arbeiten »gemäß der Intention meines Erzbischofs und meines Kuratoriums in Zagreb (d. h. Pavelićs)«, arbeitete in dieser Intention so gut, daß die Ustaschen sogar einer Straße in Sarajevo seinen Namen gaben. Er war »jung, kampfsüchtig, psychisch labil, fanatisch«[23], von genuiner verbrecherischer Universalität, ein unermüdlicher Agitator, Volkshetzer, der die Orthodoxern bekehrte, bei lebendigem Leib verbrannte, doch die Juden für große Geldsummen taufte, was, die muslimischen Nationalsozialisten besonders ärgerte. Seine Freizeit verbrachte er in seinem Harem minderjähriger Mädchen oder aber bei reichen Matronen – ein spanischer Inquisitor und Rasputin zugleich. Doch war er auch ein Theologe eigener Art. In einer Rede 1942 in Osijek bekannte er, wie ein kroatischer Klerofaschist sich Gott vorstellen muß: »Nach all diesen Opfern, nach all dem vergossenen Blut: Gott wäre nicht Gott (!), belohnte er diese Opfer nicht, schenkte er nicht die Freiheit dem kroatischen Volk, legte er ihm nicht an seine gequälte Brust den Lorbeerkranz des Sieges, gäbe er ihm den Unabhängigen Staat Kroatien nicht.«[24]

Für das serbische Westbosnien brauchte Pavelić einen noch härteren katholischen Revolutionär, und deshalb schickte er Dr. Viktor Gutić, der »unbeschränkte Vollmachten« hatte, als seinen Beauftragten nach Banja Luka. Dr. Gutić war kein Priester, aber er wurde, ähnlich wie Pavelić, vom kroatischen Priestertum grenzenlos verehrt. Es apostrophierte ihn sogar als »Engel mit flammendem Schwert«. Dieser »Engel« benutzte sein Charisma noch im Königreich Jugoslawien, um die Katholiken Westbosniens und ihre Geistlichen für Pavelić zu gewinnen. So hebt der *Novi list* vom 3. Juni 1941 hervor: »Dr. Viktor Gutić durchreiste noch im Lauf des Sommers und Herbstes 1940 all diese Gegenden, die Orte und viele Dörfer, er ernannte und vereidigte überall die Ustascha-Beauftragten, Pflichtträger und Ustaschen. Er besuchte die Klöster und Pfarrhäuser, vereidigte Ordensbrüder, Pfarrer und Priester zur Treue gegenüber dem Poglavnik und Unabhängigen Staat Kroatien.« Ein katholisches Priesterregiment, eine »Theokratie« – oder, besser, »Satanokratie« – beherrschte Bosnien-Herzegowina im Ustascha-Staat.

Der »Engel« Dr. Gutić, den die Franziskaner in ihrem Kloster Petrićevac im Mai 1941 begeistert empfangen hatten, sagte daselbst beim Festessen, daß dank der »Vorsehung Gottes« »der im vornherein erwogene, wohlüberlegte Plan zur Säuberung (!) unseres Kroatiens von den unerwünschten Elementen (!)« zustande komme. Der enthusiasmierte Franziskanerguardian bemerkte, Dr. Gutić habe »die Plejaden der jungen Priesterschaft mit seinen Ideen inspiriert«[25]. Mit welchen »Ideen«?

Dr. Viktor Gutić kam am 15. April 1941, also noch vor der Kapitulation des jugoslawischen Heeres, nach Banja Luka, und schon am 19. April 1941 erließ er in seinem offiziösen Organ *Hrvatska*

Krajina eine Anordnung, wonach die Serben mit den Juden gleichgesetzt wurden. Durch eine neue Verfügung vom 23. April desselben Jahres befahl er allen Serben, die »die Gastfreundschaft mißbrauchten«, das kroatische Gebiet zu verlassen. Er setzte auch die kroatische Völkermordlösung in Gang: »Flieht ihr Köter über die Drina! (*Bježte psine preko Drine!)*« In einer Rede am 25. Mai 1941 erklärte Dr. Gutić, daß er der »eiserne Besen« sei, um Banja Luka dem *Poglavnik* »sauber« (von den Serben) übergeben zu können.

Diese Rede hielt er zum Auftakt der Schleifung der orthodoxen Kathedrale in Banja Luka – dies die »Idee«, die auf die Franziskaner besonders »inspirierend« wirken mußte –, wobei er ausrief: »Wir feiern heute den großen Tag der Zerstörung des Teufelshauses. Dieses Haus des Trotzes, das serbische Teufelshaus; für das hier nie der Platz war, das uns jahrelang in die Augen stach, es wird – so garantiere ich euch – weder dieses noch irgendein Teufelshaus im kroatischen Staat mehr bestehen. Das serbische Volk wird so gesäubert werden, daß keines seiner Güter ganz bleiben wird!« In der Presseerklärung nach dieser Ansprache sagte Dr. Gutić unumwunden, die Instruktionen für seine Arbeit in Zagreb stammten von der Ustascha-Führung, also von Pavelić und Innenminister Artuković:

> »Bei dieser Gelegenheit bekam ich auch besondere Anerkennung von der höchsten Stelle (!) für meine ganze bisherige Arbeit und zugleich das Vertrauen, denn ich bin auf dem schwierigsten Posten im Vergleich mit allen kroatischen Staatsmännern und Leitern. Alle kroatischen maßgebenden Instanzen verfolgen mit Sympathie und Interesse meine Arbeit auf dem Territorium der Kroatischen Krajina und des ehemaligen Banats Vrabas.
> Zu meiner Zufriedenheit und dem Volk zum Nutzen habe ich in Zagreb große und wichtige Geschäfte erledigt. Nun habe ich das grandiose Werk der Säuberung der Kroatischen Bosnischen Krajina von den unerwünschten Elementen, insbesondere Banja Lukas, begonnen, denn es wird zur Hauptstadt Kroatiens. Zweifellos werden die energischsten und schärfsten Maßnahmen, die sich überhaupt ausführen lassen, ausgeführt werden. Das, was ich bisher unternommen habe, ist erst eine Kleinigkeit, und Sie können sich vorstellen, was alles die Feinde des Unab-

hängigen Staats Kroatien erwartet. In dieser Hinsicht habe ich freie Hand. Alle unerwünschten Elemente in unserer Krajina werden in kürzester Zeit und Frist vernichtet (!), so daß bald jede Spur von ihnen verschwinden wird.«[26]

Die Franziskaner werden auch weiterhin von solchen »Ideen« »inspiriert« werden. Ihr bosnisches Blatt *Nekoć i danas* (»Damals und Heute«), das ab Januar 1944 zu erscheinen begann, gibt die folgende zeitgeschichtliche Erklärung ab:

> »In Kroatien wird heute der kroatische Krieg geführt, der Krieg für unsere Ehre und unseren Stolz, der Krieg für das Dasein nicht nur des kroatischen Staates, sondern auch des kroatischen Volkes als solches. Es wird also ein reiner Verteidigungskrieg geführt für die Erhaltung unserer stolzen Vergangenheit und insbesondere für unsere eigene dauernde Zukunft. Unser Volk, organisiert in den Heimwehren-, Ustaschen- sowie Milizeinheiten, schützt nur sein eigenes nacktes Leben, sein eigenes Dasein ...
> Dieses kroatische katholische Volk ist heute tätlich angegriffen, und es führt seinen Verteidigungskrieg gegen das (serbische) Gesindel, das jahrhundertelang in sein Heim hereingekrochen ist. Deshalb ist es unsere Pflicht, mit Wort und Tat diesen Kampf zu unterstützen, denn es geht in diesem Kampf um das Dasein des Volkes, das wir seit je pastoralisieren, denn dieses Volk führt den Krieg nicht nur zu seinem, sondern auch zu unserem Schutz, für unser eigenes Dasein (das ist die Pointe!) und damit den Krieg zur Bewahrung unserer christlichen Kultur, der geerbten moralischen und ethischen Prinzipien.«[27]

DIE UNHEILIGE ALLIANZ ZWISCHEN VATIKAN UND USTASCHA-REGIME

König Peter II. sah gleich, was das serbische Volk von diesen Bewahrern der »geerbten moralischen und ethischen Prinzipien« zu erwarten hatte, und schrieb schon am 6. Juni 1941 aus Jerusalem einen Appell an Papst Pius XII. und den Präsidenten Roosevelt zur Rettung des serbischen Volkes vor der Ausrottung. Darin heißt es:

»Während der Okkupation hat das deutsche Heer in den nördlichen Gegenden des Staates, im Banat, die serbische Bevölkerung in Massen erschossen und erhängt.
In der Baćka hat das ungarische Heer ebenfalls in Massen die serbische Bevölkerung massakriert. Zugleich wurden mehrere zehntausend Serben unter schrecklichem Terror gezwungen, ihre Häuser und in kürzester Frist ohne irgendwelche Mittel das Land zu verlassen.
Auch in Südserbien töten die Bulgaren seit der militärischen Besetzung gnadenlos die serbische Bevölkerung in Massen, darunter an erster Stelle Priester und Lehrer; und jene, die vor der Abschlachtung geflüchtet waren, mußten nackt und bloßfüßig ihren heimischen Herd verlassen.
Im angeblich unabhängigen Königreich Kroatien vernichtet man die Serben systematisch. Um diese Vernichtung aber um so wirksamer und schneller zu betreiben, wurde eines der heute brutalsten Gesetze gegen die Juden auf die serbische Bevölkerung angewandt. Klassifiziert als niedrige Rasse, die zu verschwinden habe, werden die Serben mit diesem Gesetz aller Rechte und Lebensmittel beraubt. Auf bestialische Weise ist das Leben der über zwei Millionen Serben, deren Vorfahren jahrhundertelang in diesen Gebieten lebten, in Frage gestellt. Noch nie wurde ein christliches Volk in solchem Maß erniedrigt und mißhandelt von einer Macht, die sich auch christlich nennt.«

Der Papst aber dachte gar nicht daran, etwas Positives für die Serben zu tun; er ließ diese Bitte unbeantwortet. Statt dessen traf er sich mit Pavelić und unterzeichnete das Todesurteil gegen die Serben. Obwohl nämlich der Vatikan auf dem Papier neutral war und diplomatische Beziehungen mit dem Königreich Jugoslawien unterhielt, empfing Pius XII. am 18. Mai 1941 den *Poglavnik* und etwas später auch dessen Anhang, die Priester und Ustaschen, zu zwei besonders feierlichen »Privataudienzen« – empfing einen Mann, den ein jugoslawisches und ein französisches Gericht zum Tod verurteilt hatten. Aber vor der Audienz hatte Pavelić dem Papst eine Bitte zugesandt, auf Latein geschrieben, und als »Princeps Independentis Status Croatiae« um die päpstliche Anerkennung seines Regimes und Billigung seiner Absichten gefleht (»zu Füßen Deiner Heiligkeit kniend« und deren »geweihte Rechte«

küssend »als ergebenster Sohn Deiner Heiligkeit«): »Heiliger Vater! Als die gütige Vorsehung Gottes zuließ, daß ich das Steuer meines Volkes und meines Vaterlandes in meine Hände nahm, habe ich fest beschlossen und mit allen meinen Kräften gewünscht, daß das kroatische, seiner glorreichen Vergangenheit immer getreue Volk dem Heiligen Apostel Petrus und seinen Nachfolgern für die Zukunft treu bleiben solle und daß unser vom Gesetz des Evangeliums durchdrungenes Volk das Reich Christi werde.«

So einer Bitte konnte sich natürlich kein Papst verschließen, und Pius sagte Pavelić daher volle Unterstützung zu, so daß Pavelić am Jahrestag seines Rom-Besuches 1942 gestehen konnte: »Die gemeinsame Ideologie, zu der wir uns bekennen, wurde in Rom besiegelt.«[28] Sympathiebekundungen dieser Art wechselten der Papst und Pavelić, solange der Ustascha-Staat bestand.

Doch auch noch nach dem Krieg unterstützte der Papst die Ustaschen. Der Ustascha-Minister und Gesandte Pavelićs in Berlin, Vladimir Košak, erklärte als Zeuge im Stepinac-Prozeß, ihm habe Pavelićs Gattin Mara, wohl die graue Eminenz des Ustascha-Staates, in der Emigration in Österreich gesagt, »daß die Ustaschen seitens des Vatikans und des hohen Klerus die Garantie hätten, alles werde ein gutes Ende nehmen.«[29] Um dieses »gute Ende« zu gewährleisten, wurden nach dem Zusammenbruch des kroatischen »Reiches Christi« – gar nicht zufällig – gerade ausländische Franziskanerklöster zu Zufluchtsstätten der Massenmörder: in Österreich Klagenfurt, in Italien Modena, ebenso in Frankreich. »Alle diese Klöster verbargen die geflüchteten Ustaschis. Überall fanden diese Verbrecher kirchliche Hilfe und Beistand. Das war nur zu verständlich, denn die ›Taten‹ der Ustaschis waren Taten der Kirche.«[30] Später stellte sich heraus, daß beim Vatikan sogar eine ganze Organisation bestand, welche die Ustaschen-Verbrecher – in Zusammenarbeit mit dem US-Militärnachrichtendienst, der das Unternehemen *Rat Line*, Rattenstrecke, nannte – in Südamerika, Franco-Spanien etc. in Sicherheit bringen sollte[31]. So wurden die schlimmsten Gangster des Regimes zu Gästen des Westens, etwa Pavelić, Eugen-Dido Kvaternik, Vjekoslav-Max Luburić, Erzbischof Šaric oder Bischof Garić.

Förmlich anerkennen wollte der Papst den Ustascha-Staat aus internationalen Rücksichten nicht, tat das aber stillschweigend nur allzu deutlich. So ernannte er am 13. Juni 1941 den Abt Giuseppe

Ramiro Marcone zum Apostolischen Delegaten im Unabhängigen Staat Kroatien, wo man ihn üblicherweise den »päpstlichen Legaten« nannte, damit dieser »die Religionsinteressen eines edlen Volkes hüte«. Beim Vatikan wurde 1942 das »Büro des außerordentlichen Bevollmächtigten des Unabhängigen Staates Kroatien« eröffnet und vom Geheimen Hofkämmerer Seiner Heiligkeit, Fürsten Erwein Lobkowicz, geleitet. Doch ging der Vatikan am weitesten in der Anerkennung des Ustascha-Regimes, als er Stepinac am 20. Januar 1942 zum Militärvikar des »kroatischen Heeres« nominierte; dem Papst war eine gute katholische Seelsorge für die Ustaschen wichtiger als irgendwelche diplomatischen Rücksichten.

Der Jesuitenorden erkannte indes den Ustascha-Staat ganz direkt und in aller Form an. Sein General – »der schwarze Papst« – Graf Vladimir Ledochowski stiftete vor seinem Tod am 13. Dezember 1942 für den Unabhängigen Staat Kroatien eine kroatische Sonderprovinz des Ordens, weil ohne Zweifel dieses Regime den intimsten Wünschen der Jesuiten zutiefst entsprach[32].

Vom Unabhängigen Staat Kroatien versprach sich der Vatikan insbesondere die völlige Bekehrung der Orthodoxen zum Katholizismus, die Vernichtung der serbisch-orthodoxen Kirche und – nicht zuletzt – den Raub des großen Vermögens dieser Kirche.

Zu diesem Zweck erließ schon am 17. Juni 1941 die Heilige Kongregation für die Ostkirche die Verfügungen (Prot. Nr. 2116/36), die Kardinal E. Tisserant und Erzbischof A. Arata unterzeichneten und die an Erzbischof Stepinac als Vorsitzenden der Bischofskonferenzen gerichtet waren. Darin würdigen sie dessen »kostbaren Beitrag für die harmonische Entwicklung des Katholizismus, wo es so viele Hoffnungen für die Bekehrung der Nichtunierten gibt ...« Der »Heilige Apostolische Stuhl« aber hat diese Verfügungen am 18. Oktober 1941 folgendermaßen ergänzt: »Wo immer es die schon organisierten griechisch-katholischen Pfarren (Pfarren des griechisch-katholischen Kultus) gibt, soll man die Nichtunierten, die sich bekehren wollen, auf diese Pfarren hinweisen. Aber unter der Voraussetzung, daß die Abtrünnigen (Nichtunierten) den orientalischen Kultus nicht erhalten wollen oder können, soll man ihnen die Freiheit geben, den Lateinkultus anzunehmen.«

Als der Holocaust an den Serben auf vollen Touren lief und –

nach dem Bericht des deutschen Geheimdienstoffiziers Arthur Haeffner vom 27. August 1941 – möglicherweise schon über 200 000 Serben zu »Opfern der viehischen Instinkte, die die Ustaschenführer entfesselt haben«[33], geworden waren, bezeichnete Rom die Serben weiterhin als »Abtrünnige von der katholischen Religion«, deren Zwangsbekehrung »so viele Hoffnungen« »für die harmonische Entwicklung des Katholizismus« erwecke.

Am 9. Januar 1942 protestierte die jugoslawische königliche Exilregierung beim Vatikan mit einer Note gegen die Zwangsbekehrung der Serben. Hierauf antwortete der Papst erst im *Osservatore Romano* vom 7. bis 9. Oktober 1946, indem er mit fast unglaublicher Frechheit schrieb: »Die Tatsache also, daß damals eine große Zahl der kroatischen Religionslosen (!) auf einmal (!) verlangte, in die katholische Kirche aufgenommen zu werden, mußte die lebhafte Aufmerksamkeit des kroatischen Episkopats hervorrufen, dem natürlich Verteidigung und Schutz der katholischen Interessen in Kroatien obliegen.« Auch nach dem Ende der Ustaschen-Greuelherrschaft erkennt der Papst folglich weder das serbische Volk noch die orthodoxe Kirche als Wirklichkeiten an.

Bei aller Einigkeit im Grundsatz bestand ein gewisser Gegensatz zwischen Pavelić und dem kroatischen Episkopat. Dieser wollte, den Vatikanverfügungen folgend, die orthodoxen Serben allmählich, über den griechisch-katholischen Kultus, dem Papst zuführen. Pavelić, der ja den Übertritt der Orthodoxen zum griechischen Katholizismus zuerst sogar verbot, war gewissermaßen ein noch eifrigerer Katholik als der vorsichtige Papst selbst und wollte aus den übriggebliebenen Serben bereits im Laufe des Jahres 1941 »unvermischte«, rein römische Katholiken machen[34].

Von diesem Kurs ließ Pavelić erst ab, als die Serben, die nichts mehr zu verlieren hatten, sich zu einem allgemeinen Aufstand erhoben. In der Folge übernahmen die Italiener ab 7. September 1941 wieder die militärische und zivile Verwaltung im südlichen Teil des Unabhängigen Staates Kroatien, wodurch die Kroaten praktisch der Hälfte ihres Reiches sowie auch der Hoffnung auf das »Reich Christi« verlustig gingen. Daraufhin schuf Pavelić sogar – anscheinend eine Idee des deutschen Gesandten in Zagreb, Kasche[35] – eine kroatische orthodoxe Wildkirche, die er im Februar 1942 vor dem kroatischen Landtag anmeldete[36] und am 3. April 1942 legalisierte.

Diese »serbisch-kroatische schismatische Kirche« (Legat Marcone) errang jedoch keine Bedeutung. Mit Blick auf ihre Entstehung aus den faschistischen Retorten merkte Kardinal Eugène Tisserant vor dem Ustaschen-Diplomaten Rušinović – wie dieser dem kroatischen Außenminister Lorković am 6. März 1942 berichtet – bissig an: »Die Deutschen hätten die kroatische orthodoxe Kirche anerkannt, nachdem sie zusammen mit uns alle (orthodoxen) Priester abgeschlachtet hätten und nachdem 350 000 Serben verschwunden seien.«[37]

In der Tat hätten Pavelić und Stepinac ihre klerofaschistischen Pläne, aus Kroatien »ein Paradies«, ein »Reich Christi« zu machen, ohne Hitler-Deutschland nicht ins Werk setzen können.

DIE POLITISCHE MORDALLIANZ: NAZIS UND USTASCHEN

Von Anfang an gab es auf deutscher wie auf kroatischer Seite den besten Willen zur engen Zusammenarbeit. Schon am 20. April 1941 traf per Flugzeug der deutsche Gesandte, Obergruppenführer der SA Siegfried Kasche, in Zagreb ein, was die nahe ideologische Verwandtschaft beider Regimes klarlegte. Pavelić hofierte den hohen Gast, indem er schon am 30. April 1941 das Gesetz über die Rassenzugehörigkeit erließ, das sich gegen Juden und Zigeuner richtete, sowie weitere rassendiskriminierende Gesetze. Dies alles waren getreue Kopien der Nürnberger Gesetze vom 15. September 1935, die sich vom Original nur insofern unterschieden, als hier insbesondere die Kroaten, ihre »arische« Kultur und ihr »arisches« Blut, als wertvolles Schutzobjekt galten. Diese Übermenschen störte es nicht, daß ihr Katholizismus und noch mehr ihr Islam durch und durch »unarisch« sind und daß Pavelić und seine engsten Mitarbeiter jüdische oder »halbjüdische« Frauen hatten. Sie schützten ihre Verwandten und überließen den Rest seinem Schicksal.

Indes hatte die Befreiung der kleinen Übermenschen durch die großen ihren Preis. Das zeigte das am 16. Mai 1941 beschlossene »vertrauliche Protokoll«, mit dem die Kroaten – unter anderem – ihre Rohstoffe dem Großdeutschen Reich zur Verfügung stellten.

Danach sollten Deutsche und Kroaten die serbische Frage in Angriff nehmen. Am 4. Juni 1941 vereinbarte man auf einer deutsch-kroatischen Konferenz in Zagreb, die Serben aus Kroatien nach Serbien zu verjagen. Diese Konferenz war indes eine Formalität. Die Beteiligten, geführt vom Gesandten Kasche auf deutscher, vom Marschall Kvaternik auf kroatischer Seite, unterzeichneten den Text, den schon am 31. Mai der Reichsaußenminister Ribbentrop bewilligt, während Hitler selbst am 25. Mai 1941 der Prozedur der Übersiedlung zugestimmt hatte[38].

Die Deutschen stellten zwar am 25. August 1941 die Vertreibung offiziell ein, nachdem schon über 200 000 Serben vor dem Terror der Ustaschen nach Serbien geflüchtet waren. Denn diese Flüchtlinge schlossen sich oftmals den Tschetniks oder Partisanen an, was die deutsche militärische Situation in Serbien zusätzlich komplizierte. Die Ustaschen jedoch nahmen darauf keine Rücksicht und vertrieben die Serben auch »illegal«. Nach einem historiographischen Vermerk gab es in Serbien während des Zweiten Weltkrieges etwa 241 000 Vertriebene und Flüchtlinge, während die Regierung Nedićs in einem Schreiben vom 16. September 1942 an den deutschen Kommandanten Serbiens ihre Zahl mit 400 000 angab[39].

Auf Pavelićs Wunsch kam es zu einer Begegnung zwischen ihm und Hitler, die am 6. Juni 1941 in Hitlers Residenz »Berghof« stattfand. Übereinstimmend vertreten die serbische und die kroatische Historiographie die Auffassung, daß bei diesem Treffen die Serbenausrottung im kroatischen »Reich Christi« besiegelt wurde[40]. Hitler sagte damals zum *Poglavnik*: »Im übrigen müsse, wenn der kroatische Staat ganz solide sein solle, 50 Jahre lang eine national intolerante Politik getrieben werden, weil aus einer übergroßen Toleranz in diesen Dingen lediglich Schaden entstünde.«[41] Auch das spätere Geschehen bestätigte, daß Hitler bei diesem ersten Treffen Pavelić den Freibrief für die Serbenvernichtung gab.

Felix Benzler, der deutsche Gesandte in Belgrad, meldet am 16. September 1942 dem Auswärtigen Amt: »Seit der Gründung dieses Staates bis zum heutigen Tage haben die Serbenverfolgungen … auch bei vorsichtigen Schätzungen zweifellos das Leben von mehreren hunderttausend Serben gekostet.« Und der Oberbefehlshaber Südost, Generaloberst Alexander Löhr, der am 27. Februar

1943 vom Oberkommando der Wehrmacht ausdrücklich die Einsetzung eines anderen Regimes in Kroatien verlangt, kann sogar mitteilen, daß »bei den Terrorakten der Ustascha gegen die pravoslawische Bevölkerung ... *nach Ustascha-Angaben* etwa 400 000 ermordet sein sollen«.[42]

Später berichtet der Augenzeuge Generaloberst Lothar Rendulic aus seiner Kriegsdienstzeit auf dem Balkan: »Nirgendwo war der Einfluß der Religion auf das alltägliche Leben größer als auf dem Balkan. Dort sind die Menschen seit eh und je fanatische Anhänger ihres Glaubens gewesen und in höchstem Grad den anderen Glaubensgemeinschaften gegenüber intolerant ... Während sich die deutschen Truppen in wenigen Orten Kroatiens befanden, setzte von kroatischer Seite sogleich eine wilde Verfolgung der Prawoslaven ein. Man sagt, daß sie dabei mindestens eine halbe Million Menschen ermordet haben.«[43]

Wiederholt griffen sogar deutsche Truppen diese marianischen Schlächter an[44], und noch massiver setzten sich gelegentlich die Italiener für die Serben ein. Zuletzt befahl sogar Ribbentrop dem deutschen Gesandten Kasche, »sich sofort beim Poglavnik zu melden und das stärkste Befremden der Reichsregierung auszudrücken wegen ungeheurer Auschreitungen« der Ustaschen, »verbrecherischer Elemente«[45].

Hitler, der ja damals als einziger etwas Wirkungsvolles gegen Pavelić hätte unternehmen können, wollte den Kroaten nicht zügeln. Zunächst meinte er: »Ich werde mit diesem Regime schon einmal Schluß machen – aber nicht jetzt!«[46] Anfang September 1943 jedoch entschied er endgültig: »Das Reich arbeitet weiter mit dem Poglavnik und seiner Regierung«.[47] Denn Pavelić und sein Regime waren der einzige politsche Faktor auf dem Balkan, auf den sich Hitler verlassen konnte, und zwar wegen der faschistischen Radikalität, die ihnen und dem Nationalsozialismus gemeinsam war. So blieben das klerofaschistsiche Kroatien und Nazi-Deutschland Kampfgenossen bis zuletzt.

DER HOLOCAUST AN DEN SERBEN

Das System des kroatischen Genozids an den Serben hatte zwei Formen: Pogrom und Todeslager.

Die Hauptrolle im Pogrom spielten die Agitatoren, die die kroatischen und muslimischen Massen durch Hetzreden gegen die Serben mobilisierten und mehrheitlich katholische Geistliche waren.

Die zweite Kategorie der Pogrom-Ustaschen bestand aus Menschenjägern, hauptsächlich Zagreber Studenten, sowie den Angehörigen des ehemaligen paramilitärischen Bauernschutzes (*Seljačka zaštita*) Mačeks. Die Menschenjäger besuchten spezielle Kurse in Zagreb und Sarajevo, sie erstellten die Listen der zur Verhaftung und Liquidation bestimmten Serben und planten die Art und Weise der Angriffe auf diese.

Die dritte Kategorie waren die Henker und Henkersknechte, die besonders sadistisch veranlagt sein mußten, da durch die Ungeheuerlichkeit ihrer Verbrechen die überlebenden Serben gezwungen werden sollten, über die Grenze nach Serbien zu flüchten oder sich zum Katholizismus zu bekehren. Das Gemetzel in Berkovići, wobei Ustaschen serbische Kinder gekocht und dann ihre Mütter gezwungen haben, sie zu essen, worauf sie auch die unglücklichen Frauen niedermachten, organisierte – nach Zeugenaussagen – der Franziskaner Didak Ćorić aus Tomislavgrad[48], den Pavelić mit hohen Ustascha-Orden belohnte.

Die vierte Kategorie der Pogrom-Ustaschen waren »Höhlenarbeiter« (*Jamari*). Von der Lika im Norden bis nach Montenegro im Süden ist das Adriahinterland ein Karstgebiet mit unzähligen tiefen Höhlen. Die Inspiratoren der Ustaschen kamen sofort auf den Gedanken, die Höhlen als natürliche Grüfte für das serbische Volk zu benutzen. Die Ustaschen-Höhlenarbeiter hatten die Aufgabe, diese Höhlen mit lebenden oder toten Serben zu füllen. So wurde fast jeder Abgrund im Adriakarst zum ewigen Symbol der serbischen Tragödie.

Jede dieser Höhlen hat ihren Namen und ihre Geschichte. Die der Höhle Golubinka bei Surmanci ist am schaurigsten, doch vielleicht nur deshalb, weil alle ihre Details bekannt sind. Das Dorf Prebilovci bei Čapljina war das größte serbische Dorf in der Westherzegowina. Da die kroatischen und muslimischen Nachbarn dieser Serben gierige Blicke auf deren Landgüter warfen, sollten die Serben aus Prebilovci völlig ausgerottet werden. Das beschloß, nach der Zustimmung der Regierung von Zagreb, eine Ustaschen-Konferenz, die im Juli 1941 in Čapljina tagte. Obwohl man alle Kroaten und Moslems aus der Gegend von diesem Beschluß informierte, warnte niemand die Serben. Als ein Ustaschen-Spähtrupp am 2. August 1941 ins Dorf einfiel, wurden die Einwohner vorsichtig und schliefen im Wald. Am 4. August kehrten indes die Frauen und Kinder ins Dorf zurück, während nur die Männer noch wegblieben. Doch am gleichen Tag umzingelten und »eroberten« 3000 Ustaschen Prebilovci, worauf die Dorfbewohner während einer mehrtägigen, mit geraubtem Wein und Hammelbraten gewürzten »Siegesfeier« unvorstellbar gedemütigt und die Frauen, nachdem sie nackt hatten tanzen müssen, vergewaltigt wurden. Statt die über 500 Frauen und Kinder, wie die Ustaschen behauptet hatten, nach Serbien abzuschieben, wurden sie am 6. August an die Höhle bei dem kroatischen Dorf Šurmanci geführt und in schauerlichen Szenen hineingeworfen[49].

Das Massaker von Prebilovci überlebten nur 156 Männer, fünf Frauen, acht Mädchen und drei kleine Kinder. Nach ihrem Verbrechen »kolonisierten« Kroaten und Moslems das Dorf und gaben ihm den neuen Namen *Novo Selo* (Neudorf). 1992, nach dem Rückzug der serbischen Armee aus Bosnien-Herzegowina, wurde Prebilovci von neuem zerstört.

Dort, wo die Serben überlebten, kamen alsbald die Missionare, oft gleich nach den Mördern, um die erschrockenen Orthodoxen, manchmal nur Frauen und Kinder, der alleinseligmachenden Kirche zuzuführen. In einigen Fällen hat man diese Übertritte zu Propagandazwecken pompös inszeniert und verfilmt, wodurch »das große Ereignis« zugleich als Kundgebung der Loyalität gegenüber dem *Poglavnik* und seinem Ustascha-Staat genutzt wurde. Aber in der Regel ging die Catholica in größter Eile vor; man mußte in möglichst kurzer Zeit möglichst viele Seelen retten.

In Westbosnien, wo der »Engel« Dr. Gutić die Ustaschen zur immer schnelleren Mordarbeit antrieb, mußten auch die Bekehrungen im gleichen Tempo erfolgen. Im Bezirk Prijedor wurden 4000 Menschen niedergemacht, im Bezirk Sanski Most über 10 000 Menschen, in Banja Luka und Umgebung 2328 Serben, auf dem Feld Garavica bei Bihać – vom 3. Juli bis 3. September 1941 – 12 000 Serben. Ein Arbeiter aus Banja Luka, Stanislav Božić, erklärte am

17. Dezember 1943: »Nach diesem Massenmord begannen die Übertritte der serbischen Bevölkerung aus Banja Luka und den Dörfern ihrer Umgebung von der Orthodoxie zum Katholizismus. Diese Übertritte wurden ausschließlich durch das Ausfüllen gewisser Formulare vollzogen. Es gab keine kanonischen Riten.« Ja, der Bischof von Banja Luka, Jozo Garić, schärft in seiner Vollmacht vom Februar 1942 den Pfarrern seiner Diözöse ein, »diejenigen, die nicht zur Vernunft gekommen sind, soll man einfach in das Buch der Übertritte eintragen«[50]. So sind mindestens 240 000 Serben – diese Zahl führt Stepinac in einem Brief an den Papst vom 18. Mai 1943 an[51] – mit oder ohne Vernunft zum Katholizismus konvertiert worden. Die Konvertiten wurden offiziell als Kroaten angesehen, als solche von den Behörden eingetragen[52] – und in vielen Fällen gleichwohl weiter verfolgt. So hat man am orthodoxen Weihnachten, im Januar 1944, im slawonischen Dorf Uskoci die ganze (konvertierte) Bevölkerung niedergemetzelt, unter dem Vorwand, daß ihr Glaube nicht aufrichtig sei[53].

Am 25. August 1944 erließ das Präsidium der Partisanenregierung für Kroatien (ZAVNOH) eine Verfügung, welche die Bekehrung der Orthodoxen zum Katholizismus als Verletzung der Menschenrechte für nichtig erklärt und die katholische Kirche verpflichtet hat, die Eintragungen der Übertritte aus ihren Büchern zu entfernen. Die Missionare wurden vor Gericht gestellt, manche auch hingerichtet.

Das erste Opfer der Ustaschen war die orthodoxe Kirche selbst. Die meisten ihrer Priester im Unabhängigen Staat Kroatien wurden schon im Juni 1941 abgeschlachtet. Bald nachdem die Ustaschen in Sarajevo eingetroffen waren – am 12. Mai 1941 –, verhafteten sie den bosnischen Metropoliten Petar Zimonjić und warfen ihn in die Höhle in Jadovno im Gebirge Velebit. Der katholische »Engel« Dr. Gutić ließ den Bischof von Banja Luka, Platon-Sava Jovanović, grauenhaft foltern und am 5. Mai 1941 umbringen. Der Bischof von Gornji Karlovac, Sava Trlajić, wurde im August bei Karlobag an der Adria, zusammen mit weiteren 8000 Serben ermordet. Insgesamt kamen durch die Ustaschen 196 serbische Priester ums Leben. Die Catholica indes klagte die Mörder niemals an.

Die orthodoxen Kirchen wurden ruiniert oder entweiht. Das alles ging sehr planmäßig vor sich, Pavelić gründete sogar ein Amt für Zerstörung der orthodoxen Kirche[54]. Nach Veljko Dj. Djurić, der seine Angaben selbst als unvollständig bezeichnet, vernichteten die Ustachen, katholischen Priester und die andersgläubige Bevölkerung 255 orthodoxe Kirchen[55]. Nach Vladimir Umeljić wurden etwa 500 serbisch-orthodoxe Kirchen zerstört; man hat sie ausgeplündert, die Bücher vernichtet, die Ikonen, die Gotteshäuser niedergebrannt, abgerissen, zu Pferdeställen umfunktioniert, zu Aborten gemacht. Allein im Gebiet Gornji Karlovac, wo es vor dem Krieg 167 serbisch-orthodoxe Kirchen und 52 Kapellen sowie eine russisch-orthodoxe Kirche gab, wurden insgesamt 145 Kirchen und 43 Kapellen vollständig zerstört, die übrigen gründlich ausgeplündert und geschlossen. Natürlich haben die marianischen Mordbrenner auch viele serbische Friedhöfe entehrt und ruiniert, so beispielsweise in Bosanska Kostajnica, Bosanska Dubica, Doboy, Mostar. Der Rest der erhaltenen serbischen Kirchen sowie alle serbischen Klöster wurden enteignet, das gesamte Vermögen wurde beschlagnahmt[56]. Oft hat man ganze orthodoxe Gemeinden in den Gotteshäusern eingeschlossen und zusammen mit diesen verbrannt.

Pavelić erließ schon am 25. April 1941 das Gesetz über das Verbot der kyrillischen Schrift. Diese Vorschrift wurde so ausgelegt, daß auch die serbischen Friedhöfe, mit ihren kyrillischen Grabinschriften zu vernichten seien[57].

Die Quintessenz des Unabhängigen Staates Kroatien aber waren dessen Todeslager. Als der deutsche General in Kroatien Glaise von Horstenau am 17. November 1942 Pavelić beeinflussen wollte, in Jasenovac, einem der schrecklichsten KZs Europas, etwas zu ändern, antwortete der »Schwarze Scheich« (wie die Nazis ihren balkanischen Freund intim nannten) lapidar: »Jasenovac sei ein Paradies!«[58]. Das ist verblüffend folgerichtig. War sein Kroatien das »Reich Christi«, mußte Jasenovac für ihn noch höheren Ranges, also ein »Paradies« sein. Ist man aber kein fanatischer römischer Katholik wie er, muß man zugeben, daß Jasenovac der neunte Kreis der Hölle war.

Die ganze Monstrosität des Ustascha-Staates erkennt man am deutlichsten vielleicht an der Tatsache, daß es dort sogar neun Konzentrationslager für Kinder gab: Labor, Jablanac, Mlaka, Bročica, Uštice, Stara Gradiška, Sisak, Jastrebarsko, Gornja Rijeka. Es gab auch ein »Mischkonzentrationslager« für Kinder und Frauen, Djakovo. Ein Zentraltodeslager sollte zuerst in Gospić, der Hauptstadt der Landschaft Lika, eingerichtet werden. Schon am 10. April 1941 erfolgte in diesem Zentrum des Klerofaschismus die Machtübernahme durch die Ustaschen, und gleich am ersten Tag der »nationalen Revolution« begann man die Serben zu verhaften. Aus der lokalen Strafanstalt und aus Schafställen, die als Transitlager dienten, führte man die Gefangenen schon ab dem 20. April zur Stätte Jadovno im Gebirge Velebit, wo sie erschossen oder abgestochen und in die Karsthöhlen geworfen wurden. Das Lagersystem Gospić-Jadovno fraß auf diese Weise die Opfer der Ustaschen bis Ende August 1941, nach offiziellen Angaben etwa 35 000 Menschen. Ein ähnliches Lager gab es auf der Insel Pag, dessen Höhle Furnaža bis Mitte August um 18 000 Personen serbischer und jüdischer Herkunft verschlang. Nach dem 20. August 1941 okkupierten die Italiener Pag und unterrichteten die Welt über diese Greuel. Da Gospić von den Italienern wiederbesetzt wurde, mußten die Ustaschen ihr Mordtheater nach Norden verlegen, wo sie zudem weder von den Deutschen noch von Tito etwas zu befürchten hatten. Ihre Wahl fiel auf Jasenovac, ein von ihnen bereits entvölkertes serbisches Dorf an der Save, an der slawonisch-bosnischen Grenze.

Das war ein Sumpfgebiet, wo drei Flüsse – Save, Una und Strug – ineinander strömten, erreichbar nur von der Save her und mit der Eisenbahn, isoliert also und leicht zugänglich zugleich. Einige Betriebe waren schon da, die Ustaschen bauten weitere; man arbeitete und wurde getötet. Jasenovac bestand aus fünf nebeneinander liegenden Lagern, die, mit römischen Ziffern von I. bis V. bezeichnet, die Namen trugen: *Krapje*, *Bročice*, die Ziegelei, die Gerberei, *Stara Gradiška.* Die meisten Greuel wurden in Lager III., der Ziegelei, begangen, dem eigentlichen Todeslager. Die Lager waren voneinander isoliert, so daß die Insassen nicht wissen konnten, was in ihrer Nachbarschaft geschah.

Das KZ-System wurde von Pavelić am 25. November 1941 legalisiert. An diesem Tag erließ er ein Gesetz, wonach die Ustascha-Polizei jede »unerwünschte« oder »gefährliche« Person ins Konzentrationslager stecken konnte. Die Kapazität Jasenovacs belief sich auf 7000 Personen. Jedoch wurde aus dem Hauptquartier Pavelićs, unterzeichnet vom Heimwehrgeneral Ivan Prpić, am 27. April 1942 eine Anweisung an den Generalstab der Heimwehr, den Generalstab der Waffen-Ustaschen, das Ministerium des Inneren und das Oberste Kommando der Gendarmerie erlassen, worin es heißt: »Das Sammel- und Arbeitslager Jasenovac kann eine unbegrenzte Zahl (!) von Internierten aufnehmen.«[59]

Dieser direkte Ausrottungsbefehl zeigt, daß Pavelić von seiner Absicht, die seine Minister 1941 verkündeten, alle Serben zu vernichten, auch im Frühjahr 1942 nicht abgerückt war. Die klerofaschistische Quadratur des Kreises, die begrenzte Kapazität des Lagers mit der unbegrenzten Zahl der Internierten in Einklang zu bringen, hatte eine Truppe der »Engel« zu lösen, für die der Ustaschen-Oberst (später General) Vjekoslav-Max Luburić die oberste Verantwortung trug. Er war Kommandant aller Lager im Ustascha-Staat und wurde für dieses Verdienst vom Großdeutschen Reich mit zwei Eisernen Kreuzen ausgezeichnet.

Aber genau wie das »Reich Christi« Kroatien, war auch das »Paradies« Jasenovac ein Priesterregiment, eine Satanokratie der Franziskaner. Der Hauptliquidator und zeitweilige Kommandant des Lagers war der Franziskaner Filipović-Majstorović, der seine Talente schon 1941 bei Banja Luka als Köpfer der serbischen Schulkinder bewiesen hatte. Er unterstand der Aufsicht eines anderen Franziskaners, des Beauftragten Luburićs, Ivica Matković. In der Lagerführung spielte auch der Ustaschen-Seelsorger – ebenfalls ein Franziskaner – Zvonko Brekalo eine sehr wichtige Rolle, dem auch die Internierten beichteten, da sie dem Beichtzwang unterlagen. Und während Fra Matković Massenmorde plante und befahl, welche Fra Filipović-Majstorović ausführte, sorgte Fra Brekalo dafür, daß die Mörder vor Gott reinen Herzens wandelten. Diese heilige Arbeit war besonders schwer, weshalb neben Brekalo noch weitere Ustaschen-Seelsorger in Jasenovac wirkten. Der Seelsorge aber bedurfte man dort um so dringender, als ja fast alle Abschlächter Mitglieder der Katholischen Aktion (»Kreuzritter«) oder etwa, wie der berüchtigte Lagerkommandant Ljubo Miloš, Absolventen der Franziskanergymnasien waren.

Die Hauptrichtstätte von Jasenovac lag auf der gegenüberliegenden Seite der Save, in Bosnien – ein Stück ödes, beengtes Land zwischen Save und Una, *Gradina* genannt. Die Opfer wurden nachts mit der Fähre nach Gradina transportiert, wo die schon ausgehobenen Gräben und ihre Henker auf sie warteten. Üblicherweise beseitigten die Ustaschen sie mit einem Schlägerschlag auf den Kopf. Die Kinder tötete man, indem man in ihren Graben eine Handgranate warf. Oft schlachtete man die Opfer mit Messern wie Schweine. Doch man war auch innovativ in Jasenovac, und ein Liquidator, Ing. Hinko Picilli, konstruierte nach der Idee des Franziskaners Matković im Januar 1942 ein Krematorium zur Verbrennung lebendiger Menschen, das nach dem Erfinder »Picilliofen« oder – »populär« – »Keramik« hieß. Ende Mai wurden die Exekutionen per Krematorium, die an die katholischen Scheiterhaufen erinnern, wohl aus hygienisch-»ästhetischen« Gründen eingestellt, da der Gestank auch die Ustaschen störte.

Die Todes- und Leichenverehrung, die seit den Katakombenzeiten den Wesenskern des römischen Katholizismus ausmacht, feierte in Jasenovac und im Unabhängigen Staat Kroatien ihre höchsten Triumphe.

Nach offiziellen Einschätzungen variiert die Zahl der in Jasenovac gestorbenen Serben zwischen 500 000 und 600 000 Ermordeten. Der Metropolit der katholischen Kirche in Kroatien, Kardinal Kuharić, vertritt dagegen die Ansicht, in Jasenovac habe es nur 40 000 Opfer gegeben[60], und der derzeitige kroatische Präsident F. Tudjman spricht von etwa 50 000 Toten in allen Lagern des Unabhängigen Staats Kroatien.[61] Billige Versuche, die Verantwortung der Kroaten und der Kirche des Todes zu vermindern! Allein auf dem Hauptrichtplatz Gradina sind nach den noch nicht abgeschlossenen Forschungen Skelette von 380 000 Menschen gefunden worden[62].

Als Gesamtzahl aller »Opfer des faschistischen Terrors« während des Zweiten Weltkrieges gaben gleich nach diesem alle jugoslawischen Geschichtsbücher 1 700 000 an – eine problematische Zahl, die in Wirklichkeit sowohl niedriger als auch höher sein könnte. Die kroatischen Verluste schätzt man gewöhnlich auf 100 000 bis 200 000 Opfer; wobei darin wahrscheinlich auch jene Ustaschen und Domobranen enthalten sind, die nach dem Kriegsende von den Engländern an Tito ausgeliefert und meistens ohne jede Gerichtsverhandlung sofort erschossen wurden[63].

12. Kapitel

TITOS BOLSCHOFASCHISMUS ALS FORTSETZUNG DER HITLERSCHEN ZERSCHLAGUNG JUGOSLAWIENS

Josip Broz, genannt Tito (1892–1980), ist einer der mysteriösesten Akteure der Zeitgeschichte. Denn er war nicht nur Revolutionsführer und Staatsmann, sondern auch ein Geheimagent größten Kalibers. Sein Leben wird relativ durchschaubar erst seit dem Jahr 1928, in dem er als kommunistischer Agitator und mutmaßlicher Terrorist verhaftet und am 14. November in Zagreb zu fünf Jahren Gefängnis verurteilt wurde. Sein gesamtes vorheriges Leben ist in Dunkelheit gehüllt, selbst seine Identität ungewiß. Nach seinem Tod wurde sehr viel über ihn geforscht, besonders in Serbien, doch Tito blieb weiter ein Rätsel – nicht zuletzt deshalb, da von ihm zahlreiche, jedoch widerspruchsvolle Angaben zu seiner Person überliefert sind, was den Eindruck erweckt, daß er seine Vergangenheit absichtlich verschleiert hat.

Nach der offiziellen Geschichte, die auf Titos Behauptungen basiert, wurde er im Dorf Kumrovec an der kroatisch-steierischen Grenze geboren, als Sohn eines kroatischen Vaters und einer slowenischen Mutter, die Bauern waren. Im *Status animarum* der Pfarrei Tuhelj findet man eine Eintragung, wonach Josip Broz am 7. Mai 1892 geboren ist. Aber in den verschiedenen Dokumenten trifft man auch auf andere Geburtsdaten, etwa den 5. oder 12. März 1892. Und in Moskau, als Funktionär der Komintern, schrieb Tito, daß er 1893 zur Welt gekommen sei. Ebenso mysteriös sein Name: Er bediente sich – wie der Forscher Dragić Kačarević feststellte, siebzig verschiedener Decknamen! Für die Komintern war er Friedrich Walter, »Genosse Walter«. Sein liebstes Pseudonym – Tito – kommt offenbar von »Titus«, wie ihn sein unglücklicher Vorgänger Milan Gorkić, der vor ihm amtierende Generalsekretär der jugoslawischen Kommunisten, nannte. Titus, ja, das ist hinreichend symbolisch. Denn wie der gleichnamige römische Kaiser im Jahr 70 den Tempel von Jerusalem zerstörte, verfolgte dieser jugoslawisch-kroatische Pharao die serbisch-orthodoxe Kirche.

Doch wie hieß Tito offiziell? Als Gefangener im Ersten Weltkrieg gab er in Rußland als seinen wahren Namen »Josif Brozowitsch« an und den Namen seines Vaters nicht mit Franjo, sondern mit der deutschen Schreibweise »Franz«. In der Karthotek der Komintern heißt er wiederum »Josif (statt Josip) Broz«.

Offiziell beendete Tito die vierjährige Volksschule 1905 in Kumrovec. Als Fünfzehnjähriger verließ er sein Dorf und wurde Schlosserlehrling in Sisak. Ab 1911 war er Gastarbeiter in Österreich, Deutschland und Böhmen, bis er 1914 an der serbischen Front als K.u.k.-Unteroffizier erschien. Über Titos Gastarbeit gibt es keine Unterlagen, nur seine Erzählungen. Doch schon da taucht eine Merkwürdigkeit auf:

Tito, der sagt, er habe jeden Kontakt mit seiner Familie verloren, erwähnt seinen Bruder Martin, der ihn, als er ihn in Wien 1912 traf, nicht erkannt habe[1]. Das ist durchaus möglich, aber es beweist auch, daß seither niemand mehr mit Sicherheit behaupten konnte, Tito sei Josip Broz aus Kumrovec. Ein Mann also, der nicht wußte, wann er geboren war, wie er hieß, wie sein Vater hieß und den seine Geschwister nicht erkennen konnten.

Tito sprach und schrieb perfekt Deutsch und Russisch, und zwar besser als Serbisch oder Kroatisch; diese Idiome konnte er nicht unterscheiden, mischte sie und sprach sie mit einem schweren russischen Akzent. Er spielte Klavier, war ein Genußmensch hohen Niveaus, guter Kenner und Liebhaber der Frauen und Edelsteine, einer der besten Schützen und Fechter im ganzen K.u.k.-Heer – zuviel für einen armen Bauernsohn mit nur vier Klassen Volksschule aus einem armen kroatischen Dorf. Es ist deshalb sehr wahrscheinlich, daß Titos kroatischer Vater kein Bauer war, sondern – wie man in Österreich behauptet – ein K.u.k.-Offizier, der in Wien lebte, wo auch Tito geboren sein könnte. Tito hätte sich nach dieser Lesart die Identität eines armen kroatischen Verwandten angeeignet, um sich problemlos in die Arbeiterbewegung einzuschleichen[2].

Es ist aber unmöglich, daß sich Tito aus rein privat-karrieristischen Gründen in die kommunistische Bewegung infiltrieren wollte, er mußte eingeschleust worden sein, höchstwahrscheinlich vom österreichisch-ungarischen Nachrichtendienst. Die Art und Weise, wie er im April 1915 in russische Gefangenschaft geriet, ist ebenfalls mysteriös und von ihm widerspruchsvoll beschrieben[3]. Erinnern wir uns, daß die Doppelmonarchie die rote Bewegung in

Rußland und Serbien sehr zu unterwandern und gegen deren Regierungen auszuspielen suchte. Die serbische Sozialdemokratie vor dem Ersten Weltkrieg war in ihrer Hand. Beispielsweise ist Triša Kaclerović, Mitbegründer der serbischen sozialdemokratischen Partei und in der Zwischenkriegszeit einer der Führer der jugoslawischen Kommunisten, so gut wie sicher ein Agent Österreich-Ungarns gewesen[4].

Tito blieb in Rußland, bis er 1920 mit einem Transport deutscher Kriegsgefangener das Land der Weltrevolution verließ und nach Jugoslawien kam. Nach Ante Ciliga, einem kroatischen Kommunisten, der zur Führung der Komintern gehörte, danach Trotzkist und endlich Ustaschen-Mitarbeiter wurde, war Tito schon 1920 Mitglied der bolschewistischen Partei, in deren Auftrag er nach Jugoslawien zurückkehrte. Ciliga behauptet auch – was in den offiziellen Biographien Titos nicht steht –, dieser sei noch einmal in Rußland gewesen und 1925 zum zweiten Mal zurückgekehrt[5].

Im Gefängnis, nach seiner Verurteilung 1928, ging es Tito gar nicht so schlecht. In der Strafanstalt Lepoglava genoß er eine gewisse Bewegungsfreiheit, empfing Besuche, Geld und Pakete. Dort lernte er auch andere jugoslawische Kommunisten kennen, von denen einige, wie der Belgrader jüdische Publizist Moša Pijade, später zu seinen treuesten Gefolgsmännern zählten. In Maribor, wo er danach seine Strafe verbüßte, war er Sekretär des Gefängnisparteikommitees, redigierte die Übersetzungen der Klassiker des Marxismus aus der deutschen Sprache und hielt Vorträge über die Oktoberrevolution. Ein Mann mit vier Klassen Volksschule.

Als er 1934 wieder auf freiem Fuß war, wurde er sogleich Mitglied der engsten Führung der illegalen Partei. Er organisierte im September 1934 die Parteikonferenz für Slowenien an einem dafür passenden Ort: in der Sommerresidenz des Fürstbischofs Rožman, und zwar jenes Rožman, der wegen der Organisierung des antikommunistischen Kampfs in Slowenien 1945 das Land verlassen mußte. Aber wenn es ums Höhere geht, in diesem Fall um die Niederringung der orthodoxen Serben und ihrer Monarchie, finden die schwarzen und roten Machiavellisten leicht eine gemeinsame Sprache.

Schon Anfang 1935 schickte die Führung der kommunistischen Partei Jugoslawiens, die in Wien die sympathievolle Gastfreundlichkeit der klerofaschistischen Regierung Schuschniggs genoß, Tito nach Moskau in die Profintern, die Gewerkschaftssektion der Komintern. Tito interessierte sich indes durchaus nicht für die Gewerkschafterei, sondern ging sofort zu den Offizieren des NKWD, die die Arbeit der ausländischen Kommunisten kontrollierten. Damals war Rußland, wo – nach der Ermordung Kirows am 1. Dezember 1934 – Stalin seine blutige Revolution innerhalb der Partei vom Zaun brach, ein Dorado der Denunzianten, und Tito nutzte die Gelegenheit; mit seiner Hilfe liquidierte, wie früher erwähnt, der NKWD die gesamte Elite jugoslawischer Kommunisten.

Nach zwanzig Monaten in Moskau und etwa einem Jahr in den verschiedenen Zentren des NKWD, insbesondere in Podmoskowlie[6], kommt Tito wieder nach Wien. Anschließend leitet er in Jugoslawien und Paris die Organisation, die jugoslawische Kommunisten als Freiwillige in den spanischen Bürgerkrieg transportiert.

In Rußland herrschte inzwischen der »Große Terror« oder die *Jeschowschschtina*: Der NKWD, geführt von Jeschow, entmachtete die gesamte bolschewistische Partei und die ganze Generalität der Roten Armee. Vor allem wurden auch die Juden, die nach der Oktoberrevolution zur führenden Schicht aufgestiegen waren, verfolgt, als wollte Stalin Hitlers Ansicht, der Bolschewismus sei eine Schöpfung des Judentums, widerlegen. Im Juni 1937 beorderte die Komintern den Generalsekretär der kommunistischen Partei Jugoslawiens, Gorkić, nach Moskau. Vorher hatte er besorgt geäußert, daß dort »der Nebel die Menschen verschlingt«, und bald verschlang der Nebel auch ihn.

Das war indes eine der Sternstunden Titos, der in diesem trüben Wasser außerordentlich gut fischte. Die entmachtete Führung der Partei, die damals in Paris saß, verfiel der Panik – Tito nicht. Er begann, den Chef der Partei zu spielen, usurpierte maßlos frech die Parteiarbeit und bombardierte die Komintern – das heißt, Wilhelm Pieck und Georgi Dimitroff – mit Berichten über die florierende Arbeit der Kommunisten in Jugoslawien, die meist Erfindungen und Lügen waren. Die Zentrale der Weltrevolution, aus anderen Quellen ebenfalls informiert, ignorierte den Streber. Ja, im April 1938 erhielt die Pariser Führung der jugoslawischen Kommunisten von der kommunistischen Partei Frankreichs den Bescheid der Komintern, daß sie aufgelöst werde.

Tito gab trotz allem nicht nach. Er verlangte dringlich ein Visum für die Sowjetunion und erhielt es auch. Bei dieser Transaktion wurde ein Geheimagent der Komintern entscheidend, der Slowene Josip Kopinić, damals Militärberater und Diplomat der spanischen republikanischen Regierung. So erreichte Tito am 24. August 1938 Moskau, wo sich seine Zukunft entschied. Kopinić behauptet, er habe Tito aus reiner kommunistischer Überzeugung geholfen[7]. Das kann schwerlich stimmen. Eher erwartete Kopinić für eine so große Leistung eine genauso große Gegenleistung. Tito war indes ein sehr undankbarer Mensch. Als Kopinić am 28. Juni 1941 als Repräsentant der Komintern versuchte, die Führung der kommunistischen Partei Kroatiens an sich zu reißen, stellte ihm Tito kaltblütig den Stuhl vor die Tür.

Erst in Moskau zeigte sich, daß Titos Sache schlecht stand, und er mußte bis zum 5. Januar 1939 warten. Die drei Machtkomplexe – der Kominternapparat, der Nachrichtendienst der Roten Armee und der NKWD –, die bei seiner Ernennung zum Chef der jugoslawischen Kommunisten mitzuwirken hatten, waren uneins. Die Komintern wollte als Generalsekretär der jugoslawischen KP den charismatischen montenegrinischen Kommunisten Petko Miletić sehen, der zu jener Zeit immer noch im jugoslawischen Gefängnis saß, dessen Strafe aber bald auslaufen sollte. Der Nachrichtendienst beschuldigte sogar Titos Kurier und Liebhaberin Herta Haas, eine Österreicherin, sie gebe in München der Gestapo Einblick in die Parteipost. Ein Kominternchef, der Russe Andrejew, bezichtigte Tito unumwunden der Mitarbeit bei der jugoslawischen Polizei, habe sich doch die Auflage der Parteipresse sowie der »halblegalen und fortschrittlichen Presse« auch ohne Finanzierung der Komintern in Jugoslawien erhöht. Er sagte zu Kopinić: »Die Genossen seien zu dem Schluß gekommen, daß eure Partei beziehungsweise euer Zentralkomitee sich immer mehr (!) mit der Polizei verbindet, da man diese Anomalie nur so erklären könne.«[8]

Der NKWD jedoch stand immer hinter Tito, und er wurde endlich zum Parteichef der jugoslawischen Kommunisten gemacht. Das zeigt, wer in diesem Regime das letzte Wort hatte, und es zeigt auch, wessen Mann Tito in Wirklichkeit war.

Im Jahr 1938 nahm der Terror solche Ausmaße an, daß es schien, als werde das Regime sich selbst zugrunde richten. Ein falsches

Wort, eine nicht genügend klare Formulierung genügte, und man wurde »vom Nebel verschlungen«. Die Tatsache, daß Tito trotz der sehr deutlichen, überzeugenden Verratsverdächtigungen nicht nur unbehelligt blieb, sondern auch noch honoriert wurde, zwingt zu dem Schluß, daß er den Verrat mit Erlaubnis des NKWD beging, also ein Doppelagent war.

Wenn man dies annimmt – und diese Vermutung wird später durch weitere Beweise bekräftigt –, lösen sich viele Rätsel der jugoslawischen Zeitgeschichte von selbst. Der NKWD, der sich in das Spiel mit Tito einließ, mußte jedoch glauben, Tito arbeite im Interesse der Sowjetunion, was aber nicht zutraf. Wahr ist das Gegenteil: Tito arbeitete gegen die Sowjetunion, und zwar mit ihrer Hilfe.

Als Titos Gegenspieler, Petko Miletić, im Juni 1939 ratlos in Moskau eintraf, wurde er vom NKWD als Mitarbeiter der jugoslawischen Polizei verhaftet, obwohl er seit 1932 im Gefängnis gesessen hatte. Der Nebel verschlang auch ihn. Die alte Geschichte vom Sündenbock.

Während des Aprilkrieges 1941 saß Tito mit seinem Marionettenpolitbüro in Zagreb. Mit den Ustaschen hatten sie keine Schwierigkeiten. Insbesondere konnte diesen und den Deutschen keinesfalls das Manifest der roten Partei vom 30. April 1941 mißfallen, das die (königlich-jugoslawische) Exilregierung Simović als einen Haufen von Agenten des britischen Imperialismus denunzierte. Anfang Mai 1941 bestieg Tito, ohne dafür je irgendwelche Gründe darzulegen, gleichwohl den Zug nach Belgrad, und erreichte, indem er ganz legal den Ustascha-Staat und die Gestapo-Kontrollen passierte, die Hauptstadt Serbiens.

Warum die abenteuerliche und geheimnisvolle Reise? Nun, zu jener Zeit gab es in Belgrad ein starkes Zentrum des Nachrichtendienstes der Roten Armee. Diese große und weitverzweigte Organisation wurde vom Obersten Mustafa Golubić, geführt, einem legendären serbischen Verschwörer. Obwohl Moslem, war Golubić ein Allserbe und Panslawe und als solcher Mitglied der »Schwarzen Hand« und die rechte Hand des Dimitrijević-Apis im Ausland, bevor er 1920 in Wien zum Kommunisten wurde. Seit 1927 war er in Rußland, bis man ihn 1940 nach Jugoslawien schickte. Für seine Organisation arbeiteten dortige Offiziere, alte Mitglieder der »Schwarzen Hand«, russische Emigranten und besonders Kommunisten. Der sowjetische Oberst, der alle Regeln der konspirativen Arbeit meisterhaft beherrschte, störte selbstverständlich die Gestapo. Aber als natürlicher Führer der serbischen Kommunisten störte er auch Tito, im Vergleich mit Golubić ja ein langweiliger Pygmäe. Doch im Leben werden die Riesen oft von den Zwergen gestürzt. So auch diesmal, denn es siegte der skrupellose Tito. Am 6. Juni 1941 verhaftete die Gestapo in Belgrad Mustafa Golubić. Der schrecklichsten Tortur unterzogen, konnten die Folterer ihm jedoch keine Informationen über den sowjetischen Nachrichtendienst abpressen. Ende 1941 wurde er erschossen und im Garten des Königshofs begraben[9].

Tito und seine Partei beunruhigte also nicht die Besetzung und Zerschlagung Jugoslawiens, noch weniger das Ustaschen-Genozid an den Serben. Erst als Deutschland die Sowjetunion angriff, beschloß er zu handeln. Schon am Tag des Überfalls, am 22. Juni 1941, erließ er – das heißt, das Zentralkomitee der Kommunistischen Partei Jugoslawiens – ein Manifest, worin es heißt: »Arbeiter und Arbeiterinnen Jugoslawiens! Die schicksalhafte Stunde hat geschlagen. Der Entscheidungskampf gegen die größten Feinde der Arbeiterklasse hat begonnen, der Kampf, den die faschistischen Verbrecher selbst angefangen haben, durch ihren meuchlerischen Angriff auf die Sowjetunion, die Hoffnung aller Werktätigen der Welt. Das kostbare Blut des heroischen Sowjetvolks wird nicht nur für die Verteidigung des Landes des Sozialismus vergossen, sondern auch für die endgültige soziale und nationale Befreiung der ganzen arbeitenden Menschheit ... Kommunisten Jugoslawiens! Zögert keinen Augenblick, sondern bereitet euch unverzüglich auf diesen schweren Kampf vor ...

Tito sprach also von keinem Volksbefreiungskrieg gegen die Faschisten, von keinem Massenaufstand, sondern nur von der Vorbereitung der Kommunisten und der Arbeiterklasse auf den »letzten Kampf«, »für die endgültige soziale und nationale Befreiung der ganzen arbeitenden Menschheit«. Er drischt demnach die abgenützten kommunistischen Phrasen von Klassenkampf und Weltrevolution, was jedenfalls nicht die Faschisten, sondern das serbische Volk schädigen wird. Im Juli 1941 ließ Tito das Landkomitee der KP für Serbien das Rundschreiben Nr. 9 an die Kommunisten des besetzten Gebietes Serbiens entsenden: »Die Genossen und Genossinnen, die die deutsche Sprache kennen ... sollen in größerer Zahl in den Dienst der Besatzungsmacht treten, sowohl bei den Polizei- als auch bei den Militärbehörden, als Dolmetscher und für andere geeignete und für uns nützliche Dienstpflichten.«[10] Eine ungeheuerliche Mischung des Verrätertums und der Heimtücke, die aber das Wesen der Kampfmethode Titos ins richtige Licht stellt. Wenn er gegen jemanden vorging, dann am besten mit dessen Hilfe. So stritt Tito gegen die Serben mit den Serben, gegen die Russen mit den Russen und gegen die Deutschen mit den Deutschen.

Die Deutschen hatten jedoch Tito am meisten geholfen. Diese Hilfe steht im Zusammenhang mit den Kommunisten, die im Spanischen Bürgerkrieg in den Interbrigaden für die Republik fochten und nach deren Niederlage am 28. März 1939 in den französischen Konzentrationslagern interniert wurden. Mit Hilfe der kommunistischen Partei Frankreichs – die (wie aus dem deutsch-russischen Protokoll von 1939 hervorgeht) mit den Nazis kollaborierte – und der Gestapo wurden diese perfekten Revolutionäre und Offiziere bis zum Ausbruch des deutsch-russischen Krieges in ihre Länder eingeschleust. So bekam Tito, insbesondere in Kroatien, den Kommandeurkader für seinen Krieg zusammen, darunter Ivan Rukavina, Ivan Gošnjak, Vladimir Popović, Kosta Nadj, um nur die bekanntesten und namhaftesten zu erwähnen. Ohne diese »Rot-Spanier« wäre sein Revolutionskrieg nur ein Wunschtraum geblieben.

Nazi-Deutschland seinerseits hatte den Transfer sicher nicht gratis gemacht; viele dieser Leute mußten Gestapo-Agenten gewesen sein. Einen entsprechenden Wink gab Hitler selbst, der seiner Hochschätzung solcher Kämpfer und ihrer Brauchbarkeit in den späteren Phasen seiner Revolution offen Ausdruck verlieh: »Wie Dr. Todt, der Rotspanier in seinen Arbeitslagern beschäftigt habe, ihm immer wieder berichtet hätte, fühlten sich die Rotspanier durchaus nicht als »Rote« in unserem Sinne. Sie bezeichneten sich selbst als Revolutionäre und zeigten in ihrem Fleiß und ihren Arbeitsleistungen eine durchaus wertvolle Haltung. Wir könnten deshalb nichts Gescheiteres tun, als von ihnen soviel als möglich, angefangen mit den 40 000 in unseren Lagern, für einen evtl. in Spanien ausbrechenden neuen Bürgerkrieg (!) in Rückhand zu behalten. Zusammen mit den Falangisten alter Form seien sie noch am verläßlichsten.«[11] Hatte Hitler nicht auch mit Tito und seinen »Rot-Spaniern« gerechnet, die in einer »höheren Phase« der faschistischen Revolution in Kroatien die klerofaschistische Phase Pavelićs beenden sollten?

Die ganze Sache kam ins Rollen durch den Prozeß gegen László Rajk, der im September 1949 vor dem »Volksgericht« in Budapest stand. Rajk, auch ein Altkommunist und »Rot-Spanier«, war 1941 über die gleichen dunklen Kanäle eingeschleust worden und zum Sekretär des Zentralkomitees der illegalen KP und zu einem der Führer der kommunistischen Untergrundbewegung aufgestiegen. Im November 1944 verhaftete ihn die Gestapo, und er verbrachte die letzen sechs Monate des Krieges in einem deutschen Konzentrationslager, bis er im Mai 1945 endlich nach Budapest zurückkehren konnte. Bis kurz vor seiner Verhaftung am 30. Mai 1949 war er ungarischer Innenminister und als solcher der erste Mann des Sicherheitsdienstes (AVO). Rajk gestand, Agent der Gestapo und Titos gewesen zu sein, wurde zum Tode verurteilt und hingerichtet, 1956 jedoch rehabilitiert.

Auch wenn man von dem Rätsel absieht, wie er 1941 aus dem Konzentrationslager ohne Hilfe der Gestapo überhaupt nach Ungarn kommen konnte, bleibt die Frage, warum Hitler ihn wie andere wahre Kommunisten nicht umbringen ließ. Wollte er ihn wie die übrigen »Rot-Spanier« für eine »höhere Phase« seiner Revolution vielleicht noch aufbewahren? Andererseits steht fest – wie auch Djilas schreibt –, daß Rajk enge Kontakte mit der Stasi Titos (UDBA) und ihrem Chef Ranković pflegte.[12]

Der Prozeß gegen Rajk diente dem internationalen Kommunismus als Vorwand, um Titos Regime als faschistisch zu bezeichnen. In der Resolution des Kommunistischen Informationsbüros (Kominform) – 1947 als Nachfolger der Komintern gegründet – vom November 1947, veröffentlicht am 29. desselben Monats, ist zu lesen:

> »Als Ergebnis der gegenrevolutionären Politik der Clique Tito-Ranković, die die Macht in der Partei und im Staate usurpiert hatte, hat sich in Jugoslawien das antikommunistische Polizeiregime des faschistischen Typus gefestigt …
> Der Staatssektor in der Wirtschaft Jugoslawiens stellt nicht mehr das Volkseigentum dar, da sich die Staatsmacht in den Händen der Volksfeinde befindet. Die Clique Tito-Ranković hat breite Möglichkeiten für das Eindringen ausländischen

Kapitals in die Wirtschaft des Landes eröffnet und hat diese unter die Kontrolle der kapitalistischen Monopole gestellt …
Die Politik der jugoslawischen Verwalter auf dem Land hat kapitalistisch-kulakischen Charakter. Die gewaltsam geschaffenen falschen Genossenschaften auf dem Land befinden sich in der Hand des Kulakentums und stellen das Mittel zur Ausbeutung der breiten Massen des arbeitenden Bauerntums dar …
Die faschistische Ideologie, die faschistische innere wie auch die verräterische Außenpolitik der Clique Titos, die völlig den ausländischen imperialistischen Kreisen untergeordnet ist, hat den Abgrund zwischen der faschistischen Spionenclique Tito-Rankovićs und den wahren Interessen der freiheitsliebenden Völker Jugoslawiens geschaffen …
Die ›Kommunistische Partei Jugoslawiens‹ in ihrer gegenwärtigen Zusammensetzung, nachdem sie in die Hände der Volksfeinde, Mörder und Spione gefallen ist, hat das Recht verloren, sich als kommunistische Partei zu bezeichnen, und stellt nur den Apparat dar, der die Aufgaben der Clique Tito-Kardelj-Ranković-Djilas erfüllt.«

Daß diese Disqualifikationen weit davon entfernt sind, bloße Propaganda zu sein, vielmehr einen wahren Kern besitzen, gibt auch ein Historiker des Faschismus wie Ernst Nolte zu: »Wenn es möglich war, daß auch aus dem Sozialismus ein ›Faschismus‹ hervorging, was blieb dann von jener grundlegenden Faschismustheorie, die den Monopolkapitalismus verantwortlich macht? Wenn die ›soziale Basis‹ dieses Übergangs aber der Umstand war, daß Tito sich zu sehr auf die Bauern stützte, so war immerhin ein vergleichbares Argument schon in den zwanziger Jahren von marxistischen Kritikern gegen den orthodoxen Charakter der bolschewistischen Revolution vorgebracht worden … Waren die soziale Herkunft und die reale Zielsetzung der Führer der rumänischen ›Eisernen Garde‹ und der ungarischen ›Pfeilkreuzler‹ bei allem Unterschied der Terminologie nicht im wesentlichen die gleichen? Verschwanden in diesem Streitgespräch zwischen den sowjetischen und den jugoslawischen Kommunisten nicht die von den abstrakten Zielsetzungen her so einleuchtenden und absoluten Unterschiede zwischen ›Sozialismus‹ und ›Faschismus‹?«[13]

Wie eine Groteske wirkt die deutsche Sorge um Tito während

des Krieges. So brachte ihn im September 1941 ein Offizier der Wehrmacht – der »Volksdeutsche« Jakob-Jaša-Reiter – aus Belgrad zu den Partisanen[14].

Vor diesem Hintergrund kristallisieren sich die folgenden Behauptungen, die der Ministerpräsident der königlichen jugoslawischen Regierung, der alte liberale Historiker und Rechtswissenschaftler Slobodan Jovanović, in seinem Schreiben vom 28. August 1942 an den Gesandten in Washington, Konstantin Fotić, aufstellte, zu Beweisen, an deren Fundamenten nicht zu rütteln ist. Nach ihm sind die Führer der Kommunisten, die den Bürgerkrieg führen, »in der Tat eingeschleuste Gestapoleute aus Deutschland, Ungarn ... Mit diesen Gestapoleuten und ihren Greueln hat das brüderliche russische Volk keine Beziehung ... Die Deutschen haben die große Liebe der Serben zum russischen Brudervolk ausgenutzt, und sie haben ... mit den geschulten Gestapoleuten das serbische Volk zum Kampf aufgerufen, angeblich für die Befreiung und als Hilfe für das brüderliche Rußland«.[15]

Schon 1941 wurde in Serbien klar, daß Titos Kampf den Lebensinteressen des serbischen Volkes widersprach. Der sonst zurückhaltende Franz Borkenau stellt fest: »Die Partisanen als unabhängige Bewegung entstanden nicht als eine antideutsche, sondern als eine Anti-Četnik-Bewegung. Das ist das Geheimnis hinter ihrer sonst so undurchsichtigen Frühgeschichte ...«[16] Titos revolutionärer »Radikalismus« zielte darauf, die Grundlagen zu vernichten, auf die sich die legitimistische Widerstandsbewegung Mihailovićs stützte. Seine Stoßtrupps, geführt von den »Rot-Spaniern«, töteten Gendarmen und Beamte, verbrannten Dienstgebäude und Staatsarchive – eine schon im Spanischen Bürgerkrieg angewandte Methode –, riefen die »Volksmacht« aus und behandelten jeden, der sich nicht anschließen wollte, als »Faschisten« und »fünfte Kolonne« (wieder ein spanischer Terminus). Zugleich machte Tito Mihailović ständig Angebote zu militärischer Zusammenarbeit, wohl nur, um seine »Rot-Spanier« und Agitatoren bei den Tschetniks einschleusen zu können. So kam es endlich am 2. November 1941 zum Bruch zwischen den Titoisten und Tschetniks – und damit zum Bürgerkrieg von Serben gegen Serben, während zugleich das Genozid an ihnen in vollem Gange war. Ja, Titos Einsatz gegen die Deutschen sollte dieses Genozid noch intensivieren; seine Guerilla tötete die deutschen Soldaten nur, um Repressalien zu provozieren. Da die Deutschen für einen getöteten Soldaten hundert Serben erschossen, für einen verwundeten deren fünfzig, schwamm bald ganz Serbien im Blut. Nach den deutschen Angaben wurden vom 1. September 1941 bis zum 12. Februar 1942 7756 deutsche Soldaten getötet, 20 149 Personen bei Repressalien erschossen.

In dieser Lage gebot die Exilregierung am 15. November 1941 Mihailović, »alle Sabotagen und einzelne Gewalttätigkeiten, die nur den Feinden als Ausrede für Greuel und Verbrechen an den friedlichen Bürgern dienen, sofort einzustellen«. Tito aber betrieb gerade solche »Sabotagen und einzelne Gewalttätigkeiten«, was zur allgemeinen Empörung der serbischen Bevölkerung gegen ihn führte. Der bekannte, von den Repräsentanten aller Schichten der serbischen Gesellschaft unterzeichnete und am 13. August 1941 veröffentlichte Appell an das serbische Volk beschuldigte direkt die Bolschewisten, im ausländischen Auftrag die Ausrottung des serbischen Volkes angestrebt zu haben. »Wir dürfen nicht erlauben«, heißt es dort, »daß infolge ihrer Verbrechen auch dieser Teil unseres Landes, diese Insel der Rettung des gesamten serbischen Volkes, bedroht, unser Volk dezimiert und aus seinen Heimen vertrieben wird.« Bis Ende 1941 wurden die Titoisten von den Tschetniks, den Deutschen und ihren Kollaborateuren aus Serbien verdrängt.

Sie etablierten sich indes in Montenegro, wo sie seit dem 8. Februar 1942 ihre »Sowjetrepublik« beherrschten, mit einem Klassenkampf, in dem die Ärmsten die Armen töteten und plünderten. Im Frühling kam es jedoch zu einem Volksaufstand gegen diese »Republik«. Tito wurde geschlagen und stand, bedrängt sowohl von den montenegrinischen als auch von Mihailovićs Tschetniks, vor der endgültigen Niederlage. Nun retteten ihn die Italiener und Ustaschen. Sie schlossen im Juni 1942 in Zagreb ein Übereinkommen, wonach sich Tito nach Westbosnien und in die Krajina evakuieren konnte[17].

Tito durfte aufatmen. Dort, wohin er nun ging, war es seinen Berufsrevolutionären schon gelungen, die Mehrheit der aufständischen Serben für seine Bewegung zu gewinnen. Tito bot im März 1943 sogar den Deutschen an, mit ihnen gegen Briten und Tschetniks zu kämpfen. Obwohl deutsche Chefs im Ustascha-Staat, Kasche und Glaise von Horstenau, für ein solches Arrangement waren, lehnte die Berliner Regierung ab[18]. Eine offene Zusammenarbeit mit Tito hätte für sie wohl unerwünschte Effekte haben können.

Für ein direktes Arrangement mit Tito war indes Churchill. Im Herbst 1943 wurde klar, daß Rußland im jugoslawischen Raum eine vorherrschende Macht sein würde und Tito als deren offizieller Exponent die bedeutendste Figur der jugoslawischen Politik. Die Konferenz von Teheran vom 28. November bis 1. Dezember 1943 unter Roosevelt, Churchill und Stalin erkannte diesen Tatbestand an[19].

Churchills Idee war, General Mihailović und die Tschetniks Tito zu opfern, um den König zu retten. Er verkaufte Mihailović und verlor am Ende auch den König. Diesen mit Tito zu verbinden, war ein Verrat am serbischen Volk, und zwar einer der schändlichsten in der Geschichte. Das serbische Volk hat sich 1941 für England geopfert, doch 1944 lieferte England es seinem tückischsten Feind aus. Wie sehr Tito die Serben schätzte, zeigt der Umstand, daß er schon am 9. August 1944 den Vatikan besuchte – ein Besuch, dessen Inhalt noch immer ein Geheimnis ist[20]. Damit hat Tito gerade seine besten Partisanen, die Serben aus Westbosnien und der Krajina, am ärgsten beleidigt, da fast jeder von ihnen mindestens ein Opfer des Klerofaschismus in seiner Familie oder unter seinen Verwandten zu beklagen hatte.

TITO – DER »RETTER JUGOSLAWIENS«?

Von nun an begann neben der kommunistischen auch die westliche Propaganda Tito als »Retter« und »Aussöhner« zu verherrlichen, der das zerfallene Jugoslawien wieder zusammenschmieden könne. Seine Partisanenverbände in Kroatien, die größtenteils serbisch waren, nannte er gleichwohl »Kroatische« und »Slawonische« Brigaden[21], so daß die Erfolge dieser Verbände als Siege der »kroatischen Partisanen« galten, welche die Ustaschen, die »Verräter des kroatischen Volkes«, unbarmherzig schlügen und straften. Die Leute, die vor den klerofaschistischen »Paradiesen« in die Wälder geflohen und Widerständler geworden waren, dienten so als »kroatische Partisanen« der moralischen Entlastung ihrer Feinde und der Legitimierung Titos als des künftigen Herrn Jugoslawiens.

Die katholische Kirche wußte aber Bescheid. Am 25. Januar 1944 informierte der Bischof Bonefačić den Papst, daß »unter den Partisanen in Kroatien das serbisch-orthodoxe Element vorherrscht«, während »im Wald fast alle Befehlshaber und Kommandanten wahre Kommunisten sind, sowohl die Serben als auch die Juden«[22]. Der Bischof wußte vielleicht nicht, daß als Drahtzieher »im Wald« die kroatischen »Rot-Spanier« fungierten sowie Andrija Hebrang, der Chef der kroatischen Kommunisten, der sich um deren Zusammenarbeit mit den Ustaschen bemühte und eine Hoffnung der »gemäßigten« Ustaschen war.

Die antiserbische Manipulation mit Jugoslawien kulminierte, als 1944 auf Churchills Betreiben hin zwei Kroaten über die Zukunft Jugoslawiens Beschlüsse faßten: Dr. Ivan Šubašić als Ministerpräsident der jugoslawischen königlichen Regierung und Tito.

Dagegen wurde der serbische General Mihailović verdammt, zum Kollaborateur und Volksverräter erklärt und mit Pavelić verglichen. Nachdem Tito ihn in einem Belgrader Schauprozeß hatte verurteilen und am 17. Juni 1946 hinrichten lassen, verlieh der nordamerikanische Präsident Truman am 22. Januar 1948 Mihailović postum die »Legion of Merit (Chief Commander)« – zumindest ein Versuch der USA, in dieser Sache ihr Gesicht zu retten.

Als die Sowjets im Oktober 1944 Serbien befreiten und Tito daselbst die Macht übernahm, begann er sich am serbischen Volk blutig zu rächen – wohl nicht nur für 1941, sondern auch für 1914. Nach dem Historiker Veselin Djuretić wurden 1944–45 in Serbien zwischen 100 000 und 150 000 Menschen umgebracht[23]. Genaue Angaben werden jedoch erst dann möglich sein, wenn die serbische Polizei ihre Archive öffnet.

Erst als Herr Serbiens konnte Tito regelrecht Krieg führen. Er mobilisierte dort ein Heer von etwa 250 000 Soldaten, das die Russen bewaffneten, und setzte es gegen Pavelić in Marsch – in Wirklichkeit ein Krieg zwischen Serbien und Kroatien. Doch paradox genug kämpften die serbischen Soldaten – jetzt »jugoslawische Armee« genannt – nicht, um ihre Brüder und Schwestern zu rächen, zu befreien, sondern um Tito in Kroatien und Slowenien an die Macht zu bringen.

Der Krieg endete erst am 15. Mai 1945 in Bleiburg, Österreich, wo die jugoslawische Armee ihre Feinde gefangennahm. Es kam zu einem grausigen Gemetzel. Die Exilkroaten – also die Ustaschen – behaupteten, hierbei seien mehrere hunderttausend Kroaten umgebracht worden, was maßlos übertrieben ist. Nach Dr. Franjo Tudjman variiert die Zahl der bei Bleiburg Getöteten zwischen 35 000 und 40 000 Menschen[24]. Doch nicht alle Gefangenen waren Kroaten; hinzu kamen jene, die versucht hatten, aus und über Slowenien vor Tito gen Westen zu fliehen. Neben den serbischen, kroatischen, slowenischen Zivilisten waren dies die kroatischen Ustaschen und Domobrani, slowenischen Domobrani, montenegrinischen Tschetniks, die deutschen Kollaborateure Nedićs und Ljotićs aus Serbien. Nach Milovan Djilas, einer der Organisatoren der Exekutionen – die ja Tito als operativer Kommandant befehlen mußte –, lag die Gesamtzahl der Getöteten aus all diesen Gruppen bei über 20 000, jedoch nicht über 30 000[25]. Ein offizieller Bericht der jugoslawischen Armee vom 4. September 1945 spricht von über 30 000 gefangenen Soldaten und etwa 20 000 Flüchtlingen[26].

Stellte bereits die Hinrichtung der Ustaschen – selbst wenn diese vielfach Ungeheuer in Menschengestalt waren – eine kaum zu rechtfertigende Lynchjustiz dar, waren die jugoslawischen Zivilistenmassaker unter keinen Umständen zu legitimierende Verbrechen. So ließ Tito in Slowenien 68 montenegrinische Priester der serbisch-orthodoxen Kirche zusammen mit ihrem Metropoliten Joannikios Lipovac – dem in der Hierarchie zweiten Mann der serbisch-orthodoxen Kirche – ermorden[27]. Durch dies Beseitigen fast aller Priester der montenegrinischen Metropolie und durch die Zerstörung beinahe aller orthodoxen Kirchen Montenegros begann Tito den alten Traum der Romkirche zu verwirklichen – vielleicht ja auch ein Thema bei seinem Vatikanbesuch am 9. August 1944.

In dieser Hinsicht ging also Tito nicht anders als Pavelić vor, war indes für die Serben viel gefährlicher. Pavelić machte aus seinem Klerofaschismus keinen Hehl, während Tito und die Titoisten ihren Faschismus mit dem kommunistischen Nebel verschleierten, so daß sie ihr Werk bis zum Tode Titos und etwas darüber hinaus fortsetzen konnten.

Auch die deutsche Minderheit in Jugoslawien – »Volksdeutsche« beziehungsweise »Donauschwaben« – fiel Tito zum Opfer.

Nach der Volkszählung vom 31. Januar 1921 lebten im Königreich der Serben, Kroaten und Slowenen 513 427 Deutsche, vorwiegend als Bauern in geschlossenen Siedlungen der Vojvodina und Slawoniens. Da sie ihr Schicksal nach Hitlers Kapitulation kannten, floh die Hälfte von ihnen schon vor der Ankunft der Roten Armee und der Partisanen Titos in der Vojvodina im Oktober 1944. Alle Volksdeutschen, die während des Krieges irgendwelche deutsche Uniformen trugen, wurden als Kriegsverbrecher angesehen und ohne Gerichtsverfahren erschossen.

Bereits am 17. Oktober 1944 richtete Tito als Oberster Kommandant der Partisanen eine Anordnung über die Militärverwaltung in Banat, Baćka und Baranja, vor allem gegen die deutsche Minderheit, ein. Am 1. Dezember 1944 erließ er eine neue Verfügung, wonach alle deutschen Männer von 16 bis 60 Jahren zur Zwangsarbeit verpflichtet und in die Konzentrationslager deportiert wurden. Tito wollte jedoch die ganze deutsche Bevölkerung aus dem Land vertreiben und ließ diese Maßnahme durch ein Gesetz vom 6. August 1946 legalisieren, welches das gesamte deutsche Vermögen zum Staatseigentum erklärte.

Um den »marxistischen« Schein zu wahren und somit dem Eindruck »rassistischer« Maßnahmen vorzubeugen, wandte Tito dieses Gesetz nicht auf jene Deutschen an, die in »Mischehen« mit Angehörigen anderer Nationalitäten lebten beziehungsweise dem »Kulturbund« nicht beigetreten waren. Scheinbar wurden daher nicht die Deutschen als solche, sondern nur Mitglieder dieser Organisation – die ja mit der »Kultur« nichts zu tun hatte, sondern eine Filiale der NSDAP und Gestapo war – enteignet. Jedoch ist in den Dorfgemeinschaften so gut wie die ganze deutsche Bevölkerung im »Kulturbund« oder auf andere Weise national »organisiert« gewesen, so daß nun die gesamte volksdeutsche Landbevölkerung hinter Stacheldraht kam, in die Lager, wo katastrophale Bedingungen herrschten. Die Kinder wurden meist von den Eltern getrennt und zu Kroaten umerzogen. Wer schriftlich auf die jugoslawische Staatsangehörigkeit verzichtete, kam sofort frei und als Staatenloser über die Grenze. So blieben nach kurzer Zeit in den Konzentrationslagern nur etwa 30 000 Deutsche als Zwangsarbeiter. Nach Djilas[28] gab Tito ihnen 1948 die »Bürgerrechte« zurück – woraufhin sie jedoch nicht mehr als Deutsche, sondern als Kroaten deklariert wurden.

Mit der Beseitigung der deutschen Minderheit verfolgte Tito mehrere Ziele.

Das wichtigste Ziel war die Ablenkung der serbischen Rachsucht von den Kroaten und Moslems. Diese Ablenkungsstrategie dauerte an, solange Tito lebte, ungeachtet der traditionellen serbischen Deutschfreundlichkeit. Noch in Titos hohem Alter wurden in jugoslawischen Filmen die Deutschen ausschließlich als mörderische Roboter mit Stahlhelm gezeigt.

Obwohl die kroatischen Titoisten das Konzentrationslager Jasenovac dem Boden gleichmachten und an der Stelle des klerofaschistischen »Paradieses« ein häßliches Denkmal – eine Betonrose – errichteten, ist Jasenovac wie das Amselfeld für das serbische Volk zu einem konstitutiven Nationalsymbol geworden, zur »größten serbischen Stadt unter der Erde«, zum serbischen heiligen Jerusalem. Als Folge der Ustascha-Satanokratie entstand neben der alten Idee der serbischen nationalen Vereinigung eine politische Idee mit sakralem Hintergrund: die Gründung eines serbischen Israel. Bereits die Partisanenführer wollten Bosnien-Herzegowina zu einer autonomen Provinz im Rahmen Serbiens machen und in der ehemaligen Militärgrenze eine serbische autonome Republik gründen. Doch Tito, der sich schon im Krieg zu einem unumschränkten Militärdiktator entwickelte, unterdrückte diese Idee und ersetzte sie durch den Gedanken »personaler Souveränität« der Serben in Kroatien und Bosnien-Herzegowina[29].

Sein nächstes Ziel war strategischer Art: die Gründung einer neuen Militärgrenze in der Vojvodina. Hierdurch bereitete er sich wohl auf eine mögliche Auseinandersetzung mit den Russen vor, deren Panzer von Rumänien und Ungarn aus in ein paar Stunden Belgrad erreichen konnten, für Tito eine gefährliche Perspektive. Hinzu kam, daß sein Regime in der bürgerlich-liberalen Vojvodina verhaßt war. Deshalb kolonisierte er planmäßig die von den Deutschen gesäuberten Gebiete mit Partisanen und deren Familien, die mit Landgütern und Staatsämtern bedacht wurden und dafür ideologisch treu sein und die Alteingesessenen überwachen sollten. Obwohl diese Kolonisierung neue scharfe Gegensätze schuf, wirkte sie auf längere Sicht in Serbien als Ganzem – zwischen Alt-Serbien und der Vojvodina, dem byzantinisch-türkischen Balkan einerseits und Mitteleuropa andererseits – eher ausgleichend.

Tito plante sodann, die vertriebenen Serben aus Kosovo-Metochien und Mazedonien in der Vojvodina anzusiedeln und jene Teile Serbiens den Albanern und Bulgaromazedoniern zu überlassen, damit sie zu weiteren Stützen seines Regimes würden, diesmal besonders gegen Serben und Griechen. Tito war, ähnlich Lenin, ein großer »Macher« neuer Nationalitäten, die ein wichtiges Instrument seiner Herrschaft darstellten. So schuf er eine »mazedonische«, eine »montenegrinische« und eine »muslimische« Nation, wobei er jedoch den Unterschied zwischen der Nation im primären Sinn – der Kulturnation – und der Nation im sekundären Sinn – der Staatsnation – zu verwischen trachtete.

Zu den ersteren zählen in Jugoslawien die Slowenen, Kroaten und Serben. Die Montenegriner sind Teil der serbischen Kulturnation und zugleich eine Staatsnation; die Moslems Bosnien-Herzegowinas und Serbiens sind eine geschlossene Religionsgemeinschaft und ein Überrest der panslawischen türkischen Nation. Hinzu kommen die größten Volksminderheiten – Deutsche und Ungarn im Norden, Albaner und Bulgaren im Süden – und die ethnischen Gruppen oder Stämme, die »Nationen« ohne politischen Willen: Sinti und Roma; Walachen in Ostserbien; Zinzaren in Mazedonien, die in ethnischer Hinsicht Rumänen sind, sich aber nicht als Teil der rumänischen Nation fühlen.

EIN MUSTERFALL TITOISTISCHER MACHTPOLITIK: DIE »MAZEDONISCHE NATION«

Die Wurzeln der »mazedonischen Nation« reichen bis 1892 zurück, als die mazedonischen Bulgaren die »Autonomie Mazedoniens« als Ziel ihres revolutionären Kampfes gegen die Türken postulierten, womit zugleich die serbischen Ansprüche auf Mazedonien abgewehrt werden sollten[30]. Als 1913, nach dem Ende des Zweiten Balkanischen Krieges, Wardarmazedonien Serbien zugesprochen wurde – wo es auch nach dem Ersten Weltkrieg und der Gründung Jugoslawiens verblieb –, entbrannte in der ganzen Provinz eine brutale und blutige Auseinandersetzung zwischen den bulgaromazedonischen Guerillas – der VMRO, aus Sofia ferngesteuert – und der Belgrader Regierung. Den Bulgarenterror beantwortete die Regierung mit Repressalien und rücksichsloser Assimilierung der Bulgaren. Die Kolonisierung durch Belgrad schürte den Haß der lokalen Bulgaren auf die Serben noch mehr. Diese aber waren in dem umkämpften Landstrich ebenso verwurzelt wie die Bulgaromazedonier. Im Unterschied zum rein bulgarischen östlichen Teil waren der Nord- und Westteil sogar überwiegend serbisch, wovon auch die zahlreichen serbischen mittelalterlichen Klöster und Kirchen zeugen. Und noch in der Türkenzeit ist Skoplje die größte serbische Stadt gewesen.

Während der Landeskonferenz der Mazedonier vom 19. bis 23. Oktober 1940 rief Titos Partei die »mazedonische Nation« aus. Hierdurch sollte erstens den mazedonischen Bulgaren ermöglicht werden, die Serben und Zinzaren entweder zu verjagen oder zu assimilieren. Zweitens wollte man Bulgarien daran hindern, Mazedonien an sich zu reißen. Wie grotesk die ganze Idee ist, zeigt der Umstand, daß ausgerechnet die Führer der mazedonischen revolutionären Organisation, die in Bulgarien lebten und sich als Bulgaren fühlten, zu Aposteln der neuen Nation erklärt wurden.

Hitler hatte auch in Mazedonien Titos Plänen Schrittmacherdienste geleistet. Nach der Zerschlagung des Königreichs Jugoslawien 1941 schenkte er Bulgarien den größten Teil Mazedoniens, während der italienische Satellit Albanien einen Teil Westmazedoniens bekam. Die rachsüchtige bulgarische Soldateska mordete die mazedonischen Serben, steckte sie in Konzentrationslager oder trieb sie in die Flucht. Die mazedonischen Bulgaren selbst empfingen zwar die Deutschen und das Bulgarenheer begeistert, benahmen sich jedoch (zumal sie wirtschaftlich von Serbien abhängig waren) gegenüber ihren serbischen Landsleuten korrekt.

In Westmazedonien wurden die Serben von den Italienen vor den Albanern geschützt. Sobald aber Italien kapitulierte, kam es auch hier zu antiserbischen Greueltaten. Die völlige Ausrottung der mazedonischen Serben verhinderten nun die bulgarischen Soldaten, deren Verhalten sich am Ende des Krieges zum Besseren wandte[31].

Als die Flüchtlinge nach der Befreiung in ihre Heimat zurückkehren wollten, trafen sie auf die Partisanen, die sie mit Maschinengewehren zurücktrieben: Tito wollte auf dieErrungenschaften Hitlers nicht verzichten. Statt dessen bekamen sie eine Verfügung des Innenministers vom 6. März 1945 zu lesen, die ihnen die Rückkehr nach Mazedonien, Kosovo, Metochien, Sirmien und in die

Vojvodina »vorläufig« verbot, da die Bedingungen dafür noch nicht geschaffen worden seien. Am 17. März 1945 wurde durch Verfügung desselben Ministers die Rückkehr der Vertriebenen in die Vojvodina erlaubt. Die »Vorläufigkeit« des Rückkehrsverbots nach Kosovo, Metochien und Mazedonien erstarrte indes zur Endgültigkeit.

Mit Wirkung vom 9. August 1946 erlaubte man zwar jedem, der während des Krieges seinen Besitz verlassen mußte, innerhalb von 90 Tagen beim zuständigen Gericht die Rückgabe zu verlangen. Doch sollte sie ausgeschlossen sein, standen ihr »wichtige« Gründe im Weg: die Interessen der Volkswirtschaft, der Wiederaufbau des Landes oder die Erneuerung der Armee. Die Kürze der Frist, das komplizierte Verfahren und die Ungewißheit des Ausgangs hatten zur Folge, daß praktisch niemand mit Hilfe dieses Gesetzes sein Vermögen zurückbekam, was ja auch der Absicht des Gesetzgebers entsprach. In der Tat erfuhren viele Berechtigte erst nach Fristablauf, daß es dieses Gesetz überhaupt gab.

Die Vertriebenenfrage löste man im allgemeinen aufgrund des Gesetzes über die Agrarreform und Kolonisation vom 23. August 1945. Danach wurden die Verjagten, nachdem man sie in Kosovo-Metochien und Mazedonien entrechtet hatte, auf dem Land angesiedelt, das den Deutschen genommen worden war.

In Mazedonien dürfen sich die Serben – im Jahr 1991 immer noch 17,7 Prozent der Bevölkerung – bis heute nicht als Angehörige der serbischen Nation erklären und haben nur die Wahl, assimiliert zu werden oder zu gehen.[32]

DIE ZERSTÜCKELUNG SERBIENS IM FÖDERATIVEN NACHKRIEGS-JUGOSLAWIEN

Titos Politik führte – mit Hilfe Hitlers und der serbischen Partisanen – den Zweiten Weltkrieg in Jugoslawien zu einem paradoxen Ende: Besiegt wurden sowohl die offiziellen Angreifer, die Deutschen, als auch die offiziell Angegriffenen, also die Serben.

Formaljuristisch konstruierte Tito das zweite Jugoslawien als Bundesstaat, als föderative Republik. Die Verfassung vom 30. Januar 1946, für die eine verfassungsgebende Versammlung ein-

Das sozialistische Jugoslawien nach dem Zweiten Weltkrieg

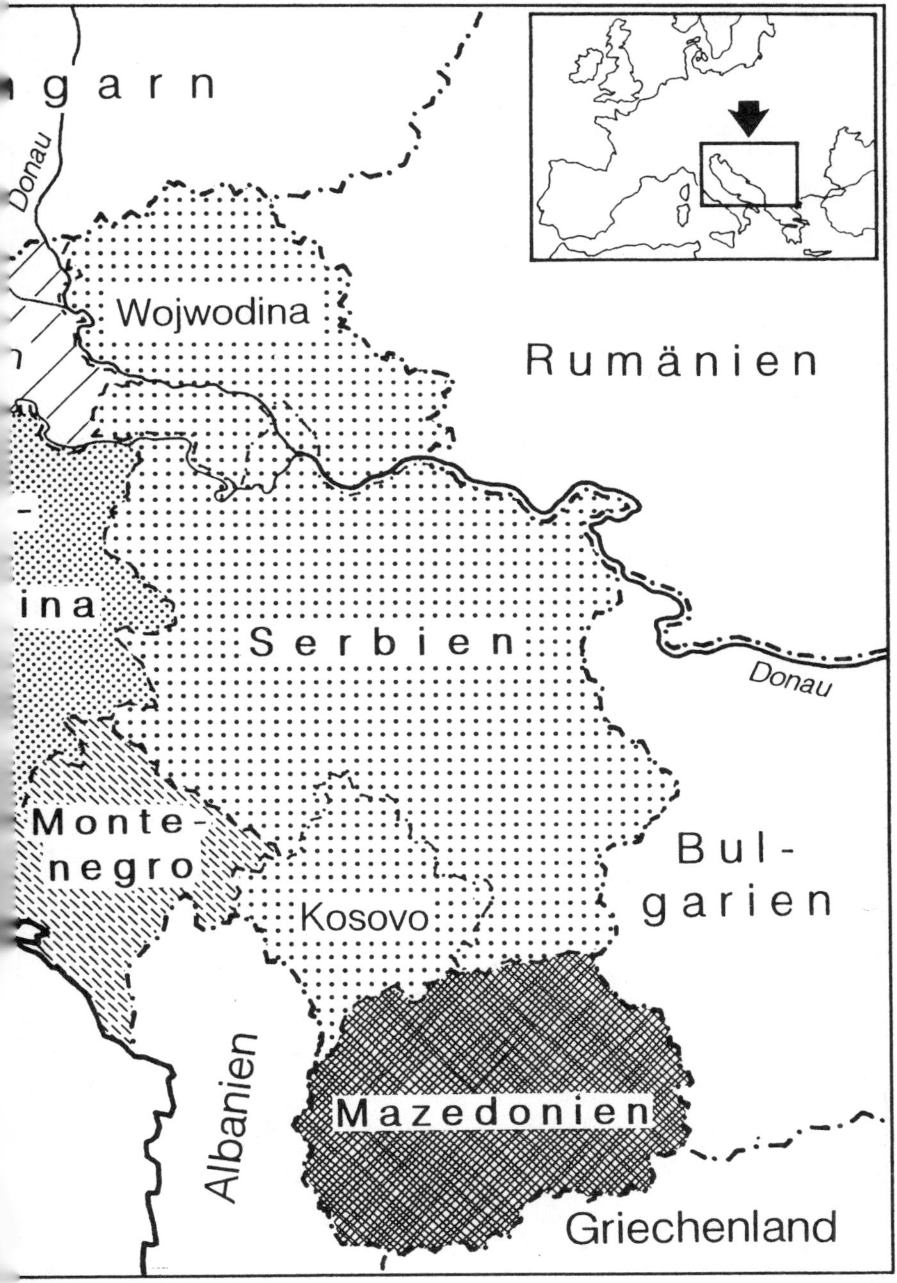

ngarn
Donau
Wojwodina
Rumänien
ina
Serbien
Donau
Monte-
negro
Kosovo
Bul-
garien
Albanien
Mazedonien
Griechenland

stimmig votierte, war eine ungefähre Kopie der sowjetischen »Stalinschen Verfassung« vom 5. Dezember 1936. Das politische System Jugoslawiens unterschied sich indes diametral von dem der Sowjetunion.

Die Haupttat der – von der politischen Polizei gelenkten – verfassungsgebenden Versammlung war die Sanktionierung der schon im Krieg, am 29. November 1943, vorgezeichneten Zerstückelung Serbiens. Mazedonien und Montenegro wurden zu Teilrepubliken, die Vojvodina und Kosovo-Metochien zu autonomen Gebieten innerhalb Serbiens erklärt (die Tito nach 1966 weitgehend von Serbien trennen sollte). Bosnien-Herzegowina wurde als Teilrepublik in seinen österreichisch-ungarischen Grenzen erneuert, Kroatien jedoch vergrößert: Es erhielt die italienischen Teile Dalmatiens und Istrien hinzu. Slowenien wurde gegen Italien erweitert und bekam auf einem Teil Istriens Zugang zum Meer. Wenn man von den autonomen Gebieten absieht, war Serbien nun kleiner als zur Hitlerzeit.

Tito mußte indes die Serben Kroatiens und Bosnien-Herzegowinas, den Kern der Partisanen und die Hauptstütze seiner Macht, honorieren und erkannte ihnen daher, wie erwähnt, die »personale Souveränität« in den Teilrepubliken zu.

Die innerjugoslawischen Grenzen bestimmte er ganz als Privatperson, ohne sie zu legalisieren; sie wurden einfach auf den Landkarten eingezeichnet, was ja auch keine rechtlichen Wirkungen haben konnte. Er selbst sagte in seiner Belgrader Rede vom 12. Mai 1945, diese Grenzen seien keine Staatsgrenzen, sondern nur eine »administrative Teilung«. Zweifellos wußte er, was er tat. Die Grenzen des Staates Serbien sind in den internationalen Verträgen vor, während und nach dem Ersten Weltkrieg festgelegt worden und können erfolgreich nur durch neue internationale Verträge abgeändert werden. Von dieser Tatsache aber scheinen die heutigen westlichen Regierungen nichts mehr zu wissen, die Serbien zwingen wollen, die willkürlich von Tito gezogenen Grenzen anzuerkennen.

VON DER »BAUERNREVOLUTION« ZUM TITOISTISCHEN STÄNDESTAAT

Das titoistische Regime geriet schon bald in Konflikt mit dem Weltkommunismus. Üblicherweise sieht man die Ursache des Zwistes im außenpolitischen Verhalten Jugoslawiens – was einerseits auch zutrifft. So insistierte Stalin auf einer Föderation Jugoslawiens mit Bulgarien, was Tito ablehnte. Er beabsichtigte statt dessen, Nordgriechenland seinem jugoslawischen Reich einzuverleiben, weshalb er den Aufstand der griechischen Kommunisten gegen die legale Regierung – die er eine »monarchofaschistische Dikatatur« nannte – und gegen die britischen Truppen unterstützte, die der griechischen Regierung zu Hilfe kamen. Tito bereitete sich auch darauf vor, Albanien zu besetzen, und da Briten und Amerikaner dachten, daß hinter Tito die Sowjetunion stehe, drohten für Stalin äußerst unangenehme Komplikationen, bis hin zu einem Krieg mit dem Westen[33]. Das entsprach Titos allgemeiner Strategie, die Sowjetunion herauszufordern und diese möglichst in Konflikte mit dem Westen zu verwickeln.

Bedeutsamer als die außenpolitischen waren jedoch auf der anderen Seite die weltanschaulichen Ursachen des sowjetisch-titoistischen Schismas. Darauf wiesen beide Briefe des Zentralkomitees der bolschewistischen Partei – vom 27. März 1948 und 4. Mai 1948 – an Tito, Kardelj und andere Mitglieder des Zentralkomitees der KP Jugoslawiens präzise und unmißverständlich hin. In diesen Dokumenten wurden die Lage des Bauerntums und die Position der Kommunistischen Partei Jugoslawiens in der aktuellen Phase der jugoslawischen Revolution als mit den Prinzipien des Marxismus-Leninismus unvereinbar gerügt. Diese Einschätzung war richtig.

Titos Revolution war keine proletarische Arbeiterrevolution, sondern eine Bauernrevolution, verwandt eher mit der chinesischen und mit den späteren diktatorischen Revolutionen in der Dritten Welt – etwa in Ägypten, Algerien, Irak – als mit der bolschewistischen Revolution, die von der Arbeiterschaft St. Petersburgs und Moskaus ausgegangen war und von dieser getragen wurde. Tito machte hieraus auch keinen Hehl und erklärte in Zagreb in seiner Rede vom 2. November 1946, was auch im Brief der Bolschewiken-Führung vom 4. Mai 1948 zitiert wurde: »Wir reden

den Bauern nicht davon, daß sie die stärkste Säule unseres Staates sind, um eventuell ihre Stimmen zu bekommen, sondern deshalb, weil sie das in Wirklichkeit sind.«

Wie wenig das Regime Titos eine »Arbeitermacht« war und sein konnte, zeigt sehr gut schon die Zusammensetzung der führenden Schicht – der »Avantgarde« – in seinem Jugoslawien nach dem Krieg: 36,7 Prozent Bauern, 24,9 Prozent Arbeiter, 38,4 Prozent Intellektuelle[34].

Das Gesetz über die Agrarreform und Kolonisation vom 23. August 1945, das erste Grundgesetz der titoistischen Revolution, begünstigte und förderte massiv die Mittel- und Kleinbauern. Zusätzlich setzte Tito, um das alte Bürgertum, besonders das serbische, das von Grund aus monarchistisch und antititoistisch war, zu zerstören, eine noch wichtigere Form der Bauernrevolution in Gang: die Kolonisierung der Städte durch die Bauern. Auf die Stadtarbeiterschaft, vor allem die qualifizierte, konnte er sich hierbei nicht stützen, da sie durch das Chaos, das seine Enteignungspolitik kennzeichnete, um ihre Erwerbs- und Aufstiegsmöglichkeiten kam und sich mit dem verfolgten Bürgertum solidarisierte. Deshalb füllte das Regime immer schneller und umfangreicher die Städte mit Bauern, die nicht nur zu Arbeitern, sondern auch zu Bürokraten im Staats-, Partei- und Wirtschaftsapparat wurden und dennoch Kleinbesitzer blieben, so daß eine neue herrschende Klasse der Gastarbeiter und Gastbürokraten im eigenen Land entstand, der sich maximale Aufstiegsmöglichkeiten eröffneten. Schon 1955 waren 40 Prozent der Beschäftigten in der Wirtschaft Bauern, und dieser Prozeß setzte sich fort[35]. Außerhalb der Wirtschaft war dieser Prozentsatz noch höher, bei Armee und Polizei betrug er fast hundert Prozent.

Zu dieser Revolution gehörte auch die systematische Bildung eines Personenkultes um Tito, an dem alle Schriftsteller und Lyriker, die eine Beschäftigung erhalten wollten, mitwirken mußten. Es entstand eine Titolatrie, vergleichbar nur noch der katholischen Papstverehrung und dem Kult der fernöstlichen Diktatoren. Die Bildung einer Opposition gegen Tito wurde so nahezu unmöglich gemacht und jeder Zweifel an ihm als Ketzerei verfolgt.

In dieser Lage konnte sich eine gefährliche Gegnerschaft zu ihm nur innerhalb der Kommunistischen Partei Jugoslawiens entwickeln. Die Vorkriegs- und Kriegskommunisten waren Russophile und Bolschewiken, die die Sowjetunion für ihre wahre Heimat hielten und Tito allenfalls für den besten Schüler Stalins. Deshalb hat Tito, obwohl er die »Diktatur des Proletariats« ausrief und die Kommunistische Partei Jugoslawiens zur »führenden Kraft« im Staat proklamierte, diese vorsorglich von den Machthebeln ferngehalten. Das war der wichtigste Punkt der sowjetischen Kritik am Titoismus.

Schon einige Monate nach Kriegsende unternahm Tito einen Schritt, der in einem kommunistischen politischen System undenkbar war. Das Vereinsgesetz vom 25. August 1945 ermöglichte die Legalisierung der politischen Parteien. Tito legalisierte auch am 3. Oktober 1945 die Volksfront und am 15. Oktober desselben Jahres seine »antifaschistische« Jugendorganisation (USAOJ), nicht aber die angeblich »herrschende« Kommunistische Partei. Sie blieb – wie während des Krieges und im Königreich Jugoslawien – illegal. Es gab Parteitreffen und -sitzungen, die aber streng geheim waren und bloß dazu dienten, die Parteimitglieder auf die Tito-Gruppe einzuschwören und dieser dienstbar zu machen. Als legale politische Instrumente nutzte Tito nur die politische Polizei und die Volksfront, die der Rangzweite des Regimes, Aleksandar Ranković, mit absolut zuverlässigen, ideenlosen Bürokraten geschickt bevölkerte.

In jedem kommunistischen Herrschaftssystem – sei es in dem sowjetischen, das auf die Arbeiterschaft baut, oder in dem chinesischen, das auf dem Bauerntum beruht – regiert die Kommunistische Partei bedingungslos und majestätisch. Sie ist nicht bloß legal, sondern steht über dem Gesetz; alle anderen Organisationen und Behörden sind nur ihre Transmissionen. Dieses von Lenin geschaffene Herrschaftssystem hat Stalin perfektioniert, und die absolut »führende Rolle der Partei« ist für jeden orthodoxen Marxisten ein Axiom. Deshalb war es für das Zentralkomitee der bolschewistischen Partei ein leichtes, Tito ideologisch zu entlarven. Schon im Brief des Komitees vom 27. März 1948 heißt es: »Es ist verständlich, daß wir eine solche Organisation der kommunistischen Partei nicht als marxistisch-leninistisch, bolschewistisch betrachten können ... Nach der Theorie des Marxismus-Leninismus wird die Partei als führende Kraft im Land angesehen, die ihr besonderes Programm hat und die sich in der parteilosen Masse nicht auflöst. In Jugoslawien, im Gegenteil, wird als führende Kraft die Volksfront angesehen, während man sich bemüht, die Partei in der Volksfront aufzulösen. In seiner Rede auf dem Zweiten Kongreß der Volksfront sagte Genosse Tito: ›Hat die kommunistische Partei in Jugoslawien ein anderes Programm, das von dem der Volksfront verschieden wäre? Nein. Die kommunistische Partei hat kein anderes Programm. Das Programm der Volksfront – das ist ihr Programm.‹« Und in der Resolution des Kommunistischen Informationsbüros vom 28. Juni 1948 wurde festgestellt: »Die Leiter der jugoslawischen KP wiederholen den Fehler der russischen Menschewiken, der in der Auflösung der marxistischen Partei in der parteilosen Massenorganisation besteht. All das zeugt von den Liquidationstendenzen in bezug auf die KP in Jugoslawien.«

Daraufhin täuschte Tito innerparteiliche Demokratie vor und verlangte von den Parteimitgliedern eine Erklärung über diese Resolution des Informationsbüros, traf aber zugleich alle Vorbereitungen zur Ausmerzung der Dissidenten. Üblicherweise saßen die Polizisten sogar vor den Konferenzsälen, wo die Kommunisten ihre Sitzungen hatten, und verhafteten anschließend die ungetreuen Genossen. Um verdammt zu werden, mußte man nicht unbedingt für die Resolution stimmen; es genügte schon, daß man auf die Frage, was man von der Resolution halte, etwa antwortete: »Ich verstehe das nicht«, oder: »Genosse Tito hat recht, aber wir sollten doch mit den Brüdern nicht vorschnell brechen.«

In der Publizistik nennt man diesen Putsch Titos gegen die Kommunistische Partei Jugoslawiens »unsere Nacht der langen Dolche« und »unsere Bartholomäusnacht«[36]. Die Ausmaße der Revolution innerhalb der Partei waren so groß, daß Tito sich um maximale Geheimhaltung bemühte. So sagte er in seiner Neujahrsbotschaft für 1949, daß 1948 aus der Partei nur »etwa zehn Verräter« ausgestoßen worden seien. Die Wirklichkeit sah indes völlig anders aus.

Die genaue Zahl der Kommunisten, die Tito nicht bedingungslos folgen wollten und fast ausnahmslos – meist ohne Gerichtsurteil – in Konzentrationslagern verschwanden, ist unmöglich festzustellen, da Tito später die diesbezüglichen Archive vernichten ließ. Nach Angaben der antititoistischen Kommunisten handelte es sich um ungefähr die Hälfte aller Mitglieder der Kommunistischen Partei Jugoslawiens, um rund 200 000, nach Angaben eines titoistischen Forschers um etwa 55 663 Dissidenten[37]. So oder so war es die führende Schicht der Partei: Regierungsmitglieder, Diplomaten, Parteisekretäre, Offiziere, marxistisch-leninistische Idealisten zumeist. Nach Djilas wurden etwa 7000 Offiziere verhaftet[38]. Unter Titos Schlag fiel die Blüte der kommunistischen Intelligenz: 630 Schriftsteller, Schauspieler und Künstler, 253 Richter und Staatsanwalte, 50 Rechtsanwälte und 313 Journalisten[39]. Tito hat die Kommunistische Partei Jugoslawiens hingerichtet, und ein großer Teil der Verhafteten waren Serben – nach der oben erwähnten titoistischen Analyse 44,42 Prozent. Und 21,13 Prozent waren Montenegriner.

So gelang es Tito, durch seine kommunistisch-faschistische Doppelrevolution die Elite des serbischen Volkes, sowohl die rechte als auch die linke, von 1944 bis 1949 zu vernichten.

1952 schloß er die Liquidierung der Kommunistischen Partei Jugoslawiens ab, indem diese sich auf ihrem 6. Kongreß verpflichten mußte, keine führende Rolle zu spielen, kein selbständiger Machtfaktor zu sein. Da sie demzufolge auch keine Partei mehr sein konnte, wurde sie zum »Bund der Kommunisten Jugoslawiens« umgewandelt, zu einer Föderation der Bünde der Kommunisten in den Teilrepubliken und damit zu einer reinen »Ideenorganisation« innerhalb der Volksfront, die ab 1953 »Sozialistenbund des arbeitenden Volkes Jugoslawiens« hieß. Selbst diese Kommunistenorganisation hielt Tito für so gefährlich, daß er sie erst durch die Verfassung vom 7. April 1963 legalisierte.

Den Sozialistenbund entwickelte Tito, insbesondere nachdem er 1966 die politische Polizei zerschlagen hatte, zu einer überstaatlichen, rein bürokratischen Organisation, vergleichbar nur mit der »Falange Española Tradicionalista y de las JONS« im Spanien Francos und der »União Nacional« im Portugal Salazars. Der Sozialistenbund war neben der Armee das stärkste Machtinstrument, er organisierte die Wahlen und stellte die Kandidatenlisten auf, erteilte die verbindlichen Weisungen für alle beschließenden Körperschaften und war insofern der wahre Träger der Gesetzgebung, der Staats- sowie Selbstverwaltungsbehörden und Funktionäre kontrollierte und alle Massenmedien besaß und lenkte.

Die Verfassung Jugoslawiens vom 21. Februar 1974 brachte die überstaatliche Stellung des Sozialistenbundes klar zum Ausdruck, indem sie den Staat und die Selbstverwaltungskörperschaften (gesellschaftspolitische Gemeinschaften) verpflichtete, »materielle und andere Bedingungen für die Verwirklichung der mit der Verfassung festgesetzten Funktionen des Sozialistenbundes des arbeitenden Volkes zu gewährleisten« (Grundprinzipien, Abschnitt VIII.). Aber da der Sozialistenbund keine Organisation der Massen war, konnte von ihm keine Revolution gegen Tito ausgehen.

Tito beseitigte die Kommunistenorganisation nicht völlig, da sie als »Ideenorganisation«in seinem Regime drei wesentliche Funktionen hatte: Durch ihren aggressiven Atheismus verhinderte sie – erstens – die Fortsetzung des Religionsbürgerkrieges und machte es den Serben unmöglich, ein serbisches Israel im ehemaligen Ustascha-Staat zu beanspruchen. In Wirklichkeit war dieser aggressive Atheismus allein gegen die serbisch-orthodoxe Kirche gerichtet. Den Islam bekämpfte Tito nicht, die Religion Muhammeds blühte sogar unter ihm, und mit der katholischen Kirche arrangierte er sich 1966 völlig. Doch Tito erlaubte nicht, daß die in Kroatien von den Ustaschen vernichteten Kirchen erneuert wurden, und die Krajina war für die orthodoxen Priester ein verbotenes Land – wer es betrat, wurde vom Staatssicherheitsdienst geprügelt und verjagt. Und in Montenegro, wo die Titoisten – Djilas und Moša Pijade allen voran – die orthodoxen Kirchen demolierten, galten ähnliche Regeln wie in der Krajina.

Demselben Ziel diente der Kampf, den die »Ideenorganisation« gegen den Nationalismus führte. Doch richtete sich dieser Kampf – um »Brüderlichkeit und Einheit« laut Tito – wieder vor allem gegen die Serben, da Tito ja die anderen innerjugoslawischen Nationalismen schürte. Als er die Kommunistische Partei Serbiens (8. bis 12. Mai 1945) gründen ließ, wies er ihr als Hauptaufgabe gerade die Bekämpfung des Nationalismus im eigenen Volk zu, den Kampf, wie es in der Resolution des Gründungskongresses der KP Serbiens, Abschnitt II, heißt, »gegen die chauvinistischen und hegemonistischen Tendenzen, und zwar hauptsächlich die großserbischen ...« Die Titoisten Serbiens haben diesen Kampf gegen das eigene Volk bis zu Titos Tod brillant geführt, was alle seine Manipulationen erst möglich machte.

Die zweite Funktion der »Ideenorganisation« war außenpolitisch bedingt. Der Westen wollte aus Tito den charismatischen Führer der »Blockfreien« machen, dessen Aufgabe die Ausschaltung sowohl des sowjetischen als auch des chinesischen Einflusses in der Dritten Welt war. Die Gründung der »blockfreien Bewegung« wurde offenbar von Tito und dessen altem Gönner Churchill, dem Hauptstrategen des Kalten Krieges, bei ihremTreffen in London geplant, wo Tito vom 16. bis 21. März 1953 – kurz nach dem Tod Stalins am 5. März – dem Westen seinen ersten Besuch nach seiner Machtergreifung abstattete. Sie wurde verwirklicht, als sich am 18. und 19. Juli 1956 Tito, der ägyptische Präsident Nasser und der indische Premierminister Nehru auf der istrischen Insel Brioni trafen und die Teilung der Welt in die »mächtigen Blöcke« verurteilten. Sehr bald gesellten sich dieser Trojka noch zwei wichtige charismatische Staatschefs der Dritten Welt hinzu: der indonesiche Diktator Sukarno und der Äthiopische Negus (Kaiser) Haile Selassie.

Nehru war ein liberaler Pazifist und Schüler Gandhis, der somit die besten Eigenschaften des Westens und Ostens in sich vereinigte und als einziger in der ganzen Gruppe etwas wirklich Gutes für die Dritte Welt hätte hervorbringen können. Nasser, ein Berufsoffizier, stand in seiner Jugend einer Bewegung nahe, die vom Nationalsozialismus stark beeinflußt wurde; Sukarno war während des Zweiten Weltkriegs einer der bekanntesten Kollaborateure Japans[40], Haile Selassie ein schlimmer afrikanischer Tyrann. Zumeist also waren sie zu sehr Finsterlinge und Faschisten, um für die Führung der Dritten Welt repräsentativ zu sein, und gerade deshalb brauchte man in dieser Angelegenheit Tito, den die westliche Propaganda nach seinem Bruch mit dem Weltkommunismus als »den einzigen wahren Fortsetzer von Marx, Engels und Lenin« verhimmelte, der sogar Stalin als »gefährlichen Ketzer« entlarvt habe[41].

Da ihn die Möglichkeit einer gegen ihn gerichteten kommunistischen Revolution ängstigen mußte, dezentralisierte und desorganisierte Tito den Bund der Kommunisten, bevölkerte ihn mit verschiedensten Fraktionen und förderte nachhaltig deren Korruption. Das nannte er gut »marxistisch« das »Absterben« der Kommunististischen Partei beziehungsweise des Bundes der Kommunisten. Dies aber brachte die Gefahr des politischen Pluralismus und Liberalismus mit sich, die ebenso seine totalitäre Herrschaft untergraben hätten. Am meisten mußte er die Entstehung eines Pluralismus in der Armee fürchten, denn sie war zwar eine Hauptstütze seiner Diktatur, doch nach alter Balkantradition der Verschwörung zugeneigt. Diese Gefahren demonstrierte der Fall Djilas.

Milovan Djilas, Titos Liebling und sein ideologisches Sprachrohr in der Auseinandersetzung mit dem Weltkommunismus, trat 1953 offen für die Liquidierung des Bundes der Kommunisten und die Einführung des politischen Pluralismus ein. Es ist wohl möglich, daß Tito selbst Djilas als Agent provocateur bestätigte. Die Belgrader Parteiintelligenz sympathisierte stark mit Djilas, in dem auch das serbische liberale Bürgertum seine Chance sah. Mit der doppelten Drohung einer kommunistischen Revolution und einer liberalen serbischen Gegenrevolution konfrontiert, sah sich Tito gezwungen, den orthodoxen Marxisten Zugeständnisse zu machen, und brandmarkte daher Djilas' Irrlehre als »Revisionismus und Anarchismus«. Die »gewaltige Rolle«, die er dem Bund der Kommunisten daraufhin zusicherte, war eine großartige Nachbildung der katholischen Inquisition und des Lehrzuchtverfahrens. Diese dritte und wichtigste Funktion der »Ideenorganisation« wurde auf ihrem 7. Kongreß vom 22. bis 26. April 1958 vereinheitlicht, als man das Programm des Bundes der Kommunisten Jugoslawiens – ein Buch von 259 Seiten – beschlossen, darin zwar den Ständestaat Titos als »Diktatur des Proletariats« qualifiziert, aber auch verschiedene Abweichungen vom Dogma des Programms verzeichnet hat–, Irrlehren, welche die »Ideenorganisation« aufspüren und brandmarken sollte: Pseudoliberalismus und Anarchismus – später auch »Anarcholiberalismus« genannt –, was sich auf die Anhänger des politischen Pluralismus bezog; »Technokratismus«, womit die Abweichler in der Wirtschaftspolitik gemeint waren; »Bürokratismus« und »Etatismus« oder »bürokratischer Etatismus«, was den Anhängern des sowjetischen Kommunismus oder einfach den unerwünschten Bürokraten galt. Als schrecklichster Popanz wurde natürlich ständig der »großserbische Nationalismus« beschworen.

So entwickelte sich innerhalb der »Ideenorganisation« ein Bund der marxistischen Inquisitoren, die man besonders an den serbischen Universitäten und in den wissenschaftlichen Instituten beheimatet hat. Man konnte sie schnell erkennen: Bürokraten mit makellosem Privatleben, nicht korrupt, kameradschaftlich und hilfsbereit. Ihren Internationalismus bekundeten sie dadurch, daß sie sich Jugoslawen und den Bund der Kommunisten demonstrativ »unsere Partei« nannten. Sie sorgten sich um die Marxisten-Leninisten, die aus den Konzentrationslagern zurückkamen, und organisierten ihre Rückkehr ins Alltagsleben. Sie überwachten ihre prowestlichen ideologischen Gegner und nutzten jede Gelegenheit, mit ihnen abzurechnen. Als Nachfolger der Geheimbünde, zumal der Jungbosnier, der frühen Bolschewiken und illegalen Kommunistischen Partei, bildeten sie eine kommunistische Verschwörung gegen den Ständestaat Titos.

Schon die Grundprinzipien des titoistischen politischen Systems, die »gesellschaftliche Selbstverwaltung« und das »Gesellschaftseigentum«, waren nichts anderes als Übernahmen der mittelalterlichen Institutionen und Rechtsinstitute, die Papst Pius XI. in seinem am 15. Mai 1931 erlassenen programmatischen Rundschreiben »Quadragesimo anno« ebenfalls empfohlen hatte. Auch in den klerofaschistischen Staaten galten diese Einrichtungen als Ideallösung der sozialen Frage; am nächsten stand dem System Titos wohl das Experiment Mussolinis, seine »Repubblica Sociale Italiana«, »Repubblica di Salo« (1943–1945).

Tito entwickelte den Ständestaat zum globalen Prinzip der politischen Organisation des Landes. Im Bundesverfassungsgesetz von 1953 sowie in den entsprechenden Verfassungsgesetzen der Teilrepubliken wurde in allen Parlamenten ein Produzentenrat eingeführt, dessen Abgeordnete die in der Wirtschaft Beschäftigten wählten und der die Gesamtwirtschaft leiten sollte. Aber in der Bundesverfassung von 1963 sowie in den Verfassungen der Teilrepubliken, deren Ansätze jedoch erst die Verfassungen von 1974 zu letzten Konsequenzen führten, wurde das berufsständische Prinzip dermaßen radikal durchgeführt, daß der Bürger als politisches Subjekt auch formal aufhörte zu existieren. Die Errungenschaften der Französischen Revolution verschwanden so in Jugoslawien völlig, und das totalitäre Regime erreichte seine totalste, mittelalterliche Form. Tito und seine Trabanten nannten dies das »Absterben des Staates« und die »Überwindung des Bürgers«.

TITOS ARRANGEMENT MIT DEM VATIKAN UND DIE ZERSCHLAGUNG DER JUGOSLAWISCHEN STASI

Sein Lebenswerk, die Zerschlagung Jugoslawiens, begann Tito im Jahr 1966 zu realisieren. Um dies Ziel zu erreichen, mußte er mit der stärksten antijugoslawischen Organisation – der katholischen Kirche – kollaborieren. Nach dem Zusammenbruch des Ustascha-Staates 1945 hatte die katholische Priesterschaft nicht aufgegeben, sondern ähnlich wie im Königreich Jugoslawien die Ustaschen-Guerillas – »Kreuzfahrer« (Križari) – organisiert und unterstützt. Tito antwortete darauf nicht mit Massenterror gegen die Catholica, sondern stellte die wütenden Kleriker vor Gericht und ließ sie streng bestrafen. Als der Papst am 29. November 1952 den internierten Stepinac in den Kardinalsstand erhob, brach Tito am 17. Dezember 1952 die diplomatischen Beziehungen zum Vatikan ab. All das geschah indes nur pro forma.

Ab Anfang 1954 stellte Tito – der im Lauf der Jahre 1953 und 1954 mit der Türkei und Griechenland ein Balkanbündnis geschlossen hatte und so offen zu einem Mann des Westens geworden war – die Angriffe auf die katholische Kirche ein und begann sich um einen Modus vivendi zu bemühen[42]. Die Untersuchung der Verbrechen der Catholica im kroatisch-muslimischen »Reich Christi« wurde eingestellt.

Endlich, am 25. Juni 1966, nach zweijährigen Verhandlungen, nahmen der Vatikan und Tito ihre diplomatischen Beziehungen wieder auf und verfaßten ein »Protokoll«, eine Art Konkordat. Jedem, der die Geschichte kannte, mußte nunmehr klar sein, daß mit dem »Protokoll« auch das »Absterben« Jugoslawiens beschlossen war, weil dieser Staat nach allen Verbrechen des Papststuhls und seiner Knechte im Ustascha-Staat nur auf einer antivatikanischen Grundlage hätte bestehen können.

Den nächsten großen Schritt in der Richtung des jugoslawischen »Absterbens« machte Tito schon am 1. Juli desselben Jahres, als er die mächtige jugoslawische Stasi (UDBA, SDB), die seine serbischen Janitscharen leiteten, enthauptete. Er lockte den Vizepräsidenten Jugoslawiens, Aleksandar Ranković, der für die Stasi verantwortlich war, von Belgrad nach dem Archipel Brioni, den nicht die Stasi, sondern die Armee – das heißt, der Bundesverteidigungsminister und »Rot-Spanier«, Armeegeneral Ivan Gosnjak, –

beaufsichtigte. Dort, in der alten Sommerfrische Franz Josephs, auf einer gut inszenierten Sitzung des Zentralkomitees der »Ideenorganisation«, ließ er ihn zum »Führer der Fraktion«, deren Plattform »der bürokratische Etatismus« sei, erklären und somit politisch liquidieren. Der ratlose Ranković erlitt einen Herzinfarkt und schwieg bis zu seinem Lebensende 1983[43]. Anschließend wurde die riesige Organisation des revolutionären Terrors demontiert und ihr Rest in normale Polizeikräfte umgewandelt.

Ranković und seine serbische Stasi waren Titos »rechte Hand« gewesen. Für ihn hatten sie massenhaft deportiert, gefoltert, gemordet, die Konzentrationslager geführt, die Opposition eingeschüchtert. Nur eines hätten sie ihm nicht erlaubt: das »Absterben« Jugoslawiens einzuleiten, und deshalb mußten zuerst sie absterben.

Die Beseitigung der Stasi 1966 schwächte aber auch die Machtstellung Titos erheblich. Eine totalitäre Herrschaft ohne angsteinflößende Geheimmacht beginnt zu hinken; ein Hitler ohne die Gestapo, ein Stalin ohne den NKWD läßt sich nicht denken. Ohne die Stasi wurde Jugoslawien bald zum Dorado der ausländischen Geheimdienste, vergleichbar dem Libanon. Ungeniert bildeten der Westen wie der Osten ihre Fraktionen in der »Ideenorganisation«. Tito selbst beschuldigte 1971, ohne dagegen etwas tun zu können, die »Großmächte«, besonders die Sowjetunion, wegen ihrer Verbindungen mit der serbisch-kommunistischen Opposition[44]. Die unangenehmen Gegner mußte er jetzt vor Strafgerichte schicken, doch diese – nun nicht mehr von der Stasi gelenkten – Prozesse wurden zu Tribunalen, auf welchen die Angeklagten und Rechtsanwälte das Regime blamierten, und all das konnte man auch in der »freien« Presse, insbesondere der studentischen und satirischen, verfolgen. Dank der Lücke, die durch die Zerschlagung der Stasi entstanden war, entwickelte sich in Belgrad eine starke liberale Bewegung, die sich in den Studentendemonstrationen im Juni 1968 explosiv äußerte und welche die Intellektuellen in der »Ideenorganisation« und die Technokraten – also typisch bürgerliche Schichten – weiterführten.

Neben der Bekämpfung der politischen Gegner und der Spionage hatte die Stasi auch eine sehr wichtige soziale Funktion. Sie kümmerte sich um die Arbeitsdisziplin in den Betrieben, hinderte die Ramponierung des Gesellschaftseigentums und hielt so die

Wirtschaft in Form. Ein Arbeiter, der etwa eine Maschine beschädigte, wurde gegebenenfalls als politischer Delinquent behandelt und mußte wegen »Sabotage« vor Gericht. Nur dank dieser Härte konnte die jugoslawische Feudalwirtschaft gut funktionieren. Es gab keine administrative Zentralplanung, die Wirtschaft wurde immer mehr marktorientiert und markttauglich; die Wirtschaftspolitik Jugoslawiens bis zum Sturz Rankovićs erinnerte stark an den Merkantilismus des Cromwellschen England. Doch nach der Beseitigung der Stasikontrolle begannen unverantwortliches Handeln, Disziplinlosigkeit sowie eine kaum verdeckte Wirtschaftskriminalität zu wuchern.

Nicht nur tolerierte Tito solchen Zerfall, vielmehr legalisierte er dieses Antisystem durch die Verfassungsreform vom 30. Juni 1971, durch welche die Wirtschaft völlig atomisiert wurde. Die großen Bundesunternehmungen, an denen besonders Serbien interessiert war, wurden zerschlagen. Tito nannte das gut marxistisch »Befreiung der Arbeit«; doch in Wirklichkeit war es eine Art Reprivatisierung durch die Klanwirtschaft und legalisierte Plünderung – ein Rückfall vom Feudalismus in die balkanischen vorstaatlichen Zustände. Allein der Westen, der die jugoslawische Wirtschaft massiv mit Krediten fütterte, verhinderte den alsbaldigen Zusammenbruch dieses Antisystems.

So demontierte Tito, marxistisch gesprochen, die jugoslawische »Basis«. Und wie ging es mit dem »Überbau?«

Tito spielte nicht nur die Rolle eines großzügigen Verteilers der westlichen Kredite, sondern – insbesondere in Serbien – auch den verständnisvollen, permissiven Despoten. Am 23. November 1968 – sozusagen der Gipfelpunkt seines »Liberalismus« – ließ er den sympathischen, aber politisch untalentierten Großbürger Marko Nikezić, einen ehemaligen Architekten und Bildhauer, an die Spitze des Bundes der Kommunisten Serbiens wählen. Der liberale, prowestliche Nikezić und seine Gruppe, mit der Tito geschickt manipulierte, erwiesen sich für das bürgerliche Serbien nach den Stasiterroristen als große Erleichterung. Man übersah dabei, wie ohnmächtig Serbien war.

AUTONOMIE FÜR DEN KOSOVO UND AUTOKEPHALIE FÜR DIE »MAZEDONISCHE KIRCHE«

Tito und sein Hauptideologe, der Slowene Edvard Kardelj, setzten schon am 19. April 1967 eine großangelegte Verfassungsreform in Gang, die bis zum 30. Juni 1971 dauerte. Wäre sie nicht im selben Jahr noch unterbrochen worden, hätte sie zur definitiven Auflösung des jugoslawischen Staates geführt.

Nach der Tito-Kardelj'schen Verfassungsreform gewannen die Teilrepubliken, aber auch die Autonomen Provinzen Serbiens, einen sehr hohen Grad an Eigenstaatlichkeit. Der Bund behielt zwar eine umfangreiche Gesetzgebungskompetenz, verlor aber die Exekutivgewalt und Finanzautonomie, und die einzige Bundesbehörde, die noch befehlen und Gehorsam erzwingen konnte, war die Armee. Offenbar um die serbische Bürokratie etwas zu beruhigen, nominierte Tito am 19. Mai 1967 als seinen Stellvertreter in der Position des Obersten Armeekommandanten und Bundesverteidigungsministers einen Serben, General Nikola Ljubić, der später noch eine große politische Rolle spielen wird. Die ganze Organisation des jugoslawischen Staates erinnerte stark an die Bismarcksche Verfassung des Deutschen Reichs vom 16. April 1871, aber ohne eine hegemoniale Macht wie Preußen.

Zum Zerfall Jugoslawiens trug Tito des weiteren bei, indem er die »muslimische Nation« in Bosnien-Herzegowina schuf, die er zur tragenden Volksschicht dieses Teilstaats machte – sehr zur Freude muslimischer Kreise in der Dritten Welt. Fortan flossen auch die Gelder der islamischen Länder in den Abgrund seiner Wirtschaft.

Obwohl man es teilweise als peinlich empfand, einen rein religiösen Begriff der Nation mit dem »Marxismus« in Einklang zu bringen, setzten sich die meisten muslimischen Intellektuellen Bosnien-Herzegowinas über diese Bedenken hinweg und proklamierten die nationale Kontinuität seit der in der Türkenzeit erfolgten Islamisierung. Das verschärfte den Gegensatz zu den Serben, da die Moslems damals – in der Türkenzeit – die herrschende Schicht bildeten, die sich mit den unterjochten Serben in permanentem Religionskrieg befanden. Die historische Reminiszenz unterstrich zugleich den pantürkischen und panislamischen Wesenskern dieser Nation, die sich so mit der islamischen Ökumene verband und in diese zu integrieren begann. Der latente Religionsbürgerkrieg, der 1992 explodieren sollte, war so von neuem aus der Taufe gehoben worden.

Während Tito in Bosnien-Herzegowina den extremen Panislamismus gerichtlich verfolgen ließ, um das Land im Gleichgewicht zu halten, organisierte er in Kosovo-Metochien einen offenen Religionsbürgerkrieg. Gleich nach der Entmachtung der Stasi 1966 mußten die serbischen Polizisten, die brutal den albanischen Separatismus unterdrückt hatten, allesamt über Nacht, ihr ganzes Vermögen zurücklassend, nach Mittelserbien fliehen. Am 27. November 1968 kam es in Priština, Uroševac und Gnjilane zum albanischen Aufstand; die Demonstranten schmähten Tito und Jugoslawien und jubelten dem Staatsführer Albaniens, Enver Hodscha, zu. Tito reagierte rücksichtslos, und als eine Panzerdivision in Priština erschien, wurde es in der Provinz wieder ruhig. Tito beschuldigte jedoch nicht die Albaner, sondern die »serbischen Nationalisten«, den Aufstand angezettelt zu haben, und schon am 26. Dezember 1968 beschloß die Bundesversammlung eine neue Verfassungsänderung, wodurch die gesamte Verwaltung und das Gerichtswesen in den Autonomen Provinzen von Serbien auf sie übertragen wurden. So kam es zur albanischen Machtübernahme in Kosovo-Metochien, das nunmehr Kosovo hieß. (Ihren alten Namen erhielt die Autonome Provinz durch die Verfassung Serbiens vom 28. September 1990 zurück.)

Nach ihrer Machtübernahme eröffneten die Albaner eine großangelegte und planmäßige Politik der Entrechtung und Vertreibung der Serben aus dem Kosovo – eine Kampagne, die man in Albanien, von wo aus die ganze Aktion dirigiert wurde, »das ethnisch saubere Kosovo« nannte. Die Grenze zwischen der Provinz und Albanien war praktisch verschwunden, da nunmehr auf beiden Seiten albanische Polizisten standen. Einige serbische Jasager durften in der politischen Führung verbleiben, wurden sogar privilegiert und korrumpiert und dienten den Kosovo-Albanern zugleich als Alibi und Dekor. Mit riesigen Geldsummen, die aus der islamischen Welt, aus den albanischen Mafiageschäften, aber auch aus dem Kosovofond Titos strömten, kauften sie das Land von den Serben, besonders an den Grenzen zu Mittelserbien. Das erste Ziel dieser Politik war es, sich in die ethnisch geschlossenen serbischen Dörfer zu infiltrieren, wobei man auch vor Schikanen, die durch Polizei und Gerichte geduldet wurden, und vor graduellem Terror nicht zurückschreckte, um die Serben zum Landverkauf zu bewegen. Nur die orthodoxe Kirche ließ sich nicht in die Flucht treiben. Mönche und Nonnen harrten in den mittelalterlichen Klöstern wie in Festungen aus und duldeten alles, Terror und Erniedrigung. Vergeblich verbrannten die Albaner sogar das Zentrum der serbischen Geistigkeit, die Patriarchie von Peć, und mißhandelten fortgesetzt den damaligen Bischof Metochiens, den heutigen serbischen Patriarchen Paul.

So begann ein stiller Exodus der Serben Kosovo-Metochiens. Von der albanischen Machtübernahme 1968 bis 1982, als der Staat zu intervenieren begann, verließen die Provinz nach offiziellen Angaben 85 061 Serben und 16 783 Montenegriner[45]. Obwohl um einige Städte Mittelserbiens herum, insbesondere im Umkreis von Kragujevac, Smederevo und Kraljevo, zahlreiche Siedlungen der Kosovo-Serben entstanden, tat Tito alles, um den Exodus vor der Öffentlichkeit zu verbergen. Als der serbisch-albanische Konflikt trotz der Zensur ruchbar wurde, mußte sein »liberaler« Chef des Bundes der Kommunisten Serbiens, Nikezić, verbreiten, dieser Konflikt habe sprachliche Grundlagen, das heißt, die Serben müßten Albanisch lernen![46]

Aber auch dem Papst blieb der neue, »liberale« Tito nichts schuldig. Am 14. September 1967 ließ er die »mazedonische orthodoxe Kirche« zu einer von der serbischen getrennten autokephalen Kirche erklären. Diese unkanonische, schismatische Kirche wurde von keiner orthodoxen Kirche anerkannt, jedoch vom Papst, der solcherart bewies, daß er als »Stellvertreter Christi« am besten wisse, was kanonisch und was unkanonisch ist, zugleich aber, daß er sehr gut mit den »Kommunisten« kooperieren kann, zumal wenn es um gemeinsame Belange geht[47] – und gegen die orthodoxen Kirchen nicht nur Serbiens, sondern auch Griechenlands, die als Mutterkirche in der orthodoxen Welt eine besondere Autorität genießt.

Da die orthodoxen Kirchen in der »mazedonischen Kirche« mit Recht eine verdeckt mit Rom unierte Kirche sehen, halten sie deren Errichtung für einen Versuch des Papstes, sich in das Balkanzentrum der Orthodoxie zu infiltrieren. Die »Autokephalie-Erklärung« im titoistischen Mazedonien verschärfte daher aufs äußerste die alten Gegensätze zwischen der Catholica und der orthodoxen Gesamtkirche und trug dazu bei – auch vor dem Hintergrund der Aggressivität des Papstes gegen die russische orthodoxe Kirche in der ehemaligen Sowjetunion -, daß die kämpfenden Serben im jugoslawischen Religionsbürgerkrieg auf eine »byzantinisch« diskrete, aber klare Weise von der gesamten Ostkirche als »heilige Krieger« betrachtet werden.

Der triumphierende Paul VI. frohlockte; sein Vikar, Kardinal Dell' Acqua, vertraute dem jugoslawischen Vatikansbotschafter Dr. Crvlje an: »Es scheint mir, daß der Papst von allen Staatsmännern am meisten Tito schätzte«[48]!

Nach der Autokephalie-Erklärung von 1967 begannen sich die Beziehungen zwischen Tito und dem Papst rapide zu entwickeln. Tito und Paul VI. korrespondierten intensiv. Am 10. Januar 1968 besuchte Titos Ministerpräsident, der Kroate Mika Špiljak, den Papst. Und vom 3. bis 14. Juni dieses Jahres weilte in Jugoslawien der Hauptexperte für Kirchenunionsfragen, der Dekan des Kardinalskollegiums, Eugène Tisserant, mit dem auch Tito sprach. Am 14. August 1970 erhöhten Jugoslawien und der Vatikan ihre diplomatischen Beziehungen auf den höchsten Rang, den der Botschafter und Pronuntien. Als Krone der Kooperation ereignete sich am 28. August 1971 »das Treffen des Jahrhunderts« – wie in der Presse zu lesen war –, der erste offizielle Besuch eines »kommunistischen« Diktators beim »Stellvertreter Christi«. Er und Tito sprachen unter vier Augen zwei Stunden lang. In seiner Rede danach hob der Papst die folgenden Qualitäten der jugoslawischen Verfassung hervor: Humanisierung des Sozialambientes, Stärkung der Solidarität und Zusammenarbeit unter den Völkern, Achtung der Menschenwürde und der allgemeinen Entwicklung des Menschen als freie Persönlichkeit[49]. Titos Ständestaat mit Klanwirtschaft und Massenverfolgung genoß also die höchste Wertschätzung der katholischen Kirche.

DER KROATISCHE SEPARATISMUS UND DAS ENDE JUGOSLAWIENS

Das Aufblühen der Beziehungen zwischen dem »liberalen« Tito und der katholischen Kirche aktivierte die Höllenmaschine, die Jugoslawien definitiv zerstören sollte. Niemand tat für Kroatien so viel wie der Kroate Tito, der das Land 1945 vor der Vernichtung bewahrt hatte. Doch nirgends in Jugoslawien war Tito so verhaßt wie in Kroatien.

Nicht seine Macht als solche, sondern die Art und Weise, wie er sie errungen, war für die kroatischen Nationalisten und ihre Kirche eine Quelle tiefster Haßgefühle. Im Ustascha-Staat hatten sie kein mörderisches Instrument des Papstes und Hitlers gesehen, sondern den ersten kroatischen Staat, der etwas mehr gewesen war als eine alte Urkunde. Nach den Mißerfolgen Nazideutschlands und Pavelićs hatten sie sich innerlich von diesen immer stärker distanziert, wollten aber, daß ihr Staat unter einer anderen Führung weiterlebe. Bei Kriegsende wurde meist eine prowestliche Kombination mit Maček, Stepinac und dem Nationalkommunisten Hebrang favorisiert, doch statt dessen erlebten die Kroaten, daß Tito gegen ihren Staat seine serbischen Armeen entsandte, die das kroatische Heer schlugen, verfolgten und bei Bleiburg massakrierten. Jeder kroatische Nationalist sagte, wenn er sein Herz öffnete: »Bleiburg«. Die katholischen Kroaten empfanden auch die Priesterliquidationen und -prozesse als furchtbare Kränkung, insbesondere die Behandlung Stepinacs, den sie für einen Märtyrer und Heiligen halten. Des weiteren mußte das Kroatenvolk die verfassungsrechtliche Mitsouveränität der Serben in Kroatien als Negation seines »historischen Rechts« ansehen, ähnlich dem Ausgleich mit den Ungarn von 1868. Tito wußte, was sein Volk von ihm hielt, und das mußte ihn mit den Jahren, da sein Bedürfnis nach Verehrung immer stärker wurde, zunehmend quälen. Nun aber hatte er die Chance, sich mit diesem Volk zu versöhnen.

Nach dem Stasi-Sturz 1966 begann der kroatische Nationalismus und Separatismus zu wuchern. Die Kosovo-Politik Titos überzeugte ihre Führer, daß Serbien und Jugoslawien erledigt seien, und so schlugen sie los. Die Kulturorganisation *Matica hrvatska* bereitete 1967 eine »Deklaration über den Namen und die Stellung der kroatischen Literatursprache« vor, welche die Trennung des kroatischen Idioms vom serbischen proklamierte, und der sprachlichen Trennung sollte die politische folgen. Die »Deklaration« wurde von den führenden Köpfen der kroatischen Kultur unterzeichnet, in den politischen Kreisen aber scharf kritisiert. Die kroatischen Nationalisten und Separatisten erkannten, daß sie ihre Taktik ändern mußten, und begannen halblegal vorzugehen – nach dem klassischen Schema für jede Opposition in totalitären und autoritären politischen Systemen: Infiltration und Verschwörung. So verwandelten sie die Kulturorganisation *Matica hrvatska* in eine wahre politische Partei, später kam auch die Zagreber Studentenorganisation dazu, die anfing, propagandistisch und organisatorisch zu wirken. Überdies wurden auch die legalen Formen der unmittelbaren Demokratie benutzt – die dem System Titos bloß als Dekor dienten –, um eine Massenbasis zu gewinnen, und so entstand unter der Ägide der *Matica hrvatska* eine riesige Volksbewegung, später auch »Massenbewegung« genannt. Die junge Führung des Bundes der Kommunisten Kroatiens – allen voran Miko Tripalo, das ambitiöse ehemalige Haupt der jugoslawischen Jugendorganisation, und seine engsten Mitarbeiter Savka Dabčević-Kučar und Pero Pirker – tolerierten nicht nur die *Matica*, sondern schalteten ihre »kommunistische« Organisaton mit ihr gleich. All das registrierte mit großen Sympathien die katholische Kirche und förderte diese Art des »historischen Kompromisses« der kroatischen Rechten und Linken. Bei der feierlichen Aufnahme der jungen Mitglieder in die »kommunistische« Organisation waren oft auch Priester zugegen.

Unter dem Schutz Titos griff der kroatische Nationalismus und Seperatismus nun rapide um sich. Nach dem Vatikansbesuch im März 1971 und der antijugoslawischen Verfassungsänderung im Juni stattete Tito im September seinem Kroatien einen langen, pompösen Besuch ab. In jeder Stadt, etwa in Split, Varaždin, Koprivnica, endlich in Zagreb, traf er auf maßlose Begeisterung des Volkes und geschmacklose Unterwürfigkeit der politischen Führung. Beim festlichen Abendessen am 15. September in Zagreb betonte Tito in seinem Trinkspruch: »Ich habe diesmal gesehen, daß die verschiedenen Gerüchte über Kroatien absurd sind – Gerüchte, daß es da keine Einheit gebe, daß das Volk anders denke, daß ein großer Chauvinismus bestehe und wuchere usw. Das ist nicht wahr. Ich habe das Gegenteil gesehen, wo immer ich war.«

Diese Reden faßten die Zentren des kroatischen Nationalismus und Separatismus in der *Matica hrvatska* und der Zagreber Studentenorganisation als Sturmsignal auf. Sie verlangten jetzt die Verwandlung Jugoslawiens in einen losen Staatenbund, verlangten eine kroatische Armee und die Aufnahme Kroatiens in die UNO. Die Ustaschen krochen ebenfalls aus ihren Schlupfwinkeln heraus und forderten Tito offen auf, sich zum Nachfolger Pavelićs zu erklären, wurde doch die ganze Aktion von einer grenzenlosen Tito-Euphorie begleitet.

Nun begannen auch die Serben in Kroatien zu reagieren und demonstrierten offen, daß sie, falls Jugoslawien zu einem Staatenbund würde, eine gleichberechtigte Stellung in Kroatien bekommen müßten. Als Zeichen ihrer Entschlossenheit, ihre dortigen Hoheitsrechte zu schützen, stellten sie in ihren Dörfern bewaffnete Patrouillen auf.

Der letzte Schachzug der parallelen Partei in der *Matica hrvatska* war der Streik der Zagreber Studenten vom 22. November 1971, der zu einer allgemeinen kroatischen Boykottaktion führen sollte – mit dem Ziel, die jugoslawischen Bundesorgane zu entmachten und die Kriegsflotte in Dalmatien unter das kroatische Kommando zu bringen. Die Zagreber Arbeiterschaft unterstützte die Studenten, auch durch Mittel aus dem Gewerkschaftsfonds; dadurch wurde die Führung des Bundes der Kommunisten Kroatiens praktisch mattgesetzt. Die Studenten erklärten sich zur »kroatischen Linksintelligenz« und huldigten Tito, wodurch sie die Anerkennung der Legitimität ihrer Aktionen erstrebten.

Das Hauptereignis spielte sich jedoch auf der Linie Moskau-Belgrad ab. In den immer »gut informierten« marxistisch-leninistischen Kreisen Belgrads konnte man hören, Leonid Breschnew habe Tito ultimativ aufgefordert, die Ordnung in Kroatien wiederherzustellen, andernfalls müsse die Rote Armee intervenieren, und Tito habe kapituliert. Tito bestätigte selbst den Wahrheitsgehalt dieses Gerüchtes: Am 30. November 1971 erklärte er gegenüber seinem Vertrauensmann in Serbien, dem damaligen Vorsitzenden des serbischen Parlaments, Dragoslav-Draža Marković, daß die »einheitliche Volksbewegung« in Kroatien »nationalsozialistisch« sei und man nun die mit der »Kohäsion und Einheit« verbundenen Fragen erörtern solle; es gebe keine Alternative zu dem »einheitlichen und unabhängigen Jugoslawien«. »Besser, daß wir das mit unserer Armee täten, als daß das eine fremde Armee täte«. Tito setzte sich nun für einen starken Bund der Kommunisten ein, »nach den Prinzipien des demokratischen Zentralismus organisiert«[50]. Zuletzt erteilte er dem Bund der Kommunisten das Mandat, die Macht zu übernehmen. So wurde ein Vierteljahrhundert nach der kommunistischen Revolution die kommunistische Partei zur herrschenden Partei.

1971 war die kommunistische Revanche für 1948. Tito hatte sich 1948 gegen den Weltkommunismus durchsetzen können, weil er damals ein starkes Regime und eine erfolgreiche Bauernrevolution hinter sich hatte. 1971 aber war die Revolution verbraucht, und das Regime befand sich in Auflösung. Tito war ein achtzigjähriger Greis, ohne Stasimacht kein totalitärer Diktator mehr, sondern ein Sultan, der Gefangene seiner Höflinge und Soldateska, die – unter dem serbischen General Ljubičič – keinesfalls bereit war, die kroatischen Nationalisten und Separatisten vor den Russen zu verteidigen. So mußte Tito seine letzte Rolle spielen, die des »Retters Jugoslawiens«, das er im Auftrag des Westens, des Papstes und der islamischen Welt hatte zerschlagen wollen.

Schon früh morgens am 1. Dezember 1972 versammelte Tito alle seine jugoslawischen Unterführer auf dem Jagdgut Karadjordjevo in der Vojvodina. Während dieser zweitägigen Sitzung proklamierte er die Wiedereinführung des »demokratischen Zentralismus« im Bund der Kommunisten und sprach über die kroatische politische Führung das vernichtende Urteil der »Unwachsamkeit gegen den Nationalismus«. Und noch während Miko Tripalo und Savka Dabčević-Kučar, die alle ihre »Sünden« gestanden hatten, gebrochen nach Zagreb fuhren, begann dort die kroatische Polizei, eine Hochburg der Krajina-Serben, die Volksbewegung der Kroaten gnadenlos zu vernichten. Schon vor Weihnachten 1971 hörte sie auf, öffentlich und organisatorisch zu existieren.

Die neue kroatische Chefin des Bundes der Kommunisten, eine alte Partisanin und überzeugte Marxistin, Milka Planinc, führte in Kroatien eine kommunistische Revolution durch. Unter der schweren Hand dieser dalmatinischen Matrone, in der sich Gutmütigkeit und Härte mischten, wurden alle institutionellen Strukturen radikal gesäubert. Die Führer und Organisatoren der parallelen Partei wurden als »Gegenrevolutionäre« zu Gefängnisstrafen verdammt.

Damals begann auch der Aufstieg Dr. Franjo Tudjmans als Führer des nationalistischen Kroatien. Geboren 1922, war er Titos General und Historiker und als solcher ein orthodoxer Marxist. Nach der Liberalisierung 1966 wechselte er jedoch seine Weltanschauung und wurde 1967 als kroatischer Nationalist aus dem Bund der Kommunisten ausgestoßen, wonach er sich der parallelen Partei in der *Matica hrvatska* anschloß. Tudjman war indes im gewissen Sinne der »Außenminister« der Volksbewegung.

Nach den kroatischen Nationalseparatisten mußten auch die serbischen Liberalen gesäubert werden, obwohl sie Tito unablässig huldigten. Sie wußten nicht, daß Tito nur noch Exekutor war. Die Liberalen wurden auf einer Sitzung des »politischen Aktivs Serbiens« (kein formeller, kein satzungsgemäßer Verband) vom 9. Oktober 1972 hinweggefegt. Ihre Haupthäresien waren der »Technokratismus« und das Fehlen des »revolutionären Gerichtswesens«. Die Liberalen hatten ja toleriert, daß die Richter zu »legalistisch« in der Presseverbotsache erkennen.

Die neuen Verhältnisse wurden in der Bundesverfassung vom 21. Februar 1974 sanktioniert. Der ganze Ständestaat mit seinen halbsouveränen Teilrepubliken und Autonomen Provinzen bestand weiterhin, doch wurde er nun als »Diktatur des Proletariats« qualifiziert, was die Macht des marxistischen, zentralisierten Bundes der Kommunisten gewährleistete. Jede künftige Verfassungsänderung konnte nur einstimmig von allen Teilrepubliken und Autonomen Provinzen beschlossen werden. Dadurch wurde jeder legale Austritt aus dem jugoslawischen Staat unmöglich gemacht, aber auch jede Systemreform äußerst erschwert. Ein starres Gebilde, das Tito widerspiegelte, der genauso zu einem fixen Götzenbild geworden war – und sie beide, der Staat und sein »Schöpfer«, waren zu diesem Zeitpunkt längst dem Tod geweiht.

NACHBEMERKUNG

An dieser Stelle, gleichsam am Vorabend des gegenwärtigen Dramas auf dem Balkan, blenden wir uns aus dem Geschehen aus. Was danach kam, ist uns zeitlich zu nah, ist noch nicht »Geschichte« geworden und kann daher erst aus der Distanz späterer Epochen einigermaßen unparteiisch beleuchtet werden. Wir haben versucht, die verwirrende Situation, ihre vielfältigen historischen Wurzeln, die teilweise über so zahlreiche Jahrhunderte gewachsenen Mißverständnisse und Traumata, ethnischen Besonderheiten wie auch kulturellen Gemeinsamkeiten der verfeindeten Völker, Gruppen und Nationen darzustellen.

Wir beschließen dieses Buch mit einem Appell an die zerstrittenen Brudervölker, aber auch an die westliche, europäische Zivilisation, sich auf ihre liberale Tradition und ihre daraus erwachsende Verantwortung zu besinnen.

Der Kalte Krieg hat den jugoslawischen Staat von 1918 vernichtet. Der letzte Stoß traf ihn völkerrechtswidrig durch die westliche Anerkennung der sezessionistischen Teilrepubliken im Jahr 1992, wobei Bosnien-Herzegowina kein Staat ist oder war. Jugoslawien, durch die völkerrechtlichen Verträge Serbiens entstanden, könnte auch nur auf diesem Weg, d. h. völkerrechtlich, beseitigt werden.

Der Westen vollzog sein Vernichtungswerk an Jugoslawien aus verschiedenen Gründen. Die alten expansionistischen Ziele des römischen Katholizismus, der Panislamismus jener asiatischen Staaten, die mit dem Westen starke geopolitische und wirtschaftliche Interessen verbinden, sowie der erzreaktionäre Antikommunismus im wiedervereinigten Deutschland scheinen die Hauptmotive zu sein. Aber der Westen hat dadurch die archaischen – feudalen und vorfeudalen – Ungeheuer wieder geweckt.

Eine dauerhafte Lösung könnte nur aus der Rückbesinnung des Westens auf seine spätantiken, aufklärerischen und liberalen Grundlagen entstehen. Er muß wissen, daß er, nach dem Protestantismus und der Französischen Revolution, keine Bündnisse mit den feudalen Ideologien des Westens und Ostens, die nur die Religionskriege perpetuieren, schließen darf. Er muß selbstkritisch gestehen, daß sogar der Kommunismus – aber sicherlich nicht der totalitäre Sozialfaschismus – als Kind der Französischen Revolution seinem Wesen wohl nähersteht als religiöse Fundamentalismen.

Sonst kann, was in Bosnien geschah, sich auch im Westen ereignen. Der Westen muß den Kalten Krieg in sich selbst überwinden, das heißt, durch einen radikalen Liberalismus seine eigenen feudalen Vampire besiegen. Der Westen hat seine große liberale Weltmission noch lange nicht erfüllt.

Umgekehrt sollten sich die Länder und Völker des zerschlagenen Jugoslawien auf den balkanischen Hellenismus besinnen, das Licht Osteuropas, das als eine wertvolle Quelle des Liberalismus angesehen werden darf: Die herrschende Vernunft muß auch die Unvernunft im Hegelschen Sinn »aufheben«, will sie verhindern, daß Inquisition und Scheiterhaufen, die ja immer möglich sind, sie selbst nicht nur »aufheben«, sondern vernichten. Als das liberale Europa 1878 Serbien und Montenegro als gleichberechtigte Mitglieder aufnahm, hat es sein unwiderlegbares Urteil gesprochen, daß die Freiheit dieser Gemeinwesen ein Bollwerk gegen den politischen Wahnsinn auf dem Balkan ist. Der Westen soll sich also selbst prüfen. Sonst läuft er Gefahr, das Recht, Europa zu sein, zu verwirken.

ANHANG

Mit den folgenden Quellenangaben und Literaturempfehlungen möchten wir den interessierten Lesern Gelegenheit geben, verschiedene Aspekte der behandelten Thematik durch weitergehende Lektüre zu vertiefen. Leider liegt ein großer Teil der genannten Werke noch nicht in deutscher Sprache vor.

1. Kapitel
Vorgeschichte im Altertum

1 F. Dvornik: Les Slaves. Paris 1970, S. 35 ff.
2 Vgl. S. Trojanovi: Das Feuer in Bräuchen und dem Leben der serbischen Volkes, I. Serbokroatisch. Beograd 1930
3 Vgl. R. Novaković: Von woher kamen die Serben auf die Balkanische Halbinsel? Serbokroatisch. Beograd 1978

2. Kapitel
Die Zeit der Staatengründung und der ersten Balkanischen Religionskriege

1 F. Šišić: Die Geschichte der Kroaten in der Zeit der Volksherrscher. Serbokroatisch 1925. Zagreb 1990, S. 473 ff.
2 So z. B. Čulinović, in: Janković u. a.: Die Geschichte der Staaten und Rechte der jugoslawischen Völker. Serbokroatisch. Beograd 1970, S. 147
3 Šišić, a. a. O., S. 643
4 Klaić: Die Geschichte der Kroaten, I. Serbokroatisch. 1899. Zagreb 1972, S. 169
5 K. Jireček: Die Geschichte der Serben, I. Serbokroatisch. 2. Aufl. Beograd 1952, S. 64
6 Šišić, a. a. O., S. 276
7 K. Jireček / Radonić: Die Geschichte der Serben, II. Serbokroatisch. 2. Aufl. Beograd 1952, S. 96 ff. – P. Ivić in: D. Bogdanović u. a.: Geschichte des serbischen Volks, II. Serbokroatisch. Beograd 1982, S. 530 f.
8 S. Slijepčević: Die Geschichte der serbischen orthodoxen Kirche, I. Serbokroatisch. Beograd 1991, S. 77 u. 81 f.
9 B. Petranović: Die bosnische Kirche und die »Krstjani«. Serbokroatisch. Zadar 1867
10 R. Manselli, Bogomilen, Lexikon des Mittelalters II., München 1983, S. 328 ff.

11 Janković, in: Janković u. a., a. a. O., S. 127
12 Ein Italiener nennt sie »un popolo distruttore di babarissime usanze, lingaggio, vestimenta e modi rozzi, diametralmente opposti ai Dalmati originari«; »I Serbi vennero in Dalmazia a portarvi la desolazione e ad occuparla.«.– S.N. Milaš: Das orthodoxe Dalmatien. Serbokroatisch 1901. Beograd 1989, S. 171
13 S. Ćirković: Die Geschichte Bosniens. Serbokroatisch. Beograd 1964, S. 110
14 Nada Klaić: Das mittelalterliche Bosnien. Serbokroatisch. Zagreb 1989, S. 243 ff. u. S. 265
15 Milaš, a. a. O.., S. 176
16 Zit. nach Milaš, a. a. O., S. 185
17 S. Ćirković, in: Lexikon des Mittelalters, II. München und Zürich 1983, S. 476
18 Lexikon der serbischen orthodoxen Kirche, nach R. Grujić. Serbokroatisch, Beograd 1993, S. 39. – Ćirković: Die Geschichte Bosniens, a. a. O., S. 319 f.

3. Kapitel
Die Schlacht auf dem Amselfeld (Kosovo polje) als serbische Götterdämmerung

1 R. Mihaljčić, in: Bogdanović u. a.: Geschichte des serbischen Volks, II. Serbokroatisch. Beograd 1982, S. 43 ff. – R. Mihaljčić (Hrsg.): Die Schlacht auf dem Amselfeld. Ältere und neuere Erkenntnisse. Serbokroatisch. Beograd 1992
2 M. Orbini: Il Regno degli Slavi 1601. Serbokroatisch. Beograd 1968, S. 102
3 In der Sammlung von B. Petranović.

4. Kapitel
Die serbischen Wanderungen unter der Türkenherrschaft und die Konflikte mit dem römischen Katholizismus im neuen Land

1 S. Ćirković, in: Bogdanović u. a., a. a. O., S. 386
2 Zit. nach Milaš, a. a. O., S. 203 f.
3 Der katholische Ordensbruder Vinjalić notiert: »L'anno 1527 fu' la prima volta, che i Vlassi, ora detti Morlacchi, professanti il rito greco, si stabilirono in Dalmazia, cioć nelle parti della Liburnia e Japida, che per avanti erano abitate dai Croati, i quanti erano tutti di rito latino.« Zit. nach Milaš, a. a. O., S. 205

4 Lj. Stojanović: Alte serbische Urkunden und Aufschriften, I. Serbokroatisch. Beograd 1902, 125/Nr. 404, 130/Nr. 427
5 V. Ćorović: Die Geschichte der Serben, II. Serbokroatisch. Beograd 1989, S. 166. – Slijepčević, a. a. O., S. 331
6 Milaš, a. a. O., S. 202, 206
7 A. Ivić: Aus der Vergangenheit der Serben von Žumberak. Serbokroatisch. Spomenik SKA, LVIII, Subotica, S. 39ff.. – R. L. Veselinović, in: Samardžić u. a.: Geschichte des serbischen Volkes III/1. Serbokroatisch. Beograd 1993, S. 434
8 Hierzu ausführlich J.Radonić: Die Römische Kurie und die südslawischen Länder. Serbokroatisch. Beograd 1950, passim.
9 »... venerabili fratri Joanni, archiepiscopo Pecchii et Serviae ac Bulgariae patriarchae«
10 »falscher Demetrius«: Wahrscheinlich ein entlaufener Mönch, sicher eine Kreatur der Jesuiten. Man gab ihn zu Beginn des 17. Jahrhunderts als Sohn Zar Ivans IV. aus, brachte ihn mit Hilfe des päpstlichen Nuntius Rangoni, des Kardinals Maciejowski von Krakau und eines Feldzugs auf den Zarenthron in Moskau, nicht ohne ihn schließlich noch mit einer Verwandten des Kardinals, Marina Mniszka, zu verheiraten und sie zur Zarin zu krönen. Höhepunkt der blutigen welthistorischen Schmierenkomödie war jedoch das Breve Papst Paul V. vom 10. April 1606, das dem falschen Zaren befahl, nun Rußland römisch-katholisch zu machen. Am 27. Mai 1606 wurde Pseudo-Dmitrij ermordet.
11 Corović: Die Geschichte der Serben, II, S. 185
12 M. Nedić: Der Zustand des Ordensstaates Bosna Srebrena nach dem Fall des bosnischen Königreichs bis zur Okkupation. Serbokroatisch. Djakovo 1884, S. 37

5. Kapitel
Die Befreiung Montenegros und Serbiens als antiislamische Revolution

1 Radonić, a. a. O., S. 200 ff.
2 Vgl. hierzu: Slijepčević: Die Geschichte der serbischen orthodoxen Kirche, II. Serbokroatisch. Beograd 1991, S. 221 ff.
3 L. von Ranke: Serbien und die Türkei im neunzehnten Jahrhundert, Leipzig 1879, S. 67
4 Z. Nenezić: Die Freimaurer in Jugoslawien 1764–1980, Serbokroatisch. 2. Aufl., Beograd 1987, S. 149
5 M. Vukićević: Karadjordje, II/1912. Serbokroatisch. Beograd 1988, S. 161
6 M. Ekmečić: Die Schaffung Jugoslawiens, II. Serbokroatisch. Beograd 1989, S. 198 f.

7 J. Kühl: Föderationspläne im Donauraum und in Ostmitteleuropa. München 1958, S. 17
8 So z. B. R. Ljušić: Das Buch über das Načertanije. Serbokroatisch. Beograd 1993, S. 97 ff.

6. Kapitel
Die kroatische Nation erwacht

1 »Voi siete dal paese molto lontani«. Mavro Orbini, a. a. O., S. 197
2 Ekmečić, a. a. O., I, S. 467. – Slawonien wird im Text fälschlich als »Slowenien« bezeichnet.
3 Carbonaria: Eine seit 1820 (besonders von Neapel aus) in Italien und Frankreich verbreitete, die Freimaurer nachahmende geheime politische Gesellschaft; ihre Mitglieder wurden am strengsten in Norditalien und im päpstlichen Kirchenstaat verfolgt, zum Teil zum Tod verurteilt.
4 I. Mužić: Das Freimaurertum bei den Kroaten. Serbokroatisch. 4. Aufl., Zagreb 1989, S. 123
5 V. Novak: Magnum tempus. Illyrismus und katholisches Priestertum. Serbokroatisch. Beograd 1987, passim
6 Nr. 3. vom 8. Juni 1848
7 Zit. nach Lj. Durković-Jakšić: Serbien und der Vatikan 1804–1918. Serbokroatisch. Kraljevo-Kragujevac 1990, S. 181
8 Eugen Kvaternik: La Croatie et la confédération italienne. Paris 1859
9 Ante Starčević: Der Name Serb. Serbokroatisch. Zagreb 1868
10 Starčević: Zum Slawentum oder zum Kroatentum? In: Werke von Dr. Ante Starčević: III. Serbokroatisch. Zagreb 1894, S. 42
11 Starčević: Werke, III, a. a. O., S. 401
12 Zum Slawentum oder zum Kroatentum?, a. a. O., S. 45
13 Starčević: Die slawoserbische Rasse in Kroatien *(Pasmina Slavoserbska po Hervatskoj)*, Werke, III, a. a. O., S. 158
14 Starčević: Der Name Serb, a. a. O., S. 30
15 Starčević: Zum Slawentum oder zum Kroatentum?, a. a. O., S. 40
16 M. Groß: Die Geschichte der Rechtspartei-Ideologie. Serbokroatisch. Zagreb 1973, S. 145
17 Novak: Magnum tempus, a. a. O., S. 507
18 Arch. S. Congr. Scitture rifervite nei Congressi, Servia. Vol. I, fol. 12. – Radonić, a. a. O., S. 195 f.
19 Starčević: Werke, III, a. a. O., S. 346
20 Dominik Mandić: Die Kroaten und Serben sind zwei alte verschiedene Völker. Serbokroatisch. München/Barcelona 1971, S. 276
21 V. Dedijer: Tagebuch. Serbokroatisch. 2. Auflage, Beograd 1951, S. 101
22 *Nova Hrvatska*, 3.5.1942
23 *Nova Hrvatska*, 1.1.1942

24 *Nova Hrvatska*, 16.6.1943
25 M. Groß, a. a. O., S. 421 u. 433
26 Vgl. u. a. die Broschüre Bogdanovs: Starčević und die Rechtspartei im Verhältnis zu den Serben und zur Einheit der südslawischen Völker. Serbokroatisch. Zagreb 1951
27 Franjo Tudjman: Die Weglosigkeit der Geschichtswirklichkeit / *Bespuća povijesne zbiljnosti*. Serbokroatisch. Zagreb 1990, S. 355
28 Tomislav Maretić: *Srpski književni glasnik*. Serbokroatisch. 1922, V/8, S. 589
29 Isidor Kršnjavi: Erinnerungen. Hinter den Kulissen der kroatischen Politik, hrsg. von I. Krtalić. Serbokroatisch. Zagreb 1986, S. 212
30 Aus den Briefen der Magyaroler. Serbokroatisch. Zagreb 1879, S. 127
31 Mužić, a. a. O., S. 249 ff.
32 Vgl. etwa M. Krleža: Die zehn blutigen Jahre und andere politsche Essays. Serbokroatisch. Zagreb 1971, S. 115
33 Tudjman, a. a. O., S. 318 f.
34 F. Jelić-Butić: Die Ustaschen und der Unabhängige Staat Kroatien 1941–1945. Serbokroatisch. Zagreb 1977, S. 180
35 B. Krizman: Die Ustaschen und das Dritte Reich, I. Serbokroatisch. 2. Auflage, Zagreb 1986, S. 337 f.
36 I. Ribar: Aus meiner politischen Mitarbeit (1901–1963). Serbokroatisch. Zagreb 1965, S. 92
37 M. Groß, a. a. O.a. a. O. S. 378

7. Kapitel
Österreich-Ungarns Salto mortale: Von der Besetzung Bosnien-Herzegowinas bis zum Ersten Weltkrieg

1 Neneczić, a. a. O., S. 247
2 V. Kazimirović: Nikola Pašić und seine Zeit, I. Serbokroatisch. Beograd 1990, S. 57 f.
3 Lazo Kostić: Die umstrittenen Gebiete der Serben und Kroaten. Serbokroatisch. Beograd 1990, S. 156
4 V. Krestić: Die Geschichte der Serben in Kroatien und Slawonien 1848–1914. Serbokroatisch. Beograd 1991, S. 344 f.
5 I. Banać: Die Nationalfrage in Jugoslawien. Serbokroatisch. Zagreb 1988, S. 98
6 M. Marjanović: Stjepan Radić. Serbokroatisch. Beograd 1937, S. 65
7 Krestić, a. a. O., S. 355
8 Veröffentlicht auch als Sonderheft: Dr. Th. G. Masaryk: Der Agramer Hochverratsprozeß und die Annexion von Bosnien und Herzegowina, 2. erg. Aufl., Wien 1909
9 K. Deschner: Die Politik der Päpste im 20. Jahrhundert, I. Reinbek bei Hamburg, 2. Aufl. 1991, S. 146 ff.

10 Viktor Novak: Magnum Crimen. Das halbe Jahrhundert des Klerikalismus in Kroatien. Serbokroatisch. Zagreb 1948, S. 399
11 V. Dedijer: Sarajevo 1914. Belgrad 1966, S. 384
12 Deschner, a. a. O. I, S. 154 f.

8. Kapitel
Der Erste Weltkrieg als heiliger Bürgerkrieg und Wegbereiter des Genozids an den Serben

1 *Hrvatski Dnevnik,* Nr. 145/1914
2 Čorović: Das Schwarze Buch. Serbokroatisch. 1920. Neuausg. Beograd 1989, S. 39
3 Vgl. Deschner, a. a. O., I, S. 162
4 L. Dimić /Žutić: Der römisch-katholische Klerikalismus im Königreich Jugoslawien. Serbokroatisch. Beograd 1992, S. 102
5 Deschner, a. a. O., I, S. 352 f., 461; II, S. 336 f. Vgl. auch K. Deschner: Abermals krähte der Hahn. Stuttgart 1962, S. 584 f.
6 M. Ekmečić: Die Kriegsziele Serbiens 1914. Serbokroatisch. Beograd 1973, S. 146, 150
7 *Bosnische Post*, Nr. 23/1918
8 *Slovenski Narod*, Nr. 93/1919
9 *Hrvatska Riječ*, Nr. 109/1917
10 Nikola Stojanović: Bosnie-Herzégovine. Genf 1917, S. 82 f.; Zit. nach Čorović, a. a. O., S. 95 f.
11 *Srpska Zora*, Nr. 37/1919
12 ebd., Nr. 66/1919
13 ebd., Nr. 85/1919
14 Čorović, a. a. O., S. 96
15 *Bosnische Post,* Nr. 54/1915
16 Čorović, a. a. O., S. 68
17 *Politika*, 17. Dezember 1994
18 Zit. nach Z. Levental, R. A. Reiß. Serbokroatisch. Gorni Milanovac. Beograd 1993, S. 71 ff.
19 *Mercur de France*, 16. Oktober 1917

9. Kapitel
Jugoslawien: Ein unmöglicher Staat entsteht

1 Božić / Ćirković / Ekmečić / Dedijer: Die Geschichte Jugoslawiens. Serbokroatisch. Beograd 1972, S. 401
2 G. Perazić: Das Verschwinden des montenegrinischen Staates im Ersten Weltkrieg vom Standpunkt des Völkerrechts. Serbokroatisch.

Beograd 1988, passim
3 Ekmečić: Die Schaffung Jugoslawiens, a. a. O., II, S. 809
4 D. Vujović: Die französischen Freimaurer und die jugoslawische Frage. Serbokroatisch. Beograd 1994, S. 51 ff., passim
5 I. Mužić, Stjepan Radić: Im Königreich der Serben, Kroaten und Slowenen. Serbokroatisch. 3. Aufl., Zagreb 1988, S. 50, 52. – Ekmečić, a. a. O., II, S. 812
6 Nenezić, a. a. O., S. 385
7 Nenezić, a. a. O., S. 303. – Mužić: Das Freimaurertum, a. a. O., S. 297
8 Dimić/Žutić, a. a. O., S. 79
9 Novak: Magnum Crimen, a. a. O., S. 215
10 Dimić/Žutić, a. a. O., S. 85 u. 96
11 *Katolički list,* Nr. 26/1922
12 ebd., Nr. 36/1919
13 Krizman: Kroatien im Ersten Weltkrieg. Kroatisch-serbische Beziehungen. Serbokroatisch. Zagreb 1989, S. 366
14 *Dom*, Nr. 49/1917
15 Mužić, a. a. O., S. 335
16 Mužić, a. a. O., S. 159
17 D. Pešić: Die jugoslawischen Kommunisten und die nationale Frage 1919–1935. Serbokroatisch. Beograd 1983, S. 272 f.
18 B. Petranović: Die Balkanföderation 1943–1948. Serbokroatisch. Beograd 1991, S. 70, 118 ff., 136 ff. u. 176 ff.
19 P. Simić: Tito – Agent der Komintern. Serbokroatisch. Beograd 1990, S. 113
20 V. Djuretić: Die Alliierten und das jugoslawische Kriegsdrama, II. Serbokroatisch. 5. erw. Aufl., Beograd 1992, S. 482
21 S. Pribićević: Die Diktatur des Königs Alexander. Serbokroatisch. Beograd 1952, S. 72. – L. Marković: Der jugoslawische Staat und die kroatische Frage (1914–1929). Serbokroatisch. Zagreb 1935, S. 303
22 G. Vlajčić: Die Revolution und die Nationen. Serbokroatisch. Zagreb 1978, S. 115
23 Novak: Magnum Crimen, a. a. O., S. 239
24 Dimić/Žunić, a. a. O., S. 101
25 Mužić, a. a. O., S. 217
26 Nenezić, a. a. O., S. 449
27 J. Horvat: Die politische Geschichte Kroatiens, II. Serbokroatisch. 2. Aufl., Zagreb 1989, S. 343
28 S. Pribićević, a. a. O., S. 90
29 Vgl. Mužić , a. a. O., S. 266 f.
30 So etwa I. Mužić, a. a. O., S. 238
31 Die Handschrift des Tagebuchs von Majcen befindet sich in der Volks- und Universitätsbibliothek in Ljubljana, doch wurden Auszüge daraus, die den Skupštinamord betreffen, anscheinend zuerst in der Zeitschrift *Hrvatska revija*, 28/1978, 2/110/, S. 322–324, veröffentlicht.

10. Kapitel
Der Untergang des Königreichs Jugoslawien

1 Vlademir Dedijer: Josip Broz Tito. Beiträge zu einer Biographie. Serbokroatisch. Beograd 1953, S. 163
2 Miloš Crnjanski: Die Embajadas I–III. Serbokroatisch. 2. Aufl., Beograd 1984, S. 73
3 S. Pribićević, a. a. O., S. 86 u. 90
4 Tudjman, a. a. O., S. 462
5 Mužić, a. a. O., S. 298 ff.
6 Lj. Boban: Maček und die Politik der Kroatischen Bauernpartei 1928–1941, I. Serbokroatisch. Zagreb 1974, S. 31
7 Ebd., S. 44, 46
8 Dimić/Žutić, a. a. O., S. 183
9 B. Krizman: Ante Pavelić und die Ustaschen. Serbokroatisch. Zagreb 1978, S. 51
10 Ebd., S. 85
11 Hrvatskinarod 18. April 1941
12 V. Novak: Magnum Crimen, a. a. O., S. 505 f.
13 Lj. Boban, a. a. O., I, S. 53
14 Novak, a. a. O., S. 474
15 Ebd., S. 476
16 Ebd., S. 487
17 Zit. nach Bulajić: Die Mission, a. a. O., I, S. 232 ff.
18 *Katolički list*, Nr. 17/1941
19 Zit. nach Bulajić, a. a. O., S. 232 ff.
20 *Hrvatska straža* v. 19. Oktober 1940
21 Zit. nach Bulajić, a. a. O., S. 232 ff.
22 Ebd.
23 Ebd.
24 Nach Ž. Avramorski: Die Briten über das Königreich Jugoslawien 1931–1938. II. Serbokroatisch. Beograd/Zagreb 1986, S. 84
25 V. Vinaver: Jugoslawien und Ungarn 1933–1941. Serbokroatisch. Beograd 1976, S. 9. – Ž. Avramovski: Die Briten über das Königreich Jugoslawien, II (1931–1938). Serbokroatisch. Beograd/Zagreb 1986, S. 28
26 Vinaver, a. a. O., S. 22
27 Avramovski, a. a. O., II, S. 263
28 Krizman, a. a. O., S. 224 ff., 230 f.
29 Ivan Ribar: Politische Erinnerungen, III. Serbokroatisch. Beograd 1951, S. 100
30 Nach Bulajić: Die Mission, a. a. O., I, S. 241
31 Zit. n. Deschner, a. a. O., II, S. 213
32 Zit. ebd., S. 212
33 Vgl. Nenezić, a. a. O., S. 430 ff.
34 V. Terzić: Der Zusammenbruch des Königreichs Jugoslawien. Serbokroatisch. Ljubljana/Beograd/Titograd 1984, I, S. 62; II, S. 320 f.

35 Ebd. I, S. 566 ff.
36 Vinaver, a. a. O., S. 360
37 Die Memoiren des serbischen Patriarchen Gavrilo. Serbokroatisch. Beograd 1990, S. 335 f., 341 ff.
38 Terzić, a. a. O., II, S. 646 f.
39 *Borba* vom 17. Februar 1961. – Čulinović: Jugoslawien zwischen den beiden Kriegen, II. Serbokroatisch. Zagreb 1961, S. 165 f. –Terzić, a. a. O., I, S. 498
40 Terzić, a. a. O., II, S. 372 f.
41 *Katolički list*, 16/1941
42 *Hrvatske novosti*, Osternummer 1941
43 A. Benigar: Aloisius Stepinac, der Kroatische Kardinal. Serbokroatisch, Rom 1974, S. 386 – M. Bulajić: Die Mission des Vatikans im Unabhängigen Staat Kroatien. Serbokroatisch, I, Beograd 1992, S. 373
44 *Katolički list*, 17/1941
45 Vladimir Dedijer: Neue Beiträge zur Biographie Josip Broz Titos, II. Serbokroatisch. Rijeka/Zagreb 1981, S. 561
46 Terzić, a. a. O., II, S. 452 ff., 465 ff., 473 f.
47 Vgl. B. Petranović: Serbien im Zweiten Weltkrieg 1939–1945. Serbokroatisch. Beograd 1992, S. 491

11. Kapitel

Die Zerschlagung Jugoslawiens durch Hitler und die Vernichtung der Serben und der orthodoxen Kirche im kroatisch-muslimischen Ustascha-Staat

1 Dedijer/Miletić: Die Vertreibung der Serben aus ihrer Heimen 1941–1944. Zeugnisse. Serbokroatisch. Beograd 1989, S. 768 u. 777
2 Terzić, a. a. O., I, S. 494 f.
3 B. Krizman: Der Unabhängige Staat Kroatien zwischen Hitler und Mussolini, 2. Aufl. Serbokroatisch. Zagreb 1983, S. 547
4 Novak, Magnum Crimen, a. a. O., S. 605
5 *Hrvatski narod* vom 28. Juni 1941
6 *Novi list* vom 3. Juni 1941
7 D. R. Živojinović: Der Vatikan, die katholische Kirche und die jugoslawische Macht 1941–1958. Serbokroatisch. 1994, S. 15
8 Krizman, a. a. O., S. 218
9 Petranović, a. a. O., S. 121
10 *Hrvatski narod* vom 15. August 1941
11 Krizman, a. a. O., S. 572
12 H. Neubauer: Sonderauftrag Südosten 1940–45. Göttingen 1956, S. 33, 160
13 Dedijer/Miletić: Das Genozid an den Moslems. Serbokroatisch. Sarajevo 1990, XXXI, S. 454 ff.

14 Ebd. S. 423 ff., 633 ff.
15 Milan Bulajić: Die Mission des Vatikans, II. a. a. O., S. 1059 ff.
16 Zit. nach Deschner, a. a. O., II, S. 232. Vgl. auch die Quellennachweise dort.
17 Ebd. Vgl. auch die Quellennachweise dort.
18 *Ustascha* vom 28. Juni 1942
19 *Katolički tjednik* vom 20. Juli 1941
20 Novak, a. a. O., S. 726
21 Milan Bulajić: Die Mission des Vatikans, I. a. a. O., S. 667
22 C. Falconi: Das Schweigen des Papstes. Eine Dokumentation. München 1965, S. 325 ff.
23 Novak, a. a. O., S. 731
24 *Hrvatski list* vom 15. Juli 1942
25 *Hrvatska Krajina* vom 16. Mai 1941
26 *Hrvatska Krajina* vom 28. Mai 1941
27 Zit. in: Novak, a. a. O., S. 707
28 L. Hory / M. Broszat: Der kroatische Ustascha-Staat 1941–45. Stuttgart 1964, S. 72
29 *Narodni list* vom 6. Oktober 1946
30 A. Miller: Die »christlichen« Massaker in Kroatien 1941 bis 1945. In: *Die freigeistige Aktion*, Hannover, November 1961
31 Vgl. Bulajić, a. a. O., II, S. 864 ff. – B. Stanojević: Der Rattentunnel. Serbokroatisch. Beograd 1988, passim
32 Vgl. Novak, a. a. O., S. 886
33 Krizman, a. a. O., S. 135
34 Vgl. etwa den Brief des Legaten Marcone an Maglione vom 8. Mai 1943, zit. in Dedijer: Der Vatikan und Jasenovac. Serbokroatisch. Beograd 1987, S. 733 f. – Bulajić, a. a. O., I, S. 441
35 Krizman, a. a. O., S. 388
36 *Hrvatski narod* vom 1. März 1942
37 Zit. in: Novak, a. a. O. S. 890
38 Vgl. Dedijer/Miletić: Die Vertreibung der Serben, a. a. O., S. 28 ff., 925 ff.
39 Petranović, a. a. O., S. 124 f.
40 Petranović, a. a. O., S. 119; F. Jelić-Butić, a. a. O., S. 172
41 Zit. in: Krizman, Pavelić und die Ustaschen, a. a. O., S. 489
42 Zit. n. Deschner, a. a. O., II, S. 227
43 Zit. n. Umeljić, a. a. O., S. 102 f.
44 Vgl. Deschner, a. a. O., II, S. 227 f.
45 Hory/Broszat, a. a. O., S. 166
46 Zit. nach: Neubacher, a. a. O., S. 161
47 Zit. in: Hory/Broszat, a. a. O., S. 153
48 Novak, a. a. O., S. 658 f. – Petranović, Serbien 131. – Bulajić. Die Ustaschenverbrechen, I, S. 515 ff.
49 Vgl. Der Genozid an den Serben im 20. Jahrhundert, hrsg. von P. Opačič, S. Skoko, R. Rakić und M. Ćurčić. Serbokroatisch. Beograd 1992, S. 227. – Bulajić a. a. O., I, S. 535

50 Novak, a. a. O., S. 648, 700
51 Ebd., S. 788 f.
52 Vgl. Dedijer: Der Vatikan und Jasenovac, a. a. O., S. 471
53 Dedijer/Miletić: Die Vertreibung der Serben, a. a. O. S. 672 ff.
54 Novak, a. a. O., S. 802
55 V. Dj. Djurić: Die Ustaschen und die Orthodoxie. Serbokroatisch. Beograd 1989, S. 118 ff.
56 V. Umeljić, a. a. O., S. 129 ff., 160
57 Novak, a. a. O., S. 757
58 Krizman, a. a. O., S. 450
59 Zit. in der Zagreber Strafanklage gegen Pavelić vom 7. Mai 1956. – Krizman: Pavelić auf der Flucht. Serbokroatisch. Zagreb 1986, S. 489. – Die Kopie der Anweisung in: Bulajić: Die Mission des Vatikans, a. a. O., I, S. 604
60 Vgl. Bulajić, a. a. O., II, S. 911
61 Tudjman, a. a. O., S. 99
62 N. Živković: Der Kriegsschaden, den Deutschland im Zweiten Weltkrieg Jugoslawien zugefügt hat. Serbokroatisch. Beograd 1975, S. 242. – Vgl. a. Umeljić (a. a. O., S. 162 f.), der Schätzungen zitiert, die zwischen 366 000 und 700 000 von in Jasenovac Ermordeten schwanken.
63 Umeljić, a. a. O., S. 161

12. Kapitel
Titos Bolschofaschismus als Fortsetzung der Hitlerschen Zerschlagung Jugoslawiens

1 Dedijer: Neue Beiträge zur Biographie Josip Broz Titos, a. a. O., S. 5 f.
2 Vgl. D. Vlahović/S. Kačarević: Der große Betrug. Serbokroatisch. Beograd 1990, S. 16 ff.
3 Ebd., S. 36 ff.
4 Vgl. Kazimirović: Nikola Pašić, II, a. a. O., S. 452 ff.
5 Vlahović/Kačarević, a. a. O., S. 40 f.
6 P. Simić: Im blutigen Kreis. Serbokroatisch. Beograd 1993, S. 148
7 V. Cenčić: Das Rätsel Kopinić. Serbokroatisch. I, Beograd 1983, S. 74
8 Cenčić, a. a. O., I, S. 85
9 B. Nešković: Mustafa Golubić. Beograd 1985, S. 18 ff.
10 Dj. Slijepčević: Jugoslawien vor und in dem Zweiten Weltkrieg. Serbokroatisch. S. 550 ff. Zit. in: D. Lučić: Pavelićs Testament, I. Serbokroatisch. Beograd 1990, S. 214
11 Hitlers Tischgespräche im Führerhauptquartier 1941–42, von Dr. Henry Picker, Bonn 1951, S. 108
12 M. Djilas: Rise and Fall. London 1985, S. 128 f.
13 Ernst Nolte: Deutschland und der Kalte Krieg. 2. Aufl., Stuttgart 1985, S. 219

14 Vgl. Dejider: Josip Broz Tito. Eine Biographie, a. a. O., S. 323
15 Zit. in: D. Lučić: Pavelićs Testament, II. Beograd 1991, S. 51
16 F. Borkenau: Der europäische Kommunismus. Seine Geschichte von 1917 bis zur Gegenwart. München 1952, S. 337
17 Vgl. Petranović, a. a. O., S. 287
18 M. Leković: Die Märzverhandlungen 1943. Serbokroatisch. Beograd, 2. Aufl. 1985, passim
19 Vgl. Sl. Jovanović, in: Die Geschichte der Ravna Gora. Serbokroatisch. Beograd 1992, S. 161
20 Vgl. Bulajić: Die Mission des Vatikans, II, a.a.O., S. 810 ff.
21 Vgl. Djuretić, a. a. O., I, S. 332 ff.
22 Zit. in: Novak, Magnum Crimen, a. a. O., S. 954
23 *Pogledi*, Sonderheft vom 2. Juni 1991
24 Tudjman, a. a. O., S. 103
25 M. Djilas: Der revolutionäre Krieg. Serbokroatisch. Beograd 1990, S. 431
26 Vgl. Krizman: Pavelić auf der Flucht, a. a. O., S. 118
27 B. M. Karapandžić: Der jugoslawische blutige Frühling 1945. Titos Kathyns und Gulags. Serbokroatisch. Beograd 1990, S. 125ff.
28 M. Djilas, a. a. O., S. 411
29 Vgl. Djilas, a. a. O., S. 354 f.
30 Vgl.: Mazedonien. Sammlung der Dokumente und Materialien, hrsg. von W. Boschinoff u. L. Panajotoff. Bulgarisch. Sofia 1978, S. 386f., 463, 564ff.
31 Vgl. Dedijer/Miletić: Die Vertreibung der Serben, a. a. O., S. 649 ff.
32 T. Bogavac: Das Verschwinden der Serben. Serbokroatisch. Niš 1994, S. 291.
33 Vgl. I. Banac: With Stalin against Tito: Cominformist Splits in Yugoslav Communism. New York 1988. Serbokroatisch: Zagreb 1990, S. 40 ff.
34 Vgl. M. Pečujlić, in: Das Gesellschaftspolitische System. Hrsg. von J. Djordjević, N. Pašić und B. Špadijer. Serbokroatisch. 3. Aufl. Beograd 1979, S. 170
35 Pečujlić, a. a. O., S. 175
36 D. Marković: Josip Broz und Goli Otok. Serbokroatisch. Beograd 1990, S. 237 ff., 461
37 Vgl. Banac, a. a. O., S. 146 ff.
38 Milovan Djilas: Tito. The Story from Inside. New York 1980, S. 87
39 D. Marković: Die Wahrheit über Goli Otok. Serbokroatisch. Beograd 1987, S. 197
40 Vgl. Nolte, a. a. O., S. 525 ff., 716 f.
41 Vgl. Č. Štrbac: Die Zeugnisse von 1948. Serbokroatisch. Beograd 1989, S. 99
42 Vgl. D. R. Živojinović, a. a. O., S. 405 ff.
43 Vgl. Z. Sekulić: Sturz und Schweigen Aleksandar Rankovićs. Serbokroatisch. Beograd 1989, S. 75 ff.

44 Vgl. Kesar/Bilbija/Stefanović (Hrsg.): Die Genesis der Massenbewegung in Kroatien. Serbokroatisch. Beograd 1990, S. 774
45 Vgl. D. Bogdanović: Das Buch über Kosovo. Serbokroatisch. Beograd 1985, S. 252
46 Vgl. Marković, a. a. O., I, S. 103
47 Vgl. Slijepčević, a. a. O., III, S. 240 ff.; E. K. Markou: Die »mazedonische Kirche«. Die Selbstschöpfung von Skoplje, die Rolle des Papstes und der Union. Serbokroatisch. Prizren 1994, passim
48 V. Cvrlje: Der Vatikan in der modernen Welt. Serbokroatisch. Zagreb 1980, S. 323
49 Cvrlje, a. a. O., S. 340
50 D. Marković, a. a. O., I, S. 317